格闘者

―前田日明の時代―

1

戦後史記　列伝　戦士　第一　青雲立志篇

塩澤幸登

前田正雄秘蔵写真集

～亡父の写真アルバムから～

前田日明の昔の写真は、本人が持っていたものは人に貸したものが返ってこなかったりして、すでに散佚してしまっていて、手元に一枚も残っていなかった。

それが、二〇一〇年に父親の正雄が死んで、遺品整理をしている最中に写真アルバムが発見された。父親が大事に持ち歩いていた、自分の子ども時代の写真に合わせて、息子の誕生からレスラーになって活躍するまでの、さまざまの写真を集め、整理して並べたものだった。

貴重な写真ばかりだったが、新日本プロレスに入団したあとの写真もあり、前田は「どうやってあんなにいっぱいオレの写真を集めたんだろう」と首をかしげている。父の正雄にとって、日明は自慢の息子だったのだろう。父親が集めて、大切に持ち歩いていた写真アルバムの一部をここに収めた。

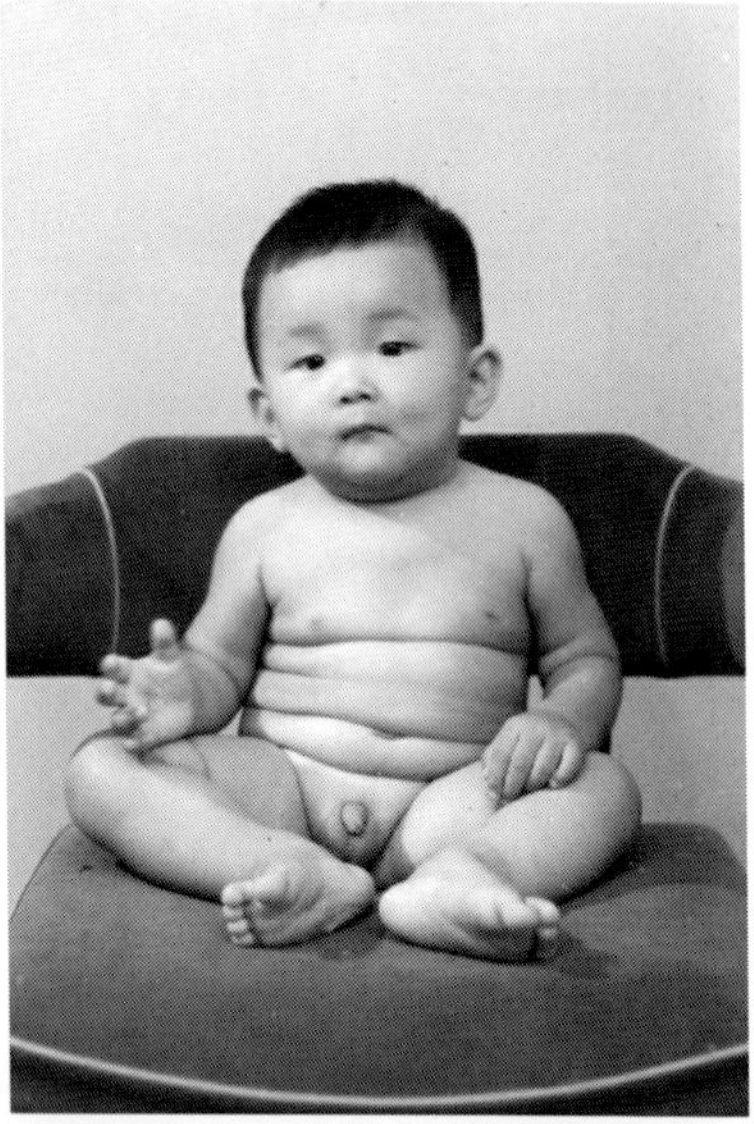

いずれも幸せな家庭を連想させる子ども写真。上段左は父親に抱かれて生後三か月、右は一歳の誕生日。生涯唯一、最初で最後の、ヘアヌードというわけにはいかないが、全裸フルヌード撮影だが、一歳の誕生日に全裸での記念写真は在日の人たちのしきたりだという。将来、大活躍することになる肉体もこのころはまだこんなにか弱い存在だった。下段左は妹の洋子ちゃん。お兄ちゃんにそっくりだ。右の写真は京都の保津川下りのひとこま。父親の切ない愛情がふつふつと伝わってくる。

新婚時代の夫婦の写真。左が祖母、中央の背の高い男性が盛装した父親の正雄。その隣が美人の母親幸子。結婚して三、四年してから長男の日明が生まれる。母親の幸子がちゃんと写っている写真は、アルバムのなかにこれ一枚だけだった。右側の部分に誰か人がいるはずだが、切りとられていて、わからない。いっしょに写っている少年たちは正雄の兄弟の息子たち（甥）。母は二十歳の時、父親（日明の祖父）に強制されて正雄と結婚したが、ひそかにこの結婚を後悔していたようだ。

昭和三十年代の市岡浜通りは、運河沿いの、大阪のどこにでもあるような、人々が平穏に暮らす生活の町だった。写真は左にいるのが前田少年、いっしょに写っているのは近所の遊び仲間。このころは町の処々に原っぱがあり、遊び場所には困らなかった。南市岡の町はいまや古い瓦屋や金属加工の家内工場にまじって小さな建て売り住宅が建ち並ぶ、忘れられたとは書かないが昭和と平成の混合物のような、バラエティに富んだと書くことはできる、複雑な性格の場所になっている。

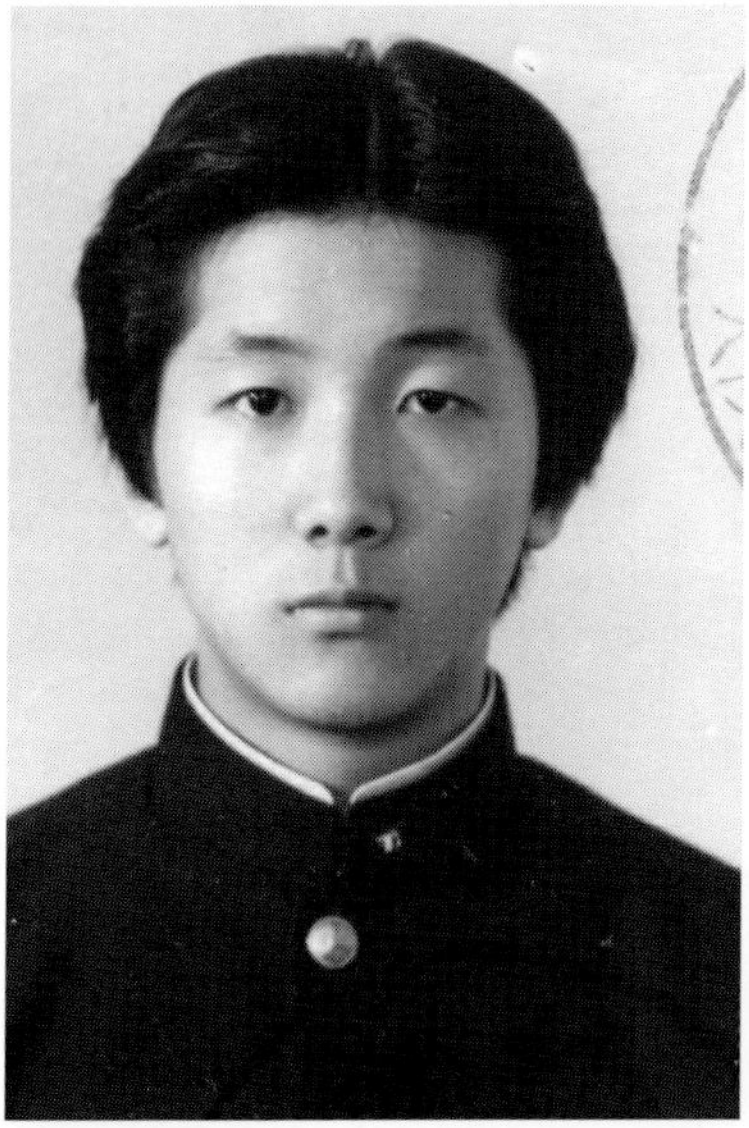
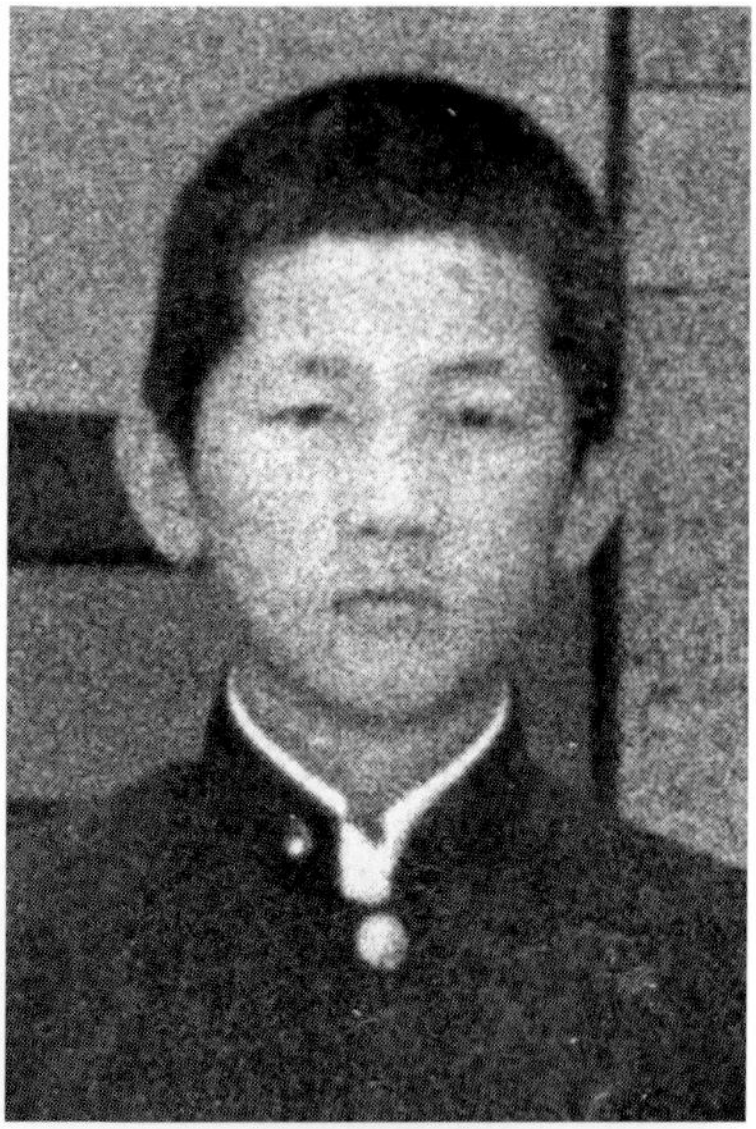

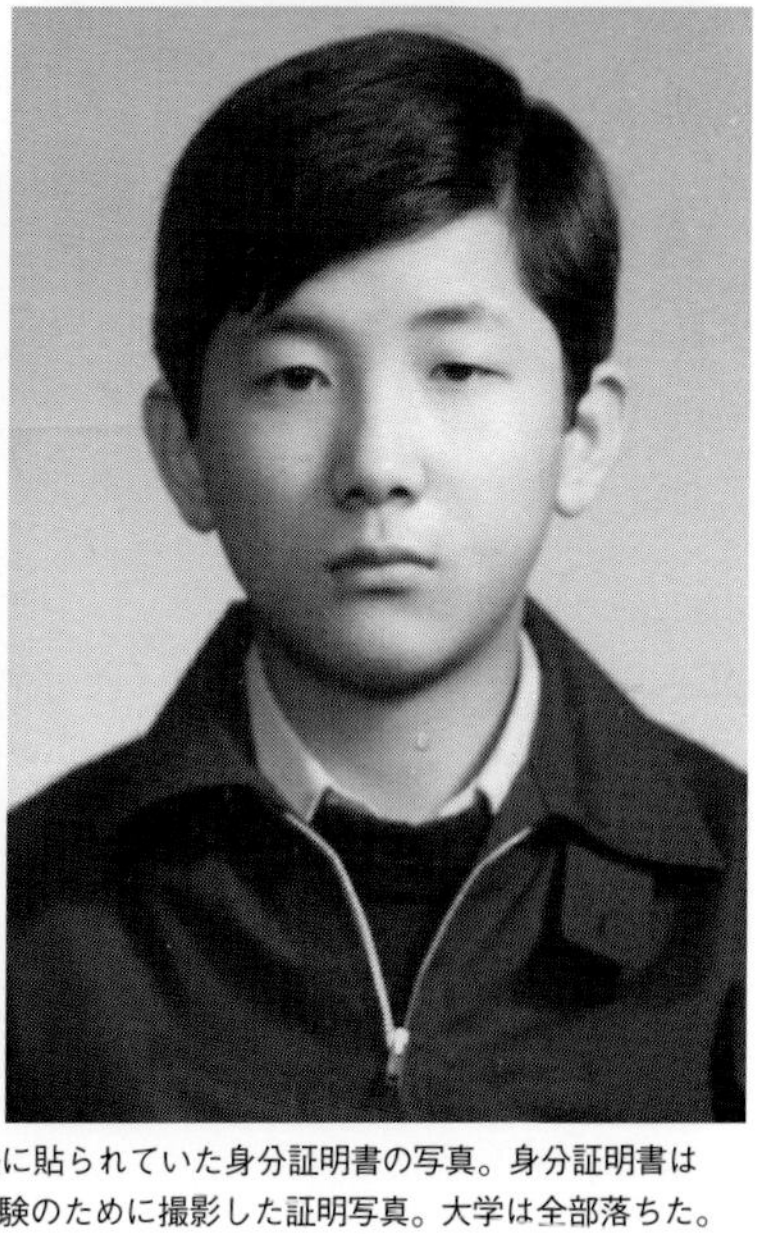

写真上段右の写真は中学校二年生のころの生徒手帳に貼られていた身分証明書の写真。身分証明書は９頁参照。左は右の写真の四年くらいあと、大学受験のために撮影した証明写真。大学は全部落ちた。下段は中学生のときの前田少年。左の写真はまだ姫路にいたときに撮った写真、姫路にいたころは闊達で利発な少年だったようだ。将来は船乗りになって世界中を訪ねてみたいと思っていた。右はまだ中学生だが、大阪に引っ越してきてから撮影したものらしい。オシャレになっている。

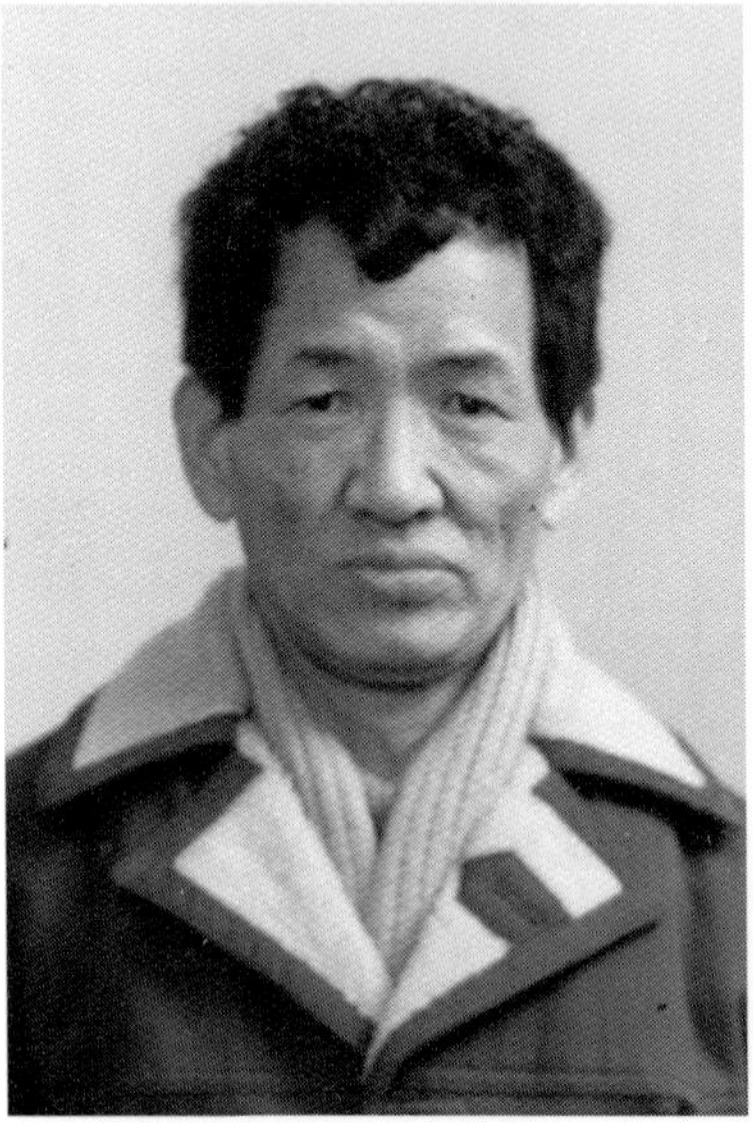

父の前田正雄は大阪生まれの在日二世。上段左の写真の裏面に［一九五一年撮影］とあった。このとき、彼は二十三歳、右手に包帯をしているが、本当は左手が不自由だった。上段右の男が三人で写っている写真は韓国で親戚の人たちといっしょに撮った写真で左端が本人。下段右の写真を見ると、なんとなく左手が不自然に見えている。左の写真は五十代の父。歳月が人間の容貌を作りかえて、さまざまのことを思わせる。人間が年をとっていくということは本当にやるせない。

父・正雄の家族。父と母（前田の祖父と祖母）はたぶん、大正時代に大阪にやってきた。子ども三人のうち、向かって右端の一番小さい男の子が三男の正雄、その後ろにいるのが長男（問題の人物）、左側の子どもが次男。次男は北朝鮮への最後の帰還船で半島にもどり、その後、音信不通になったという。この写真の撮影はたぶん昭和十年ころか、この直後に父は肺炎で亡くなった。昭和の戦前から戦争にかけての疾風と波乱の時代を思わせる家族写真だ。

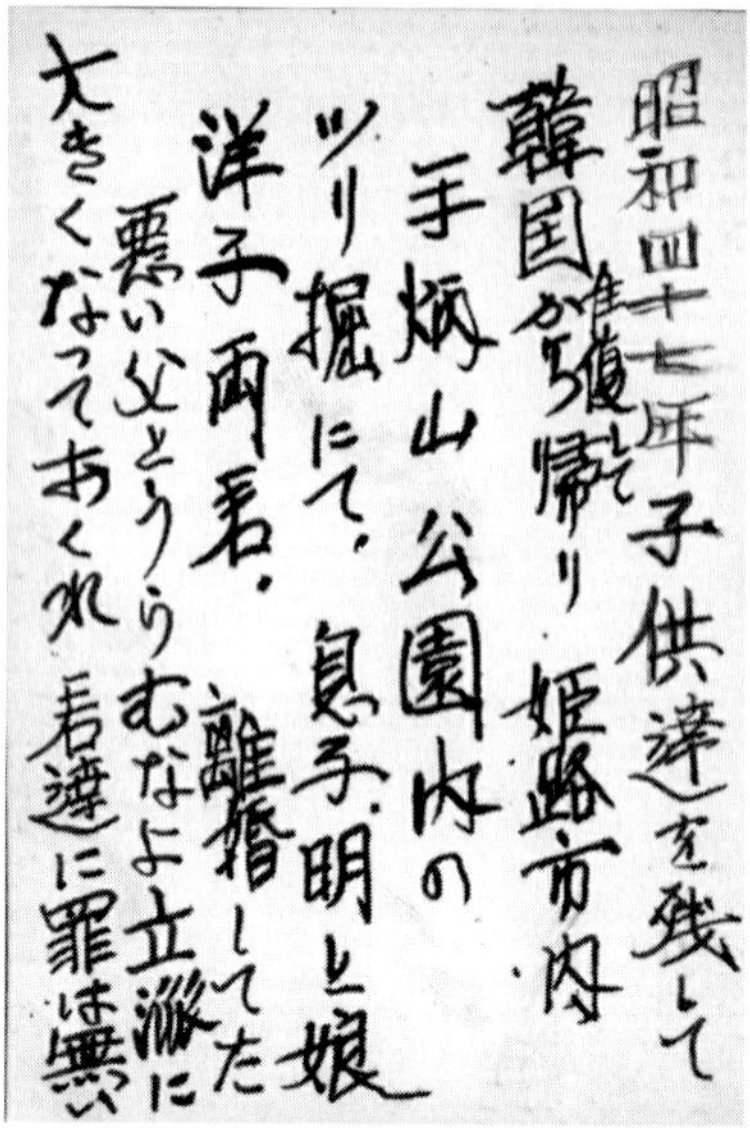

昭和四十七年子供達を残して
韓国から往復して帰り 姫路市内
手柄山公園内の
ツリ掘にて、息子、明と娘
洋子両君。離婚してた
悪い父とうらむなよ立派に
大きくなっておくれ 君達に罪は無い

上段の右は左の写真の裏面に書かれていた正雄の手書きの写真キャプション、悔恨の思いが綴られていた。このとき、日明は中学二年生、二歳違いの妹の洋子はまだ小学生だった。父親はビル建築のスペシャリスト（鉄材に穴をあける穴屋）だったが、日本での仕事がへってきて、韓国の経済成長に目をつけて家族を連れて渡韓しようとするが、妻は大反対でこれが離婚の直接的な原因になったらしい。日明は父を選び、妹は母に引き取られ、家族は離散した。

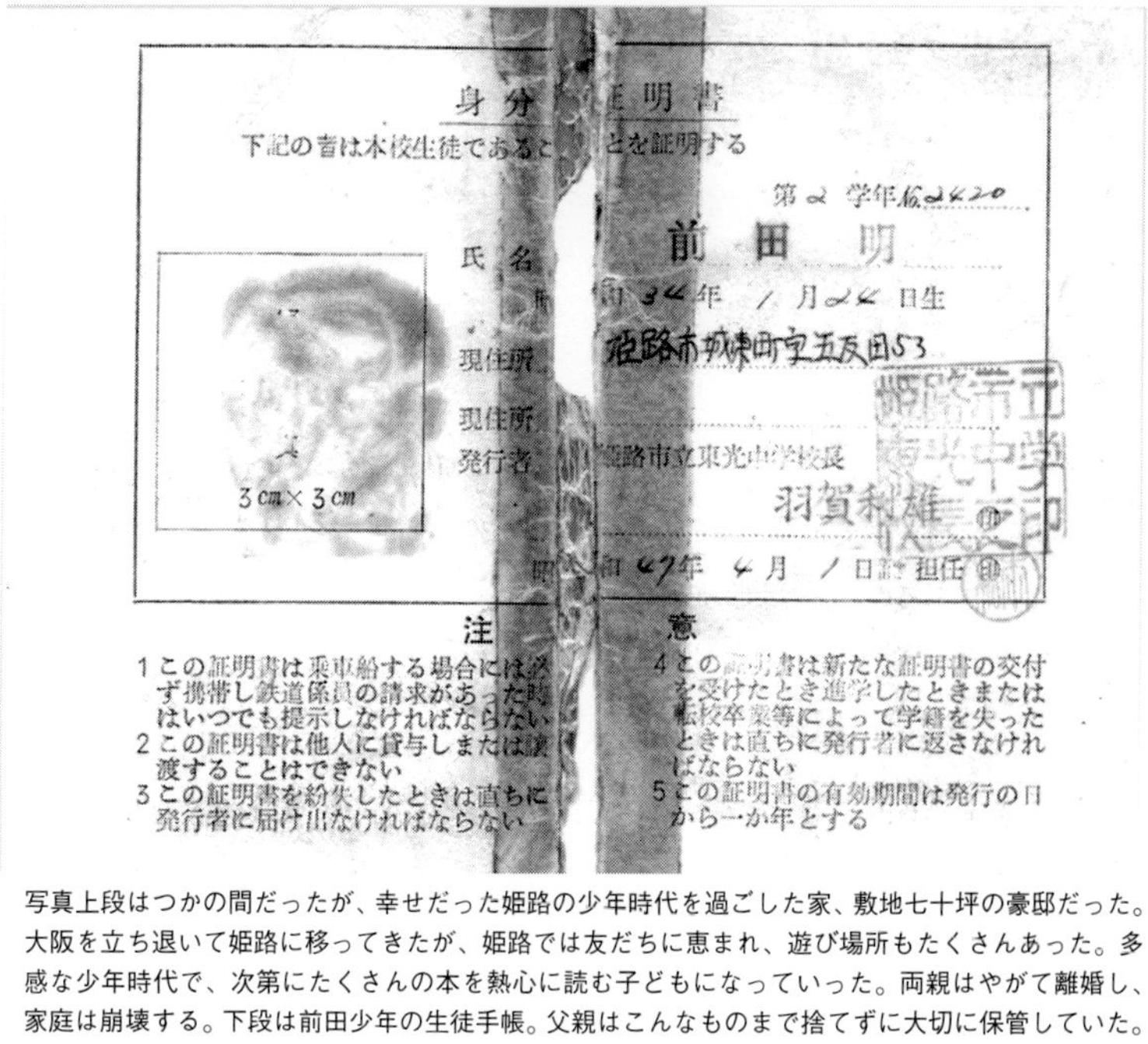

身分証明書

下記の者は本校生徒であることを証明する

第2学年6組20

氏名 前田明

昭和34年1月22日生

現住所 姫路市城東町字五反田53

現住所

発行者 姫路市立東光中学校長 羽賀利雄 印

昭和47年4月1日 担任 印

3cm×3cm

注意

1 この証明書は乗車船する場合には必ず携帯し鉄道係員の請求があった時はいつでも提示しなければならない
2 この証明書は他人に貸与しまたは譲渡することはできない
3 この証明書を紛失したときは直ちに発行者に届け出なければならない
4 この証明書は新たな証明書の交付を受けたとき進学したときまたは転校卒業等によって学籍を失ったときは直ちに発行者に返さなければならない
5 この証明書の有効期間は発行の日から一か年とする

写真上段はつかの間だったが、幸せだった姫路の少年時代を過ごした家、敷地七十坪の豪邸だった。大阪を立ち退いて姫路に移ってきたが、姫路では友だちに恵まれ、遊び場所もたくさんあった。多感な少年時代で、次第にたくさんの本を熱心に読む子どもになっていった。両親はやがて離婚し、家庭は崩壊する。下段は前田少年の生徒手帳。父親はこんなものまで捨てずに大切に保管していた。

上段の写真は父に連れられて韓国を親族訪問したときに海遊びをしていて撮った写真。前田はまだ中学三年生だった。いっしょに写っているのは親戚の女のコ。下段は二歳違いの妹の洋子、母親に似た、妖艶な美女になった。彼女はじつは病弱で、母親が必死で育てた女のコだった。両親の離婚とそのあとの母親の再婚に大きく傷ついていて、思春期に家出したりして大騒ぎになっている。一度結婚し、離婚を経験したが、現在は姫路で母親といっしょに平穏に暮らしている。

前田正雄秘蔵写真集〜亡父の写真アルバムから〜

右側の上中下段の三枚の写真は北陽高校で長崎に旅行したときのもの。どの写真も前田だけポコンと背が高く、本人がどこにいるかすぐにわかる。当時の北陽高校は偏差値はないに等しい落ちこぼれのための学校だったというが、前田は「ボクは非行少年じゃなかったですよ」といっている。このころ、すでに空手を習い始めていた。左の三枚は中学三年と高校一年の二度、韓国へ親族訪問したときのもの。いろんなことを考えさせられた、という。

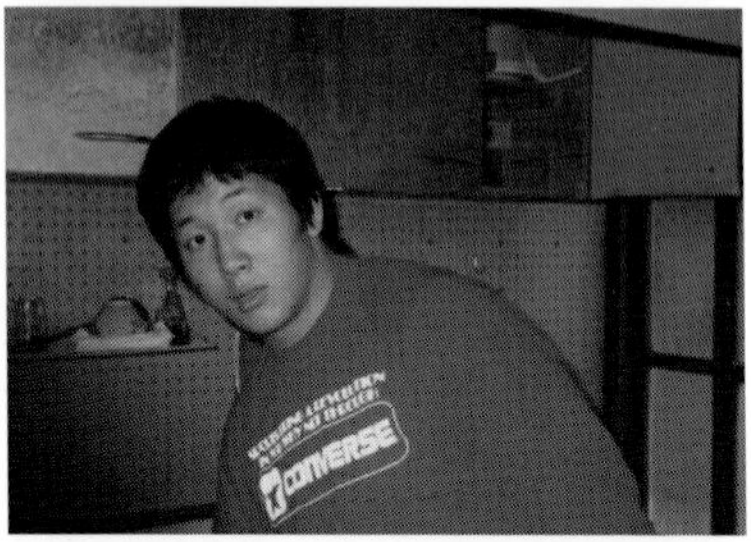

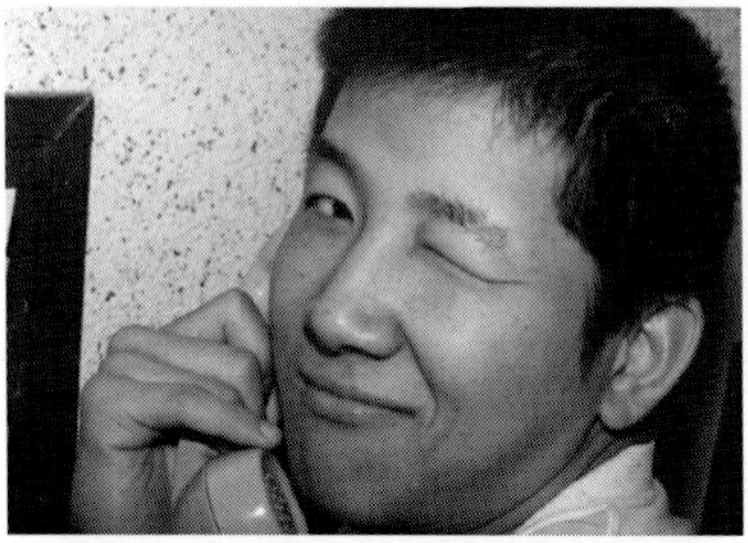

十八歳で上京、新日本プロレスに入門した。普段は温和な青年だったが、いったんスイッチが入ると、いきなり凶暴になるタイプの狼少年のような若者だったらしい。二段目の左の砂遊びしている写真は、江ノ島で高田延彦、新倉史祐といっしょに撮ったもの。昭和五十三年八月二十五日に山本小鉄を相手にデビュー。身体は時間をかけて、徐々に逞しくなっていった。前田少年もかわいい顔をしていたので、女のコたちにもけっこう人気があったらしい。

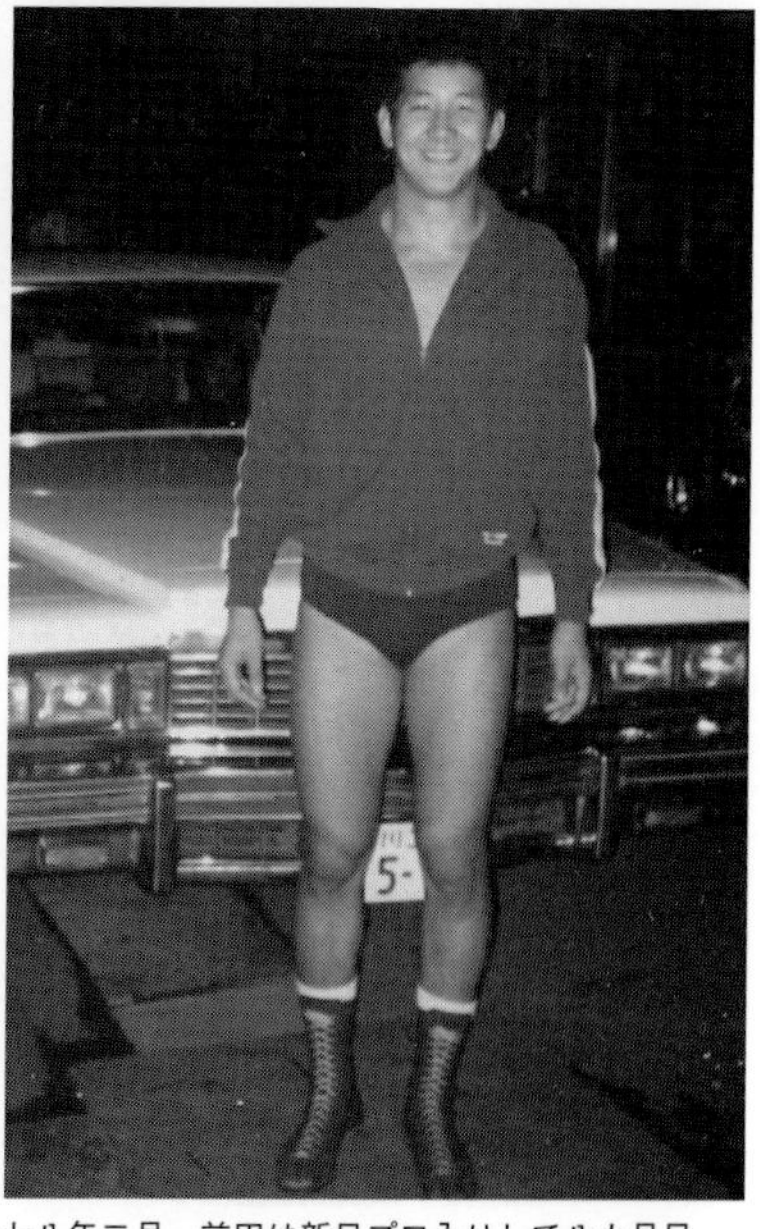

上段左の第29回さっぽろ雪まつりを調べると一九七八年二月。前田は新日プロ入りして八カ月目。まだ練習生でプロレスラーのタマゴだ。下段右の写真には撮影の日付が付いていて、［１９７９・10・04］とあった。うしろの大きな車は猪木のキャデラック。調べると、場所は蔵前の国技館で、この日、前田は斎藤弘幸と戦い、12分38秒片エビ固めで勝っている。上段右と下段左の裸で写っている写真は、意味不明だが、この人の底知れぬ愛嬌を思わせる楽しい写真だ。

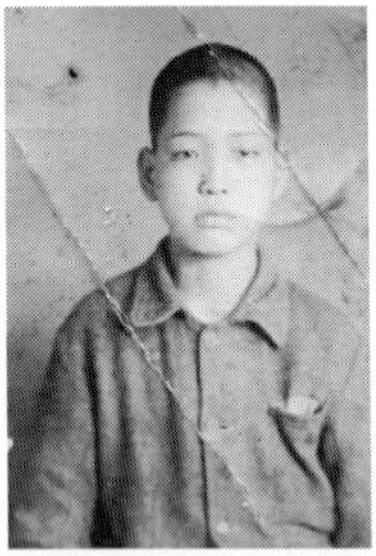

上段左は祖母のひとり肖像写真。裏面には［西暦一九五八年 昭和三十三年一月十三日 秋豊葉］と撮影日と被写体名が書かれていた。前田が生まれる一年くらい前に撮られた写真である。右側の二枚の証明書写真は、左は朝鮮戦争のときに在日の義勇軍として戦争に参加し行方不明になってしまった親戚の男性、右は弟の徹が高校を卒業して専門学校に入ったときに撮った写真。中下段の写真はいずれも前座レスラー時代、寮では個室を与えられ、まわりから頼りにされていて将来を嘱望された存在だった。中下段でいっしょに写っているのは永源遙。下段右の写真は江ノ島でちゃんこ鍋を食べている写真。裏面に一九八〇年八月撮影とある。前田の手前にいるのは高田延彦だが、高田はこの年に新日本プロレスに入団している。道場での前田はイギリスにいくまで寮長に任命されていて、寮での生活は人生で最高に楽しかった、毎日が修学旅行のような日々だったと語っている。

上段は満員の試合会場。残念ながら、いつどこで撮られたものかはわからない。大変な熱狂が伝わってくる。昭和のプロレス黄金時代には武道館はいうに及ばず、東京ドームに五万、六万の観客を集めることもあった。下段は新倉史祐と。新倉は高田と同じ時期の入団だが、年齢がいっていて、二十三歳でプロレスラーになった。昭和三十三年生まれで前田と同学年。新倉は前田とも仲良しだったが、長州力に可愛がられ、クーデター騒動の一年後、ジャパン・プロレスに参加した。

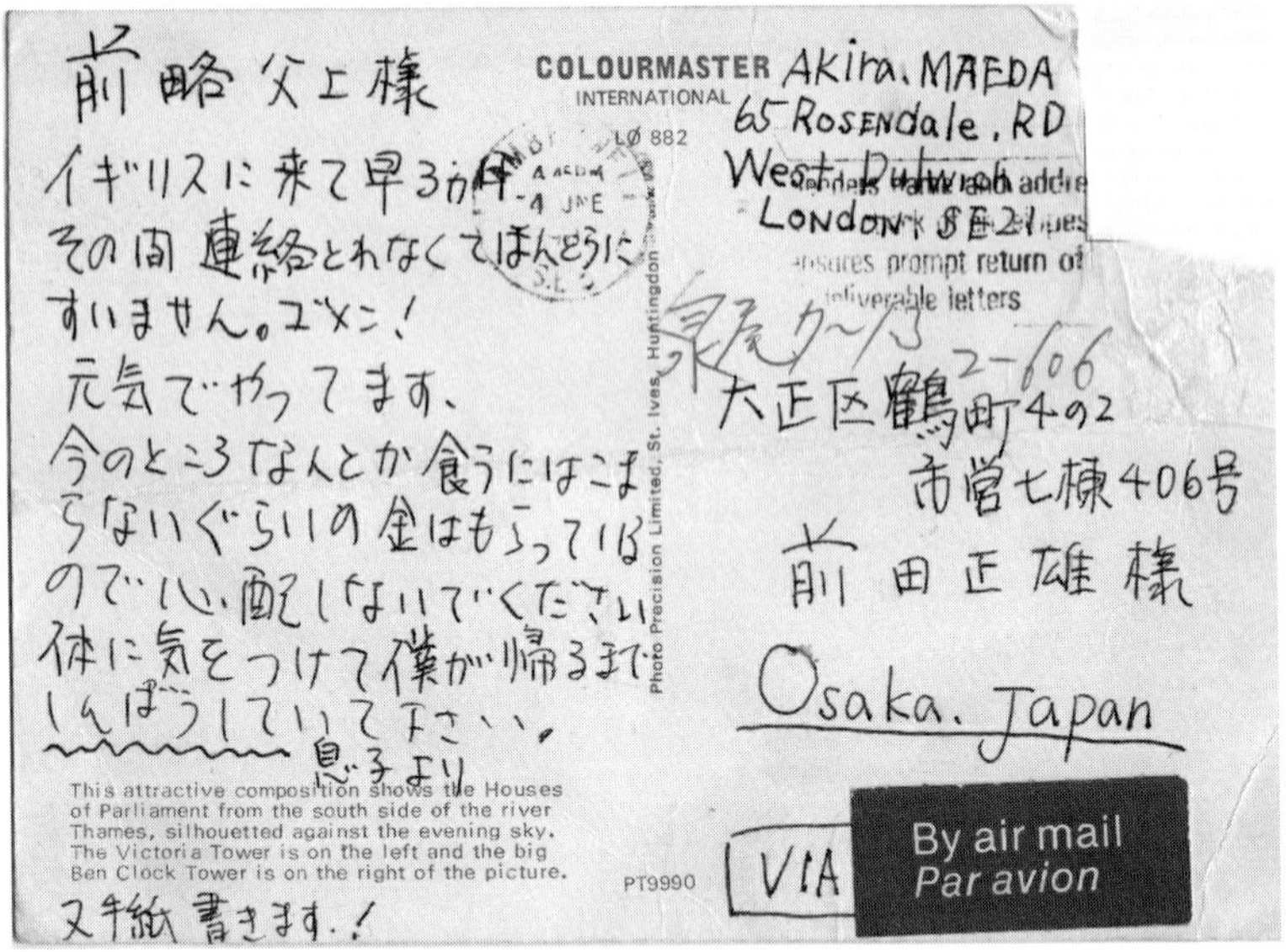

前略父上様
イギリスに来て早3ヵ月
その間連絡とれなくてほんとうに
すいません。ゴメン！
元気でやってます。
今のところなんとか食うにはこまらないぐらいの金はもらってるので心配しないでください
体に気をつけて僕が帰るまでしんぼうしていて下さい。
息子より

This attractive composition shows the Houses of Parliament from the south side of the river Thames, silhouetted against the evening sky. The Victoria Tower is on the left and the big Ben Clock Tower is on the right of the picture.

又手紙書きます！

COLOURMASTER INTERNATIONAL
LØ 882
PT9990
Photo Precision Limited, St. Ives, Huntingdon

Akira. MAEDA
65 Rosendale. RD
West Dulwich
London SE21

大正区鶴町4の2
市営七棟406号
前田正雄様
Osaka. Japan

VIA
By air mail
Par avion

上段は前田がイギリスから父親宛に出したハガキ。新間寿がロンドンまで様子を見に来て、目の前で書かされたという。大阪では父親が息子と音信不通で連絡が取れないといって大騒ぎをしていたらしい。文面で無連絡を盛んに謝っている。このころはもう、父にとって彼は自慢の息子だった。下段は晩年の前田正雄。二〇一〇年の十月に亡くなられた。計算すると享年八十三歳、いろいろあったが、最後は病床で「ホントに日明にすまんことをした」と謝りつづけていたという。

格闘者

―前田日明の時代―

1

青雲立志篇

戦後史記　列伝　戦士　第一

1959年〜1983年

目次

序　大阪市港区南市岡……23
前田日明が生まれた大阪市港区南市岡は運河沿いの町だという。二〇一五年の春、わたしは彼の生まれ故郷を訪ねた。そこは高圧的な高速道路がつづく足元の土地で、かつて人々が平和に暮らしていた下町の面影はどこにもない荒廃した場所だった。

第一章　原初の記憶、幼年時代……35
本章はいきなり前田日明本人の衝撃的な告白から始まる。彼は「このことはあまり人にいったことがないんだけど、自分は生まれたての赤ん坊のころの記憶をいまも持ちつづけている人間なんですよ」、といって昭和三十四年放映のテレビ番組の主題歌を歌った。

第二章　城下町姫路へ……81
一九六八年の三月から四月にかけて、前田日明が小学三年生から四年生へと進級する学年のかわりめに、前田家は大阪から兵庫県姫路市へと引っ越した。大阪の住みなれた町を出たのは既述したように、その町に高速道路が通ることになったためである。

第三章　両親の離婚……127
前田日明は、日本社会の本質について、次のようにいう。「日本の社会って一見慈悲が

あるように見えて、無慈悲なことっていっぱいありますよね。自分はじつは日本刀が趣味で刀の鑑定の勉強会やっているじゃないですか。その集まりで聞いた話なんですが…

前田日明は十三歳。中学二年生の夏休みの時点では、彼はまだ姫路にいる。彼のこころが両親の離婚という人生最大の厄災に悩まされている最中に、じつは彼の身体はまったく別の状況のなかにいた。離婚騒動と同期するように背が伸びはじめたのである。

人生を四季にたとえるならば、もちろん十五歳の前田日明は青春の真っ最中にいた。しかし、前田の青春時代の十五歳から十八歳までの三年三カ月は、まさしく文字通りの〝地獄の季節〟だった。親からも見捨てられ、孤独に苦しみ、在日の宿命に弄ばれた。

前田日明はついに体術を修練する場所へとたどり着いた。姫路の小学生時代に習っていた少林寺拳法のような子供の遊びではない、本物の空手である。空手の練習は楽しかった。そのころの彼にとっては、家も学校もいて楽しい場所ではなかったのだ。

第七章　ストリートファイター……299

このへんで、前田日明が十七歳の時に大阪の町で繰りひろげたストリートファイトの話をしておかなければならない。この時期の前田は、非行少年からヤクザ者になっていく、ギリギリの世界で生きていた。大阪はそういう生き方をするためには、お誂えの町だった。

第八章　上京、新日本プロレス入団……343

一九七七年七月、前田日明はついに故郷の大阪に別れを告げた。東京は一度だけ、高校の修学旅行でいったことがあるだけの知らない町だった。それは純粋に関西の大阪・兵庫の文化圏で育った少年の東京への就職で、不安だが、じつは幸運なものだった。

第九章　トンパチと呼ばれて……389

新日本プロレスの道場にたどり着いた少年の前田を、先輩レスラーたちはみんな、可愛がり優しくしてくれた。しかし、そのなかにひとりだけ、ふざけるんじゃねえヨ、こんなガキみたいな態度をとって、前田を白い目で見るレスラーがいた。藤原喜明である。

第十章　カール・ゴッチとの出会い……433

新弟子時代の前田日明の周辺のさまざまの出来事を書き並べていくと、アメリカのアリ

の道場をエサにして、新日プロの道場に連れてこられた彼が、あれこれといろいろなことを考えながら、そこを逃げださずにいた要因は大きく分けて二つあったことがわかる。

カール・マルクスは世界史最大の革命家のひとりだと思うが、そのマルクスが三十歳から没年の六十四歳までの三十四年間を過ごしたのはイギリスのロンドンだった。没年は一八八三年で、ちょうどその百年後に、前田日明はロンドンで生活している。

フロリダは北回帰線に近い、温暖なメキシコ湾流の影響もあって、常夏の国だった。

フロリダ州タンパはフロリダではマイアミに着く大きな町で、当時の人口は二十七万人。プロレスラーが多く住む町として知られ、カール・ゴッチもこの町で暮らしていた。

◇装丁　　　弓永重明
◆写真撮影　塩沢　槙
◇日本音楽著作権協会（出）許諾　第1503936—501号

序　大阪市港区南市岡

前田日明が生まれた大阪市港区南市岡は運河沿いの町だという。
わたしにとっての運河の町というのはこんな場所だった。

運河と橋がつらねられた輪のように交錯した区域が其処から拡がっていた。彼等が背を延ばすと箍《たが》に似て、繞りうねった輪道の彼方に、大運河の水が白く光っていた。そして、次第に、その運河の帯は幅広く見えてきた。一本の太い帯となっている大運河から無数に入り組んだ小運河には、数知れぬ古風な小さな橋がかかっていた。長く斜めに尾をひいた翳のなかへ半ば消えこんだ木橋、或いは、白く光った水面から弧状の円を描いて触手のように鉄骨を延ばした厳丈な鋼鉄橋、或いはまた、簡素な数本の索導線を骸骨のように張りめぐらした古風な吊橋、そうした小さな橋々が、垂れ罩めた夕靄のなかに細密画のように浮かんでいた。それは、大地の果ての満々たる汚水の上へ、軟質の泥濘と沸きのぼる瘴気の上へ、人々の蝟集しひしめく首都を絶えることもなく築きあげてきた数世紀にわたる営みの残滓であった。古風な木橋から朽ちた木橋へ、或いは、朽ちた木橋から黒光りする拱橋へと、その果てしもない橋々の系列は連なり続いた。太くうねった大運河の水は、帯のように白く光っていた。そして、ざわめく騒音、また時折はたと深い停止へ沈みこむ果て知れぬ静寂が、その運河と橋の交錯した区域から漂ってくるのみであった。夕靄のなかへ斜めに沈み込んだ区域に赤い火が点きはじめていた。湿った、まつわるような冷気が下から吹き上げてきた。
この遙かに運河と橋がつらなった区域を見下す地点で、彼等は何時も足をとめた。それは、数世紀にわたる人間の営みの残滓のみではなかった。もしこの運河と橋がつらなった微細画《ミニアチュア》の太初の原型を想いうかべ得るひとがあれば、水辺に葦がそよぎ、枯れ、堆積した太古からこの湿気た河口地帯へさまざまな生物が漂いより、ひしめきあった営みの歴史をまざまざと想い浮かべただろう。それは、この運河と橋がつらなった風景とまったく類似した形で、垂れ罩めた夕靄のなかに沈んでいる筈であった。遙かに白く光った大運河の流れを見下しながら、彼等は何時ものように凝っと佇んでいた。

夕靄にいぶされた鈍い太陽は、地平の果てに沈みかけていた。(1)

この美しい運河の描写は埴谷雄高が書いた小説『死霊』からの引用だが、ついに未完に終わったこの小説のこの章が戦後すぐに若い文学者たちによって創刊された文芸雑誌の『近代文学』に発表されたのは一九四八(昭和二十三)年のことである。そのころの埴谷はもう東京の住人だったはずだから、描かれた場面の基本的な原風景はおそらく東京湾の運河地帯のものだろう。

ここで書かれているのはもちろん、どこにもない非在の町で、前田の生まれ故郷の思い出話を聞いたときに、勝手にわたしが想起しただけのことだったが、前田日明の原稿を書くのであれば、その、彼が生まれて育った大阪市港区南市岡が実際はどんなところなのか、一度は訪ねてみなければいけないと思っていた。

前日、渋谷のリングス事務局で前田日明に会って、父親の遺品の写真アルバムを預かった。

そして、二〇一五年三月二十七日の朝八時の新幹線で東京を出て、大阪のその場所を訪ねた。

新大阪から大阪へ出て、大阪駅で環状線に乗り換え、内回りを福島、野田、西九条、弁天町と過ぎて、大正の駅で降りる。町はちょうど正午を過ぎて、お昼休みの時間だった。

雑然とした大正駅の繁華街を離れて、線路に沿った細い道を列車の進行方向と逆にもどる形で歩いていく。シャッターを下ろした仕舞屋ばかりがつづく高架線路下の、両側ともが道になっているが右側の狭い道路のほうを選ばないといけない。この狭い道を百メートルも歩くと、橋の手前で交通量の激しい、道幅の広い千日前通りに合流し、運河にかかった岩崎橋を渡る。

橋を渡るとすぐ、右手に、巨大な大阪ガスのガスタンク群が姿を現し、その奥にさらに巨大な大阪ドームがそびえ立っている。プロ野球オリックス・バッファローズの本拠地だ。大阪ドームの繁華な交差点を左に曲がる。道はしばらくすると堤防の上を運河に沿って走る形になる。

このあたりが前田日明の育った南市岡の町である。岩崎橋は橋の所在は西区だが、橋を渡って左折したあと、運河沿いに歩いていくとすぐに港区に入る。

この橋から上流は岩崎運河だが、橋を境に名前が変わり下流の部分は尻無川と呼ばれている。尻はおそらく、川尻のことで河口の意味だろう。大阪の運河は複雑に入り組んでいて、おおもとは淀川に違いないのだが、大阪平野に入ると、人間の体内の血管のように分流して、川の名前も出世魚のように場所によって同じ川が幾度も名前を変えるのである。

まず、淀川から別れた大川が中之島によって二つに分断されて、堂島川と土佐堀川になり、二つの川は昭和橋と舟津橋、端建蔵橋、湊橋と四つの橋が交錯して架かっているところで一瞬、合流して、すぐにまた、木津川と安治川とに分かれ、安治川はそのまま、淀川と並行して大阪湾に流れ込む。一方、木津川は大正橋のところで道頓堀川と十字路のような形で直角に交差し、木津川はそのまま大阪湾に流れ込むのだが、道頓堀川はそこから岩崎運河と名前を変えて、尻無川へと繋がって海につづいている。昭和の時代に大阪研究の第一人者であった元・大阪大学教授の歴史学者、宮本又次はこの、大阪の町の橋づくしの有りさまを、

江戸は八百八町といい、町数の多きを誇り、大阪は八百八橋といって橋数の多きを誇っていた。大阪の橋には公儀橋と町橋とがあった。大阪の公儀橋は天神橋、天満橋、難波橋（以上大川）、京橋（大和川）、鴫野橋（平野川、猫間川落合）、野田橋、備前島橋（鯰江川）、農人橋、高麗橋、本町橋（以上東横堀）、日本橋（道頓堀）、長堀橋（長堀）の十二橋をいい、他はすべて町橋であった。天明七年（一七八七年＝註）の調査によると、町橋総計百四十三橋であった。（2）

と書いている。何百年という歴史の積み重ねが、こういう運河と橋が組み合わされた錯綜した構造の町を作り出したのだろう。この橋と橋が組み合わさり、運河と運河が繋がりあってひろがる大阪の町の複雑さはとても文章で書いただけでは理解できないだろう。

わたしは岩崎橋を左折して、橋の足元から、いまや尻無川と名前を変えた運河に沿ってつづく道路に出て、川の流れに合わせて歩いていった。途中、工事をやっているところがあり、工事の見張り役のヘルメットをかぶったオジサンに聞くと東南海地震でやって来るはずの巨大津波に備

えて、堤防を高くする工事をしているのだという。

南市岡の家々は古びてくすみ、やけに金属加工の家内工場と瓦屋さんが多かった。

運河沿いの堤防の上を通る道はたしかに川縁に瓦を並べた古びた倉庫がつづいていた。

道路がまだ未発達だったころ、船で煉瓦を運び入れた名残りなのだろう。運河には舫をつないだタグボートや古い木造船がつながれていたが、人影はなかった。水上生活者はいまはいなくなったのだろうか。たぶん、昔はもっと密接に、海というか、運河と結びついた町だったのだろう。

いまや言葉は悪いが背の高い堤防でまもられたゼロメートル地帯の印象である。町には古い建物ばかりではなく、真新しい今風の建て売り住宅の建ち並んでいるところもあり、新旧が入り交じって雑然とした、視野のどこかに人がいる、にぎやかな活気のある生活の町だった。

前田に描いてもらった簡単な鉛筆書きの地図を頼りにあたりを徘徊して公園を探し出た。公園ではおじいさんが所在なげにベンチに座って日向ぼっこしていた。

あたりを歩き回って、古い小さな家が建ち並ぶなかに、彼が高校時代を過ごした家を見つける。それとわかったのは集英社から出た単行本『無冠　前田日明』に掲載されていた写真のせいだった。昭和三十年代の前半に建てられたのだと思うが、築何十年もたつ木造の家がそのままの形でいまも残っていた。陋屋と書いてもいいだろう。（3）

隣の家も金属加工のネジを造る小さな工場で、そこの作業服を着たオジサンに聞いたら「隣はもうずっと何年も誰も住んどらん」という。

いっぽう前田が幼年時代を過ごした、立ち退きでなくなってしまった家の方は神戸にいく高速道路（四十三号線）の足元ということで、そこから何百メートルか西にいったところである。

　ふたたび運河沿いの道にもどって、今度はその場所を探す。大規模マンションなども建って、昔と相当に様子が違うのだろうが、彼が話してくれた思い出話に出てくるような子供たちの遊ぶ声も聞こえず、オバサンたちが集まってやる井戸端会議も見かけなかった。古い住宅街のなかに突然、床屋さんがあったり、喫茶店の、これも古い看板を出した仕舞屋を見つけたりした。

　冒頭に引用した『死霊』のこの章が発表されたのは既述のように昭和二十三年だから、描かれた運河の光景は終戦直後の東京湾岸のものだと思うが、たぶん、昭和二十年代の大阪湾の海沿い一帯の町の光景も似たような様子だったのではないか。運河に沿って歩いていくと、時代を遡航して、過去の世界に迷い込んでいくような錯覚に陥りそうだ。

　人とはほとんどすれ違わないが、車がひんぱんに行き交う道路をしばらく歩くと、やがて高架の高速道路が川を真横に断ち切っているような場所に出た。これが、阪神高速十七号西大阪線（高速道路の高架の橋げたのところには四十三号線神戸↓と書かれていた）で、ここがいまから四十五年前に、前田の家族、両親と子どもふたりが暮らしていたところだ。

　彼らはこの高速道路を敷設するための用地買収でこの地を追われた、そういう場所である。

　家は運河から百メートルくらいのところにあって、いまは家の敷地の一部が三角の小さな公園になっているという。高速道路に沿って見当で歩いていくと、すぐにその場所は見つかった。

　その高速道路が国道四十三号線に沿って地表に覆いかぶさるように作られるまでは、この町は人々が平和に、和やかに暮らす、大阪のどこにでもあるような普通の下町だった。

大阪万博のためにこの高架高速を造ったというのだが、四十数年後に残っているのは、そういう都市開発計画の、町で暮らしていた人たちへの無惨な仕打ちのなれの果ての三角小公園である。

前田ももう何年も前にこの在所を訪ねたことがあり、そのときは道を挟んだ向かい側の、創価学会の港区支部長をやっていた福島さんの家だけが残っていたというのだが、福島さんチはいまもあった。細かな事情はわからないが、当時なにかあって、前田の父親がこの福島さんチにバットを持って殴り込み、家の中をメチャクチャにたたき壊した。父親は家屋侵入と暴行罪で逮捕されて留置場に入れられ、ひと月くらい家にもどって来なかった、そんなことがあったという。

福島さんの隣家のおじいさんが道路に椅子を出して日向ぼっこしていたので「このへんに昔、前田さんという家があったんだけど知らないか」と訊いてみたが、「知らん」とのことだった。「ワシは今年八十で、五十年近くここに住んどるがそんな家は知らん」とのことだった。五十年近く前というと、話が微妙で、前田の家族がこの町を出て姫路に引っ越していったのは四十八年前のことである。この周辺のことは第一章の68頁などに書いている。

国道四十三号線はしばらくいくと、みなと通り（国道百七十二号線）と交差して、このあたりはかなりにぎやか。途中、スーパーマーケットを発見、町のみんなはここで買い物しているのだろう。店に入って値段を調べると通常コンビニなどで百円プラス消費税で売っているヤマザキのクシ団子が八十八円プラス消費税、東京の、わたしがいきつけているスーパーで九十八円で売っている大陸ワンタンが百四十八円の二割引、百十八円プラス消費税だった。まあまあ安い。

みなと通りの道路幅は非常に広くて、楽に上下三車線ずつ、道幅三十メートル以上あった。

前田が子供のころ遊びまわっていたという浜通りの南市岡から大阪港までの距離は五キロくらいだろうか。歩くと、一時間半くらいかかるはずだが、港まで歩いてみようと思った。

歩き始めて、すぐに、朝飯も食べずに東京を飛び出してきたのを思い出して、腹がへってきたので、なにか食べることにした。歩きながら、中華そば屋を探した。

わたしは知らない土地に旅行して、腹がへると、まず、その土地のラーメンを食べてみる習性があるのだ。これはわたしの心意気としては、定点観測的に日本各地のラーメンを食べて、その土地に住む人の持っている味覚の基準とか美意識とか器と盛り付けのきれいさ、値段とか店の清潔さ、店員の接客態度などからその土地の文化力を推し量ろうというものなのだ。

ここで「札幌や」という名前の、店構えの古そうなラーメン屋さんを発見。店は三十くらいの数の椅子が広い店内にゆったりと並べられて、昼めし時ということもあり。客が満席に近い状態でにぎわっていた。壁に貼られたメニューを見ると、醤油ラーメン六百七十円とあり、値段については諸物価高騰の折からまあまあ合格だった。そこでこの醤油ラーメンを頼むことにした。

店の臨機応変の適応能力も調べようと思い、わたしは大盛りを頼んだ。麺の大盛り二百十円はふっかけすぎだが、文化力の実力を調べるためにガマンすることにした。店によっては、メンを大盛りにすることで、味のバランスを崩してしまう技術の浅薄なラーメン屋もあるのだ。

注文して所要時間をへて出てきた醤油ラーメンは、器は大盛りなのだが、麺とスープのバランスがよくなくて、麺がスープのなかで泳いでいるような感じだった。東京の大勝軒の中盛や次郎の野菜ましましのラーメンを食べつけているわたしの基準からいうと、スープが多すぎた。二百十円も出すのだから、麺はもっと多くていいはずである。そこのところは残念ポイントだった。

店の人に聞くと、ここも開店して五十年の歴史があり、最初中華料理屋だったが、ラーメン専門になってから四十五年たつという。

スープが多すぎると思ったが、しかし、この醬油ラーメンはかなり美味しく、わたしはすぐに昔、駒沢通りの、恵比寿の駅から代官山のほうにいく途中にあった恵比寿ラーメンや、荻窪にあった丸福（従業員がツンツンしていた昔の丸福）のラーメンを思い出した。味が濃く、たぶん塩分が濃くて身体に悪そうだが、みごとな［昭和の味］だった。麺とスープのバランスを調整して値段を六百五十円くらいに押さえれば、十分、池袋や渋谷で勝負できる味だと思った。

いままで、二十歳過ぎからここまで三日に一回くらいずつはラーメンを食べてきているから、ざっと計算すると、六千杯くらいはラーメンを食べていることになるが、わたしの考えでは市岡のラーメンの味はかなり上位で二百位以内に入るくらい、スタイルが悪い（麺とスープと具のバランスがよくない）ので総合、いわゆる上の中、ランクでいくと八百位くらいではないかと思う。

ここから港までは、いまは地下鉄が通っていて、環状線からだと弁天町乗り換えでそれを利用して、二駅で大阪港にたどり着くことができるのだが、わたしは港まで歩いた。

そのころも人々は港まで歩いていったのだろうか。築港はとりとめなく、どこが波止場なのかわからなかったが、人に聞きながら散々に歩き回って天保山客船ターミナルというところにたどり着いた。建物に寄港船発着予定表という掲示板がありそこにはこんな情報が掲示されていた。

船名　ビストラル（1万9994トン）
4月6日7時入港　同日19時出港　宇野発　宇野行
船名　サファイア・プリンセス（11万5875トン）
4月15日7時入港　同日23時出港　仁川発　上海行

つまり、この先、しばらく、この二便しか船舶の発着がないという意味である。

それでもサファイア・プリンセスというのはあの有名なサファイア・プリンセスで、造船したのは長崎の三菱重工業だが、デッキだけで十八階ある、世界最大級、定員二千六百余名の巨大なクルーズ客船である。イギリスのプリンセス・クルーズの持ち物だ。韓国からやって来て、中国にいく、途中、一日だけ大阪に立ち寄る、という話である。世界中の港を回航しているらしい。

消防署の人に聞いたのだが、大阪港に定期的に入ってくるような船便はない、とのことだった。たぶん、昔はこの天保山ターミナルから直接済州島にわたる定期航路が出ていたのではないか。上海にいく船便もたぶんこの波止場に発着していたはずである。

通りかかった若い娘さんに話を聞いたが、一昔前まで淡路島から徳島にいくフェリーがあったが、それも「わたしが子どものころ廃止された」のだという。

橋ができ、空港ができて、連絡船で海を越えて大陸、半島にわたろうとする人はいなくなった。四国とも陸路で本四架橋を通って往来するようになった。

大阪港はたぶん、二十世紀的な、産業社会的な意味での役割を終えているのである。

運河を望む、江戸時代からの花の名所である天保山は一面に桜の花盛りで、たくさんの花見の客でにぎわっていた。それよりも驚かされたのは、天保山の隣にある海遊館という大きな建物で、これは建物のなかに水族館があり、外付けで観覧車のある遊園地というか、テーマパークだった。波止場に沿って歩いていくと、この海遊館の海側に出たのだが、そこで人だかりがしている。建物に入ってみると、大きな食堂で、食堂のまわりはいろいろなおみやげ物を売る店が並んでいた。驚くべきことに食堂は満員状態だった。そして、中国語や韓国語（よく分からない外国語）が飛び交っていた。アジアからの観光客がバスに乗って大挙して押し寄せているのである。

食堂のテラスからは大阪の美しい海が見えた。テラスに並んだテーブル脇のベンチに座り、中国人たちがテーブルでにぎやかに食事をするのに混ざって自動販売機で買ったコーラを飲んだ。

そしてわたしは、百年近く前に、この港に楽土を求めて半島からたどり着いた朝鮮の人々のことを思った。

【註】

（1）『死霊』一九七六年刊　講談社　埴谷雄高著　P・275

（2）『大阪』一九五七年刊　至文堂　宮本又次著　P・147

（3）『無冠　前田日明』一九九八年刊　集英社　佐々木徹著　P・31

第一章　原初の記憶、幼年時代

前田日明はこういう。

このことはあまり人にいったことがないんだけど、自分は生まれたての赤ん坊のころの記憶をいまも持ちつづけている人間なんですよ。

本章はいきなり、前田日明本人のこの衝撃的な告白から始まる。彼はつづける。

そのときのオレというのはたぶん、ベビーベッドかなんかに寝ていてね、昔のセルロイド製の赤いガラガラみたいのがそばにあって、なんかそれも水のなかで目を見開いているみたいな、ボヤーッとして見えなかったのが、ある日バッと見えた。そういう感覚なんですよ。

それまで赤いものがモヤモヤしていて、アレはなんだろうと思っていたものが、パッと見えたら、赤ちゃん用の赤い、ゼンマイで動くメリーゴーラウンドだった。それで、ここはどこなんだろうか、と。その、ここはどこなんだろうという思いの印象が強烈に残っているんですよ。

なんというかね、赤ん坊のときの記憶というのがすごくあるんです。オムツを替えてもらっていた記憶とかもあるし、自分が母親に抱かれて、母親のすぐ下の妹（ルミちゃん＝註）が岐阜の柳ヶ瀬でスナックをやっていたんですね。長いカウンターの奥のところに四畳くらいの部屋があって、そこでオムツを替えてもらったんだけど、そういうことを覚えているんだけど、いつごろいったの?って母親に聞いたことがあるんですよ。そしたら「アンタ、それは六ヶ月になるより前の話だよ」といわれた。そういう話とかね。
ビービー泣いていても、テレビを見せると泣きやむ赤ん坊だったらしいんですよ。それで母親が赤ん坊をあやすためにいろんなテレビを見せてくれたんですね。そのときに、昔、『ナショナルキッド』なんていう番組があって、その主題歌が大好きでよく覚えていたんです。♪雲だ嵐だ稲妻だ……♪　っていう歌なんだけど。主題歌を覚えているくらいだから、『ナショナルキッド』って幼稚園生ぐらいのときに放送されたのかなと思っていて、先日調べてみたら、昭和三十四年から三十五年にかけて放送しているんですよ。

もうこのときから、前田日明とテレビというメディアの関係が宿命的であったことがわかる。そのことの説明はあとに回すが、前田日明が生まれた昭和三十四年はテレビが革命的に存在し始めた記念すべき年である。前田の誕生は同年の一月だから、このままの話でいくと、『ナショナルキッド』は赤ちゃんの前田が零歳から一歳にかけての時期に放送されたことになる。前田はその番組の主題歌を「覚えているんです」といって歌ってくれた。ちなみに、こういう歌詞である。

♪雲だ嵐だ稲妻だ　平和を愛する人のため
諸手を高くさしのべて　宇宙に羽ばたく快男児
おお　その名はキッド　ヘイ　ナショナルキッド
ボクらのキッド　キッド　ナショナルキッド♪

インターネットにこのテレビ番組の情報が載っているのだが、そこには「ナショナルがよい子に贈るテレビ番組」とあり、のちのウルトラマンや仮面ライダーのような着ぐるみヒーローの原型のような印象である。歌はその時代の特徴か、調子がよく、わかりやすい。ナショナルというのはいまのパナソニック、松下電器産業の商標名で、松下は当時から大阪に本拠地を置く、日本最大の電機メーカーだった。

昭和三十四年という一年について、それがどんな年であったか、橋本治の『二十世紀』では、この年はこんなふうに描かれている。

昭和三十四年――一九五九年の皇太子御成婚を機会にして、そのパレードの中継を見たいと思う人達がテレビを買い、それで日本中にテレビが普及したという話は、有名である。それを後に知って、「へー」と思った。東京の山の手にあった私の家に、まだ「テレビを見せてください」と言う近所の人は来ていたからである。

私の家には、割合早くからテレビがあったから、テレビでプロレスの中継がある時には、近所の人が「テレビを見せてください」と言ってやって来た。電気を消して暗くした部屋の中で、二十人ほどの人達が正座して肩を並べてプロレスを見るという、日本の戦後史に有名なシーンを自宅で体験していた。そして、その時の私にとって不思議だったのは、「人はプロレスにしか関心がないのだろうか?」ということだった。（1）

橋本治は昭和二十三年の三月生まれで、わたし（塩澤＝著者、昭和二十二年十月生まれ）と同学年、団塊の世代の作家である。このとき、小学六年生。同じ昭和三十四年でも、橋本が書いているのは東京の杉並区の住民のテレビの状況である。たぶん、大阪も同じようなものだったのではないかと思う。

そして、橋本の書いた文章は、この時代の日本のプロレスラーがアメリカのプロレスラー相手に繰りひろげた〝尊皇攘夷〟型、あるいは〝鬼畜米英〟型のプロレスが当時の一般家庭の茶の間でどれほどの威力を持って楽しまれていたかも教えてくれる。

三十年代の日本プロレスの主役は力道山だったが、前田は昭和三十八年の力道山が死んだ日のことも覚えているという。その死んだ日の直後の夕方、おじいちゃんがスポーツ新聞を読みながら「力道山が死んだ」と呻くようにいったのだ。前田自身もたぶん、それだけテレビが好きだったのなら、プロレス中継も見ているはずである。

それにしても、わたしもこれまでの前田日明のインタビューはだいたい目を通しているつもりだったが、彼の「テレビ番組の主題歌は『ナショナルキッド』だけじゃなくて『月光仮面』の主題歌も歌えます。『月光仮面』のほうは　♪月光仮面のオジサンは…♪　という歌、この番組も昭和三十四年の放送で、自分が一歳になる前なんです」というような、こんな話を聞くのは初めてだった。

ちっちゃいときの記憶がいまもあるという話を人にするのは初めてかも知れません。着ぐるみのなかに入って外を見てるという話はいろんなところでしているんだけど、ああそうなんですか、で終わりなんですよ。この話はへんな言い方をしなきゃならないんですけれど、自分には生きているっていう実感がほとんどないんですよ。こうやっていろんな人としゃべって、見たり聞いたりして、この世界にいるんですけれども、本当は誰がいるんだろうか、と思うんですよ。自分自身は自分を自分と感じているんですけれども、まわりの人たち、自分のまわりにいる人たちも本当にオレがみているのと同じように見えるのかな、と思ったりするんです。

やっぱりその、赤ん坊のときの一番最初の記憶で、ここはどこなんだろうと思って、それとともに絶望的な孤独感を感じながら、それを感じた自分は誰なんだろう、どういう人格というか、どういう感性がそういうことを思ったんだろう、と。その答えを見つけるために、自分は本を読みつづけているんだと思うんですよ。

実際のところ、年をとるのにしたがって、知識は横にひろがっていくんですけれども、なかなか縦に深いところに到達してくれない。たぶん、最後の死んでいくときに、経験したこととか出会った人とかにフラッシュバックしながら、その過程でなにかを、ああオレってこうだったんだということがわかるんじゃないか、と思ったりするんです。

このコメントも大脳生理学みたいなところに踏みこんで論じれば、ある程度のことは書けるのだろう。あるいは、吉本隆明が『言語にとって美とはなにか』のなかで論じた、表意と表現の二重構造の問題になぞらえて説明することができるかも知れない。いずれにしても、いまは、ここでそういうところに入っていくのはやめにしておこう。それでも、前田のこういう意識の有りようを、わたしはこの本のなかで［精神の二重構造性］という造語を使って説明していくことにしよう。

前田のこの、とてもプロレスや格闘技を商売にしている人間とは思えない、いきなりの深遠な意味をもつ告白に、わたしはどう答えていいのかわからず、曖昧に「難しい問題だね」という。

前田は、わたしのはっきりしない受け答えに反論するようにいう。

いや、単純なんですよ。なんかこうね、目、着ぐるみのなかの目の穴から人を見ているような感覚が抜けないんですよ、自分から。自分はここから（この着ぐるみのなかから）、この目の穴から出れないじゃないですか。そういうなかで世界が見えて、手が見えて、奥の方で誰かがずっと見ているような感じ。この奥の方の目から。こいつはいったい誰なんだと。それとここはいったいどこなんだという感覚なんです。

七年前のことなんですけれども、病院にいって調べてもらったら、自分は脳のなかに動脈瘤があることがわかったんですよ。それで、脳波をとって詳しく調べたんですが、てんかんの気があると。で、医者からあなたはちっちゃいとき、カンカン照りの太陽の下が苦手だったでしょう、といわれたんですよ。それはそうなんです。

自分はもう、子どものころから太陽の下にいったら目を開けていられないんです。もう、眩しくて眩しくて。カンカン照りがすごく嫌でね。そういう状態になると余計にね、一瞬忘れていたような、こうやってこう（着ぐるみのなかから顔を出すような仕草をして）目の穴から、強力な、目の穴から外を見ているっていう感覚がぶり返してくるんです。

そういう、生まれたときの初めての記憶というか、そのときその日に初めて感じた気持ちというのにずーっと支配されているんです。ここはどこなんだろうと思った瞬間の絶望的な気分から、それじゃあ、そう思ったオレっていったい誰なんだろうと、そのことにずっと興味を持っているんです。まだ名前も決まっていない自分に対して、自分が誰なのか…、そのことを知りたいと思っているんです。

ここで、前田日明が語っているのは、自分は日常、普通に暮らしているが、本当はそこにそのようにあるものとは別の存在ではないかという意識に囚われている人間だという意味なのではないかと思う。つまりそれが［精神の二重構造性］である。

前田の［オレは誰だ＆ここはどこだ］という思いの先にあるのは、密やかだが激しい自己否定、あるいは、オレなんか凡庸で普通の存在だ、だけど…、というふうに分裂した自己意識である。そして、その深部にはさらに、現状とは遙かにかけはなれた形で存在している理念、…夢、願いと書いてもいいかもしれない観念、つまり理想の基準がある。

これはもしかしたら、新日本プロレスが生んだすぐれたレスラーたち、長州力や藤波辰爾のなかにも同じように存在していたもの、と書いてもいいかも知れない。しかし、ここがその理念の荒野だとして、その荒野の中央に屹立する塔のような理想の前に立ちつくして、オレはいったい何者なのかと逡巡している有りさまは前田独特の［立場］なのではないかと思う。

それはたぶん、新日本プロレス的だからこそ存在するが、正確に書くと、〝新日本〟的というよりは現状否定的な、革命戦士的な発想である。もしかしたら、それも長州や藤波のなかにも、高田延彦や佐山聡のなかにもあったものなのかも知れないが、これらのプロレスラーのなかでも前田日明ほどにそのことを徹底的に追いつめていった人間はいなかったのではないか。

前田の「オレは誰だ」、「ここはどこだ」というセリフは彼の複雑な精神構造を連想させる言葉だが、おそらく、わたしたちが自分たちの思考を論理的に組み立てようとして、形而上学的な学問用語を持ちだして、意識とか存在とか実存というような語彙を使って説明しようとする次元のことがらを、前田はそういう専門用語を使わずに、もっと直観的に理解しようとしているのではないか。

「ここはどこだ・オレは誰だ」という謂いは、彼なりの人間認識の有りようを本能的なつかみで表現しようとするセリフなのではないか。

端的にいうと、そこには彼なりの自我の自覚＝実存の発見があるのではないか。

このことの解明も徐々にやっていこう。いまのところ、わたしが書くことができるのは「これはけして現状を肯定せず、現実にけして満足しないで戦後大衆文化のなかで生きて戦いつづけてきた永久革命論者の戦いの記録である」ということだろうか。

少なくとも、わたしはそう思いながら、これから、前田日明のことを書こうと考えている。

それにしても、人間の人生はどういうことによって形成されていくのだろう。もって生まれたもの（人はこれを宿命と呼ぶ）、両親の注ぐ愛と躾、そして、出会うたくさんの人々、その人たちの教え、さらには、自分なりの努力、隣人や知人の助け、こうやって、ざっと人間の人格形成や生きることについての大切な事柄をランダムに羅列すると、あらためて、いまから書き進めようと考えている前田日明の人生の軌跡の数奇さに驚かされる。

人間は、簡単にいうと、素質と環境の合成作業によってできあがるもの、と書いていいのではないかと思うのだが、この、前田日明のどこまでも自分の掲げる夢を求めてやまない、冒険や未知への挑戦を至るところにちりばめた生き方は、どのようにして、どういう力が作用して始まったのだろうか。

わたしはこのことを、もって生まれたものや素質＝オレはいったい何者なんだという強い自問の思い、そして、環境や両親、隣人や知人たちの存在＝ここはいったい何処なんだという疑惑というか疑問、それらのものをこういう形で人生を始めた人間の物語というふうに考えることにしよう。そして、本人がする告白を、できるかぎり客観的・冷静な座標のなかで検証しながら、彼が生きた生の軌跡を、人間とはどういう存在なのか、それは前田に固有の生き方なのか、それとも、その時代の人間一般がそういう生き方をしたいと願ったのか、その問題意識をかたわらに携えて追いかけていくことにしよう。

まず、わたしたちには誰にでもみんな、自分たちがどう生きたか、そのことをあとから来る人たちに語り継ぎたい、自分がどう生きようとしたかを書き残しておきたいという、素朴（本能的）な願望がある。

それは、文學作品的にいうと、私小説だったり、自伝だったりということなのだが、このことを前田日明については後述するが、わたし的には二十年ほど前、初めて前田日明と出会って話を聞かせてもらったとき、この人の話をもっとチャンと書きたいと考えたところから始まっている。

それは、自分のスケジュールノートを照合すると、平成六（一九九四年）年一月十三日のことである。わたしたちはふたりとも亥年で、年齢はひとまわり違うのだ。

このとき、前田が三十五歳でわたしは四十七歳、前田はグルジアの格闘家ビターゼ・タリエルとの戦いを一週間後に控えていた。歳月は疾く、あれからもう二十年が経過してしまっている。

その出会いがあって（前田本人はわたしと出会ったことをすっかり忘れてしまっていたようだったが）、わたしはいまから六年ほど前に『ＵＷＦ戦史』という本を書き始めたのである。

それとは別に、前田ができるだけの自分の過去を正確に記録したものをあとに残しておきたいと考えるようになったのは、何年か前に結婚し、遅く生まれた子どものせいだった。

彼はこういう。

息子が生まれて、ある日、考えたんですよ。息子が二十歳になったときに自分は七十歳、息子が三十歳になったころ、自分は日本人の男の平均寿命を超えているんですよ。父親がどうやって（必死に人生を）生きたか、そのことを息子になんとか知って欲しい、そういうことを考えるようになったんです。しかも、プロレスラーの場合、七十歳まで生きられずに死んでいく人が圧倒的に多い、そういうことを考えたら、自分の過去をチャンと記録した本格的なヤツを作っておきたいと思ったんです。

前田が尊敬した山本小鉄は六十八歳、ヤマハブラザーズで山本の相棒だった星野勘太郎は六十七歳、豊登道春六十七歳、グレート草津は六十六歳で死んでいる。ジャイアント馬場、グレート東郷、ハロルド坂田、ヒロ・マツダ、サンダー杉山、これらの人々は六十代の前半、六十歳を過ぎて早々に鬼籍に入った。さらに、前田といっしょにUWFを立ちあげたラッシャー木村は六十八歳、わたしたち（前田とわたし）の共通の友人だった作家で格闘技プロデューサーだった百瀬博教が死んだのも六十七歳。つい先日、阿修羅原が死んだが、これも六十八歳。

前田自身もそういうことなどを思うにつけ、息子というか、あとにつづく世代の人間たちのために自分がどう生きたかという記録を、自分がこの世を去る前に、なんらかの形で書き残しておかねばと考えていたのだ、という。

前田がそんなことを考えていた二〇一四年のある日、わたしがフラフラと彼のところを訪ねていったのだった。これは別仕立ての企画でわたしはわたしの本を書くために、自分の話のなかに前田の出番を作って取材を申し込んだのだった。この別仕立ての企画については、［後書き］かなにかで触れるつもりだが、『UWF戦史3』を書くために前田をインタビューしてからでさえも五年の歳月が経過していた。

そういう前田日明とわたしの歴史の積み重ねのなかで、わたし（わたしも六十七歳である）は前田のためにちょっと長目の戦後日本の［史記列伝］、〃戦士篇〃の執筆を担当することになったのである。

前田日明は昭和三十四（一九五九）年一月二十四日、大阪市大正区南恩加島の病院で生まれた。午前〇時三十分のことだという。

「母子手帳があるんです。それでそこまでわかるんです」

平成十（一九九八）年に集英社から出版された『無冠　前田日明』には、「大阪区南恩加島の日赤病院で生まれた」とあるが、これは大阪区は大正区のまちがい。南恩加島には日赤病院はないのだが、五丁目に、中山製鋼所付属病院と名乗っている大きな病院が一軒だけある。たぶん、そこで生まれたのだろう。そして、家は隣の港区の市岡という街にあった。港区には地形の西端に大阪港があり、大阪港そのもののような場所である。

前田はこの場所について、こういっている。

そこはもう朝鮮人と沖縄から来た人しか住んでいないような町だったんですよ。そんなところで、そこにある日赤病院で生まれたっていうんですけれども、地図で調べてみてもないんですよ、日赤病院が。たぶん、昔はあったんでしょうね。

その当時、住んでいたのは港区の市岡、ここに浜通り四丁目というのがあったんです。その町は在日の町というより普通の（日本人が多く暮らす日本の）町で、うちも他の人たちと同じようにして、在日ということは公言せずに暮らしていました。両親はむしろ、周囲に自分たちが在日だと知られることをいやがっていた。昔はそのことについて、いまとは比べものにならないくらいの大きな差別がありましたから。

市岡浜通り四丁目というのは、いまはもう、高速道路が通っちゃって、そういう地名も亡くなってしまったんですけれども。自分はたぶん、そこに九歳まで住んでいた。母子手帳もあるんだけれども、自分が生まれたときのへその緒もとってある。そのへその緒の入った桐の箱の裏にも［昭和三十四（一九五九）年一月二十四日午前〇時三十分　誕生］と書いてあるんです。

在日と沖縄から来た人しか住んでいなかった町、高速道路敷設のための立ちのきで消えてしまった町、…前田日明の物語はその町から始まる。

わたしはこの話の最初の切り口を［昭和三十四年の大阪］というところから始めよう。

戦後の日本社会にとって、昭和三十四年とはどういう歴史的な因縁の絡んだ時代なのか。

また、大阪の港区がどういう空間的な広がりを持つ場所だったのか、そのことの論から始めることにしよう。

まず年表の昭和三十四年の項から、この一年の特徴的な出来事を書き並べるとこうなる。

1・10　NHK教育テレビ発足。2・1NET（現・テレ朝）、3・1フジテレビ発足。

1・19　三井鉱山、労組に6000人整理の企業再建案提示。
2・18　藤山外相、政府自民党との会談で安保条約改定試案を発表。
3・15　『朝日ジャーナル』創刊、同月『週刊現代』、五月『週刊平凡』創刊。週刊誌ブーム。
3・30　東京地裁、安保条約による米軍駐留に違憲判決。
4・10　皇太子ご成婚。
4・14　首都高速道路公団法公布。
4・15　安保改定阻止闘争始まる。
6・2　参議院選挙。自民78、社会38、緑風6、共産1、諸派1、無所属10。
6・10　国立西洋美術館開館。
6・18　岸内閣改造。通産大臣に池田勇人。
8・12　日韓会談開始。翌（昭和三十五）年四月、李承晩政権崩壊により中断。
8・13　在日朝鮮人の北朝鮮帰還に関する日朝協定調印。
9・26　伊勢湾台風、死者行方不明者5101名。
10・26　自民党、安保改定を党議決定。
11・6　国防会議、次期戦闘機をロッキードF104Cに決定。
11・25　社会党分裂、河上丈太郎を中心に民社クラブ（後の民社党）結成。
12・16　最高裁、「駐留米軍は違憲ではない」。原審破棄、差し戻し判決。

『日本史年表』には、この年、後半から岩戸景気に入る、とある。(2)

これらの事実の羅列から読みとれることだが、政治的には、いわゆる五十五年体制が本格確立して、この時期から日本は高度に成熟した資本主義国家に向かって本格的に経済発展を始めるのである。

この年はいわば、昭和三十五年以降、安保反対闘争終了後の、つまり、政治の季節を終えたあとの、政治経済的には所得倍増計画を熱烈遂行するなかでの、急速に国民生活が豊かなものになっていく、そのための準備がなされ始めた一年だったと書くことができるだろう。この時期におこなわれていたのは、あとからふり返れば、日本全体が自由主義社会としてさらに繁栄し、国としてステップアップしていくための下準備でもあったと書くこともできるだろう。

テレビ、週刊誌などのメディアによる、全国一律の情報提供機能の確立と情報管理(国家レベルでこのことを考えるとこういう言い方になる)、高速道路網の準備などの全国規模のインフラ整備の模索、石炭エネルギー中心の時代からの脱却としての石油調達の問題、池田勇人の登場、韓国、北朝鮮との関係性の修復と確定、などなど、日本は政治体制としては民主主義社会の形を模索しつつ、国の命運を経済発展に託して昭和の後半へと歩を進めるという時代である。それで前述に、岩戸景気というのは、この前の好景気を神武天皇以来の景気の良さであるとして神武景気と呼んだことにあやかり、神武天皇より前だから、天地開闢の古事記の最初の場面を取りだして「岩戸景気」と呼んだもの。この前後の日本社会の経済成長率というのは昭和三十四年11・2%、三十五年12・0%、三十六年11・7%と絶好調である。

そして、それではこういう状況のなかで、大阪はどんな状態だったか。大阪とはそもそも、歴史的にいうとどういう町なのか、このことを論じよう。

まず、こういう記述がある。

大阪は早くから町人の都として存在した。自治的な要素も多く、三郷（大阪三郷。北組、南組、天満組である＝註）はそれぞれ法人格を持っていた。権威にも必ずしも屈しない。勿論公的な権力と結託していても、決して大阪人は袖長商人として利権をあさってはいない。寧ろ地道な本町人としてコツコツと利潤追求をはかつた（略）。大阪商人の本質は問屋商人たるところにあり『本商人』と称せらるべきものであった。これは袖長商人・羽二重商人・立入商人・用達商人に対するものである。（3）

これは「序」の八百八橋のところでも登場した歴史家、経済学博士の宮本又次が書いた『大阪』という本からの引用なのだが（宮本又次は第七章の３００頁にも登場している）、同書の発行は昭和三十二年と、前田が生まれる二年前である。

宮本博士は、大阪をそもそも反権力の場所であると書いている。説明を始めると長くなってしまうので簡単にすませるが、もともとの町としての歴史は豊臣秀吉の大坂城築城から始まるのだが、この本は都市としての大阪を支えた近世の思想の潮流にはあまり触れていないが、大阪は幕末維新の社会変動の基本的な思想母胎ともなった石田梅岩の石門心学などが広く流布された町だった。ヨーロッパでいえば世俗の利益を追求することを容認するプロテスタントのカルヴィニズムみたいなものである。大阪はそういう素養を持ち、なおかつ国家権力を相対的なものとしか考えない人々が作り出した都市であった。

明治維新以降から前田日明が生まれる昭和三十年代中葉までの大阪について、宮本又次はこんなふうに書いている。

（慶応三年十二月）大阪はまず開市となったが、のち明治元年（翌、慶応四年）七月十五日に開港にあらためられた。そして外人もやって来たが、いかんながら港が浅いのである。江戸時代においても大阪では『川ざらい』ということをよくやった。砂持ちといって町内から人が出て、派手に砂持ちをやって川ざらいをやったのである。そんなことをつねづねしないと浅くなってこまる。だから港の深い兵庫の方へ欧米人は行ってしまった。大阪は開港場としても一歩負けた。なにやかやで明治十五・六年頃まで大阪は衰退した。つまりこれは時世がかわり、社会の経済体制がちがって来たからである。それが大阪の本当の衰退の原因であったのである。（4）

大阪が兵庫の港に負けたという、兵庫の港とはいうまでもなく神戸である。

このあと、文章は「造幣局が設けられ、西洋の新知識の源泉となり、その他新工業・商業・貿易施設等も行われ、変革の中に新しき発展の途をもとめつつあったのである」とある。大蔵権大書記官の河島淳が「大阪は商業都市たることに甘んぜず、須く工業都市として速かに進出せねばならぬ」と道破し、明治中期には金融・交通等の基礎工作が試みられて、大阪は大都市としての発展の基礎を作りあげる。そして、ここで特筆しておかなければいけないのは、やはり大阪港のことである。

明治の大阪を考える場合、築港のことを忘れるわけにいかない。築港は明治初年から計画され、三十年に起工され、三十六年に利用を開始し、さらに大正七年工事を再興して、その大成を見るようになると、大阪港の貿易は著大なる進展をとげた。大阪市の歳計、僅か百万円に足らない時に千八百万円にも上る築港工事を起こし、しかもそれが横浜や神戸のように、政府の事業としてではなく市の事業として起工されたことは特に注意すべきであると思う。これはまた大阪の独立自主性を物語るものである。（略）

（江戸時代の大阪に）自由の気があつたとはいえ、封建的の節度を離れるわけにはいかない。しかし江戸が武士的都市であり、政治都市であつたのとは一寸違うと思う。江戸では武士的権力、階級的束縛が強かつたが、それとは趣が大分違うのである。維新後も同じであつて、大阪の空気は自由で、旺盛な活動力をもつていたといえよう。（略）

第二次世界大戦の戦中戦後の統制時代はこの大阪の自由の空気とは必ずしも合わなかつた。政治と経済が結びつく統制時代には東京の比重はますます大となる。大阪は大いに落伍したと言わねばならない。その上戦災である。その復興もなかなかのことである。しかし、次第に立ち直つて来たし、また自力をもつて立ちなおらねばならない。民主自由の道が開けるならば大阪もまたその飛躍をなし得るであろう。残念ながらいまの大阪は必ずしも好調とはいえない。

東亜の市場、中共との接触もなくなり、大阪はどちらかといえば苦難の中にある。(5)

引用した部分の最後の六行は、同書の最終部分にあたる。昭和三十年代半ばの大阪の置かれた立場を雄弁に語っているのである。大阪は苦闘をつづけていた。

前田は大阪の港区や大正区を在日の人々や沖縄から来た人たちが多く住む町といったが、それには理由があった。

大阪が国際港として神戸に出遅れて差をつけられたことはすでに書いた。その大きな理由というのは大阪港が淀川河口にできた港で、大型船舶が着岸できるほどの海の深さがない、ということが大きな原因だった。川が上流から土砂を運んできて、河口に堆積してしまうのである。それを浚渫するのが大変だったのだ。大阪港をチャンとする作業は明治時代をかけて大阪市の手でおこなわれたのだが、一人前の国際港になるのは大正時代に入ってからのことである。

国際港として機能はしはじめたが、欧米の船便はもともと神戸港を利用することになんの不満も持っていなかったから、勢い、大阪港の振興は新しい航路、「東亜の市場、中共との接触」、つまり朝鮮や中国、東南アジア各国との交易、往来に頼らざるを得なかったのである。

大正区、港区というより、大阪全体の話だが、たくさんの朝鮮から移住してきた人たちが大阪に居ついたのには、いくつかの理由がある。先に説明したような、大阪の自治都市性、独立性の高さということもあるが、この地に多くの人が流入してきたのには大きなわけがあった。
大正から昭和にかけて、大阪には朝鮮の、とりわけ全羅南道から大量の移住者が押し寄せたのだ。
梁石日（ヤン・ソギル）の書いた『血と骨』は大正から昭和にかけての大阪を舞台にした在日朝鮮人の男の苛烈な生涯を描いた物語だ。主人公は大阪で蒲鉾工場に勤める暴れ者と評判の男だったが、このなかに次のような一文がある。

一九二三年四月に大阪・済州島間に連絡船「君が代丸」が就航してから、血縁、地縁、友人、知人をたよって済州島の村々から大阪へ出稼ぎに来るものが急増した。大阪の行政側も阪神工業地帯の発展にともなって労働力を確保する必要に迫られて、済州島からの出稼ぎ労働者を受け入れたのである。だが、血縁、地縁、友人、知人をたよって出稼ぎに来たものの、現実は厳しかった。手に職のない朝鮮人は低賃金で長時間重労働につくしかなかった。万年人手不足に悩まされている蒲鉾工場は、そうした条件にぴったり見合う朝鮮人を雇ったのである。（6）

ここに書かれているように、大阪港が国際的な貿易港として機能しはじめると、済州島との定期連絡船が開通し、この地域の人たちが大阪に大挙して押し寄せることになるのである。それまでは釜山と下関を結ぶ関釜フェリーが本州と朝鮮半島を結ぶ主要な交通路だったのだが、それとはまったく別の日本をめざすルートが開発されたのだった。

済州島というと、いまや朝日新聞の〝吉田清治・朝鮮人慰安婦強制連行捏造問題〟を連想するが、釜山やソウルとはまた別に、密接に日本につながっている場所だった。前田の先祖が暮らしていた故郷も正確には別途で説明するが、このあたりで、祖父と祖母はおそらく大正時代にこの大きな人の流れに乗って大阪にやってきたのである。ちなみに、済州島といういい方をしているが正確にいうと、全羅南道であり、古代の百済があった地域、木浦が中心都市で無数の小さな島が点在している地域である。百済というのは古代朝鮮の三国史の時代（朝鮮にも三国鼎立の時代があったのである）に最も大和朝廷と密接に結びついていた王国だった。

そういう歴史的な由来もあって朝鮮の、というより、韓国国内でもこの地域は他から大きな差別を受けている地域だった。『大正 大阪 スラム』という本があるのだが、この本は大阪を「東洋のマンチェスター」と呼んでこんなふうに定義づけている。

大正期の日本資本主義は、すでに世界資本主義システムの中でかなり能動的な役割を演じていた。とりわけ「東洋のマンチェスター」と呼ばれた当時の大阪は、二百十一万という日本一の人口を持つ世界有数の大都市であり（大阪はこの時点で人口世界六位、東京は人口二百万人で世界七位の都市だった＝註）、伝統的な商業、金融に加え、綿業、機械工業などの工場地帯を有するアジア最大の工業都市であった。その大阪を底辺で支え、その推進力となっていたのが、「鮟鱇」と呼ばれる日雇労働者、被差別部落民、在阪朝鮮人などの不安定就業者たちであった。彼らは彼ら独自の文化を持ち、独自の生活圏を形成していたのである。（7）

わたしたちが忘れてしまっている、戦前の日本社会の有りようである。

戦前の日本の統治領だった時代までの朝鮮は最貧の極みにあり、とてもじゃないが文明国とはいえない状態だった。大阪は東京以上の大都会で朝鮮半島に住む人々にとっても、希望の場所、憧れの町であったのだ。大阪にたどり着いて、大阪で待っていたのも都市の最下層の生活だったが、それでも半島にいて、将来になんの夢も希望も持てずに暮らすよりはずっとましだった。

この地区から大阪への人口移動について、『大正 大阪 スラム』のなかに次のような説明がある。

当時、済州島は独立したひとつの道ではなく全羅南道の一部であったため、各種の出身道別統計では、島の出身者を確定することは困難だが、いくつかの報告からおおよその傾向は推察できる。（略）１９３１年12月には、府下の（在阪の朝鮮人）８５５６７人の中で、全羅南道出身者は３９９４０人であり、さらにそのうち済州島出身者は3万人を越えて、在阪朝鮮人の35％強を占めていた。また在阪朝鮮人のうち全羅南道出身者の比率は１９２３年52％、１９２４年49％、１９２５年50％（略）となっている。（8）

おそらく、大阪で暮らす朝鮮人の大半が木浦から連絡船の『君が代丸』にのってやって来た人

だったのではないかと思われる。こういうことの記録はほとんど残っていないが、当時、

♪無情な君が代丸よ　私を乗せて　大阪で　さんざん苦労をさせるのか♪（9）

という俗謡が朝鮮の人たちのあいだでさかんに流行ったという。

前田のご先祖様の出身は父の実家（高家）は全羅南道だが、済州島ではなく、先日、フェリーが沈没して何百人という人々が犠牲になった半島の先端部の多島海にある小さな島であったらしい。また、母方の金家は全羅南道の反対側の日本海に面した慶尚南道の出身である。

いずれにしても、どの人も東アジアの社会発展の大波にもまれながら、半島から大阪にたどり着いて生活しはじめた人間たちだった。

母方の祖父、つまり前田日明の「おじいちゃん」の身体には明らかに銃創、刀痕とわかる大きな傷痕があり、日常、ほとんど語を発せず、若いころ、どういう生活をしていたか、そういう経験についてなにもいわない人だった。いつも書を読んでばかりいる、無口な人だったという。前田は「兵士として死地に踏みこんで戦った経験があったのではないか」という。

また、祖父は易や漢方薬についても詳しく、薬草を自分で調合したりしていたというし、あるとき、前田がまだ子どものころだが、その祖父と二人だけでいたときに突然、日本語で「日明はいま、いくつになったんだ」と聞いてきて、祖父が流暢な日本語を話すことに驚かされた。

このことについては次章の93頁以下で再述している。

祖父はいわゆる儒者だったのではないかと前田はいう。儒者というのは儒学を学んで、それに基づく歴史観と世界観を持ち、人間はどう生きればいいか、というようなことを論じることのできる知識人という意味である。儒学というのはいわゆる民間に流布している儒教を孔子や孟子らの著した『論語』、『孟子』などの文献を読みこんで自分なりの人間観、世界観を確立しようとする学問である。『血と骨』の百八十三頁に、主人公の金俊平が自分の子供が産まれて、生野に住む儒学者に子どもの名前をつけてもらいに行く場面があるのだが、その儒学者について、前田は「あれは絶対にオレのおじいちゃんですよ」といっている。

前田の母方の家は両班だった。両班というのは韓国では「ヤンパン」、北朝鮮では「リャンパン」と発音する。両班は大ざっぱにいうと李氏朝鮮の支配階級、武家＝士分・知識人層の意味である。前田日明が在日であったことは、彼の人生の方向性にさまざまの、大きな影響を与えるのだが、そのことの詳述もあとに回そう。のちに必ず、そのことが重大な問題としてかれの人生に立ちふさがる時期が来るのである。

ここでは彼がどういうふうに、どういう場所に生まれ落ちたか、そのことを説明しておきたい。

「序」のなかで、二〇一五年の三月二十七日にこの町を訪ねたわたしは、そのときのレポートの冒頭に埴谷雄高『死霊』の第三章、三輪與志と黒川建吉が並んで歩く運河沿いの光景を引用したが、これは、ノーフェアプレイス、非在の観念の運河だった。

実際の、五十数年前、昭和三十年代初頭の大阪、淀川河口、大阪港のある運河のあたりを、これもわたしたちと同世代の、昭和二十二年生まれの作家、宮本輝（同年三月生まれ、学年的には一年上である＝註）は処女作の『泥の河』のなかでこんなふうに書いている。

堂島川と土佐堀川がひとつになり、安治川と名を変えて大阪湾の一角に注ぎ込んでいく。その川と川がまじわる所に三つの橋が架かっていた。昭和橋と端建蔵橋、それに舟津橋である。藁や板きれや腐った果物を浮かべてゆるやかに流れるこの黄土色の川を見下ろしながら、古びた市電がのろのろと渡っていった。安治川と呼ばれていても、船舶会社の倉庫や夥しい数の貨物船が両岸にひしめき合って、それはもう海の領域であった。だが反対側の堂島川や土佐堀川に目を移すと、小さな民家が軒を並べて、それがずっと川上の、淀屋橋や北浜といったビル街へと一直線に連なっていくさまが窺えた。川筋の住人は、自分たちが海の近辺で暮らしているとは思っていない。実際、川と橋に囲まれ、市電の轟音や三輪自動車のけたたましい排気音に体を震わされていると、その周囲から海の風情を感じ取ることは難しかった。だが満潮時、川が逆流してきた海水に押しあげられて河畔の家の軒下で起伏を描き、ときおり潮の匂いを漂わせたりすると、人々は近くに海があることを思い知るのである。

川には、大きな木船を曳いたポンポン船がひねもす行き来していた。川神丸とか雷王丸とか、船名だけは大袈裟な、そのくせ箱船のように脆い船体を幾重もの塗料で騙しあげたポンポン船は、船頭たちの貧しさを巧に代弁していた。狭い船室に下半身を埋めたまま、彼等は妙に毅然とした目で橋の上の釣り人を睨みつける。すると釣り人は慌てて糸をたくりあげ、橋のたもとへと釣り場を移すのであった。夏には（略）よく晴れた暑い日など、釣り人や通りすがりに竿の先を覗き込んでいつまでも立ち去らぬ人や、さらには川面にたちこめた虚ろな金色の陽炎を裂いて、ポンポン船が咳込むように進んでいくのをただぼんやり見つめている人が、騒然たる昭和橋の一角の濃い日陰の中で佇んでいた。(10)

『泥の河』は作家宮本輝の出世作で、これはその書き出し、冒頭の部分の描写である。

この作品は大阪港にちかい川筋で暮らす少年の生活を描いたもので、小栗康平が監督して加賀まりこが水上生活者の売春婦役で主演した、衝撃的なモノクロ映画だったことでも有名だ。

宮本輝は生まれは神戸だが、幼年時代を大阪で過ごしている。『泥の河』の舞台になったのは安治川だが、前田日明が幼年期から小学校三年生までを過ごした、すでにない地名である市岡浜通り四丁目は、「序」の部分でも説明したが、昭和橋のところで安治川と分流した道頓堀川が木津川と交錯してふたたび分流したあと、尻無川と名前を変える、河口のあたりにあった町である。

海まで二百メートルほどの町場だったという。道頓堀川は要するに道頓堀のことで、道頓というのは江戸時代にこの堀を開削した安井道頓にちなんで名付けられたもの、それが大正橋のところで木津川と交差して岩崎運河と名前を変えたあと、岩崎橋を通り抜けると尻無川の名前になる。

八百八橋の証のような複雑に川筋と橋が交錯する場所である。

港区の地図を見ると、ちょうど海に突き出るような形の港の部分を左右にはさんで、海に向かって右側に安治川、左側に尻無川がある。前田の家は尻無川の近くにあったというのだが、たぶん、ふたつの川は、前田にいわせると川というよりも運河で、似たような有りさまだったのだろう。

運河に出ると、水上生活者の暮らす船が舫を繋いでいたという。わたしが訪ねたときも、河口付近までいくと、この船は人間がいまも生活しているのかもしれないというような洗濯物を干している白や緑のペンキを塗った小型船舶が繋留されていたが、あたりに人の気配はなかった。

尻無川の名前の由来は不明だが、尻というのが川尻、つまり河口を意味しているのであれば、河口がはっきりとわからないまま、海へとつづいている川というような意味だろうか。

前田自身はこの場所をこんなふうにいっている。

うちからちょっといくと尻無川という川なのか運河なのか、わかんないけれど、堤防があって、瓦屋さんの倉庫なのか、そこが瓦屋さんの会社なのかわかんないですが、瓦がバーッと積んであって、川縁には水上生活者の船が何艘も数珠繋ぎのように並んで停泊していた。

自分が育った港区というのは下町なんですけれども、あちこちに原っぱが残っていて、自分がうんとちっちゃいころの話ですけれども、アッチの原っぱ、コッチの原っぱってほっつき歩いて遊んで回っていた。幼稚園とか小学校一年生くらいから上は小学五年生とかのお兄ちゃんまで、近所の子どもが原っぱにみんなで集まって、かけっこしたり鬼ごっこしたり隠れんぼしたりして、一日遊んでた。

うちの隣の家が石屋の近藤さんというオジイチャンの家で、そこからはいつも石を削るプーンという音が聞こえてきてた。近藤のオジイチャンは頭にはちまきを巻いて、石を運んできて削っていた。夕方になると、その石屋さんの前に縁台があって、縁台に人が集まって、なんか食べたりビール飲んだりしながら将棋とかさして。近藤さんの奥さんが料理とか作ってあげていた。

それで、問題だったのはうちのまん前の家が福島さんといって、大阪市港区の創価学会の支部長の家なんですよ。土曜日の夕方になると、バーッと信者が集まってきて、みんなで、♪ナンミヨウホウレンゲイキョー♪　ってはじめるんですよ。隣の近藤さんのオジイチャンは創価学会が大嫌いで、お経が始まると急に不機嫌になるんですよ。

前田日明の生まれた家庭は、裕福なものであったようだ。

父親は前田正雄、母親は前田幸子、これは日本人としての名前で、もちろん、このほかに朝鮮人として、高洪宗、金昌任という名前を持っていた。

このころの在日の人たちというと、低所得に喘ぐ下層労働者というようなイメージがあるが、それは終戦直後から何年かの混乱期の時代までの話で、苦労したのは親の世代や朝鮮から移住してきた本人（つまり在日の一世の人）たちで、そのころの話もまた別途に触れるが、このころはもちろんまだ、世の動乱の状況が完全に納まっているわけではなかったが、在日の人たちのなかには経済的にも成功して、日本人に混じって、比較的豊かに平穏に暮らしている人たちもいたのである。前田の家もそういう家族のひとつだった。

うちのオヤジはなにしていたかというと、穴屋というんですけれど、ビルとかを鉄骨を組んで作るじゃないですか。その鉄骨を組むときに鉄骨に穴をあけてボルトを通して接合していくじゃないですか。そのために鉄骨に穴をあけるじゃないですか、その穴あけや建築資材を加工する、現場で（鉄材を）使えるように加工する、その作業は鉄工所でやったり、（建築）現場でやったりするんですが、だいたい鉄工所でやることが多かったみたいですけれども、そういう仕事なんです。自分自身も技術者というか、それの元締めみたいなことをやっていた。

当時、うちの家は二階建てで、二階に二部屋あって、そこにトイレもついていたんですけれども、そこに若い男の人が五人、十人いました。だから、仕事を請け負って、そういう人たちを働かせていた。あっちこっちにビルがボンボン建っている状態で、（そのころ、うちは）けっこう景気がよかったんです。親戚にのちのちスクラップ屋さんとかをやって成功して、それを元手に鉄鉱石とかの製鉄材料の輸出入をやったりして財産を作る親戚とかがいるんですけれども、うちの親父はそういう人たちに原資（商売のもとで）を貸したりしていたんです。

当時の大阪は東京の後塵を拝していたとはいえ、高度経済成長はすでに始まっていて、町の至るところでビルの建築がおこなわれていた。穴屋の仕事はいくらでもあった。

冒頭で引用した橋本治の『二十世紀』の［一九五九年］の項に、「テレビは一台、普通の家の年収くらいの値段だった」と書いているが、このころというのは大卒男子の銀行員の初任給が1万五千円という時代で、14インチのテレビ受信機が一台十七万五千円という値段だったというから、橋本は別にウソを書いているわけではないのである。どっちにせよ。前田の家はそういうテレビをポンと買ってしまうくらいに金回りのいいお金持ちの家だったということである。

前田日明の幼年時代は、平和で幸福なものだったようだ。

たぶん、自分の一生で一番女のコにもてたのは幼稚園のときだったんじゃないかと思うんですよ。アキラくん、遊ぼーって、うちに遊びに来る感じで始終女のコが訪ねてきて、それで、自分では覚えていないんですけれども、これは両親がいっていたことなんですが、うちに遊びに来ていたコのひとりが小児麻痺になって高熱にうなされて、危篤状態で譫言みたいにアキラくん、アキラくんて、オレの名前ずっとを呼んでるっていうんですよ。それで、子どもに会ってやってくれないかと頼まれたのを、ことわったっていってました。病気が染ったら困るっていって会わせなかった。そういうことがあったそうです。

それで、幼稚園のときに高橋先生っていう美人の先生がいたんですよ。当時、マキシのスカートが流行っていて、それでその先生のマキシのスカートのなかにもぐり込んで隠れたりして遊んでいた、それでも怒られなかったですよ。

うら若い女性のスカートのなかに入って遊ぶなどという経験は一種の極楽体験である。男としても男のコとしてもうらやましいかぎりの話だ。そのころの彼はさぞかし美しい子どもだったのではないかと思うのだ。

幼年期の写真は、自分が持っていた分については人に貸したりして散佚し、手元に一枚も残ってなかったのだという。それが、亡くなった父親の遺品のなかに写真アルバムがあり、そこに彼の子どものころの写真や新日プロに入団した、十代のころの写真がきちんと整理されて大量に保存されているのがみつかったのだ。本書の巻頭に載っているのがそのアルバムの一部である。

いずれにしても、こういう話を総合すると幼稚園のころの前田が相当にかわいい男の子だったことがわかる。

いま思い出すと、そのころは女のコとしか遊んでいなかったんですね。なんか、あんまり女のコばかりまわりにいるから、もうヤだから向こうにいけよ！　みたいなことでね、アキラくん、アキラくんといってそばに来るのを、来るなヨ、アッチいけヨみたいなことといって、女のコを泣かしてた、そんな記憶がありますね。

ちっちゃいころは性格のおとなしいコだったと思いますよ。

自分が本格的に本を読むようになるのは中学生になってからなんですが、幼稚園のときから本は好きだったんです。本についての最初の思い出は『泣いた赤鬼』という話があるんですが、この絵本が大好きで、その本を何度も読んでもらっていました。それから、ちっちゃいころから絵がいっぱい載っている図鑑みたいな本が好きで、当時、学研から科学ブックっていう、毎月毎月雑誌みたいな形で出る図鑑を母親がとってくれて、毎日毎日、そればかり見ていた、そんな記憶もあります。

話を聞いていて、両親から甘やかされて育ったのかと思っていたら、そうでもなかった。両親は、躾や礼儀作法にかなりうるさかったようだ。

行儀が悪いとか言葉遣いが悪いとかで母親に怒られると、細い竹の棒で作ったほこり叩きで、パシッと叩かれるんですよ。これが痛い。いうことききかなかったり、怠けたり、ふざけたりしているときも同じ。とにかく、子どものときからそういう礼儀作法みたいなものは徹底的にたたき込まれたんです。

小学校に入ってからは（男の子の）遊び仲間もできて、ビー玉もやったし、メンコもやった。メンコは自分のにロウを塗り込んでね。それから、カンケリだとか鬼ごっこだとか、誰でも経験するような遊びを夢中になってやっていた。それで、隣の石屋の近藤のオジイチャンのところには孫が二人いるんですね。近藤マコトくんは自分の一歳年上で近藤タロウくんは一歳年下なんですよ。で、いつもタロウくんとケンカしてタロウくんには勝つんだけれども、マコトくんに報復されてだいたいいつも負けてた。

自分は親が離婚するまではそんなに不自由したとか、苦労したということはなかったんですよ。在日とかいうのも、あとから出てくる意識ですからね。子どものころの本人には関係ない。

それで、うちの親父というのはけっこう気が短かかったですね。なんかね、子ども心に覚えているんだけれど、しょっちゅうオフクロと掴みあいのケンカ、してましたね。うちの母も向こう気が強いからオヤジに食いさがってましたからね。で、オヤジは相手は女だし、もう思いっきり殴るわけにもいかないから、掴みあいやって、オフクロに引っかかれたりしていた。それはなんとなく覚えているんです。

前田の両親の夫婦仲の話はここでは詳しくは書かないが、前田がまだがんぜない子どもであったころから、夫婦円満というわけではなかったようだ。母親は絶世の美女で、父親は腕に技術はあるが、一種のひねくれ者みたいなところがあり、世の中の在日の人間に対する理不尽な差別にむき出しで怒りをぶつけることがあった。

真冬の寒い夜中に親父が酒に酔っ払って、大声を上げながら帰ってくるんですよ。たぶん、外で面白くない目にあって荒れるんだと思うんです。各家の玄関の前にあるゴミ箱を蹴飛ばして、バシャンバシャンという音をさせて、だんだん家に近づいてきて、そうすると自分は母親と妹といっしょに家の脇の窓から抜け出して隣の家との露地のあいだにかくれるんです。オヤジはしばらく大人しくしているんですが、そのうちまた、「アケロー！　コノヤロー！　アケんか！」って大声出して暴れはじめるんですよ。なんかゴジラが上陸したみたいな感じで。いま思い出すと、面白いんですけれどね。

要するに、瞬間激発型の一見、普通に見える男なのである。

父親がそういう人間になっていったことについては、それなりの経緯もあるのだが、その事情も性格の説明も難しい。これも、夫婦の離婚の問題が明確な形を取る、この何年か先の、姫路に引っ越したあとのところで詳述しよう。

うちの左斜め前は岩本さんという家だったと思う。家の前の道は舗装していない土の道だったですよ。大阪の普通の町の風景。それで、何軒か隣の岩本さんという家に、オレは小学生でしたが、中学、高校ぐらいの男の子の兄弟が二人くらいいて、そこのお母さんはすごく教育熱心でしたね、うちのオフクロとか近所のおばちゃんとかそのへんに集まって井戸端会議やってね。年がら年中、女同士で集まってなんかおしゃべりしていた。

うちはまわりには在日だということは明かさずに暮らしていた。それは秘密にしていた。うちのオフクロはそのことがばれるのをすごく嫌がっていた。うちのオフクロもオヤジも日本生まれの二世なんですよ、だから朝鮮とかいわれても、本人たちも知らないところなんです。そもそも朝鮮人というような感覚がないんですよ。

在日の問題も本書のなかで論じていかなければならない、最も大きな問題のひとつだと思うが、ここでいきなり、軽々にああだこうだというのはやめておこう。子どもの前田はそういうことに関係なく、子どもなりの人格形成にとり組んでいく。

小学校の低学年のころは、まあ可もなく不可もないという、小学三年までは学校の成績も一番ということはないですが、まあまあいい方だったんじゃないですか。すごく覚えていることがひとつあるんですけれども、小学校二年か三年の時だったと思うんですが、女のコたちが教室にオルガン持ってきて、みんなで休み時間に弾くんですよ、自分はたまたまそれを見ていて、ある女のコが「エリーゼのために」を弾いたんですね。それを、その一回、「エリーゼのために」を弾いているのを見ていて、あとから、そのコの真似して弾いたら弾けちゃったんですよ。その場面を女の先生が見ていて、この先生は細川愛子っていう名前で、子どものオレをすごく可愛がってくれた人だったんですけれども、その先生がびっくりして、勢いをつけてうちの家に来て「前田さんのお母さん、アキラくんにはすごいピアノの才能があるから、ピアノを習わせてあげてくださ い」っていったんですよ。そしたら、うちの親は「男のコにそんなもの必要ありません」といって断っちゃったんです。それで終わり。

前田日明がプロレスラーではなく、ピアニストになる道はこうして永遠に閉ざされたのである。

オレもなんで急に「エリーゼのために」が弾けたのか、覚えていないんです。なんかしら、弾けて、まわりもびっくりして、…。小学生のときは、普通に人並みに、将来自分がなりたいものは総理大臣か科学者かパイロット、社長になりたい、みたいな子どもだったと思うんですよ。姫路に移るまで（小学三年生の終わりに、姫路の小学校に転校する＝註）は。

で、このころのかれの最大、かつ緊急の問題は首都の東京がこのままいったら、いろいろな凶悪な怪獣たちによって破壊されつくしてしまうことであった。

さっきの着ぐるみの話じゃないんだけど、自分はウルトラマンに妙に近親感を抱いていたんですよ。いまでもそうなんですけれども、自分にはいつも自分が［前田日明］という着ぐるみの中に入っているという感覚が抜けないんですよ。で、ちっちゃいときもそれを強く感じていた。友だちにその話をすると、すぐに「ワケがわかれへん」とかいわれるんだけれども、ウルトラマンはハヤタ隊員が変身してウルトラマンになる、ハヤタがウルトラマンの身体のなかから外を見てる、そういう感覚につきまとわれて、ウルトラマンのなかにはハヤタが入っているんだったら、自分のなかには誰が入っているんだろうと、幼心にずっと疑問に思っていたんです。

これは前田自身も何度もしゃべっているから、有名な話なのだが、テレビで『ウルトラマン』を見たことが、まだ子ども（番組が放送されたとき、前田はまだ六、七歳で小学校一年生になったばかりだった）の前田少年にとっては衝撃的な体験だったようだ。

『ウルトラマン』はこのあと、いろいろなウルトラマンが登場して、シリーズ化されて巨大な作品になっていくのだが、前田が衝撃的に度肝を抜かれながら見たのは初代の『ウルトラマン』、一九六六年七月から六十七年四月にかけて放送され、平均視聴率三十六・八パーセントを記録した怪物的な人気番組である。

当時、地方に住んでいた、東京以外のところに住んでいた子どもたちは、東京っていうのは怪獣がホントに出てきて暴れ回っているのをウルトラマンがやっつけてくれている。ウルトラマンの大活躍のおかげで、ボクら（地方の子どもたち）は平和に暮らせているんだと思い込んでいたんです。

それで、『ウルトラマン』の最終回が小学一年か二年の終わりころだと思うんですけど（実際は小学校二年生の四月＝註）、ウルトラマンがゼットンにやられちゃったんですよ。それを見ていて、かわりにボクが強くなって、ゼットンをやっつけなくちゃ、と思ったんですね。そんなことで、いまのままだったらゼットンに負けちゃうから、強くなるためにはどうしたらいいかって、考えはじめたんです。

この「着ぐるみ感覚」の進化について、前田はこういうことをいっている。

自分は本当に怪獣ブームのまっただなかで育ったというようなことがあって、「ナショナルキッド」や「月光仮面」、そのあとアニメもあるんですが「エイトマン」だ、「スーパージェッター」だ、あと「宇宙少年ソラン」とか「ウルトラQ」、「ウルトラマン」、「ウルトラセブン」、それで四年生ぐらいになってから今度は梶原一騎が出てきて、そこから、一連のスポ根（スポーツ根性もの）が始まるんです。

梶原一騎原作の一連のスポ根マンガについては、別段で論じよう。

これらの着ぐるみ変身＝地球外生命襲撃型のテレビ番組がぞくぞくというか次々に放送されて、少年視聴者は嫌でも自己意識の二重感覚を増幅させていく。おそらく前田のなかにはその［自己意識の二重感覚］が原初的に存在していたのだと思う。普通は［自己意識の二重感覚］は思春期の到来とともに自我が芽生える形で生じるものなのである。これはもしかして、先に、わたしが［精神の二重構造性］と呼んだ、心の有りようの十歳未満段階の活用形だったのかも知れない。

戦後、なんでもかんでも娯楽作品のテーマ、モチーフにしてしまう日本のプロデューサーやプランナー、作家たちは［自己意識の二重感覚］とその根底を成す［変身願望］をもとにしてさまざまの大衆的な娯楽作品を作ったのだが、この大きな作品の流れのなかで、やがてアングルにみちたプロレスが出現し、「機動戦士ガンダム」（この作品も発表されてからすでに三十五年が経過している）、それにつづく「新世紀エヴァンゲリオン」（作品発表から二十年がたつ）が出現したのである。

これらの話はいずれも巨大な戦闘用ロボットを小さな、そのへんにいそうな人間が操縦するものだが、わたしは毎年一回必ず、一番最初の名古屋テレビが放映した「機動戦士ガンダム」を見返し、「新世紀エヴァンゲリオン」のＤＶＤを見て楽しむのだが、ガンダムを見るたびに新日プロ・ＵＷＦ時代の前田日明を思い出し、エヴァンゲリオンを見るたびに孤軍奮闘したリングス時代の前田日明を思い出すのだ。

それは前田日明という強固な肉体をあやつる少年の感性、柔軟な前田日明の人間性という意味である。

あのころの前田は、肉体の前田も精神の前田もいろんな意味で本当によく戦ったと思う。

わたし個人の考えだが、前田の幼年時代から無敵凶暴な猛烈プロレスラーへの道は、大衆娯楽的には着ぐるみ超人思想がウルトラマンや鉄人28号から人類の最終戦闘装置である機動戦士ガンダム、新世紀エヴァンゲリオンへと進化していったプロセスと重なっていると思っている。

そして、蛇足になるが、この着ぐるみの思想はそこから進歩したのか退歩したのか、わたしにも判断が付かないが、平成、二十一世紀のいま、大衆文化爛熟の時代にフナッシーやクマモンなどわけの分からないユルキャラを氾濫させて、昭和の時代と違って、そういうキャラクターがプロレスラーたちに代わって、何百億円もの消費活動を引き起こしているのである。まったくいろいろ考えると日本社会というのは、本当に面白い。

話をウルトラマンがゼットンにやられてしまったところに戻すが、時代は昭和四十年代前半だから、日本は昭和元禄の真っ最中である。ウルトラの兄弟はみんな、エネルギー補充の問題を抱えていて、いずれ母なる星にも戻らねばならず、かくて、日本中の子どもたちが地球と日本は怪獣たちに攻め滅ぼされてしまうのではないかと心配するのだが、その最中、前田は子ども心になんとかして強い人間になって、日本と地球を侵略者の手から救い出すことを心に誓うのである。

そして、とりあえず修業して、身体を鍛えて強靱な肉体をもつ人間になることを誓う。

しかし、その誓いは誓ったとたんに挫折せざるを得ないものだった。ボクも早く強くならなくっちゃと考えるようになった少年の彼に、一九六八年、つまり小学校三年の終わりに新たな運命の巨浪が襲いかかるのだ。

それも考えようによっては、怪獣的な国家権力の有無をいわせない暴力的な行為であった。つまり、これが万国博開催のための大阪港湾地区の再開発プロジェクトである。

大阪でおこなわれた万国博覧会について、少し具体的なことを書くと、この博覧会が開催されたのは一九七〇（昭和四十五）年のことで、前田日明的には十一歳、小学校五年生なのだが、この博覧会の開催計画はこれに先立つ八年前、昭和三十七年、企画はいまや作家・堺屋太一である通産省官僚池口小太郎（堺屋さんの本名）の手によって立案されたのであった。のちに堺屋太一と名乗ることになる官僚の池口弥太郎は東京で生活し東大は卒業したが、大阪は生まれ故郷であり、大阪というか、関西圏の振興発展が日本の社会構造の高度化にとってどれほど重要な意味をもつかがよくわかっていたのである。彼は一九六〇年に大学を卒業して通産省に就職し、そのあとすぐに大阪での万国博覧会を企画立案している。

万国博覧会の起源は一八五一年、第一回目はロンドン大会であったのだが、このとき以来、万博の基本になる中心テーマは一貫してその国（開催国）の産業革命であったという。(11)

万国博覧会の主たる目的は要するに、国威発揚、産業振興、技術の礼賛である。具体的には、技術が進歩しそれによって産業が盛んになれば、社会は豊かになり、ひとりひとりの人間も豊かになれる、という戦後の日本社会の基本理念そのものだった。だから、大阪万博には未来的なS

F的な技術があらゆる形で集められたのである。

大阪万博の成功具合、具体的な内容についてはこれ以上の言及はしないが、わたし個人の大阪万博観についていうと、大阪万博は東京オリンピックとセットで考えられるべき国策遂行イベントだったと思っている。オリンピックも万国博覧会も戦前、日本がおこなうことになっていて戦争の遂行などの理由で中止になっていた国家イベントだったのだ。それへの再挑戦だったと思う。

東京が東京オリンピックにあわせて首都高速を出現させるなどの都市としての基本機能を変化させてメガロな都市へと変貌していったのと同様に、大阪はオリンピックの六年後に万国博を用意して、野狐禅的であった都市の進化発展の佇まいを効率的合理的な有りようへと作りかえていくのだ。

要するに、このふたつのイベントの周辺に戦後日本社会の、それまでの経済発展で積み上げてきた民族的情熱をエネルギーとして結集することで、日本はかつてのアジアの敗戦国から自由主義国家のなかでアメリカの盟友としての確固たる地歩をもつ世界二番目の超大国へと脱皮しようとしたのだと思う。東海道五十三次の双六の出だしが東京であったことは江戸時代と代わらないが、昭和のこの双六の終点は京都ではなく、大阪であったということなのだ。

個人的な記憶を少し付けくわえると、わたしが出版社に就職したのはちょうど大阪万博が開催された直後の一九七〇年の春、四月だった。新入社員として配属になった雑誌の編集部で編集会議があり、わたしはそのとき、日本映画や保健室の相談コーナーの担当者にさせられたのだが、そこで、そのほかに、大阪万博かグアム島旅行のどっちかの担当者になってくれといわれた。

大阪万博は三月から始まっていてすでに大人気、グアム島旅行も国民的な最新レジャーとして話題になっていた。わたしは外国にいったことがなかったから、大阪出張よりグアム島出張だと考えて、グアム島取材の担当者になった。

大阪万博には大学生時代の同級生のひとりで美人だった島添直子がホステスになって就職していて、卒業時に「塩澤クン、大阪に遊びにおいでよ」と誘われていたのだが、わたしは万博会場よりもエメラルド・グリーンの海が広がるグアム島を選んでしまったのだった。

大阪万博の担当になっていればすぐその場で大阪出張で取材旅行に出かけるという話だったが、わたしは大阪よりグアム島のビーチにいきたいと考えたのである。そのあと、わたしはグアム島の頁を作らされたが、その話のなかには残念ながらグアム島出張はなかった。そのときは政府観光局から資料と写真をもらって記事を作った。

新米編集者としての仕事はかなり忙しく、結局、わたしはグアム島はいけずじまいに終わったが、それでも、海外旅行の頁の担当者となり、二年ほどしてハワイ出張の仕事がまわってきた。

大阪出張も、万博開催中の夏に中之島ホールでフォーリーブスのコンサート取材があり、すぐに経験したのだが、万博会場に立ち寄っている時間的な余裕はなく、結局、わたしは万博へはいかずじまいに終わった。

思えば、大阪万博はその開催と同時的に関西を巨大な商業圏として確立していく作業でもあったが、そのために繰りひろげられるさまざまのインフラ設備の建築計画によって、自分勝手、自治独立的に発達してきた大阪という町の都市機能は調整され、整理され、さらに能率よく運営されるための重厚な商業都市への脱皮、変身をはじめるのである。

　これは大阪が国家規模の社会構造のなかに組み込まれ直して、自分勝手に発達してきたことでの限界性を突破してさらに大きく発展していくためにはどうしても必要な作業だった。

　そのことの目標的なシンボルが大阪万博であり、それが末端的に国家権力の自己実現のための行為が［一部住民たちの立ち退き］だったというわけだ。その［一部住民たちの立ち退き］という開発の波が最も鋭敏な場所のひとつである港湾部に押し寄せるのは当たり前のことだった。

　それは具体的には阪神高速十七号線の建設計画なのだが、この計画の遂行によって、前田が生まれて以来、生活の場としてきた市岡浜通り四丁目は、この地表から姿を消し、前田の人生の記憶のなかでもっとも懐かしく平和だった場所は永遠に喪われる。

　前田の家族はこの歴史的事件の犠牲になり、故郷を追われ、親子で新天地をもとめて、姫路へと移住していくのである。

　それは住みなれた、安息にみちた、自分の生まれ育った家、居心地のよい揺籃からの追放だった。前田は大阪万博については「ちょうど小学校五年生の時だったんですが、春の遠足でいったのと、家族で車に乗って遊びにいったのと、二、三回見にいった記憶があります。親父に肩車してもらって、月の石を見た。アメリカ・パビリオンに入るのに何時間も並んだのを覚えています。大阪ガスのパビリオンで初めてウォシュレットのトイレを経験して、すごいなと思ってビックリしたのも覚えてます」と思い出を語っている。

【註】

（1）『二十世紀』二〇〇一年刊　毎日新聞社 橋本治著　P・283
（2）『日本史年表 増補版』一九九三年刊　岩波書店　P・312
（3）『大阪』　P・118
（4）『大阪』　P・215
（5）『大阪』　P・224
（6）『血と骨』一九九八年刊　幻冬舎　梁石日著　P・9
（7）『大正 大阪 スラム』一九八六年刊　新評論　杉原薫ほか著　P・9
（8）『大正 大阪 スラム』　P・223
（9）『大正 大阪 スラム』　P・215
（10）『螢川』一九七八年刊　筑摩書房　宮本輝著　P・7
（11）『虫魚の交わり』一九八六年刊　平凡社　奥本大三郎・荒俣宏著　P・142

第二章　城下町姫路へ

一九六八（昭和四十三）年の三月から四月にかけて、前田日明が小学三年生から四年生へと進級する学年のかわりめに、前田家は大阪から兵庫県姫路市へと引っ越した。大阪の住みなれた町を出たのは既述したように、その町に高速道路が通ることになり、前田の住んでいたところが用地買収されて立ち退きを迫られたためである。

それでは、転居先に姫路市を選んだのはどういうワケがあってのことだったのだろうか。これにも複雑に入り組んだ理由があった。前田はいう。

「姫路に引っ越そうといいだしたのはたぶん、オフクロだと思うんですよ」

前田の父親、彼女の夫の稼業は鉄筋コンクリートのビル建設のエキスパートだったのだから、大阪にとどまって近所に住むところを探すのが普通の判断である。仕事的には当時、人口が四十万人ちょっとしかない姫路市に移り住むより、大阪の、交通の便のよいどこか別のところに引っ越す話の方がはるかに理屈に合っていたはずなのである。それがなぜ、列車で何時間もかかる姫路に移ろうというのか。

喩えに関東を引きあいに出すと、大阪を東京、神戸を横浜とすれば、姫路は小田原とか平塚とか、そういう距離感ではないかと思う。姫路―大阪はJRの線路の距離で八十八キロあるというから、東京・小田原間七十七キロ、東京・熱海で九十五キロという距離感とだいたい比べられる。この距離だと、そう簡単な引っ越しというわけにはいかない。

オフクロはオヤジの親戚を嫌っていたんですよ。あのへん（大阪の港区近辺）にオヤジの兄弟とかが何人も住んでいた。一方、姫路にはオフクロの親戚が何人も住んでいて、大きなスクラップ会社を経営していて、姫路にいけば、そういう自分の実家の支援も受けられる、なにかあったときにも助けてもらえる、ということだったんだと思います。

前田の父親が専門にしていたビル建築の鉄材加工の技術についていうと、鉄骨を組み上げて作りあげた高層ビルは虎ノ門の霞ヶ関ビルが最後の作品といわれているのだが、このへんで高層建築の技術がそっくり入れ替わるような変革があったようだ。それまでは鉄材を寸法で切りとって、必要な箇所に穴をあけ、ボルトで固定するというものだったわけだが、このやり方にはやはり限界があり、たぶん鉄材が手仕事で必要なサイズに成形されるなかで、自動的に、それまで人の手でおこなわれていた穴あけ作業も、連結部分の仕掛けを作業として成形と一体化することで、これは要するに材料をプレハブ化するということなのだが、そういう工法が確立していく過程のなかで、穴屋と呼ばれた仕事自体がなくなっていったのである。つまり、前田の父親にとっては、六十年代の後半はそういう商売の機会が減りつづけたプロセスだったのではあるまいか。

前田の父親の第一の悲劇というか、前田の家族の最初の悲劇は父親が選んだ穴屋という職業が、そういうビル建築のラッシュの時代に局時的に限定して繁盛した職業だったことだろう。いい時期もあったが、すぐに廃れてしまったのである。そういうことがあって、父親は女房（つまり、前田の母親）が自分の親戚をたよって姫路にいこうよという提案を受け入れたのだろう。

さらに、母親の幸子が家族が大阪に居つづけることを嫌がった理由はほかにもあった。

ふたつの家はその有りようや性格がまったく違っていた。

オフクロとオヤジのそれぞれの家の問題なんです。まずこれはいろいろと伝え聞いている話なんですが、父方のオジイチャン（前田にとっての祖父）というのはなんか高校か中学の校長先生とか教頭先生をやっていた人で、全羅南道の教育史とかに写真が載っていたっていわれたことがあるんです。あと、オヤジが死ぬ前にオジイチャンの話をきかせてもらったことがあるんです。「うちのオジイチャンはなんで死んだの？」ってきいたら、肺炎で死んだと。なんかね、日本にやってきて、大阪の大正区にあった材木屋さんで働いていたんだけど、オジイチャンというのはおせっかい丸出しの人間で、仕事が終わったあとにね、同胞で、日本語のしゃべれない人や文字の書けない人、そういう人たちを集めて、毎日毎日、何時間かづつ、日本語を教えていたっていうんです。それでいろいろな無理がたたって、過労の状態で、身体の調子が悪くなって熱があっても、それでもそういうことを止めなかったんです。おばあちゃんがもういい加減にして下さいっていっても、うるさい、お前が口を出すようなことじゃない、と。そうこうしているうちにバタッと倒れて、肺炎で死んじゃった。そういう人なんです。オジイチャンが死んだのがオヤジが小学生のころだったというんです。

前田の父親の正雄は昭和三（一九二八）年の生まれで、その人が小学生のころというと、祖父が死んだのはおそらく昭和十年代の話である。

前田の祖父と祖母（つまり、おじいちゃん夫婦）には三人の息子がいて、末っ子の三男が前田の父親にあたる人だった。祖母は夫に死なれたあと、相当に苦労しながら三人の息子を育てたのだという。

戦争中、おばあちゃんがどういうふうに生活しながら息子たちを育てたか、わからないんですが、さぞかし大変だったんじゃないかと思います。苦労したらしい。戦後はくず鉄を拾いながら、生活していました。うちのオヤジは三人兄弟の末っ子なんですが、兄弟のなかでは一番真面目な子どもだったんですよ。左手が悪い、という劣等感もあったんだろうと思います。

左手が悪いというのはどういう意味なのだろうか。

あのねえ、じつはうちのオヤジの左腕は関節が潰れていて動かないんですよ。本人がいうには、十九歳のときに買い出しに出かけて、汽車の連結器のところに乗っていて、眠くなって汽車から落ちたんだ、と。それで、そのときに左手のヒジをつぶしてしまったんだ、と。複雑骨折していて、手を切り落とすという話になったんだけれど、もう、お医者さんが必死になってくっつけてくれたっていうんです。

インドなどの鉄道写真で列車の屋根にまでいっぱいに人を乗せて走っている列車の写真を見か

けることがあるが、日本も終戦直後の鉄道事情は似たようなものだったのである。
そういうなかの事故で、この列車転落はたぶん小さくだと思うが、新聞記事にまでなったらしい。残念ながら、何新聞の何月何日のどこ、というような確認はとれない。

満員列車の連結器の上に立っていたらしいんですよ。そしたら眠くなって、列車から落ちた。それで、左腕のヒジを強打して線路脇に転がった。大騒ぎになって病院に運ばれて、おばあちゃん（前田の祖母）は医者から腕を切り落とさなきゃダメだッていわれて、そこをなんとかしてください、と頼みこんで、あちこちから借金してお金を工面して手術してもらって、なんとか腕を切り落とさずにすませることができたんですけども、肘の関節は潰れちゃっていて、元に戻せなかった。それが、骨が石灰化して、石の固まりみたいになっていてオヤジは左腕は曲がらないんです。曲がったままの状態で伸びないし、それ以上曲がれないんです。
それでいて、けんかっ早くて、腕っぷしも強かったですね。左腕は防御にしか使えないんだけど、左で相手を止めながら、右手で（相手を殴っていた）。引っ越しのときとかも、両腕使って荷物持ち上げていましたからね。いまになって思い出して、あんな重い荷物をよく持ち上げていたなと思うんですけれど。こっちのヒジが壊れちゃうんじゃないかと思うんだけれど。よくやっていたと思いますよ。

いまというか、平成の時代であれば、障害者手帖が発給になって、ある程度の保護が受けられるところなのだが、終戦直後のそういう事故の補償、しかも在日の韓国人・朝鮮人の場合、どういうふうになっていたのだろうか。
いずれにせよ、前田の父親という人はこっそりとそういうハンディを抱えながら生きている人だった。それでも、兄弟三人のなかでは、前田の父親が一番真面目に働くまともな人間に育ったのだという。それが社会に出て、いろんな目に会わされて、次第に変わっていったのだった。

父親にきいたら、在日だから自分一人でがんばってやっていくしかなかった、と。昔の差別はひどくて、うちの父親も働いていて、いろんな目に会うわけですよ。それで、鬱屈して酒を飲んで荒れてかえってくるんですね。父親は酒癖が悪いことで、人生をだいぶ損していたと思う。
オヤジは何年か前（二〇一〇年＝註）に死んだんです。オレは結局、オヤジの臨終に間に合わなかったんですけれども、最後に、臨終の病床で意識も朦朧としながら、弟を（年齢の離れた腹違いの弟がいるんですよ）オレと間違えて「家も残してやれず、金も残してやれなかった。本当にすまない、すまない」とあやまりつづけていたというんですよ。

前章でもちょっと書いたが、父親は酒が入ると人が変わって、日ごろの鬱憤をむき出しにして怒り始めるのだが、普段は真面目に働く人だったらしい。末っ子で、兄弟のなかで一番出来がよかったというのだが、お兄さんたちはちょっと大変だった。

兄弟のなかで一番悪かったのは長男で、これはもうとんでもない（ワルだったんです）。古い時代の話ですが、出たり入ったりをくり返していて、……。

どんな問題にでも逡巡せず闊達に即座に答えてくれる前田の歯切れがなんとなく悪くなる。この話は前田の側からなんの屈託もなく話をするというような、たやすい問題ではないようだ。わたしがあたりを付けて「山口組だった?」と、助け船的な、しかしストレートな質問をする。

だったんでしょうね。（刑務所を）出たり入ったりしていて、一番最後に、なんかやって、一番長いのをくらって、しばらくしたら、十五年ぐらいしたら出て来る（出所する）んですよ。

いまから考えると、母親は大阪の父方の家系のなかに自分の子どもたちがいるというのがイヤだったんじゃないですか。お兄さんたちとつきあってもいいことない、と。自分の息子があんなふうになったら困る、というようなことだったんじゃないかと思います。

それこそ、この前後にそのオジサンというのが十五年の服役生活を終えて出所してくるんですよ、オフクロは（自分の夫が）そのオジサンとつきあうのをすごくいやがってましたからね。

これは格闘技ファンなら記憶に新しいことだが、二〇一四年の十二月に大阪でおこなわれたジ・アウトサイダーの大会に闖入者があり、それが警察沙汰になって、警官が駆けつけるということがあった。

そのとき、前田の側は被害者だったが、それでも警察に事情を説明して、逆に警察官にあれこれ聞かれて調書を取られたらしい。警察の事情聴取の調書というのは、わたしも交通違反で、高速道路を百五十キロ出して走っていてオービスで写真を撮られて警察に呼び出されて、七十キロオーバーのスピード違反でいちおう犯人扱いされて、調書を取られたことがあるのだが、これはけっこう大変で、いまの収入から、過去の人生キャリア、前科の有無、卒業学校から家族構成からなにもかも聞かれる。隠しごとがあると、そこから「コイツは怪しいヤツだから余罪があるんじゃないか」というような忖度が始まるのである。だから正直に答えざるを得ない。

で、前田の話に戻るが、前田もこの調書を取られる作業のなかで刑事に「オジサンが刑務所に十四年だか十五年服役して仮釈放された」という話をしたら、その刑事は非常に驚いていたという。「十五年で釈放されたということは、裁判の判決は無期懲役だったということなんだよ。無期懲役というのは死刑の次に重いんだよ」と前田にいったという。

判決で無期懲役というのは、なまじっかの犯罪の審判で下される判決ではない。相当の犯罪を犯したということである。出所したのが昭和四十年代の中ごろで刑務所生活が十五年だったら裁判を受けたのは昭和でいうと三十年ごろ、ということは犯罪を犯したのは昭和二十年代の後半で、山口組も田岡一男が鶴田浩二襲撃事件などを起こして大暴れしていたころのことである。

前田が「服役十五年で出所ということはじつは無期懲役の実刑判決ということ」という話に驚くと、その調書をとった刑事が、どうして無期懲役が十五年で釈放されちゃうかというと、ホントに無期懲役の囚人を刑務所に無期限で服役させておくと、刑務所が満員になっちゃって、大変なんだよ。アメリカなんかだと、刑に刑を重ねて、懲役九十年とかあるんだけど、日本の場合は最高刑で三十年から四十年なんです。だけど、そういう人たちをそのまま三十年、四十年と額面通りに服役させたら、刑務所がたりなくなって破綻しちゃうんです。だから優良な服役囚を選んで十五年とか二十年で出所させるんですよ。

と説明してくれたという。警察官のしてくれた懲役話は蛇足だが、その懲役十四年だか十五年で出所したオジサンというのは、組的（山口組的？）にいうと、相当の重要人物だったようだ。

これは彼が有名なプロレスラーになってからの話だが、ある日、人からちょっと会いたいといっている人がいるからといわれて、赤坂の料亭に呼び出されれたらしい。前田は〈オレに会いたがっている人って誰だろう〉と訝りながら、その料亭に出かけていった。

以下、前田の回想である。

いいから赤坂に出てこいっていわれたんです。赤坂に来いってなんの用かな、と。でいったら、なんかね、こんな目をした小柄な、スポーツ刈りで短髪の髪の毛が真っ白なおじいさんが座っているんです。それで、すすめられるままにパッと座ったら、例のあの飯干晃一の書いた一連のヤクザ実録シリーズに出てくるような、……あれ？　この人、ひょっとしたら柳川次郎かな、と思ったんです。それでお付きの人が、これ、名刺ですって（名刺をくれた）。それ、柳川次郎って書いてあるんですよ。びっくりして、イヤーまいったなあと思って。そしたら、オレのことをじーっと見てね。なんでそんなにオレのことをじーっと見るんだろうと思ったんだけど。オレをじーっと見てるんだよ。

それで、帰りがけにね、でかい紙袋と、こんな分厚い封筒と桐の箱に入ったものをなんかもらったんですよ。で、「このでかい紙袋は香典としてお前のおじさんにやってくれ」と。桐の箱はなにかなと思って開けてみたら、山口組のプラチナバッチですよ。ptってプラチナですよね。金バッチというのはよく話しに聞くけど、プラチナバッチってなんだろうと思って調べたら、田岡一雄が直参の子分にしか渡さないバッチなんですね。話を聞いたら、ウチのオジキは捕まって完黙（完全黙秘のこと＝註）を貫いたらしい。それのお礼をしてくれた。

これはおそらく、前田某はすでに亡くなっていて、最近注目を浴びているレスラーの前田日明はわれわれの同志であった右出の故人の前田某の甥に当たるらしい、というところから話が始まったのではないか。昨今の前田日明はすごい人気だし、故人の葬式のときもなにもしてあげていないから、どんな男か一度会って話をしてみたい。時間を作って会いに来てくれたら、それなりのお土産（金一封？）でもあげようか、というような話だったのではないかと思う。

この話の主人公の柳川次郎というのは、昭和三十年代に山口組きっての武闘派であった柳川組の組長の柳川次郎である。この人も大阪に拠点を置く在日韓国人で、梁元錫（ヤンウォンソク）が本名。百人ぐらい子分のいる相手とケンカになって、わずか八人で日本刀を片手に殴り込みをかけたなど、壮絶な武勇伝の持ち主である。この人が山口組全国制覇の先鋒を勤めた。一九二三（大正十二）年生まれで、九十一年に六十八歳で亡くなっている。前田が出会ったのは最晩年の柳川である。

柳川次郎が大暴れしていたのは、昭和三十年前後のことだが、細かな事情まではわからないが、前田の叔父さんが昭和の四十年代の後半に十五年間の服役を終えて出所したということは、ちょうどその山口組が敵対勢力と激しい武闘を繰りひろげていた時期に叔父さんも大活躍したということだったのだろう。前田は「在日は家庭が崩壊して誰にも頼れなくなったらヤクザになるしかないんです。自分だってそういうふうになっていたかも知れない」といっている。

このあとも前田の家というより、父親の正雄だがこの叔父さんの仕打ちに振り回されながら生きていくことになる。そのことの説明は後回しにしよう。

さて、それでももう一方の母親の実家だが、これがまた、父親の実家とは別仕立ての波乱の物語である。母方の祖父が梁石日の『血と骨』にでてくる主人公の息子の名付け親になった儒者ではないかという話はすでに書いたが、祖父は教養人で、身体中傷だらけだったという。この人について、前田はこんな思い出話をしている。

ウチの母親は十人兄弟なんですけれども、オレが三十四、五歳のときに最年長の伯父さんが死んで、その葬式に母方の親類が集まったんです。普段はそういう集まりにも出てこないようなおじいさんとかおばあさんまで顔を出したんです。

通夜の席でその人たちから初めて聞いたんですが「お前のお祖父さんは元々は軍人だよ、兵隊だったんだよ」と。なんかね、まだ李氏朝鮮の時代のことなんだけど、閔妃が暗殺されたとき（一八九五年・明治二十八年。前年に日清戦争が起こっている＝註）に、お祖父ちゃんはまだ、元服をすませたばかりの若者だったんだけど、日本の要人、右翼の東山満とか、そういう人を暗殺するという密命を帯びて日本にやってきた人間だったというんです。

普段は寡黙でいつも本を読んでいた。子どものころ、ウチの母親がお祖父ちゃんの身体の傷を指さして「これが刀傷で、このへこんでるのが鉄砲で撃たれたときの傷」って教えてくれたんです。そういうときもお祖父ちゃんはただなにもいわずにおだやかな表情をしているだけで、本人からどういうときの傷なのかというような説明は一切なかったですね。

普段、人の前では韓国語しかしゃべらなくて、きっと日本語はチャンとはしゃべれないんだろうなと思っていたら、小学校二年くらいのときだと思うんですけど、祖父と二人だけでいたら突然日本語で「日明は今年何歳になった？」って日本語で聞かれてびっくりしたことがあるんですよ。お祖父ちゃんの日本語を聞いたのはその時だけで、あとはもう誰が来ても韓国語という言葉で誇りを持ってつらぬいてましたね。

大阪から姫路まで、当時、車でいっても、二時間ぐらいかかりましたし、電車でいっても二時間くらいはかかりましたから。で、いま、新幹線の姫路駅があるじゃないですか、あのへんいったい、ウチの母親の兄弟の一番上の長男の伯父さんが一万坪、土地を持っていて、そこを自分がやっていたスクラップ屋の資材置き場にしていたんです。もう、粗鉄の山とかね、戦艦陸奥が引きあげられたときの陸奥の砲塔の残骸とか、長い間、海中に放置されていたからフジツボとかいっぱいひっ付いて。

話の途中だが、戦艦陸奥は戦艦大和、戦艦武蔵が出現するまで戦艦長門と並んで連合艦隊の象徴的存在として国民に愛された大型戦艦である。一九四三（昭和十八）年に岩国港の近くの柱島沖に停泊中、謎の爆発をおこして爆沈した船で、悲劇的な存在である。何度も引きあげ作業がおこなわれている。巨大な戦艦も沈没してしまえば、ただの鉄のかたまりである。

初めて（戦艦陸奥の砲台の残骸を）見たのは小学校の、姫路に引っ越していったときで、そのときはそんな知識もないし、興味もなかったころですから、フーンみたいなことだったんですが、長じて、ソ連邦が崩壊したころ、同じ場所を訪ねる機会があったんですが、そのときに〈そうか、これがあの栄光の戦艦の末路なのか〉としみじみ思いましたよ。このほかにも戦車の部品とか大砲の部首なんかもあって、なんか胸に迫るものがありましたね。

オフクロの実家というのはその当時もう成功していて、大きな商売になっていた。いまでもスクラップ業界では最大手で、業界では知らない人がいないくらい有名なんですよ。それを頼ればどんな不景気でも路頭に迷うことはない、というのがそのときの判断だったんです。

子どもにとっては、住みなれた場所を離れて別の世界で暮らし始めるのはいずれにしても大変な試練である。個人的な経験だが、わたしも小学校三年から四年に進級するときに父親が田舎（わたしの場合は長野県飯田市である）での商売に見切りを付けて東京に出た経験を持っている。わたしの家の場合は商売が破綻したあげくの離郷・上京だから要するに［夜逃げ］である。小学校三年生は年齢的にいうと九歳だが、子どもなりにほとんどのことが理解できるようになっている。少なくともわたしはそうだった。前田も同じだと思う。

この大阪から姫路に引っ越し、小学校を転校する、そのなかで、彼は自分が在日であることを知るのである。転校と並んで、おそらくそのことがこの時期のもっとも大きな事件のひとつだったのではないかと思う。

このことを前田本人はこういうふうに述懐する。

小学校四年のときに姫路に転校して、先生から家庭調査票を出しなさい、と。それで（その父親に書いてもらった調査票を）パッとみたら大韓民国とある。大韓民国全羅南道完島郡……、え、なにこれ？　オレ韓国人なのと。そしたらオヤジに「なにいってんの、オマエ、俺ら韓国人やないか」といわれた。それが始まり。

これは説明がすごく難しいんだけど、それまで日本人ということさえ考えたことがないんだから。ふつう、子どもなんだから自分は何人だなんて考えもしないじゃないですか。あんた国籍なに？　なんて聞く人もいないし。これは正直な話、子どもも心にすごいショックだったですよ。ええ？　なにそれ？　え？　韓国人だったらどうなるの、と思った。

それで（その家庭調査票を提出したら）先生がオレに妙な気の使い方をするようになって、それもイヤだったですね。その先生は差別教育にすごく熱心な人で、クラスには部落の子なんかもいて。


前田本人もいっているが、これは相当に難しい問題である。差別には相手に対して気遣いを持つこと自体が差別、というような側面があるのだ。区別が差別の始まりで、差違を意識することが差別の始まりなのである。やさしくしてあげること、いたわってあげることが逆にやさしくされた側、いたわられた側には余計なお世話ということもあるのだ。本当なら、普通につきあう、出自に関係なく差別も区別もなく仲間としていっしょに生きる、それがあるべき理想である。いま現在進行している民族間の摩擦について言及するならば、この考え方がそれぞれの民族の作り出すナショナリズムの中核の思想のひとつにならなければ差別意識も差別もなくならないだろう。

難しい問題だが、このことは「自分は絶対正しい」というような狭隘な歴史意識を捨てて、それぞれの民族の文化を相対主義的な立場に立って考えるところから始めなければ決して解決しない問題である。この問題も、ここではこれ以上深入りして論じるのはやめておこう。

いずれにせよ、兵庫県はこういうことに非常に腐心している県だった。

これについても後述する。

ただ、いまから考えるとその先生は中村正剛っていう名前なんですけど、神戸大学を卒業した人で、大学時代、ずっと柔道をやっていた人なんです。姫路の奥に舟津というところがあるんですが、そこで兼業農家をやっていて、色黒の人だったんですが、その先生からは大きな影響を受けた。その中村先生が責任感ということにすごく厳しかった。責任ということで、しょっちゅう怒られていましたね。よく覚えていないんだけど、お前は責任感がないとか、しょっちゅう怒られていた。責任感がたりない、と。だから、責任をとる、ということが自分の基本的な生き方になっていったんですよ。これは中村先生の教えてくれたことなんです。

前田日明がプロレスラー、格闘家としてＵＷＦ、リングスと辿った戦いの軌跡と同志となった人たちへの自己犠牲（日本人レスラーたちは結局のところほとんどこれに答えようとしなかったが）はまことに彼の希有な［責任感］を巡る物語であったとわたしは思っている。

その責任感はたぶん、この時期に植え込まれたものなのである。

（オレも）それはその先生の影響なんだと思うんですよ。中村先生だけのことじゃなくて、当時はまだ小学校、中学校に、戦争にいって戦った経験があって生きてかえってきた人たちが学校の先生をやっていたんですね。そういう先生はなんか厳しくて、宿題とか忘れたら往復ビンタが当たり前だったんですよ。

もしかしたら小学校時代の前田は、この先生と出会ったことで救われたのかも知れない。彼の姫路で過ごした少年時代は人生のキャリアのなかでは珠玉の日々だったようだ。彼にとって姫路で育つということのなかには、特別な意味があった。

前田家が引っ越し先に選んだ姫路という町は不思議な場所である。

都市を面積と人口の比率、つまり人口密度から調べていくと、面白いことがわかる。まず、姫路の人口だが、現在五十四万人、姫路市の周辺の市町村の周辺地区に住んでいる人たちを合わせると七十四万人とあるから、それなりの人口である。日本の国土、人口は三十七万八千平米、そのなかに一億二千七百万人の人たちが住んでいて、人口密度は三百三十六人である。思いつくままに、主要な地域の面積／人口／人口密度を調べると次のようになる。

	面積	人口	人口密度
東京都	2189K平米	1338万人	6110人
東京都区部	623K平米	914万人	1万4700人
大阪府	1901K平米	885万人	4650人
大阪市	223K平米	269万人	1万2000人

神戸市	552K平米	153万人	2770人
明石市	49K平米	29万人	5918人
加古川市	139K平米	27万人	1930人
姫路市	534K平米	53万人	1000人

これでわかることは、おそらく姫路というのはゆったりとした広がりを持つ町なのだろうなということである。姫路は神戸や東京都区部に近いような面積を持ち、大阪区部の二倍以上の面積を持ちながら、人口は大阪の約五分の一、神戸の三分の一弱しかない。

これらの数値から推定できることだが、たぶん、広大な面積に起因する、このおっとりゆったりした立地環境が姫路をある程度の都会でありながら、さまざまのバラエティをもつ都市、第一次産業（農業漁業）から第二次産業（工業）、第三次産業までがそれなりに揃っていて、しかもそれが歴史的な要素と重層的に絡み合った複雑な性格の都市にしているのだと思う。

そして、ここで兵庫県の戦後の政治状況についても言及しておかなければなるまい。

戦後、思想の自由が保障されて、さまざまの考え方をする政治家が自由に立候補して政治活動を繰りひろげようとした。いわゆる革新系というのは共産党や社会党などに所属する、戦前のマルクス主義プロレタリア運動の洗礼を受けた人たちだが、兵庫県は昭和三十年代に二期八年にわたって県知事を務めた作家にして政治家であった阪本勝によって、革新的な政治がおこなわれたところだった。

阪本は一八九九（明治三十二）年の生まれで、戦前からプロレタリア文学の作家・評論家としても著名な人だった。一九二七（昭和二）年に賀川豊彦らにすすめられて兵庫県議会選挙に日本労農党から立候補してみごと当選するという革新議員第一号の経歴を有して、のちには大政翼賛会に推薦されて衆議院にも当選し、政治家として長く活躍した。戦後、兵庫県がもっとも革新的な県政を実現させたのはこの人の功績に負うところが多い。

阪本は一九五四（昭和二十九）年に県知事に当選すると赤字で首が回らなかった兵庫県の財政を八年計画で再建する旨の政策を発表し、これを六年で成し遂げた。また、教育には特に熱心に取り組み、高校入試には兵庫方式と呼ばれる県独自のやり方を押し進めていた。また、県民と接するために［すべてをヒューマニズムで考えよう］をスローガンとして掲げ、在日や被差別民の問題では学校の授業に道徳の時間を多く組みこんで、教育によって人々の差別意識をなくそうとした。（1）

阪本は一九六二（昭和三十七）年の二期目の任期終了時、知事は二期以上務めるべきではないといって不出馬を表明して引退したが、翌、六十三（昭和三十八）年、社会党に乞われて革新統一候補として東京知事選に立候補し、東龍太郎相手に戦いを挑み、二百三十万票対百六十三万票と惜敗とまでは書けないが、善戦して敗れている。しかし、この敗北を教訓として、六十七年に革新陣営は美濃部亮吉を旗頭に再び統一戦線を組んで都知事選を戦い、首都に初めて革新系知事を誕生させるのである。昭和三十八年に坂本が都知事選に立候補したとき、わたしは高校一年生だったと思う。わたしはボンヤリとだが、この人のことを覚えている。対立候補の東は元官僚で、阪本は文人政治家がレッテルだった。官僚より文人の方がカッコいいなと思ったのだ。このときの都知事選挙で阪本勝が当選していたら、東京はどうなっていただろうか。

それにしても、前田日明が兵庫県に移っていったのは一九六八（昭和四十三）年のことで、すでに県知事は別の人になっていたが、阪本が作りあげた教育システムは確固として残っていた。前田自身も「やけに道徳の時間が多かった」とその記憶を吐露している。

前田はこういうふうにいっている。前田の証言で驚かされるのは、姫路にひとりの不良少年もいなかったという発言である。


兵庫県は当時、兵庫方式という特別なスタイルの受験方式をとっていたんですよ。これは学校の勉強を一生懸命にやってれば、いい学校に進学できる、っていうやり方なんです。それで、学校は差別ということにもすごく神経を使っていて、道徳の時間にそういう映画を見たり、授業で先生の話を聞いたりということがやけに多かったですね。

小学生のころは自分が在日だとわかっても、それはたしかにびっくりはしたけど、それで悩んだというようなことはなくて、とにかく毎日友だちと仲良く遊ぶのが楽しかったですね。

姫路には不良というのがいなかった。中学校も同じですよ。みんな、ものすごく真面目だった。


兵庫方式というのは学校の内申書を重視する試験制度で、もちろん筆記での入学試験もおこなうが、それだけで合否を決めるのではなく、学校の通信簿の成績がよければ、一種の書類選考みたいな形を取り入れて入学試験を合格にするというものだった。これは教育から受験勉強の弊害を取り除くということでおこなわれるようになったらしい。それで、真面目に学校の授業を受ければ、それがきちんと高校進学に反映される、というやり方だった。

前田はこのきわめて真面目な制度のなかで十歳から十四歳までのもっとも多感な少年時代を過ごしたのである。だからなのか姫路について語るときの前田は多弁で、闊達である。この場所の想い出を前田はこんなふうにいう。

姫路は小学校四年だから九歳、昭和四十三年の四月からなんだけど、毎日、本当に楽しかったですね。自転車に釣り竿をくくりつけてみんなで海に投げ釣りをしにいくんですよ。学校のクラスメートみんなが集まって。自転車こいでキイキイいわせながらどんどん走っていくと海で、港があって、堤防があってテトラポッドがあって、そこでみんなで並んで釣りをするんです。そういう場所が何カ所もあった。そうかと思うと、ちょっといくと山もあって、とにかくすごくいいところなんですよ。

姫路は子どもが育つのには最高のところでしたね。姫路にはお城もあるしね。お城は毎日、ただで入っていた。出口のところで「あ、忘れ物した……」とかいって「すいません、中にまだお父さんがいるんです」とかいって。それで、すごいのはお城には抜け穴みたいのがいっぱいあるんですよ。本当はこの抜け道は殿所のなかにつながっているんだよみたいな言い伝えがあったりして。当時、小学校四年、五年でね、探検だ！　とかいって、こうやってちょっと前屈みになりながら石造りの穴の中に入っていくんですけど、ちょっと先にいくと、埋まっちゃっていて行き止まりでね。

お城というのはもちろん、いうまでもなく姫路城、白鷺城だ。この、日本でもっとも美しいといわれている名城の歴史は古く、じつに南北朝時代の十四世紀半ばにまで遡ることができる。南朝の有力な支持者であった赤松氏の居城であったといわれているが、そのころはもっと小規模な居館で、本格的にいまの大きさの城郭になったのは戦国時代のことで、二〇一四年にＮＨＫが放送した大河ドラマの『軍師官兵衛』ではないが、黒田孝高（黒田官兵衛つまり黒田如水）の時代には姫路は山陽道の要衝の地となる。

この城を本格的な現在の体裁に整えたのは豊臣秀吉と、その後の関ヶ原の戦いで功績のあった池田輝正で、池田輝正は大規模改修をおこない、現在の豪壮な姫路城はこのときに造られたといわれている。江戸時代にも大規模改修がくり返され、明治維新以降も美しい城としての体裁を保ちつづけてきた。

姫路は日本の歴史が凝縮されて原型のままで残っているような町だった。

お城（姫路城）のなかには千姫のやぐらなんかがあってね。千姫が大坂城で救出されて、その後、大きくなって、あの本多家の跡取りと結婚して、姫路城主の本妻に納まったんですね。そのとき、城内に千姫のためにやぐらを造って、千姫はいろいろとお城のなかをウロウロしたらしいんだけど、この千姫のやぐらがなかなか面白いんですよ。パッと入っていくと、二階に上る階段があって、そこにのぼって昼寝してね。それからお菊の井戸というのもあった。江戸時代にお皿を壊して死んだ女中がお化けになって出る話、一枚、二枚っていう、ホンマのあの井戸がある。そこへ夜、肝だめしにいったりとかね。

それでね、姫路城の裏に回ると、増位山、広嶺山、ずっといって書写山、この書写山に円教寺というのがあって、そこは映画の『ラストサムライ』のロケ地になった場所なんです。そんでね、増位山のてっぺんに登ると歴代姫路城主の墓というのがあって、そのそばに亀が下敷きになった形で彫られた石碑があるんですよ。その石の表面に漢文でなんかズラーと彫られていて、なんか書いてあって、伝説があるんですよ、ここに書いてある文章を全部解読したら、下の亀が動き出して、その下に財宝が埋まっていて、それをもっていっていいっていう、そういう伝説なんです。それをワーッて書き写すんだけれど、字が何カ所か欠けていて、欠けてるから読めないよ、っていう話なんですよ。書写山の円教寺は（小学校の）林間学校でいきました。

それから、姫路というのはお祭りの多い町で、やれ、ゆかた祭りだ、お城祭りだって、しょっちゅうお祭りをやっていたね。（熱心に話す前田にわたしが「相当楽しかったんだね」と相づちをうつ）いや、楽しかったですよ。山にいったり、海にいったり、お城に遊びにいったり、すごく楽しかったです。山のなかにみんなで秘密基地みたいの作ったり、子どもの居場所があった。姫路には子どもが健全に育つ環境があったと思います。

姫路での生活は、昭和四十三年から昭和四十八年の夏、九歳から十四歳まで、約五年間つづいている。中学生になってからのことは後段に再出させるが、たぶん、この五年間が前田の精神の健康な部分の基本の形を作ったのである。

彼の小学生時代について、書き添えておかなければならないことがまだ、いくつかある。

姫路に引っ越したあとの学校の成績にはそろそろバラッキがみられるようになる。

算数がダメでしたね。四年生のときに教わった四捨五入ということの意味がどうしてもわからなくて。なんで4が0になっちゃって6は10になっちゃうんだ、と。

考えてみると、オレは四捨五入というのを習ってから算数がイヤになっちゃったんですよ。なんていうか、なんでそんなにいい加減なんだろう、と。なんで6を切り上げると10になるんだろう、と。4だったら0として扱われちゃうわけじゃないですか。なんていい加減なんだろう、と。それをさんざん苦労して考えたんだけど、先生から、そういうモンなんだ、そういうルールなんだと聞かされて、なんでそんななんだって失望しましたね。で、中学生になってから集合論とか習ったときにはこれはこれで面白いなと思って勉強しましたけれどもね。

このエピソードについて拡大解釈すると、彼は、その切り捨てられたり繰り上げられたりして無視される小数点以下の存在の数字の扱い方が納得できなかったのかも知れない。小学校四年生だから、この時点で自分のことをマイノリティだと考えたというようなことはなかっただろうが、末端の小さな数値だって、無視して切り捨ててしまうというのは乱暴すぎないか、というのは多感でこころやさしい少年の思うこととしてありえるだろう。少数者は弱者であることが多かった。とにかく、精神的にも強い責任感に依拠して生きる大人にならなければならず、暴力的な戦いを挑まれても応戦できるだけの準備がなければならない、比喩として、憲法九条のなかであらためて軍事力を背景にした国同士の力関係が国際社会の政治的な方向性を決めていくことに気がつく、というような、現実の力学への［覚醒への道］だったのではないかと思う。

たぶん、小学校四年生のときに四捨五入をなんだか納得できないと思ったのは、本能的な対応だったのだろうが、前田がのちに成人して（元服して？）現実の社会に出たとき、否応なく、この世は暴力もありの力の世界だ、というふうに認識していたのであれば、コトの発端は、小数点以下を数字として認めない、そういう数学の暴力的な思考へのＮＯということからだったのではないか。

算数以外の学科についてはこういうふうにいっている。

ちっちゃな子どものときから図鑑をよく見ていたんで、理科とか社会とか好きだったですね。理科、社会というのは中学校に入ると、地理、歴史、生物、物理、化学、まあ、国語は中学校になって本を読むようになってからできるようになっていきましたね。全然勉強とかはしなかったけれど、なんか当たり前のように自分の好きな科目だけは百点取る、みたいな子どもでしたね。

小学校時代の勉強の成績はまあまあ、真ん中よりちょっと上くらいだったんじゃないかと思います。できる科目は全部5なんですけど、できないのは2とかで、極端なんですよ。まあ、普通の子ですよね、乱暴者でもないし、授業中にふざけてみんなを笑わせるのが好きで、先生の邪魔していた、……。

この学校の勉強に並行して、お稽古ごとを習いにいくようなことなのだが、少年の彼は少林寺拳法の道場に入門して、稽古に通いはじめる。

これは要するに、テレビでウルトラマンがゼットンにやられちゃって、子どもなりに考えたコトなんです。それならぼくがウルトラマンのかわりにゼットンをやっつけなきゃ、と。で、いまのままじゃ負けちゃうから強くならなきゃと思ったわけです。それで、近所の少林寺拳法の道場に通いはじめたんです。自分が通いはじめた道場というのは城東道院というところ。少林寺拳法で道院というのは道場のことなんです。そこに樫本百樹《かしもとひゃっき》という先生がいたんですけど、その人は近畿大学の拳法部出身の人で、けっこう有名な人だったみたいで、入れかわり立ちかわりで少林寺拳法の全国大会に出るような先生とか、バリバリの強い人が練習に来るんですよ。それで、道場には（特別子ども部みたいのはなくて）小学生は自分一人だけだったんで、みんな可愛がってくれた。みんな「よし、乱取りやろう！」っていってくれて相手になってくれるんですけれども、向こうは遊び半分でこっちは必死でやるじゃないですか。で、バッと必死でけりを入れたりすると、金的に当てちゃうんですよ。相手はウッとかいって、ちょっと怒られるんだけど「オッ、アキラくん、強いじゃないか」とかいわれて、本人は得意げになってるみたいなね、そういう感じですよ。自分は中学校のときも本当に真面目だったんですよ。人とケンカしたりということもなかった。それでも、少林寺拳法の道場に（三年間近く）通ったおかげで、こういうときはここを持ってこうやるんだ、みたいなことは教わっていましたからね。

当時、梶原一騎原作の『柔道一直線』なんかがマンガとテレビで始まって、クラスの中で柔道を練習するヤツが何人か出てきて、遊び時間に砂場で柔道の投げ技やったりとかして遊んでましたからね。みんなにカッコつけたいとか、強くみられたいというのがあったんですね。自分は少林寺拳法を習っていたんで、いちおう関節技とかみんなに見せたりして。道場に通うのは楽しかったですね、小学校を卒業するころに道場もやめたんですが、どうしていかなくなったか覚えていない。

あの時期というのは、生活は平和だったんですが、家庭環境というか、家のなかでの家庭不和というか、いろいろな問題が生じて、苦痛も生じるようになっていったんですが、そういうなかでも友だちと休みの日に海に遊びにいったり山に遊びにいったりっていう感じで暮らしていたわけですけれども、あれが町工場がいっぱいあるような大阪の下町なんかだったらどうだったか、みたいなこと考えると、全然違いますよね

さらにもうひとつ話がある。それは、ちょうど前田少年が姫路に引っ越した昭和四十三年の三

月、同時に神戸でUHFのテレビ放送のサンテレビの放送が始まったことだった。このテレビ局の用意した番組のなかに「金曜スペシャル」という放送枠があった。それは太平洋戦争を記録したドキュメンタリー番組だった。彼はこれに魅せられる。サンテレビは発足時の社名は兵庫テレビ、東京12チャンネル、いまのテレビ東京系列である。

この話は自分の読書歴（本との出会い）とも関係しているんですが、大阪でいうサンテレビに金曜スペシャルという番組があったんですよ。これはなにかっていうと、太平洋戦争のなかで起こったいろんな話ですね。ドキュメンタリーのフィルムを流しながら。特攻隊の話とかをやるんです。これがすごく衝撃的だった。そのとき、自分は小学校四年生だったんですけれど、ずっとこの番組を見てました。

命令されて、爆弾かかえて、船に体当たりで突っ込んでいく。もうかえって来れない。いったらいったきりだと。で、みんな若い人でね。なかには家族のいる人、恋人のいる人、一人息子で両親が頼りにしている人、いろんな人がいた。

いまでも忘れられないのはそのなかに、ある特攻隊員の遺書というのがあって、宅島徳光という、慶応かな、学徒出陣でいって、けっきょくこの人は特攻の訓練中に事故死したんですけれども。その人の遺書が残っていたんですね。♪俺の言葉に泣いたヤツがひとり　俺を恨んでいるヤツがひとり…　俺が死んだらくちなしの花を…♪っていう歌なんだけど。婚約者だったか、恋人だったかに残した遺書なんですよ。これは『くちなしの花』という遺稿集も出ているんだけども、自分はちっちゃな小学生だから本を読むにはまだちょっと間があるんですよ。

前田が口誦した宅島徳光の作った詩はのちに美空ひばりがこの詩を愛して、船村徹に作曲を依頼して『白い勲章』という題名の歌になった。

ひばりは何度も、平和音楽祭などの場所を選んでこの歌をうたっている。こんな歌である。

♪俺の言葉に泣いた奴がひとり　俺をうらんでいる奴がひとり
それでも本当に　俺を忘れないでいてくれる奴がひとり
俺が死んだら　くちなしの花を　飾ってくれる　奴がひとり
皆んな併せて　たったのひとり♪

また、この宅島徳光の作った「くちなしの花」のフレーズに触発されて、作曲家の遠藤実は作詞家の水木かおるに依頼して同名の恋愛の歌を作詞してもらい、それを映画俳優の渡哲也に歌わせて大ヒットさせている。

水木かおるというのは西田佐知子が歌った『アカシアの雨がやむとき』や赤木圭一郎の『霧笛が俺を呼んでいる』などドラマ性の高い歌をたくさん作った詩人である。

その作品が『くちなしの花』で、こういう歌である。

♪いまでは指輪もまわるほど　やせてやつれたお前のうわさ
　くちなしの花の　花のかおりが旅路の果てまでついてくる
　　くちなしの白い花　お前のような花だった♪

こちらは宅島徳光が作った原詩とニュアンスはちがうが、ふたつの詩とも、死と隣りあわせた時間のなかで醸された哀切な心情が旅愁といっしょに心に染み込んでくるような歌である。
子どもの彼が魅せられたのは、そういう死の意識と同化した状況のなかで生きる人間の苛烈で清冽なこころ模様だったようだ。

戦争を記録した本というのがたくさん出ているんですが、そういう本を読みはじめるのは中学生になってからなんです。でも、この「金曜スペシャル」は小学校のときからずっと見ていて、すごいなすごいな、と。なんかそういう、太平洋戦争の日本軍の敗戦の歴史を、それも勝者の側が撮った、飛行機搭載のカメラマンとか、日本軍が撮った映像とか、米軍が撮った、日本の特攻隊の飛行機が艦砲射撃で撃ち落とされる場面とか、BT信管がバンバン爆発して（飛行機の）羽根が燃えて、くるくる回りながら海面に向けて墜落していったりとか、そんなんばっかりなんですけれども、そんなんばっかりみているウチに、子どものあいだでプラモデルがはやりはじめて、なにを作ったかというと、零戦だったりムスタングだったり、戦艦大和だったり、そんなんを作っていたんですよ。で、あるとき、クラスに（そういうプラモ作りが）メチャクチャ上手いヤツがいるんですよ。なんでそんなに上手いのかというと、こういう雑誌があってね、その雑誌をみながら作っていたんだと。なにそれっていったら『丸』っていうんだと。

それで自分も『丸』を、自分で毎月、買うようになったんです。それが始まりです。それを見ながらプラモデル作りなんかしていたんだけど、そのうち、記事が載ってるじゃないですか、それを読むようになって。あのころ、自分のまわりにね、戦争にいって帰ってきて教師になったという人が四十代の後半くらいで何人かいて、恐い先生っていうんですか、そういう先生がたまに、戦争時代の話を子どもにポツリポツリと聞かせてくれるんです。

それと、『丸』に載っている、なんていうんだろう、いろんな戦記を読むとワクワクするんですよ。すごかったんだろうな、恐かったんだろうなって。みなさん、感情を殺して淡淡とした文章を書かれていたんですけれども、おさな心のオレにも、その文章は逆に臨場感がある、書いている人の気持ちを、書いている人は戦後生き残ってそのころのことを思い出し書きしているんですが、ああなんだろうなこうなんだろうなと想像させてくれましたね。

当事者として過去を振り返って、ああだったなこうだったなと冷静な、淡淡とした文章を書くじゃないですか。そういう文章に魅せられて、中学生になると、本格的に戦争を記録した本を夢中になって読むようになるんです。

戦争という問題を日常的な生活のなかで考えると、戦争は悪いことだから反対だとか、戦争に反対して平和を求めなければいけないんだとか、そういうイデオロギーの世界に入っていくことが多いのだが、子どもの前田日明はそういう受け取り方はしなかった。

（都市再開発のとばっちりで）立ちのきで自分の家がなくなっちゃって、知らない町に引っ越さなければならなくなって、父親の商売もだんだん調子が悪くなっていったんですけれども、そういうときも、自分は特攻隊の人たちに比べれば、こんなこと、そんなに悲しくない、特攻隊に比べればオレなんかまだまだ幸せだ、と。そういうようなことを考えながら暮らしていた。やがて、両親が離婚するんですけれども、そのときも、戦争で戦って黙って死んでいった人たちことをずっと考えていた。そして、こんなのヘッチャラだ、あの人たちに比べればオレなんかまだまだ恵まれてると思って、自分を慰めて勇気づけていましたね。

姫路に移ってから、父親の穴屋の仕事はどんどんなくなっていったという。それはそうだろう。姫路は産業の盛んな都市だったが、それでも人口はたかだか四十万人を越えるくらいの町である。そこにそんなに始終、大規模建築工事があるわけがなかった。いきおい父親はよその地域に仕事をもとめて長期出張することになる。前田の記憶では名張（たぶん奈良県の名張）とか佐久間（天竜川の佐久間ダム）などの地名を覚えているという。家は父親が留守にすることが多くなった。そして、その仕事もいつもあるというわけではなく、その仕事がないときは母親の（女房の）オジサン連中の伝手にすがって働いていたという。これはもしかしたら、じつは父親にとっては屈辱的な、男の沽券にかかわるような話だったのかも知れない。

そして、同時並行的な話だが、小学校五年生頃から両親の夫婦仲が悪くなっていったのである。もともと、大阪時代から間歇的にかなり激しい夫婦げんかを繰りひろげていたのだというが、それでもいつも仲直りしていた。子ども心にまさか両親が離婚することなどないだろうと考えていたという。

小学校五年生のときに、父親ががんばって家を建てたんですよ。それが七十坪の土地に二階建てのかなり立派な家だったんだけれども、場所が朝鮮学校の真裏で。音楽の授業でピアノとか聞こえてくるようなところだったんです。家によって考え方が違うんでしょうが、オフクロは朝鮮学校なんかダメだっていってましたね。絶対イヤだ、子供たちは日本人の学校にいって日本人として暮らすべきだ、と。だから、うちの親族で朝鮮学校にいったヤツはひとりもいないですよ。

この話は在日の人々が日本社会のなかでどう暮らすべきかという、微妙な問題に関係していた。実際に兵庫県ではこの時期に、朝鮮学校を廃止すべきだという動きがあり、大きな騒ぎになっている。たしか裁判沙汰になったと思う。朝鮮学校存続論者のなかに基本的にあったのはわれわれは特別なのだという考え方だと思うが、これはもともと、日本社会のなかのあいつらは特殊だという差別の意識に対抗して生じたものだったのだろう。日本社会の差別に対抗するためには朝鮮民族として団結して、朝鮮人の文化のなかで子どもを教育するべきだという考え方である。これは、朝鮮半島に現に存在する、略称で表記するが韓国と北朝鮮にとっても同様で、韓国と北朝鮮も在日を、あいつらは特殊な存在だというふうに考えたのである。

　客観的にみて、在日は戦後の歴史のなかで祖国と日本の両方に裏切られた皮肉な存在なのである。このことの歴史的な事実をさまざま穿《ほじく》り返すことに意味はないとは思わないが、物語の大筋から外れていってしまうので、ここでは論をここまでにしておく。この話のつづきは第四章の179頁以下で書いている。とにかく、在日は現代の東アジアで、そういう一種、架空の、根なし草のような存在として生きざるを得ない宿命を背負っていた。

　前田はそういう宿命的な問題を、両親が離婚し、家庭が崩壊することで、少年ながら真正面から受けとらざるをえなくなっていくのである。そのときは物語の舞台はもう姫路ではなく、大阪に戻っている。

　父親が姫路に家を建てた問題についていうと、姫路に移ってから父の仕事（穴屋）は徐々になくなって、働き場所を求めて県外への長期出張が多くなっていった、そして、そうでないときは家のなかでくすぶって、家族に不機嫌をまき散らしていたという。だから、おそらく家を新築した費用は新しく稼いだものではなくて、それまでのたくわえ、…たぶん大阪の家を立ち退いたときに手に入れたお金だったのだろう。家を用地買収されて得たお金がどのくらいの金額だったかまではわからないが、大阪の家もそんなに小さな家ではなかったようだし、姫路に引っ越した時点では家を一軒建てるくらいの金額のお金は持っていたはずである。そして、その時点では、父親も姫路で暮らしていこうと考えていたのだと思う。前田の回想である。

この、家を新築したころからだんだん夫婦仲が悪くなってケンカもひどくなっていったんです。それで、夫婦ゲンカにたいしてオフクロの親戚が口を出してくるようになった。親戚の人たちにあれこれいわれて、オヤジは「なにを！」みたいな。「夫婦の話に他人が口出しするな！」といって。夫婦ゲンカの（直接的な）原因というのはわかんないんですよ。家を新築したすぐあとだったから、（当時、オレの知らない）ローンとかあったのかも知れないですけど。

ウチのオヤジも職人仕事なんで、雨が降ったら休んだりするじゃないですか、それプラス機嫌が悪かったら仕事にいかなかったりするじゃないですか。そういうなかで（それで、オフクロはオヤジの稼ぎがへってきたことを理由に）スナックを始めるんですよ。母親のすぐ下の妹にルミちゃん、ルミちゃんて呼んでたんですけど、ずっと水商売の世界でやってきた妹がいるんです。その人の影響かも知れないんですけど、なんかそういう（女のお金儲けみたいな）ことをやりたがっていた。で、そのルミちゃんていうのに助けられて、たまに手伝ってもらいながらスナックを始めた、これが自分が中学生になったころのことなんです。

オフクロはけっこう派手好きで、きれいだ、美人だといわれるのがうれしくて、若いころは、吉永小百合みたいな、見た目、何歳なのかわかんないような女だったんです。自分（前田本人）といっしょに歩いていて、彼女とまちがわれるような、きれいな女なんです。いま結婚している人も母本人よりひとまわり以上年下ですからね。その人が母を自分（その人本人）よりちょっと年下じゃないかと思っていたっていうんだから化け物みたいな女なんですよ。

いきなり吉永小百合の名前が出てきたが、これには理由があった。話が横道にそれるが、前田日明の吉永小百合についての思い出話である。

とにかく吉永小百合にはびっくりしましたよ。自分は一九九三年（平成四年＝註）ですか、膝の手術をしたんですよ。それで医者からは完全に直すためには九ヶ月とか半年とか休めっていわれたんですけど、あんまりダラダラ休めないと思って、休んでいるあいだもなんとか心肺機能を維持しなきゃいけないと思ったんですが、走れないし、膝に体重をかけるわけにもいかないし、どうしようかと思っていて、そうだ水泳がいいと思いついたんです。それで、二子玉川にあるジムのプールに毎日泳ぎにいって三キロずつ泳ぐことにしたんです。そしたら、そこにものすごいきれいな女が泳ぎに来てるんですよ。すっぴんで水着姿なんだけど、全然いけるんですよ。いやあ、いい女だなあと思っていたら、それが吉永小百合だったんです。自分はそれまで吉永小百合というのがどういう顔してるのかも何歳なのかも知らなかったんだけど、吉永さんは毎日、プールで一キロとか一・五キロとか泳いで帰ってましたね。とにかくきれいなんでびっくりした。

このあと、前田日明と吉永小百合がどういうつきあい方をしたかまでは聞き漏らした。
吉永小百合は一九四五（昭和二十）年の生まれだから、このとき、小百合ちゃんとしてはもう四十八歳になっている。話が蛇足の蛇足になるが、わたしが『平凡パンチ』という週刊誌で「年上の女特集」というのを作ったのは一九八五（昭和六十）年のことだが、その雑誌の表紙とインタビューに登場してもらったのが吉永小百合で、彼女はこのとき四十歳だった。

吉永小百合とわたしについて書くと、六十年近く遡った子供のころ、わたしは淡島通りの三宿という町に住んでいたのだが、彼女もそもそもはあのへんの住人の筈で、昭和三十二年くらいだと思うが、ラジオの『赤胴鈴之助』に出ていて、わたしたちは彼女の名前は知っていても、どんな顔をした女のコかまでは知らずにいたのだが、ラジオ番組の話が彼女のことに及んだとき、遊び友だちのひとりから「あのコは駒場に住んでる。顔もかわいい」というような話を聞かされた。駒場は隣町である。子どものときにもあのへんで一度や二度、すれ違ったことぐらいあるかも知れない。さらに長じて、大学生時代、わたしたちは同じ早稲田大学の文学部の西洋史学科（彼女は二部の学生だった。彼女のゼミは平田寛先生のギリシヤ史で、わたしは川村喜一先生のエジプト史だった）の同窓生で彼女の方が一年先輩だった。金曜日の四時過ぎに読書室にいくと、かならずそこにいて、なにか本を読んでいた。いつも黒いストッキングをはいていた記憶がある。彼女はそのころはもう有名な大スターだった。

それから十六年後のわたしは若者向けの週刊誌で年上の女特集をやるんだったらこの人しかいないと思い、忙しい最中に取材を申し込んで、無理やり頼んでホテル・オークラの庭園にあるカフェで三十分の取材時間をもらい、インタビュー二十五分、写真撮影に五分というものすごいハードな取材をしたのである。

わたしたちは十六年ぶりの再会だったが、向こうはわたしのことは覚えていなかった。わたしのことはどうでもいいのだが、このときのカメラマンが三浦憲治で、彼が撮影したのは2ロール、コマでいうと七十二コマだけだったが、白いコーヒーカップに口紅のついた部分のアップの写真や、三浦らしい、いい肖像写真も撮れていて、そのなかの一枚を表紙に使った。三浦はこの五分間の撮影でいっぺんに彼女に気に入られ、その後、写真集のカメラマンに抜擢、起用されている。吉永小百合は少女のころも大学生のころも四十歳になっても、たぶん、前田日明が毎日出会っていた四十八歳のころも、そして、七十歳のいまもいい女である。それでも最近、ちょっと目尻のあたりが老けてきたのが気にかかる。

話を姫路に戻すが、姫路出身というと、わたしがすぐに連想する人間は藤田修と車谷長吉のふたりである。藤田修は昭和四十年代の後半に渡辺プロダクションで天地真理の宣伝担当をやっていた芸能マネジャー、車谷長吉は『赤目四十八瀧心中未遂』等の作品を書いている直木賞受賞作家である。

藤田はわたしとは早稲田の文学部の同じ年卒業の同窓生（わたしは四年で卒業したが、藤田は確か六年くらいかかっている。キャバレーのボーイのバイトに身を入れすぎて二年余計に留年したといっていた）で、酒が入ると小林秀雄訳のアルチュール・ランボーの『酩酊船（酔いどれ船）』を暗誦するようなフランス文学狂だったが、いまはどうしているか、ちょっとわからない。

一方の車谷長吉は神戸から瀬戸内海沿いに走る山陽電鉄でいく姫路市の飾磨というところの出身なのだが、彼の書いた随筆にこんな一節がある。

昭和三十六年春、私は県立姫路西高校の入学試験を受けて失敗し、土地では程度が一番低いと言われていた市立飾磨高等学校に強制的に回された。つまり、その時分姫路地方には公立私立合わせて高等学校が十四あり、その中で一番上から一番下へ突き落とされた。この姫路西から飾磨へ回される生徒たちのことを、土地では「落ち武者」と言うていた。いまは、こういう制度があるのかどうか知らないが、酷い仕組みである。この時、私は私の人生で何か根本的に大事なものを喪失した。私は十五歳だった。以来、五十四歳になるいまに至る迄、何を失ったのかを考えるのが、私の半生だった。ところが、未だに私には何を失ったのかが分からない。ただ烈しい屈辱と強い喪失感だけが、いまにとぐろを巻いている。言い直せば、「わいは絶対に姫路西を出た奴らには負けへんで」という意識の裏返しとして、未だに深い学歴劣等感の底に沈んでいる。

無論、この喪失感をどうにかして克服したい、という努力も些少はして来た。たとえば、大学入学である。高等学校三年生になって、進路指導がはじまった時、担当教師から「お前の入れそうな大学は、近畿大学ぐらいやな」と言われた。それに対して、「慶応を受けたいんですけど。」と言うと、教諭は端《はな》から私をせせら笑って、「もしお前が慶応に受かったら、わしは運動場で逆立ちして泥鰌掬いを踊ったる。」と言うた。私はこの一ト言に奮起した。それから一日十八時間勉強し、眠るのも机に凭れて仮眠するだけ、冬は夜中に真水の風呂に入って眠気を覚ました。すると、すれすれで合格した。（2）

あらためて兵庫県出身のわたしの知り合いで著名人というと、いまは温厚な人柄で知られる元阪神タイガースの超三百勝投手である小山正明さん（高砂出身）、日本美術界の風雲児（反逆児？）である横尾忠則さん（西脇出身）など、いずれも個性豊かな人たちを思い出す。それにしても、こういう話を読まされると、この人（車谷さん）は姫路以外の場所で育っていたら、モノ書きになっていなかったのではないかという気がしてくる。

車谷さんの文章の感性が持つ特長が兵庫県という風土が生んだものだとは思わないが、独特であることに間違いはない。姫路は重工業の発達した町で、有名な製鉄会社や金属会社があり、在日の人々が多く住んでいた。古い時代の資料だが、『兵庫県の百年』のなかには

大正十二年（一九二三）末の県下の在留朝鮮人は戸数五〇一戸、男三九六三人・女一五五八人で、居住地別では飾磨郡の四一一人を筆頭に、姫路三七一人・神戸三五三人で、以下武庫郡・川辺郡・尼崎市・明石市の順となっており、職種別では染織の九六一人を筆頭に、化学・機械器具関係が多い。ことに女子労働者の九四パーセントは染織女工で、姫路市・飾磨郡に圧倒的に多かった（3）

と書かれている。姫路・飾磨はそういう場所だったのである。

前田は姫路に（少なくとも本人のまわりには）不良はいなかったといっているが、車谷のまわりには、いたようだ。これも中学生時代の思い出である。

ある夏の暑い日、姫路の映画館で（小学生の時から仲良しだった＝註）金白平とばったり逢うた。金は中学校でも同じ組にいた。その時、金には連れの少年がいた。金よりは二つ年下で、金の隣家の少年だった。この少年は別の朝鮮人学校へ行っていた。私は金白平に目で挨拶した。するとしばらくして、連れの少年が私のYシャツの袖を引っ張った。何だろうと思うて、付いて行くと、便所の中へ連れ込まれ、さらに大便用の箱の中へ押し込められた。そしてジャックナイフを喉許へ突き付けられた。金白平が止めようとしたが、この男は「お前、俺の商売の邪魔をするんか。」とすごんだ。腕時計と金をまき上げられた。

私はこの事件を誰にも告げなかった。すると翌日、学校で金白平が腕時計だけを返してくれた。「すまんことしたな。」と言うて、苦笑いした。金白平も苦しんだに相違なかった。のちに、金白平は大阪で鳶職をしていると耳にしたが。（4）

この人がすごいのは次のようなことを断言してしまうところだ。柳美里が「石に泳ぐ魚」で訴えられて裁判で負けたときのことである。

東京高等裁判所控訴審の判決は、一審の東京地方裁判所の判決よりも、さらに厳しいものであった。いちじるしいプライヴァシー（私秘性）の侵害であると言うのである。文学の本質は悪である。反社会性である。反「世間の常識」である。こういう文学が裁判に掛けられたら、必ず負けるのは、はじめから分かり切ったことである。裁判所は人間の悪を裁くところである。だが、人間の本質は悪であって、その悪を書くのが文学の主題であるのだから、負けるのは分かり切った話だ。（略）文学の本質が悪を書くものである以上、書くことはそれ自体が悪であり、あらゆる文学者はある意味で犯罪者、言うなれば人非人である。（略）
　上記のごとく、人間の本質は悪であり、その悪を書くのが文学であるから、ある程度の節度は必要である。併し真の文士として世に認められるには、悪を徹底的に抉り出さない限り、凡作だといわれて、小馬鹿にされる。（5）

　この文章も気になった。車谷さんはわたしより二歳年上だが、私小説作家を自負して評判の作品を書きつづけた時期があったが、なにかの作品で人から告訴されて、それから大人しくなってしまった。わたしも柳美里のこの話は注視していたのだったが、やはり作家が負けたか、と思った。

　車谷さんは人間の本質は悪であるというが、わたしは人生の本質を人生が始まったあとで作られた概念で一括規定できるモノなのだろうか、と思う。人生は悪なのではなく、よい状態にあっても悪い状態にあっても生きる、あるいは生きていかなければならない。その意味で、要するに、人生というのはどっちに転んでも「最悪」なのではないか。そういう最悪の状態にあるのが人間の宿命なのだと考えて、凡作の世評は気にしなければいいのではないか。

　わたしたちは常に悪というか、不良の自覚を持って生きる。そういうことについては、作家はいくらでも卑怯者として妥協すればいいのではないか。たぶん、生きるということはそういうものを随伴して、そのことに対しても自覚的に生きるということではないか。

それよりもホントかなと思わせられたのは同じエッセイ集のなかの次のような記述だ。

いまや車谷さんの代表作となった『赤目四十八瀧心中未遂』にまつわる挿話である。


この小説では、平成十年一月になって、文藝春秋から上板してもらうに当たって、同社出版局長、及び取締役から朝鮮人差別の箇所があるという指摘を受け、やむなく四ヶ所表現を変えた。この小説では女主人公（ヒロイン）が朝鮮人なので、当然、朝鮮人に関する記述はたくさん出て来る。その中の一つに、昔は朝鮮人差別がひどかった、と書いたのだが、そう書くこと自体が差別であると指摘され、何か腑に落ちないままに、表現を変えた。そうしないと、上板してもらえないのである。これなどは、出版社の節度、と言うより、表現の自己規制の強要であり、出版社みずからが「言葉狩り」をしているのである。（6）


「昔は朝鮮人差別がひどかった」と書いてはいけないというのであれば、とてもじゃないが、この本などはそんなことをいう版元からは絶対に世の中に出してもらえそうもない。また、そういう出版社から本を出したいとも思わない。

この話も時代的には梁石日や姜尚中、趙忠来（伊集院静のこと）らが盛んな文筆活動を始める前後のことなのだが、その事情は後段の第五章、２２４頁以下で細かく説明している。

わたしは現在の出版界は泥沼的な市場収縮現象（デフレーション）のなかで出版社や文学その

ものが自己萎縮して加速度をつけて衰弱している状況にあるのではないかと思っているのだが、この話などはその好例である。
しかし、右記の出版社も、嫌韓論が日本の出版市場である程度の読者を得ることがわかると、韓国の悪口と書いたら客観性に欠けるかも知れないが、現状の韓国の有りようや歴史観をあれこれと揶揄批判しながら、けっきょく同じ土俵の、同じ位相で韓国の側の歴史歪曲につきあって、そのことを面白がってさまざまの形で取りあげて書いた本を売っているのだから、調子がいいことは確かである。

【註】
(1)『兵庫県の百年』一九八九年刊　山川出版社　前嶋雅光ほか著　P・262
(2)『銭金について』二〇〇二年刊　朝日新聞社　車谷長吉著　P・79
(3)『兵庫県の百年』P・136
(4)『銭金について』P・59
(5)『銭金について』P・149
(6)『銭金について』P・147

第三章　両親の離婚

前田日明は、日本社会の本質について、次のようにいう。

日本の社会って一見慈悲があるように見えて、無慈悲なことっていっぱいありますよね。自分はじつは（日本刀が趣味で）刀の鑑定の勉強会やっている（前田は刀剣の鑑定組織の勉強会の支部長をやっている＝註）じゃないですか。勉強会のメンバーは医大の教授だった人とか、ご先祖様が徳川幕府の旗本でいまは製薬会社で新薬の開発研究をしている人とか、いろんな人がいるんです。その集まりで聞いた話なんですが、よくね、武士の情けだ、峰打ちだっていうでしょ。あの峰打ちというのは、けっきょくね、刀の峰ってこういう棟形、屋根状の三角形をしているんですよ。けっこう尖っているんです。

要するに、鉄の棒でしょ、それでバーンと叩くと複雑骨折ですよ。複雑骨折は江戸時代だとちゃんとくっつかない。それでどうなるかというと、カタワ（差別語？）ですよ。峰打ちというのは、ホントはあれは武士の情けじゃなくて、一生苦しませて反省しろよっていう暴力なんですよ。

それは言葉でいったら残酷な優しさというようなことだろうか。同情はするが、それだけの話というようなことだ。人間性の二重構造である。

わたしはこれは、日本社会特有、というだけのことではないのではないかと思う。

たとえばイギリスには『宝島』の著者でもあるロバート・ルイス・スティーブンソンが書いた『ジキル博士とハイド氏』というような二重人格の人間を主人公にした小説があり、十七世紀にはホッブスが『リヴァイアサン』を書いて、社会の自然なあり方を人間同士の戦いだと指摘している。リヴァイアサンというのは聖書のなかに登場する怪物の名前である。

ホッブスは、野生の動物たちの生存競争を見ればわかるようにありのままの社会は食うか食われるか、弱肉強食の情け容赦ない存在であり、だからこそ、動物と同じように互いに好き勝手に争って傷つけあう人間たちを救済するために国家というか、人間をコントロールする社会的、政治的システムが必要だ、というところに入っていくのである。

蛇足だが、これがイギリスで中世に立憲政治が確立するための基本思想になっていった。

近代社会というか、資本が社会のなかで重要な機能を果たしている社会は、そもそも二重の構造を持っている。それは資本が多重な人間的な性格を持つものだからだ。

日本の場合は、そもそも資本主義以前に、たとえばハレとケとかたてまえとホンネというような言説と意味の二重構造があり、そのことが日本の独特の生産構造（稲作社会のことである）と複雑に結びついて柔構造（多重構造）の社会にして、天皇制というシステムを創出して、これが日本の近現代、資本主義社会としての歴史を余計にわけが分からなくしている要因のひとつだと思うのだが、この多重構造が現実の社会で具体的な形を取ると、前田がいう［愛と暴力の併在］というようなことになっていくのだろうか。

日本社会で特に顕著なのは共同体外の人間＝異人に対しての接し方で、客として扱うときにはおもてなしの世界だが、そういう人たちも日常の世界に入ってくると、いきなり待ち受けているのは差別である。その差別も連続テレビ小説『マッサン』の泉ピン子演じる母親役じゃないけれど、よそ者だということ以外は理由のない、なにが原因かよくわからないような接し方である。

みんな社会的弱者に対してやさしいが、やさしく接する以上のことにはかかわらず、どうすればそういう弱者が社会のなかで普通に生活していけるか、どうすればその問題の内在させている社会的事象を解決できるか、根本的なところに目を向けようとしないで、先送りにしていく。これが日本社会の特質である。

まさしく、いまの状態も含めて、戦後の日本社会は江戸時代から延々とつづいている［峰打ち社会］であると書いてもいいかも知れない。

この状態を端的に、政治学的にいうと、生活保護制度に代表されるような弱者救済の福祉思想みたいなものが、社会の根源部分の矛盾を解決するための阻害装置になってしまっている、というようなことだろうか。

アントニオ猪木は自身の半生を綴った『自伝』のなかで、前田について「前田は私の引退試合にも来てくれたし、今はわだかまりはないと思うが、ある時期、彼は私に怨念を抱いていたのだ。前田は一本気な男だが、被害者意識が強過ぎる」と書いている。（1）

猪木のこの対応は在日ということに対する日本の一般社会の典型的な受け止め方のひとつだろうが、これも当事者にとっては峰打ちみたいなところのある考え方だと思う。

前田が猪木に対してさんざん毒づいていたのは一九八〇年代に新間寿とともにＵＷＦを立ち上げたあとの数年間のことだが、それはプロレスについての考え方からきたもので、被害者意識云々の話ではない。

いまの前田にいわせると「猪木さんはそれなりに尊敬していますよ」という話である。あのころはUWFという団体を際立たせるために、憎くもない猪木にケンカを売ったり、対戦に味を付けるために猪木を悪者扱いした部分はたしかにあった、ということだが、それとこれとは別の問題で、プロレス的なアングルは在日の問題には関係ないだろう、というのだ。

これは当事者でなければわからないようなリアリティがあるのだろう。

こういう社会のなかで、自力で、自立的に生きていくのは大変である。日本社会の残酷で同時にやさしい対応に、在日の人たちが親を中心に作られた家父長制度をできるだけ厳格にまもりつづけて、家を生活の基盤にして商売、仕事を世襲にして生きていこうとしたのは、それなりの処世の知恵だった。子どもが外の社会から戻って安息できる家となにがあっても子供をまもってくれる両親とは、在日の人々が日本の社会でまともに、人並みに生活していくために不可欠なものだった。

親が離婚して、家庭が崩壊したとき、子どもは自律的に生きていくことが不可能になる。そうすると、子どもはアウトロー（法律外存在）、つまりヤクザものになっていく。ヤクザものが侠客と呼ばれなくなり、暴力団員と呼ばれるようになるのは昭和三十年代の後半、警察権力が有力な親分たちをつぎつぎに逮捕して、全国津々浦々を公安管理しようとしはじめてからのことである。それは頂上作戦と呼ばれた。

ヤクザものはほとんどの人が自分からそうなりたいと考えてなったのだろうが、現実の問題としてしてはその選択肢以外に将来の展望がひらけているとはとても思えない生き方を社会に強いられてのことだった。多くの在日の人々がヤクザの世界に入っていったが、それは日本社会そのもののあり方が［在日］という寄る辺ない存在を作り出していたからだった。

前田日明はこのとき、まさしくそういう場所に入っていこうとしていた。

両親が離婚するというのである。

前田のオフクロさんの前田幸子は一九三六（昭和十一）年の生まれだというから、姫路に引っ越した一九六八（昭和四十三）年の時点で、三十二歳である。女としてやり直そうと思えば十分に可能な年齢だった。話を聞いてみると、まだ娘のころに自分の意志に関係のない結婚を強いられて、その後、女としての自我に目覚めて、自分の生き方を探しはじめたところだったのだろう。

問題は在日という宿命の存在にもどるのだが、前田はこんな話をしてくれた。

いまから考えると、オフクロがオヤジと別れるための言い訳になる理由を探していたんだと思うんですよ。オフクロはスナックを始めて、お客さんを家まで呼んで飲ませたりするようになるんです。それをオヤジが面白いと思ったはずがないんです。でも、そのころは、オフクロはたぶん、オヤジのことをイヤでイヤでしょうがなかったんですよ。なんとかしたいけど、子どももふたりいるし、どうしようかとずっと考えていたんだと思います。（わたしが「だけど、そんなにいい女だったら惚れられて大恋愛して結婚したんじゃないんですか」と訊く）というのは、ウチの母親は結婚する三日前に父親と会っているんですよ。二十歳ぐらいのときだと思うんですけども。お祖父さんに「あの男と結婚せい」といわれて。

これは離婚の原因に直接的に結びつくようなことではないかもしれないが、在日の人々の、というより韓国の、と書くべきかも知れないが、かつて、結婚は女性たちにとってはかなり理不尽なものであったようだ。特に、戦後の日本社会で、日本生まれの在日二世は日本の女性と同じような近代的な自意識を持っていて、不倫でもなんでも自分で恋愛する能力があったら、親が決めた相手と出会って三日目に結婚するなどという結婚相手の選び方はとてもじゃないが、納得できる結婚の仕方ではなかっただろう。

日本社会で生活していれば、在日もなにも関係なく、自由な生活思想の恩恵をめいっぱいに被って生きようとするものである。

お祖父さんというのは前田の祖父で、母親にとっては父で、前出の元軍人で身体じゅう傷だらけで、易学にも通じていて『血と骨』に主人公の息子の名付け親として登場する儒学者である。板垣退助みたいな髭を生やした人だったという。

ここで在日というより、いまも韓国社会に強固に存在する家父長制について、言及しておかなければなるまい。前田はこの問題についてこういう。

在日の家というのは、別にオヤジの世代のことだけじゃなくて、親のいうことが絶対なんですよ。親が子供の将来を全部決めていくんです。その代わり、親が家や仕事や財産を用意してやって、それを受け継いで、子どもは親のいうとおりに生きていくんです。母方にオレと同世代の在日のヤツが何人かいるんだけれども、そいつらとか見ているとね、ちっちゃいときから親のいうことをきいて、親の手伝いをして、勉強もして、長じて、親のあとを継いで、酒を飲みにいくわけじゃなく、競馬もやらない、賭けごとするわけじゃない、女遊びするわけじゃない、年頃になると親にいわれたお見合いしてね、なかにはオレからいわせるとよくこんな妖怪みたいなのと結婚したなあというような女でも、親が気に入ったからという理由で嫁さんにもらって、で、一度も浮気することもなく、二、三人、子どもをこしらえて、それで春は潮干狩り、夏は海水浴で、秋はブドウ狩りだ梨狩りだって一生懸命に家族サービスして、最後は年のいった親の下の世話までチャンとして、…なんかもう、生きていることになんの楽しみがあるんだろうというような人生を送っているんですよ。それが在日韓国人・朝鮮人の生き方なんです。

でも、日本という社会で、在日はそういう生き方をしていかないと平穏で幸福な人生（本人たちにとって）を過ごせないんです。

いまの韓国社会の正確なことまではわからないけれど、大正時代に日本にやって来た人間たちというのは、生活の習慣、文化が大正時代で止まったままになっているんです。太平洋戦争のときに、ブラジルに移民した人たちのあいだで、勝ち組とか負け組とかいってもめたことがあったじゃないですか。アレと同じで、昔の風習や習慣やものの考え方がむしろ、移民してきた方に残っているんですよ。だから、自分は小野田さん（小野田寛郎。陸軍軍人。戦争終了後もフィリピンのルバング島に残って二十九年間ひとりで戦いつづけたあと帰国した＝註）が日本にもどってしばらくしてからブラジルにいった気持ちがよくわかるんです。

自分が少年のころに過ごした時間がブラジルに残っていいたんだと思います。

在日は日本社会で家と両親にまもられて大人になっていくのである。

しかし、彼は中学生の身分で、まだ十三歳で、そのふたつを同時に喪うことになる。

このときのことを前田はこんなふうに述懐する。


両親が離婚するしないでもめ始めたときに、母親は『毎日毎日、毎年毎年、わたしはヨーコとアキラのために十三年間ガマンしてる。十六年間ガマンしてる』っていったんですよ。さっきもいったように親父が家を建てたのが（オレが）小学校五年のときで、そのころから親父の仕事が減りはじめて、出張が多くなって家を留守にするようになった。それと並行して、家にいるときは仕事がないときで、不機嫌に母親に当たり散らして、夫婦ゲンカが絶えなくなっていった。

そのうちに、父親は「北鮮にいこう」「南鮮に帰ろう」というようになって、母親は「わたしは絶対にイヤだ」といい、真正面からぶつかるようになった。そういうなかで、母親はだんだん離婚ということを考えるようになっていったんだと思います。

オフクロがスナックを始めたのがたしか中学一年の終わりごろだと思うんですよ。自分もそれを見ていたんだけれど（父親の稼ぎが減ったこともあって）、まあ子ども心に（そんなことまでしてスナックをやろうとする母親の振る舞いを）どっか心配だなあと思っていたというのはありましたよ。父親が不機嫌になっていくのもわかりましたし、なんで怒っているんだろうというふうにも思った。いまになって考えてみれば、親父の気持ちもオフクロが考えていたこともわかりますけどね。当時はなんで仲良くできないんだろうと思ったけど、わからなかったんです。

はっきりしたことまではわからないが、父親は韓国か北朝鮮にもどってやり直せないか、と考えたのではないか。日本では穴屋の商売はもう無理だが、半島はそういうこともこれから始まるのである。韓国はちょうど、朴正煕が大統領として独裁政治をおこなっていた時代で、日本からもらった賠償金を元手に、まさしくのちに〃漢岸の奇跡〃と呼ばれることになる高度経済成長の緒につこうとしている時期だった。当然、建築ラッシュだってこれからの話である。

一方で、たぶん母親は、女として生き直したいという強烈な思いに囚われて生きていたのだろう。娘時代、なにも知らず親にいわれるままに結婚したが、人間の生き方ってそんなのじゃないはずだという、ある種の、『人形の家』の主人公のノラのような自我への覚醒が彼女のこころのなかにはあったのではないかと思う。

子供の問題はあるが、子供を二人とも自分の方に引き取って離婚しても、姫路にいれば、自分の親族兄弟がいるからなんとかなるだろう。とにかく、いまの亭主と別れて生活を作りなおさなければ、わたしはこの先の人生をやっていられない、というのがこのときの彼女の思いだったのではないか。

スナックを始めた彼女は常連の客たちを自宅にまで遊びに来させて、酒を出して歓待していたという。そのことも夫の怒りを買った。夫（父親）は夫婦ゲンカをするたびに母親の親戚の年長者に呼びつけられて、お説教されていたらしい。このころになると、もう穴屋の仕事もなく、義兄の経営するスクラップ会社で働かせてもらったりしていた。

二人の離婚の話が具体的な形をとって前田少年の目の前に突きつけられるのは十三歳、中学二年生、昭和四十七年の夏のことである。

前田日明がそこにたどり着くまでの、平和だが不安に満ちた生活のなかでなにを考えながら生きていたかを検証しておこう。

まず、中学校への進学を境に、かれは少林寺拳法の道場に通うのをやめている。これは本人も「なんかいかなくなったんですね。どうしてやめたか、理由を思い出せない」といっている。

前田の在日ということについての意識は、自分が在日だとわかったことでどうこうということではなかったようだ。そのときはよく意味も分からず「フーン、そうなんだ」と思ったぐらいのことだったらしい。しかし、それは子ども心に持ちつづけていた将来の夢が淡い陽炎のようにゆっくりと消えていってしまうプロセスでもあった。彼は成長するにしたがって在日ということがどういうことを意味するのかジリジリと、徐々に理解していく。そして、中学生になるころには漠然とだが、それは日本社会で普通ではないあり方で、そのまま社会になんの抵抗もなく受け入れられる存在ではないということを知らされるのである。

現実にさまざまの公的なことにかかわる職業の場合、「日本国籍を有する者に限る」という一項が付記されていることが多い。在日の多くの子どもたちは成長していくプロセスのなかで、さまざまの形でそのことを知るのである。

そういうこともあってこれは両親というか、とくに母親がそのことを必死で隠そうとするのだが、親が必死で隠していたことから、子どもはそれをあらためて秘密にしておかなければいけないことというふうに考えるようになっていくのである。そして、あるときに社会と接触して現実の差別を経験して、親たちがなぜ在日であることを隠そうとしたか、そのことの意味を再確認するように認識するのである。大人になって社会に出て働こうとするときに、在日だというだけで大きな差別を受ける、この時代、このことは冷厳で残酷な事実だった。

前田はこういっている。

ウチの親は自分たちが在日だということがばれるのをすごく怖れていたんですね。ウチの母親とおばさんのルミちゃんは特に嫌がっていた。まあ、母方のオジサン連中はなんとも思ってなくて平気な顔してましたけど。やっぱりなんかね、日本に来た歴史が古いんで、わざわざ何人だっていう必要なんかない、という話で。ウチの苗字は前田というんですけれど、すごい昔は高田という名前だったんですよ。詳しいことは自分も知らないんですが、高田という苗字だと在日だとばれるということで前田に変えたというんですけれども。

在日だとわかったときの自意識とはどんなものだったのだろう。

孤立感ていうんですかね。なんていうか、将来の夢が全部なくなってしまったというか、未来がなくなったというような。韓国人はバカだから（ナショナリズムのなかで自分たちがすぐれているんだという思いにしがみついて、それぞれの民族の、自分たちにとっては絶対的なものであるはずの文化がじつは世界史的な全体視野のなかで見ると相対的なものである、という認識を受け入れられないことを前田はこういうふうにいった。［文化の相対性］は戦後のレヴィ＝ストロースらの構造主義文化人類学の最大の学問的成果である）自分が一番優秀だと思っていて（スポーツでも芸能みたいなものでも）なんでも、優秀な人は在日だっていいたがるんですよ。在日認定というのがあるでしょ、あれは未来がないというのがわかって暗くなった子どもたちに、あのプロスポーツの選手は在日なんだよ、あの有名なスターは在日なんだよっていって、子供たちを勇気づけるために在日認定っていっている、そういう話なんですよ。

まだ子どもの世界の住人である彼のまわりで、大人の男たちは平気な顔をして働いていて、まわりには母方の親戚の従兄弟たちとかたくさんいて、みんな屈託のない遊び仲間で毎日が楽しかった。

前田本人もまだそういう現実と直接的にぶつかったわけではなかった。ただ、親戚のオジサンたちの職業を見ても、焼き肉屋さんとか、スクラップ屋のオヤジとか、そういう人間たちしかいなかった。父親も不安定なところで苦しんでいた。漠然と、そんな状況を見つめながら、将来なにになりたいかという大人になったときの夢を描くとき、彼が選んだのは国籍に関係なく世界を往き来して、出自によって差別を受けない船乗りの世界だった。

それはこういう経験もあってのことだった。

家族（両親）に家庭内不和が生じて、生活環境が悪化していったんですけれども、姫路という場所は前にもいったように山あり海ありで友だちとの遊びに夢中になれるところだった。子どもの居場所がたくさんあった。友だちと山のなかに子どもなりの秘密基地を作ったりしてましたからね。そのことがどんなに自分を慰めてくれたか、わからないですよ。あれが大阪の町工場がいっぱいあるような場所でそういう目にあっていたらと考えると、やっぱり全然違いますよね。

それで姫路の家から海に遊びにいくんですよ。（前出。自転車で一時間三十分くらい走ると海だった）たどり着いたら、堤防があってテトラポッドがあって、港にはたくさんの船が泊まっていて……。船っていいなと思った。船乗りになりたいと思ったのは、逆にいうと、船乗りになるということぐらいしか思いつかなかったんですよ。海に憧れていたから。

中学校一年生のときのクラスメイトだった人に前加良《マエカラ》くんという苗字だったと思うんですけれど、そのクラスメイトのお父さんがマンモスタンカーの船員だったんですね、航海士で。で、そいつはBVDのパンツはいて、パーカーの万年筆を持っているんですよ。「スゴイなあ、お前って」っていってた。当時はなんか、出光丸が25万トンで日石丸が50万トンだとか、巨大タンカーが大きさを競っていて、スゴイなあ、スゴイなあと。それで、船員になろうと思ったんです。

前田の青春の最初のキーワードは［船］だった。

船に乗ることができれば自由に生きていける。外国にもいける。そう思えた。船に乗りたいというのであれば、要するに船員になるという話で航海士とか機関士とか専門的な資格はついて回るが、誰が反対するという話でもないのである。このときの彼は基本的に孤独だったと思うが、それでも国籍や国境に関係なく生きることができれば、オレだってきっと幸せになれるだろうという思いがあった。

そして、このころから、彼はかつての戦争を記録した本を読むことに熱中し始める。テレビで見ていた戦争のドキュメンタリーのつづきである。彼がいろいろな辛い目にあいながら、その間、考えていたのは自分もかなり苦しい経験をさせられているが、いつ死ぬかわからない戦いをくりひろげている戦争中の特攻隊員やゼロファイター（零戦のパイロットたち）よりずっとまし、というものだった。

特に（自分を感動させたのは）特攻隊なんです。海軍航空隊の。そのなかにホントに、死んだ人というのは美化されがちなんですけれど、それをさっ引いても、なんていうんだろう、みんな、苦難をものともせず、毎日コツコツと努力を積みあげてがんばった人たちですよね。なんていうんですかね、けっきょく、悪いふうにいうとみなさん、すごく単純なんですよ。いいふうにいうと正直なんですよ。いいか悪いか、すごくはっきりしていて。なかにはたまに昔の海軍の罰直主義で、こいつ人間性がおかしいんじゃないかっていうような人も出てきますけれど、基本的に戦記を書く人というのはやっぱり自分と一番親しかった人との人間関係を書くんですよ。それがなんちゅうか、なんかいいんですよ。

いま、自分が五十（歳）になって考えると、恋人ひとり作るのにもマニュアルが必要で、友だち作るのも人間関係をみつめるのもマニュアルがいる。マニュアルがなかったらどうするつもりだよ、みたいな社会になってますよね。本当は人間の友情とか人間関係とかっていうのはもっと単純でね。もっと本能的で。昔はもっと率直だったんですよ。だから、直観と本能となんかそういうもので、人を一回信じるととことん信じるんですよ、みんな。

ラバウルあたりの航空隊の話を読むと、最初のころはそんな言葉はなかったんだけれども、どんどん戦記をいろんな人が出してきて、後世になると、あそこは本当は昔は［搭乗員の墓場］っていわれたんだと、あそこにいくと生きて帰っては来れないと。

昭和十八年以降のことですが、米軍の海兵隊が攻めて来て、まわりの島にも飛行場を作って、（米国海軍の）船舶も二百隻ぐらい集まってきたんですよ。夜も寝かさないくらいに爆撃して。そういうなかで日本軍は戦闘機の搭乗員も兵隊さんも逃げ回って。米軍の攻撃に対してどのくらい応戦しているのかというと、２０４航空隊が実働で二十機から三十機、２５１航空隊も二十機から三十機、２５２、二十機から三十機、全部あわせて六十機から七十機くらいでしょう、それで、夜も寝ずに補給もなしに、飛行機が壊れた残骸から作りなおしたヤツでね、夜は夜で整備員も徹夜で働いて、みんなすごいですよ。ありえないようながんばり方をして戦った。ありえない戦い方ですよ。

彼は、おそらく何度も読みかえして記憶しているのにちがいない、太平洋戦争の敗北の記録を語り始める。取材の記録では、前田がこのことを話し始めたとき、わたしは、

そういう戦争の記録というのは、死と隣り合わせで生活した経験を持つ人間が、戦後の雑然とした環境のなかでその記憶をもとに長い時間をかけて思考を深めてその人をストイックにして、エゴイスティックに自分中心にしか考えないと気がすまないようなところから、精神を浄化させていった記録なんだろうね。

というような私見を述べている。ここで前田がいっているのは日本航空作戦史上に伝説となって語りつがれている【ラバウル航空決戦】のことである。ラバウルというのはニューギニアのそばにあるニューブリテン島という島にある町で、太平洋戦争の当初は南洋方面の制空権を保持するためにここにラバウル航空基地が作られたのだった。

最初、ニューブリテン島には十万の日本軍が駐留したという。南太平洋の戦線は昭和十七年ころまでは日本軍が圧倒的に優勢だったが、戦争が長引くにつれて、アメリカが底力を見せはじめ、詳しいことは省くが珊瑚海海戦、ミッドウェー海戦での敗北、ガダルカナル島の陥落と日本軍は次第に追いつめられ、やがてニューギニアの日本軍は全滅、敗色もあらわになっていく。

当初はラバウル周辺に敵の航空基地はなく、日本の飛行機があちこち出かけていって相手を攻撃して悩ませていたが、やがて（一九四三年十一月）、近くの島にアメリカ軍の空軍基地が建設さ

れると、ラバウル基地上空での空中戦が戦いの中心になる。前田がいっているのはこの攻防戦のことだ。これは熾烈を極めた。

アメリカ軍は物量にものをいわせて何百機という飛行機でラバウルにくり返して攻撃をかけた。この時点では戦線は次第に敗色を深め始めていたが、迎え撃った日本軍の反撃もすさまじく、横山保の書いた『あ、零戦一代』によれば、四十四年の一月の戦績は、

（1）攻撃回数　十一回　のべ十八回（うち夜間六回）
攻撃最大機数　約二百機　夜間　約四十機
のべ来襲機数　千百四十三機（内訳 戦闘機七百九十五機 爆撃機・攻撃機二百八十五機
大型機、中型機 四十三機　その他二十機）

（2）撃墜機数　（　）は不確実。
戦闘機　三百三十三機（六十九）
爆撃機　三十機（二）
攻撃機　五十六機（七）
B52　二十五機（三）
B24　二機（〇）
その他小型機　九機（〇）
合計　四百五十五機（八十一）

（3）被害
搭乗員　戦闘機自爆、未帰還　三十八　重傷　一
飛行機（地上）　炎上十一、大破十一
艦船 沈没五、損傷　三（2）

というものだった。

これらの成果については外野席から過大報告だとか眉唾だとかいう批判もあるが、その批判も根拠があっていっているわけではない。米軍の資料ではこんなにたくさんの飛行機が撃ち落とされたことになっていないらしいが、それは彼我に別れる戦績データの常である。

いずれにしても、この数字からは日本軍の主力戦闘機であった零戦の勇猛さといかに日本のパイロットたちが技術的にすぐれていたかということと、アメリカの物量作戦がいかにものすごかったか、それらのことが同時に伝わってくる。

ゼロ戦もすぐれた戦闘機だったことがよくわかる。しかし、米軍の飛行機は夕方、湿地に発生するウンカのように、落としても落としても次々と襲いかかってきたのだった。そして、度重なる波状攻撃にさすがの日本軍もだんだんと消耗してちょっとずつ追いつめられていった。

四十四年の二月にはトラック島が米機動部隊の総攻撃を受け、ラバウルの航空隊を補給するはずだった航空機二〇〇機が破壊され、トラック島は壊滅。トラック島を助けるためラバウルの航空部隊の主力はトラック島の飛行場に移動、ラバウルにはあとに多少の飛行機が残された。前田

がいっている日本軍の飛行機の数はたぶん、主力がトラック島に引きあげる前の数字ではないかと思われる。

こうして日本軍は劣勢に陥り、この地域の制空権を失うが、ラバウルに残された日本軍十万の将兵は南洋の島々で日本軍が次々と全滅していったあとも、島のなかで自給自足体制を確立して戦闘可能戦力として存在していたのである。ラバウルの日本軍は終戦まで軍隊として機能しつづけ、自給自足でがんばる十万の兵力が無傷のまま残っていたが、日本からの補給路は断たれて、完全に孤立した状態だった。孤立していたわけだからラバウルの日本軍は次第に追いつめられていったが、連合軍は本格的な攻撃を仕掛けてくるわけではなく、この島の日本軍を放置したままにすることになる。実際のところは周囲、四方すべてを連合軍に包囲されて、ニューブリテン島の日本軍自体が軍事的な意味を失っていったということだった。

この状態は終戦までつづいた。連合軍はラバウルの日本軍をまったく放っておいたというわけではないのだが、攻撃しても日本軍の抵抗は激しく、最後まで志気も衰えなかったようだ。

連合軍は間歇的に爆撃をくり返し、日本軍は必死で抵抗を続けた。漫画家の水木しげるさんは隻腕の人だが、このラバウルでの戦闘で片腕を喪った。当時、南東方面軍の参謀長だった草鹿龍之介はラバウルを陥落させるには十万の兵の損失が必要だったろうといっている。

ゼロファイターたちについていうと、航空隊は戦闘可能なパイロットと飛行機の数をくり返される戦いのなかで消耗させて、数を減らしていった。正確な数はわからないのだが、ラバウルの航空戦では何人もの日本軍の優秀な、熟練した飛行兵（パイロット）が戦死したという。飛行機も撃墜されたり破壊されたりすればそれで終わりのはずだが、残置させられた飛行機の整備兵たちが知恵をしぼって、爆撃などによって破壊された飛行機の部品を集め、新しい、戦闘可能な飛行機を作って戦列に加えたりしている。戦争が終わったとき、最後までラバウルに残っていた飛行機は攻撃機一機、戦闘機二機、水上機二機だけだったという。

前田日明がテレビの戦争記録の番組から歩を進めて、本に書かれた戦争の記録を読むようになったのは、プラモデル作りや「0戦隼人」や「紫電改の鷹」など戦闘機のパイロットを主人公にしたマンガに夢中になったせいだというのだが、そこから雑誌の『丸』に掲載されている記事を夢中で読みはじめるまで、もうすぐの距離だった。

『丸』は昭和二十三年に聯合プレスという雑誌社で創刊されて、一貫して民衆のなかの戦争の記憶を記録として読ませる、というスタンスで紆余曲折を経ながらここまでやって来ている。現在の版元は潮書房光人社という出版社で、同社のホームページの説明によると『丸』が潮書房によって定期刊行されるようになるのが昭和三十一年、昭和四十一年には単行本出版専門の出版社として光人社を設立し、『丸』に掲載されて話題を呼んだ記事の書籍化が始まる。そのなかでの最大のヒットになったのが撃墜王と呼ばれたゼロ戦のパイロットだった坂井三郎の『大空のサムライ』だった。

光人社はそのほかにもいくつもベストセラーを輩出させている。

わたしも何冊か、光人社の本を持っていて、書庫に入って調べてみたのだが、前出、横山保の『あ、零戦一代』のほかに、実松譲の『米内光政』(新版)、三野正洋の『日本軍の小失敗の研究』、福井静夫著作集のうちの『日本戦艦物語』ほか何冊か、伊藤桂一の中国戦記もの、豊田穣の作品、相良俊輔の『菊と龍』、それから『あ、同期の桜〜若き戦没学生の手記〜』など、かなりの数の光人社の出版物を持っていた。

坂井三郎の著作は二冊、『大空のサムライ』と『零戦搭乗員空戦記』があった。わたしの書庫にはいろいろ集めると、戦前、戦時中を記録した本がたぶん二百冊くらいあると思うが、そのうち、二十冊くらいは光人社の著作物で、はっきり勘定したわけではないが、文藝春秋、講談社と並んで数が多かった。

わたしも若いころ、これらの戦争記録文学は相当に夢中になって読んだ経験があり、光人社の作品ではないが高木俊朗の書いたインパール作戦に関係したノンフィクションや小林秀雄が激賞したという吉田満の『戦艦大和ノ最期』などは寝食を忘れて読んだ記憶がある。

少年の前田は両親が離婚でもめている最中、ずっとこの光人社が出版している戦記文学を読むことに没頭して〈戦いのなかで死と向き合いながら生きて、死んでいった人たちに比べればオレなんかまだまだ幸せだ〉と考えながら生活していたのだという。特に、前田が一番に感激したのは坂井三郎の書いた『大空のサムライ』だった。前田はこういっている。

坂井三郎さんの『大空のサムライ』を初めて読んだのは中学二年生のときで、もう親が離婚でもめて、まわりがざわついているころだったんですよ。そういうのから逃避するように、この本を夢中で読んでいましたね。父親から「話があるからちょっと来い」とかいわれても「いま、本読んでるからあとにしてくれ」とか、そういう感じでした。本当に別世界に没頭している感じで。その本のなかに出てくる人間関係を自分はすごくうらやましく思ったんですね。本のなかの登場人物の親が子供を思う気持ち、子供が親を慕う気持ち、親が子供の気持ちに答えるところ、また、同輩同士の友情だとか、なかにはバッチョクバッチョクって、へんな上司もいるんですけれども、すごく温かい人がいて、その人のために命を賭けて戦って、本当に死んじゃったみたいな。なんというか、アレですね。下心のない、見返りを求めない純粋な気持ちですよね。戦争を記録した本のなかにあった、そういう戦う人間の世界にものすごく憧れたんです。

バッチョクというのは罰直と書く。海軍の隠語で体罰のことをいう。海軍も表向きは体罰禁止だったが有名無実で、［罰直］は存在したが辞書に載っていない言葉のひとつである。坂井三郎が『大空のサムライ』のなかでどういうことを書いていたかというと、こうである。ちょっと引用が長くなるが、ジャワ攻略戦のひとこま、緊迫した生死を賭した戦闘シーンを描いている。

味方は新郷指揮官機以下九機。敵は十七、八機。たがいに接近して左旋回で戦闘にまきこんでいったが、敵も数をたのんでなかなか勇敢である。ぐんぐんわれわれに向かって突っ込んでくる。私はその敵に対しながらも、機種はなんだろうかとよく見ると、いままで一回も遭遇したことのないカーチスＰ36が主力らしく、ほかにも見なれたＰ40数機もまじっていた。

このときP36一機が、私に向かって殺到してきた。私はすばやく左に反転する。ところが、敵は愚かにもそのまま直進してくる。

このときとばかり私は右に旋回して驚いているP36の追尾にはいった。私は敵機の真うしろにぴたりとついて、敵機との差をぐんぐんちぢめた。（略）

距離五十メートル！　私は例によって、素早く後方をふりかえって、自分に向かってくる敵機のないことを確かめてから、照準機いっぱいに確実に敵機をとらえた。そして、射程距離を約四十メートルにつめてから二十ミリと七・七ミリ機銃を撃ちこんだ。はなたれた機銃弾が、まるで生きもののようにのびて、敵機の胴体と両翼の根元に吸いこまれてゆく。確実に命中！　瞬間、敵機は右翼を根元からふきとばされて空中分解をおこし、そのまま不規則な錐もみ状態となって落ちていった。胴体の濃緑色と、翼に描かれた黄色い蘭印軍のマークが、あざやかな印象となって私の目に残った。敵の操縦士は脱出することができなかった。

私は急上昇して元の位置へもどった。そして、つぎの獲物をねらって素早く周囲を見わたした。少なくとも六機が、炎につつまれて落ちてゆく。敵味方の戦闘機がはげしく空中をとびまわっている。（略）敵味方の撃つ曳光弾が、地上を背景にして美しくシュッシュッと飛んでいる。こいつは流れ弾にやられるかもしれないぞ、という心配が、ちらりと頭に浮かんでくるほどの烈しい乱戦だった。（3）

戦記ものはだいたい、激しい戦闘シーンの経緯と戦いの合間に兵士たちに訪れる穏やかな流れの時間のなかでの生死の瀬戸際にたちながら普通にしている人間たちのこころの交流とが二大要素になって成立している。

坂井のもう一冊の著書『零戦搭乗員空戦記』にはこんなエピソードが載っている。

私が食卓番で同僚と二人で烹炊所（ほうすいじょ・食事を作って各分隊に配膳し、また食事後の食器、食缶などを洗い熱湯で消毒し、規定の台所におさめる。家庭でいえば台所）でいそがしく食器を洗っていたところ、私と同僚の間に割りこんできて、無言で肩をこづき、アゴを左右にふって、「オレが洗うから場所をあけろ」と合図する者がある。

こちらは一刻も早くかたづけて、飛行場まで駆けつけなければならない。手を休めるわけにはいかない。ふり向いて名札を見ると、上水（上等水兵）何某と書いてある。

黙ってなお洗っていると、いよいよ無理に割り込み、こちらが洗うことができなくなってしまった。こちらは秒を争そう大いそがしの時間であるが、私はこんな上等兵がいるから新兵や、一等兵たちが遅くなって、兵舎に帰れば古参兵から、遅い、遅い、なにをしていたのかとハッパをかけられるのだと思い、頭にカチンときた。

そこで腰のポケットからイガグリ頭に黒線一本入った略帽（下士官になると帽子に黒線一本、上官は二本入る）をかぶるや、「貴様、後からきて無理にどけとはなにごとか。貴様のような兵隊がいるから、二等兵や一等兵は泣きをみるんだ！」といって正面に向かいにらみつけた。上等兵は私たちがイガグリ頭の少年なので、どうせ二等兵くらいに見たのであろうが、どっこいそうはいかなかった。意外にもこちらが下士官だったのでキョトンとして、ハトが豆鉄砲をくった顔で驚いている。下士官になってから私たちは、烹炊所にいくときは略帽をポケットに入れて、丸坊主で食器洗いをしていた。下士官で食卓番をしていたのは飛行練習生だけで、他の定員分隊などには下士官の食器洗いはいなかったのだ。

私はいつも（自分が＝註）やられているように、上等兵に「足開け」を命じ、力一ぱい左右のアゴを二発くらわした。そのあと同僚が「手ぬるい」「めんどうくさい」といって、大食缶（分厚いアルミニュームでできている丈夫で大きなみそ汁用器具）で頭を殴りつけた。上等兵は頭を押さえて、「申しわけありません」といいながら、ヘナヘナと座りこんでしまった。

騒々しいのを聞きつけた主計科の下士官が出てきて、「もうこのへんでカンベンしてやってくれ」というので、私たちも長居は無用である。（4）

軍隊は、もとより基本を暴力に補完されて秩序が保たれている身分社会である。戦記で描かれていることは、当然のことだが日本軍だったらいずれにせよ最後は負けるのだが、書かれていることの本質は勝ち負けでもなく戦争への賛美でもなく、紛れもなく、自分の正義を貫いて徹底的に戦って敗北していくことの尊厳である。

前田はこれらの本を読みつづけて、親愛と友情にあふれた生活は死に直面した戦いの日々のなかにしか存在しないかも知れないと思いはじめたのかもしれない。であるならば、オレは自分の人生を戦いの連続として生きてもかまわないと思いはじめたのかもしれない。

これらの戦記はまず『丸』に掲載され、その後、書籍出版されるのだが、いまの雑誌の詳しい状態まではわからないが［潮書房光人社］は戦争の記録を専門に出版する出版社としていまも確固たる地歩を固めてある。

私の手元にある単行本の『大空のサムライ』は昭和四十二年に一冊の本にまとまって第1刷が発売されて十二年後、昭和五十四年に作られたものだが、なんと版を重ねて第91刷になっている。『大空のサムライ』は英語にも翻訳され、世界的なベストセラーにもなり、［ゼロファイター］という言葉を流行らせた。前田日明がゼロファイターに魅了されたのは、そういう死地を経験した人たちの、余分な飾りのない、一種、記憶として昇華された事実の告白だったのだろう。

これらの作品を読むと、少年の前田が、その本を通して将来の自分の生きる姿にどんなヴィジョンを描こうとしていたかが、画然として伝わってくる。前田はおそらく、かたわらで自分が育ってきた巣＝家が破壊されるのを傍観しながら、これらの本を読みつづけ、人生は戦いだ、人間は戦わなければ生きていけないのだ、ということを子ども心に了解していったのである。

戦争の最中にあっては兵士の、自分にとっての正義は敵からすれば、唾棄すべき絶対的な悪である。つまり、自分同様に敵にも正義がある。

離婚騒動の最中に、あの苦しみを乗り越えるために戦記物を読むことに没頭していたんです。

あのときの自分はそのときに読んでいた、戦記物のなかに登場する死に直面しながら戦いつづけた人間たちの価値判断とか考え方というのを自分のこころにドンドン吸収していったと思います。

この話は後段でもう少し詳しく説明することになるだろう。ここが彼の人間的な出発点である。プロレスラーになったあとの前田は自分のまわりの人たちにとてもやさしかった。敵にさえもやさしかった。たぶんだが、前田が周囲の人たちに対して抱いていたやさしさは、少年のときにそういう絶望的な死地に追いつめられた状況を想像力のなかで体感することができていたことから生じたものだったのだろう。

話を両親の離婚に戻そう。そのことはこういう形で決定的になる。

ある日、ものすごい夫婦ゲンカをしたんですよ。それでオヤジが親戚（母方の伯父さん）に連れられていった。そのとき、子供たちは部屋で待っているようにいわれて、「お前はどっちについていくんだ」と訊かれた。母方の兄弟たちが、ふたりの夫婦ゲンカに介入してきて、オヤジも気が強いから「うるせい、ふざけるな、このヤロウ」みたいなことで、「こっちから頭下げてもどってきてくれなんていうつもりはない」みたいなことをいって。たがいに相手に謝らなかった。それで、とりかえしのつかないところまでいっちゃって、けっきょく、まわりがふたりを別れさせるみたいになっていったんです。自分はそれがものすごくイヤだったですね。そして、とにかく不安だった。在日の人間の場合、社会で生きていくための一番大元の土台というのは家庭というか、家なんです。それが崩壊すると、本当にあわれなものなんです。

離婚の渦中にもまれて、イヤでも考えざるを得なかったのは、自分はこれからどうなるのだろうということだった。不安だったという。中学二年生というと、普通は思春期真っ盛りでこのへんでだいたい恋愛問題（初恋）が生じていたりするのだが、前田の場合はこういうことだった。

女のコに対して、そのころ、ただ単純に、あ、いいなア、かわいいなアというようなことだったらいっぱいありましたけれど、それは恋愛感情みたいなものとは違いますよね。やっぱり、精神的には幼かったんだと思うんですよ。女性に対して小説に出てくるような恋愛感情を抱くのはまだ先のこと、もうちょっとたってからですね。そのころ、そういうコトを飛び越えて生意気に思春期で、こころと身体がどんどん変わってきて、なんていうんですか、女の人がハダカになっているところを想像してセンズリこいたりとか、そんなのばっかりでしたね。

そのかたわら、一方に絶望的な思いがあった。

猛獣だらけのジャングルにひとりでポンと放り出されるみたいな恐怖感です。自分は帰っていってまもられる場所がなくなっちゃうんだな、と思った。

両親が決定的な場面を迎えたのは夏のことだった。中学二年、まだ十三歳である。

本当に離婚するっていうふうになったとき、最初、彼は母親は女なんだから自分がまもってあげなければというふうに思ったという。それを最後の最後にひっくり返すのである。

離婚の話し合いの一番最後に（家族の別れの場面で）母方の親族がズラッといるところで「アキラはどうするんだ」と聞かれたんですよ。最初、自分は「母親は女だから母親の方についていってあげる」っていいったんですよ。妹も母親が引き取って、オヤジはひとりだけになって。それで、最後に別れるときに、オヤジがオレに「最後にお前の顔を見せてくれ」っていったんです。そして「オマエは男のコなんだから、母親のめんどうをしっかり見てやってくれよ。オレはこれから誰も知らない町の、誰も知らない空の下でひとりで生きてひとりで死んでいくよ」といって、涙をポロリと流したんです。

オヤジが泣くところなんか見たのは初めてでね、それを見て、オレは突然、オヤジがかわいそうだなと思った。で、パッと立ちあがって「やっぱりお父ちゃんといっしょにいくよ」って、母親やみんなにいったんです。

その席には親戚のオバサンとかいて、あるオバサンなんか「アキラ、お父さんについていったらアカン。オマエとこのお父さんの家系はろくでなしばかりや。いったらアカン、絶対いくな。いったらまともな人間になれん」と。そんなこといわれて、余計にカチンときた。絶対に決めてやる。父親といっしょにいってやる、と思ったんです。

妹はまだ小学生だったし、母親のところに残ったんです。それで兄妹わかれわかれになった。妹もこの離婚で相当深く傷ついたんだと思います。思春期に母親が再婚したりして、家出したりとか、なんかさんざんいろんなコトやって、そのたびに母親から連絡があって、探しにいったり来たりしていましたからね。

このとき、前田はまず最初に母親を守らなければと思ったというが、たぶん、そこには矛盾があった。彼は子ども心にそのことに気がついていたのかもしれない。

母親は離婚によって、好きな男と恋愛して気随気ままに振るまっても誰からもなにもいわれない、ひとりの自由な女にもどろうとしていたのである。

思えば、そもそも彼女が母親という身分を捨てようと考えはじめたところからこの離婚騒動は始まっていたのである。彼女には、たとえ家庭が壊れても、親族がいっぱいいる姫路にいれば生活に困ることはないという計算があり、子どもを押しつけられてもなんとかなる、と思って離婚に踏みきったのではないか。そして、少年の前田は、不器用にしか生きられない自分の夫を見放す、女の自我のにおいを敏感に感じ取っていたのではないか。

わたしは彼女にしてみれば、その生き方は無理もない選択かも知れないとも思うが、子どもからしたら、やっぱりそれは許せない生き方だったのではないか。彼女は子どもたちにとっては女ではなく母親なのだから。父親の方も離婚で子どもふたりを、言い方は悪いが女房に押しつけてしまえば、自分は晴れて気楽な独身男にもどる。つまり、前田の翻意によって、父親はうれしいが複雑な思いのところで、息子が自分を選んでくれたことを受け止めたのではないか。
この離婚の経緯を前田からきくと、彼がバカを承知であえて父親を選んだということがわかる。
そして、当たり前のことだがこの選択によって、彼の生活は猛烈な勢いで激変しはじめる。
一番最初の変化は食生活である。それまでご飯を専門に作ってくれていた母親がいなくなってしまったのだから、それもやむを得ないことだった。食事はいきなり、一人暮らしの男やもめならぬ、侘びしい父子家庭の世界に突入してしまう。前田の回想である。

父親が一生懸命に食事を作ってくれたんですよ。だけど、やっぱり簡単なことしかできないし、仕事もしているわけだし、食事についてはもう否応なく激変しましたね。もうパンだけとか、菓子パンばかり食ったりとか、出前、もう昼夜が、昼は出前、夜は食堂、でなかったらなんか買ってきて食べるとか、そんな生活になっていってしまったんです。

離婚して、母方の親族とたもとを分かったことで、前田親子はそれまで住んでいた家に居つづける理由を失う。それまで、家族四人で暮らしていたのだが、それがふたりだけになってしまう。それで、父親はそれまで住んでいた家を売りはらって、新しい、小さな家を買う。けっきょく大阪で用地買収で立ち退いたときに手に入れたお金がついて回っているのである。

離婚して半年ぐらい姫路で生活していたんです。そのうちの最初の一学期ぐらいは、それまで住んでいた家で暮らしたんですが、そのあとすぐ（同じ姫路の町で）、へんな新築の建て売り住宅みたいな家に引っ越したんですよ。これがちっちゃい家なんだけど、なんか粗製濫造の典型みたいな家でね、木造の。木を切ってちゃんと乾燥させていないから柱に使っている木の表面からヤニが（滲み）でてきたりしていた。そういう家で暮らしていたんです。

これが一九七二（昭和四十七）年の状況である。姫路で昭和四十七年に不動産を売買することがどんな意味をもっているかを説明するとこういうことである。

問題は姫路のことだけではなく、日本列島全体の話なのである。

この昭和四十七年の七月に総理大臣になった田中角栄がおのれの信ずるところを一冊の書物にまとめて、それに『日本列島改造論』の標題をつけて上梓したのが総理大臣就任の一か月前の六月、田中角栄の総理大臣就任とともに『〜改造論』は九十万部を越えるベストセラーとなり、彼はそれこそ、日本中を開発しようというような猛烈な公共設備投資政治を展開しようとするのだが、これにより世はあげて、不動産開発ブームとなる。

その背景には全国的なインフラ整備（たとえば雪国に舗装道路を通したり、全国に高速道路網をはりめぐらしたりすること）と、貧弱な個人住宅事情を解決するということがあったのだが、とにかく、この時代、不動産、端的にいうと土地の値段は、日本の経済成長率とそのまま連動して右肩上がりのＪカーブで上昇しつづけていた。

田中角栄はそもそも政治家になる前は新宿などで土建屋さんをやっていた人で、その経歴があって、のちに〝土建屋宰相〟などと呼ばれることにもなるのだが、じつは土地の価格の上昇は、それこそ角栄以前の、日本の戦後復興とともに始まったことだった。

わたしは残念ながら手元に数字的な資料を持っていないのだが、昭和三十年代なかごろの新聞をみるとわかるが、東京郊外の住宅地が、場所によって差はあるが、たとえば山の手の一等地の住宅地で三十坪くらいのところが三百万円とかそのくらいの値段で買えたのである。これはサラリーマンの平均年収が百万円に届かない時代の話だから、年収の四倍、五倍のお金を出さないと家が手に入らない事情はいまと変わらない。

昭和三十年代に小学生・中学生だったわたしがどうしてこんなコトを詳しく知っているかというと、じつはそのころ父親がある不動産会社のセールスマンをやっていて、「あのへんは一坪十万円だ」とか、「あそこは一年で倍の値段になった」とか、そういう話を始終していて、そういうことやああいうことをよく聞かされて、耳学問で、コドモながら不動産博士状態になっていたからである。

前田の父親が姫路で自分の住んでいた広い家を売って、すぐに小さな新築の（たぶん安い）家を手に入れた昭和四十七年に、じつはわが家も練馬の大泉に一戸建ての家を購入している。夏だったから、ちょうど姫路で前田家が離婚でもめていたころである。

わたしはもうそのころ、大学を卒業して出版社に勤めていたのだが、まだ独身で、毎月の給料を貯金もなにもせずきっちり使い切るという勝手気ままな生活をしていて、貯金もなかったのだが、お金を出したのはそのころ、何年か前に福島県に転勤し、そこで出資者と出会って勤め先から独立し自分で会社を始めた父親で、それまでわが家は世田谷の借家暮らしだったのだが、急にフトコロ具合がよくなった父親が「東京にも家を一軒買っておこう」といって、家探しをして、この家をポンと買ってくれたのだった。

わたしたちが手に入れたのは築十年の家がついた六十坪の住宅地で、たしか値段が千二百万円だったと思う。家の建坪は百二十平米くらいで、これに二百万円くらいの改築修繕費をかけて、いまでいえばリニュアルし、住めるようにした。六十坪の土地はいまの分譲住宅が、敷地二十坪とか三十坪で何千万円という値段で売り出されていることを考えると、尋常の安さではなく、たしかにお買い得だったと思うのだが、これが昭和四十七年、列島改造ブームに沸く日本の大都市の住宅地の販売状況だった。

わたしたちは、敷地六十坪の土地に築十年の中古の家の着いた物件を千二百万円で手に入れたわけだが、これが格安物件だったかどうかは別にして、このとき、不動産屋さんから聞いた話を覚えているのだが、この土地・建物はもともと、十年前の昭和三十七年にどこかのプロ野球の野球選手が百八十万円で購入した家だったのだという。それも、さらにその五年くらい前の昭和三十年代の初め、フランク永井が歌で♪月給は一万三千八百円♪なんて歌っていたころには西武池袋線の沿線は坪六千円とか七千円で取り引きされていて、敷地六十坪に小さな家がついて七十万円とか八十万円くらいで手に入ったのだという。土地だけだったら四十万円とかそのくらいの値段だったろう。

昭和三十八年に家を建てたというそのプロ野球選手の名前は当の不動産屋さんの口からもでて

こないくらいだから、大した活躍をした人ではなかったのだろうが、要するに、土地はその十年間のあいだに百八十万円から千二百万円に、六・六倍の値上がりをしていたのである。家は築十年なのにかなりくたびれていたから減価償却済みみたいな話で土地値そのものだったのだろう。

たぶん、これは練馬に限ったことではなく、多少の差はあれ、姫路も含めた日本の都市部であまねく起こっていた現象だったのではないかと思う。

さらに、この話にはつづきがあり、わたしたちはこの家に十五年間住んで、途中、家を建て直したが、昭和の末年に父親の会社が倒産して、この家を手放さざるを得なくなってやむを得ずある不動産会社に売却したのだが、このときの値段が一億二千万円だった。これは不動産屋の買い取り価格で、件の不動産屋はこれを一億五千万円で新しい住人に売り付けている。つまり、わたしたちが家を手に入れたあと、家は十倍以上の値上がりをしているのである。つまり、昭和の後半、三十年あまりの間に日本の土地の値段は六十坪四十万円から、築五年の家付きながら一億五千万円になっている。計算すると三百倍を越えている。このことは土地の値段が上がったり下がったりしているいまの状況からはなかなか信じがたいことだが、日本の戦後の土地はそういう日本社会のフトコロ具合を象徴するような商品だったのだ。

前田は、昭和の時代に家を売買するたびにいくらかの儲けがあっただろうことなど斟酌せずにしゃべっているのだろうが、戦後昭和の不動産というのは、そういう値の上がり方をしていたのである。後年になるにしたがって、自分の住んでいる土地以外には相当の税金をかけたり、短期売買で儲けが出ないようにさまざまの法規制がおこなわれるようになる。

いまや死語になったが、かつて［土地成金］という言葉があった。戦後昭和の不動産投資はマンションも含めて、もっとも確実で効率のよい資産形成の手段だったのである。

この時代の姫路の土地の値段がどういう動き方をしていたか、細かなことまではわからないが、私がいま説明したことで、家を買い換えることの意味はわかってもらえると思う。わたしは前田の父親が家の売買で大儲けしたとは思わないが、たぶん、それなりの差額、つまり利益を手にしながら自分の住む家を売買していたのだと思う。そして、その儲けのいくらかは前田少年を育てるために使われ、また、自分が（韓国で？）新しい生活を始めるための資金になっていったのだろう。

前田親子が姫路のその、小さな建て売り住宅に住んだ期間は半年あまりで、前田が中学校三年の夏休み、父親は大阪にもどることを決断するのである。これにも自分たちの家を売りはらうのだから不動産の売買が絡んでいるのだが、大阪にもどったのはなによりも姫路には父親の正雄が息子を育てながら暮らしていけるような仕事がなかったことが大きな原因だった。

前田は、離婚後の自分たちの生活について、こういっている。


離婚したとき、母親は慰謝料とかもらっていないと思うんですよ。当時は離婚といっても、男が慰謝料払うなんていう話は聞いたことのなかった、慰謝料とか養育費とか払わないのが当たり前の時代ですから。新しい家に移っても、オヤジは仕事がなくて腐ってましたね。たぶん、なにも考えてなかったと思いますよ。日がな一日、酒のんで暮らすみたいな荒れた生活をしていましたよ。
それからちっちゃなスクラップ屋みたいのを始めて、やってましたけど。鋳物の粉を集めてきてどっかの製鉄会社に搬入するんですけど、量をごまかすために砂を混ぜて重くするとか、そんなことばかりやってましたね。オレはもうそれ見たら、なんかね。（前田は思い出して珍しく絶望的な表情になる。わたしが「穴屋の仕事はもうなかったの？」と質問する）もうそのころは日本の経済成長は穏やかなものになっていて、建設ブームも一段落して、新技術も普及して、その仕事はなくなっていましたね。

前田はこの両親の離婚でどんな精神的な影響を受けたのだろうか。本人が整理した話をきいておこう。

思春期になって、人から「社会に出たら差別を受けるんだよ、チャンスももらえないんだよ」というようなことを何度も聞かされて「だから家族が一致団結して生きていかなければいけないんだよ」というようなことをいわれていた矢先に、親が離婚して家族がなくなって、たまらなく不安な状態で、自分はこれからどうやって生きていこうか、人生ってどんなものなんだろうというようなことを考えはじめた矢先だったんです。その、自分が単純にものを受け入れようと思っていたときに、戦争を体験して生き延びた人たちの死生観というか、道徳観というものが自分の心にドバーっと入ってきたんですよ。

戦争を記録した本のなかには、海軍の話でバッターっていう棒でケツを五十発くらい叩かれるというような話もあるんですけれど、そういう話のほかに、ベテランの有名な戦闘機のパイロットたちが新任の技術もなにもないままに赴任してきた若い士官の隊長を必死で守って戦うんだけれど、その隊長にガンルーム（下士官たちの休息室）に来ていただいたとか、オレたちと話をしてくれたとか、「お前ら、体をこわすなよ」っていってくれたとか、差し入れを持ってきてくれたとか、そんなことだけで感動しちゃって、戦闘中に身を挺して、隊長機を守って敵機に打ち抜かれて死んじゃうとか、そんな話が山ほどあるんですよ。自分はそういう話になんかすごいエネルギーを感じるんですよ。（どうせ人間はいつか死ぬんだけど）自分もそんな生き方ができたら、死んでいくのさえも幸せに死んでいけるかもしれない、というようなことも考えたりしました。

十三歳の中学二年生で体験した辛く、苦しい夏の想い出を前田はこんなふうに語った。

母親の庇護を選ばず、父とっしょに生きていくことを選んだということは、じつは人生を戦って生きていくことを選択したことでもあった。なぜなら、かれはそこで、男が本当は戦わなければ生きていけない存在であることを知ったからだった。

その意味で、じつはその場所で父親を選んだとき、自動的に彼は男の仲間入りをしたのだった。

もちろん、戦わない穏やかな生き方もあったはずなのだが、その生き方を前田は選ばなかった。

ほとんど運命的に自分の進路を、男＝戦士として雄々しく生きる方の生き方を選んでいた。

このことには在日であるということと、両親が離婚したことで子どもの自分の居場所がなくなってしまったという自覚、そして、母親よりもひとりの女として生きる方を選ぼうとした母親への反発が関係している。少年の彼は、小さく芽生えた人間としてのプライドを守って生きるためにあえて苦難の道を選んだ。とにかく不安だったと彼はいう。

もしかしたら、このときの彼は、戦争の記録を読みすぎたということがあるかもしれない。

しかし、人生の本質は戦いなのだ。あるいは戦争の記録のなかに封じこめられた敗北の記録を読みすぎたから、無意識のうちに戦うことに人生を賭する生き方を選ぶことになったのかも知れない。たぶん、このとき、彼の精神のなかには戦いのための［原基］ともいうべき、基本原理ができつつあったのである。戦わねばならないときは戦う、逃げたり避けたりしたら、たとえ生き延びたとしても、そのあと、自分の心そのものが壊れてしまうという、男としてどう生きればいいのかということを、思えば当たり前のこととして気がついたのである。

歴史のなかの話だが、楠木正成は湊川で東進してきた足利尊氏の圧倒的な軍勢と戦って、

いくさは大事なもののためにたたかうものと存知おり候。
大事なもののために死するは負けとは申さぬものと心得おり候。

といいながら死んでいった。ヤワでふぬけな平和などハナから拒否しているのである。

ここには百五十年前の坂本竜馬や五十年前の（じつは四十五年だが）三島由紀夫がそのために死んでいった大義があるのだ。言葉でいえば、理念に自己を殉ずる高い倫理性ということだろう

か。

前田が大阪に移って無頼の少年になっても、徒党を組んでわるさをするたぐいの非行少年にならなかったのはたぶん、こういう精神の倫理性の高さに関係があったのだろう。

自分は自分の［掟］をまもって生きる、そして、そういう生き方をすることで、どんなに惨めな環境のなかで生きていても自分を支えることができるということである。

そして、この離婚を経験したと同時期から、彼はもう一人の自分と葛藤を繰りひろげることになるのだが、その話は次章にまわそう。

【註】

（1）『アントニオ猪木自伝』二〇〇〇年刊　新潮文庫　猪木寛至著　P・349

（2）『あ、零戦一代』一九六九年刊　光人社　横山保著　P・155

（3）『大空のサムライ』一九六七年刊　光人社　坂井三郎著　P・148

（4）『零戦搭乗員空戦記』二〇〇六年刊　光人社文庫　坂井三郎著　P・151

第四章　大阪にもどる

十三歳の少年、前田日明である。

中学二年生の夏休みの時点では、彼はまだ姫路にいる。

彼のこころが両親の離婚という人生最大の厄災に悩まされている最中に、じつは彼の身体はまったく別の状況のなかにいた。

離婚騒動とまるで同期するように、背が伸びはじめたのである。

十三歳の前田少年の身長は、それまで一六〇センチで、別に背の高い子どもというわけではなかった。それがいきなり、背丈が伸びはじめたのである。

これはもしかして、こころは博愛主義者であったのに、身体が勝手に将来の苦難を予感して、戦う準備を始めてしまったのかもしれない。そして、まずは、そのために一番必要なのは人に負けない体格だというふうに判断して、本格的な成長を促したのかもしれない。

これは客観からいえば、前田の身体が本格的な第二次性徴期に入ったということだった。

つまり、身体が大人になる準備を始めたのである。

この時期は一般的に、精神的には［思春期］と呼ばれる時期なのだが、そのことはかたわらに置いて、前田にはひとまず、この、前田少年の身体の変化の問題を話してもらおう。

じつは、自分は最初のころはまん中よりちょっとうしろぐらいの背丈しかなかったんですよ。それが中学二年生から、いきなり伸びはじめたんです。いまでも覚えているんですが、二年生の四月に身体検査があって、その時の身長が一六四センチだったたんです。それが、三年生になったときには一七五になって、高校一年で一八二センチになって、高二で八十六、高三で八十九ですね。で、結局、二十歳くらいまで伸びて、最終的に一九二センチになったんです。

身長の話は重要である。また、自分のことを書くのだが、わたしも中学校の二年生までは身長が一六〇センチくらいしかなかったのだが、夏休みにプールに通って泳ぎの練習をしていて、身長が十二センチ伸びて、一七二センチになった。わたしの場合はそこで伸びが止まってしまって、ちょっと普通より背の高い人（いまの日本人の若者の平均身長がこのくらいらしいが、昔は一七〇センチあればクラスでも後ろから何番目かに入り、背の高い方だった）で終わってしまったが、前田はそこをきっかけに七年かけて三十センチ以上伸びたことになる。いま、インディペンダントの団体にいくと、身長が一七〇センチくらいしかないプロレスラーが一生懸命に戦っているが、やっぱり、体が小さいからその分、なかなか迫力を感じられない。

前田日明の体重がどう増えていったかということとそこにどうやって筋肉をつけたかという問題については、上京してからの話だが、身長だけはそれとはまったく別のことだから、どこかで、いつからどんなふうに変化していったかを書いておかなければいけない。それで、そのことをここで書いている。ふたたび、前田の独白である。

なんかね、へんな言い方ですけれども、中学二年の夏から三年になって、身長が（百）六四センチから七十五センチになって、十一センチくらい伸びたんですけれども、その、伸びた中三の時点で、足のサイズはいまと同じなんですよ。二十九です。当時、男性の靴のサイズが売ってるのが二十六までで、ちゃんと履ける靴がないじゃないですか。それでもう、これ以上足が大きくならないように背丈も大きくならないように、身長が伸びるのをなんとか止めようと思って、煙草を吸い始めるんですよ。人から、煙草を吸ってると身長が伸びなくなっちゃうという話を聞いて（素人考えで）じゃ、煙草吸って背が伸びるのを止めようと考えたわけです。

前田の身長は正味で一九二センチあるのだが、プロレスラーでも一九〇センチを越える身長の人というのはなかなかいない。カール・ゴッチも藤原嘉明もアントニオ猪木も一九〇はない。猪木の場合は、本当は一八六センチくらいしかないところを大幅にサバを読んで一九二センチといっていたらしい。

前田と猪木と並ぶと明らかに前田の方が背が高いということがあって、プロレスでデビューしたとき、「オマエの身長は一九五センチにしておけ」といわれたらしい。本人はイヤだったが、団体がそう発表してしまったのだという。それというのも、猪木でついている身長のウソがばれないようにという話だったのだ。レスラーたちはだいたい三、四センチはサバ読みしていて、選手名鑑などを見ると、やたらと身長が一八〇センチという人が多い。これはじつは、名鑑に一八〇センチと書いてあっても、ほとんどの人がその数字は営業身長で、実際には一七〇センチ台の後半であることが多いようだ。

じつはプロレスの世界に入るまでは、本人にとっては身長の問題はどうすればその伸びを止められるかという、相当に深い悩みの種だったようだ。前田の場合は、プロレスの世界に入ったあとも、二十歳くらいまで身長は伸びつづけたのだという。

前田の正味の身長が一九二センチというのはプロレスラーとしては、いろんな意味で重要な意味をもっている。そのことは後述しよう。

どうしてこんなに、ニョキニョキと、と書きたくなるような忙しさで身長が伸びたのか。

父親も身長が一八〇センチ以上ある、背の高い人だったというから、遺伝子もそういう因子を持っていたのだろう。まず、背が高くなることができる素質があった。

成長期に身長を伸ばす方法というと、毎日、牛乳を飲みながら縄跳びをくり返すといいらしいのだが、要するに蛋白質をたくさんとる、ということが要諦なのである。前田の場合はどうだったのか。心あたりはあるのだろうか。

考えてみると、自分はちっちゃいときからタマゴも肉も豆類も大好きでしたし、チーズもちっちゃいときから食べていたんです。だから、相当の肉好きだったわけです。それで、さっきもいったようになんとか身長の伸びを止めなきゃと思って中学校の三年くらいから煙草を吸い始めたんですよ。オヤジはオレが煙草を吸い始めたのを見て、アッ、コイツ、ぐれ始めたんだな、と思ったらしいんですけど、そういうことじゃないんですよね。煙草を吸ったことが効果あったかどうかわからないんだけど、煙草吸ってなかったら、きっと身長二メートルを越えていたんじゃないかと思うんですよ。

ホントにね、一番印象的だったのは、前の日にパッと起きて、あ、学校いかないかんな、と思って敷居の下をバッと走ってもなんともなかったんですよ。で、次の日、同じように敷居の下をバッと走ったらいきなりバーンとぶつかったんですよ。この話、誰も信じたくないでしょうけど、一日で背がバーンと伸びて。一番身長が伸びたころは、朝起きて、立ちあがるたびになんだか目線の位置が昨日より高いな、みたいなね、なんかそんなんだったかみたいな話ですよね。本当に、毎日毎日、身体に違和感を感じるみたいな。

このあと、プロレスの世界に入るまで（入ってからもかもしれない）、前田少年はさまざまの苦難と試練に遭遇するのだが、そのかたわらにいつも、伸びつづける身長の問題があったのである。この、背丈が自分勝手に伸びつづけることは、子ども心に悩ましい問題であったようだ。背の低い人間には信じられないことだが、オレの背は高すぎる、ということで悩んだらしい。というのは、まず着るものに困ったからである。

背が高くなってうらやましいと思うかもしれないけど、自分自身はね、着る服がどんどんなくなっていくでしょ。靴もないんですよ。どうするんだ、と。当時、自分が高校に入ったころ（昭和四十九年ごろ。雑誌『ポパイ』の創刊が昭和五十年である＝註）はちょうど男の子たちのあいだでアイビーとか流行りだして、みんなが突然オシャレをし始めた時代なんですよ。それまで、男の子というのはバンカラで、オシャレなんてオカマで女々しいヤツがやるモンだと思われていたのに、突然、VANだとかアイビーだとか、子どものあいだではやり始めて、男のコがみんな『メンズクラブ』とか読んで、いきなりオシャレになるんですよ。

　自分はそういうのを着たくても、金がないから買えない。なんか靴のサイズもない、もうこのころは身長が一八二センチあって、一番大きなサイズでも小さい。困った、困った、と。着る服がなかったんですよ。ただ、救いは学生服で、学生服は一番大きなサイズが十五号なんですけれど、それだけはなんとか最後まで着れたんです。


　高校時代の生活の苦労は衣食住含めて後段で紹介しよう。

話を両親離婚後の彼の生活に戻そう。彼のこころもまた、多感な思春期を迎えようとしていた。両親が離婚して、父子ふたりではじめた姫路での生活は半年あまりしかつづかなかった。

中学三年の夏、彼らはふたたび、ちょっと前に姫路で手に入れた建て売り住宅を売りはらい、大阪にもどっている。これは前田の親族、つまり父親の親戚の人たちが主として大阪にいて、このあと、姫路にいても意味がないことに関係があった。

　正確な数字までは分からないのだが、姫路の、離婚する前に住んでいた家というのが千五百万円ぐらいで売れたらしい。そして、そのお金のうちのなにがしかで小さな建て売りを買ったことはすでに書いたが、そこもすぐに処分して、大阪にもどることに決めている。この大阪にもどる話のなかには、以前に住んでいた家の近くに、新しく住むところを見つけた、その話がセットになっている。それが有名な一階に旋盤工場があったという住居なのだが、その話は後回しにする。

というのは、これが書いたように中学三年の夏休みのことだが、この夏休みの一か月を利用して、彼は父親に連れられて、親族訪問で、初めて韓国の自分たちの先祖が生活していた場所を訪ねているのだ。

要するに、この一連のことはこの先を彼の父親がどういうふうに生きようとしていたか、そのことと関係があるのだと思われるが、親族訪問というのは、一九六五（昭和四十）年から日本政府が人道主義的な見地からはじめた在日の人たちに対する韓国・北朝鮮への査証（渡航許可）の発給で、祖国訪問の目的を墓参や親戚を訪ねることに限る、というものだった。この年の六月に日韓基本条約が締結されて、国交が正常化した、そのことを受けての措置である。ここから、ちゃんとした民間交流も始まっている。

この韓国への旅は彼にとっては、衝撃的な体験だった。

韓国の本籍地を訪ねていったんです。そこに親戚がいて、お祖父さんとお祖母さんの墓があるんですよ。下関から関釜フェリーに乗って釜山にいって、釜山から夜行列車に乗って木浦にいって、木浦に翌日の朝着いて、朝出る船に乗って、丸一日かかってやっと夕方、その島に着いた。この前、フェリーが沈んでたくさんの人が死んだでしょ、あの近くの島ですよ。

前田の本籍地があったのは全羅南道完島郡所安面美羅里という離島だった。

それこそ、朝、いつ沈んでもおかしくないような木造のボロボロの船に乗って、いろんなところをまわってまわって、おおかた丸一日ですね。最後に着いたところだったんです。で、いったら、ガスも水道も電気もなくて、海岸端の小さな村なんです。漁村でもないんだけど、女の人たちが海女さんやってて、小さな畑があって、それで石積みの塀があちこちにあって、藁葺き屋根のちっちゃな家があって、道にはウシの糞がボンボンと落ちている、みたいな。

オレのご先祖様はこんなところで暮らしていたのかと思うと、ショックだったですね。

このとき、前田はいろいろな経験をしている。

釜山からの夜行列車に乗ったんですけれど、一等車も二等車も乗客でぎっしり、溢れかえらんばかりでしたね。いろいろなものを見るにつけ、日本の方がずっといいなと思った。

それで入国のときに経験したことですが、（入国管理官が）オレより前にいた、たぶん在米の韓国人だと思うんですけれども、（その人には）英語で対応しているんですよ。で、オレの前にいた日本人には日本語しゃべってるんですよ。オレがいったら、日本語しゃべんないんですよ。で、オレが困っていたら、ウワーッとなんかいわれたんですよ。それを聞いて、オヤジが怒っちゃって。なんか怒鳴りつけてましたよ。あとで、なんで怒ったのかって聞いたらオレに向かって「お前、韓国人なのになぜ韓国語をしゃべらないんだ」といってた、と。「このチョッパリめ」みたいなことをいわれたらしいんですよ。

チョッパリというのは、朝鮮語で、日本人に対する差別用語、漢字では豚足と書くらしい。日本人の建設労働者や土木関係者（つまり土方）がはいている地下足袋が豚の足に似ていることからこのあだ名が付いたのだという。この言葉は韓国ではいまでもかなりひんぱんに使われている言葉でまた、在日の人たちに対しても軽蔑の意味をこめて使うらしい。

前田は、この時の経験から始まっているのだと思うが、韓国の政府のやり方や韓国の大衆の在日の人間に対する一般的な対応について、かなり厳しいことをいっている。前田はこういう。

在日の人間というのは、祖国に対して、それなりの思いを持っているんです。民族に対する誇りもあるし、だけど、韓国の人間は、在日の人間たちがどんなに愛国心をもっていようと、在日の人間は外人でしかないんですよ。在日なんて、さんざんですよ。

どうしてオレがこんな話をするかというと、基本、いろんな話があってね。当時は朴正熙政権下でどんな話があったかというと、在日の人間たちに対して、オレたちより十歳ぐらい年上の人たちなんだけれど、つい最近、聞いた話で驚いたんですけど、七十年代の朴政権のときだけの話かと思っていたら、八十年代までそういうことがあったというんですよ。

朴政権の華やかなりしころ、日本では朝鮮総連も民団も仲良くしようと、日本にいる同胞同士でいろいろなことを企画して、イベントがたくさんあったんですよ。で、大人になって、在日の若いヤツというのは親のいうことをよく聞く人間ですから、お前、ちょっと韓国いって勉強してこい、と。短期留学ですよ、延世大学とかによく留学するんですよ。で、しばらくしたら南山のKCIAの本拠地から呼び出しがあるんです。で、いくでしょ。そうすると「キミは北朝鮮のコイツラと何月何日にこうしただろう」と。素行を全部調べてるんですよ。なんなんだこれは、お前は韓国になにしにきたんだ、と。尋問ですよ。で、白状しないからってリンチですよ。で、死んだりとか、頭がおかしくなったりとか、行方不明になった人とか、いっぱいいるんです。

在日韓国人なんて、ついこのあいだまで選挙権ももらえなかった。だから、韓国政府にとっては在日というのは棄民なんですよ。

日本の国内にも差別があって、だから、どこもいくところがないんですよ。

この話というのは書き始めると長くなってしまうのだが、朴正熙政権下での韓国国内の政治状況や民衆の生活、文化の状況を日本の雑誌『世界』（岩波書店発行）にレポートしたものをまとめたものが岩波新書で『韓国からの通信』、『続韓国からの通信』、『第三・韓国からの通信』、『軍政と受難―第四・韓国からの通信』という標題で、T・K生という匿名著者によって四冊出版されている。それを読めば、その時代の韓国の人たちがどういう状況のなかで暮らしていたか、よくわかる。また、在日留学生の受難については、ひどい目にあった人たちのなかに、徐勝、徐俊植のふたり、……徐兄弟というのだが、この人（兄の徐勝）がまだ韓国の獄中にあったときに、日本国内にいた弟の徐京植によって、同じ岩波新書から『徐兄弟　獄中からの手紙』という本が出版されている。前田がいっていることは、ほとんどのことが事実である前田日明は一九九八（平成十）年、衆議院議員だった新井将敬の自殺をきっかけに自分が在日であることを公表している。新井将敬も少年時代に朝鮮籍から帰化し、東大を卒業して官僚になり、そこから政治の世界に入った、マスコミに〝在日のエリート〟と呼ばれた人だった。それが自分から死を選んだのである。

前田は「在日にエリートなんていませんよ」という。九十八年は前田が現役のレスラー＝格闘家を引退した年であり、在日であることを活字にした『無冠～』もこの年に刊行されている。

前田はこう語っている。

自分がカミングアウトしたとき、いろんな人が来て、いろんなことを話してくれたんですが、これは統一日報の記者さんに聞いた話なんだけど、日本にいる朝鮮人というのは、本当はほとんど全部が韓国籍の人間なんだというんですよ。じゃ、なんで北朝鮮に帰化した人がいるんですかと聞いたら、戦争が終わったあと、国に帰ろうと思ったら、イスンマン（李承晩）政権が「お前たちなんかいらない」っていって、国に帰れなかった。一部の人は命がけで密航して帰った。

帰れなかった人がいっぱいいるんだ、と。日本の自治体も理解がなくて、財産を没収されたり、大村収容所に入れられたりして、がっかりしている一世たちに、そのころ、もうすぐ朝鮮戦争が終わるというころに、キムイルソン（金日成）が在日同胞に対してという演説をして「みんな祖国に帰って来なさい」と。「北朝鮮は受け入れます」といって、帰国船というのが始まるんです。帰国船が始まったのはいいんだけど、その時にキムイルソンは国外に向けては「帰ってきなさい」

といいながら、国内でなにをいっていたかというと「危険分子が主体性思想を破壊しようとしていっぱいやってくる。みんな注意して監視しろ」みたいなことをいっている。それで帰国した人たちは着いたとたんに、なにかいわれて持ち帰った財産を取りあげられて、収容所に入れられて。それでも、みんな祖国に帰りたいんですね。要するに、日本のなかに根を下ろす場所がないんです。このごろの若い人たちは雑誌で「自分探ししています」とか、いうじゃないですか。オレがいってるのはそれとはちがう話でね。根を下ろす場所がないんですよ、どこにも。


前田は在日という問題について、そういった。

この問題はかなり微妙なのだが、避けて通るわけにいかないから、私見を書き添えよう。

前田日明の生い立ちと履歴を辿る作品を書くことは、世の中から評伝作家として受け止められているところもある、ノンフィクション作家としてのわたしがずっと手がけたいと考えてきた仕事のひとつだった。それはひとえに前田日明は書きごたえがありそうだということが主たる理由なのだが、その理由のさらに詳しいワケは前田ぐらい戦士でありながら同時に知的な人間（インテリという言葉を使ってもいいかもしれない）というのをわたしがあまり知らないからだ。歴史の陰影の部分に造詣が深く（いつも、そういう本ばかり読んでいるらしい）それでいて、興業のプロデューサーとしての行動は営業的であり、同時にその発想は革命的でもある。

わたしも何人かのプロレスラーを知っているし、プロ野球の本も何冊か、王貞治の本も書いたし、サッカーの本も書いているから、スポーツマンのメンタリティについてはある程度分かっているつもりだが、特にプロレスラーがそうなのだが、みんな一種の技術者で、同時に芸能者である（テレビなどで活躍している練達の芸能人たちに比べると演技力はやはり多少見劣りするが）ような人が多い。

前田日明について書かれた本も、書き手の側、インタビューする側がライターという技術者であることから、文章を技術と考えながら書く領域を出ることができず、前田の持っている哲学性というか、思想性がちゃんと描けていない、そういう気がする。

前田について書くことは、じつは在日という問題について、自分の考え、旗幟を鮮明にすることでもあった。そして、平成に入ってからの、日本の大衆文化の、辺境革命性という言葉を使って説明したいのだが、韓国の現在の文化状況と日本への対応について語ることは、ヘアヌードや死体の写真がタブーでなくなって、自分の文化状況のなかから自分自身に刺激を創出することができなくなってしまった（不感症の）停滞したいまの日本の文化状況に対して、異文化を輸血して生き返らせる方法論の考究でもあった。

それは［韓流］という言葉がいまや確固として存在しはじめたように、在日というチャンネルを通して奔流のように流れ込んだ韓国の現代文化が、この十年ほどは沈滞する日本の大衆文化にある程度、新しい展開を与えてきたのではないかという意味である。そして、その反作用が日本国内の一部でヘイトスピーチのような形で噴出して、韓国国内では日韓基本条約などの約束を反故にして従軍慰安婦の補償問題というようなことが国家レベルで語られる形に結果してしまっているのである。

わたしにとっては、前田について語ることはそういう問題のなかに、あらためて自分を歩ましむることでもあった。

第一章でもちょっと書いたが、前田と初めてしゃべったのはいまからもう二十二年前のことで、そのときの衝撃的だった印象もすでに述べたが、そのときから前田についていろんな人が書くものを読ませてもらってきている。

『UWF戦史』にはわたしなりの前田日明論を書きこんだつもりだったが、わたしの書いたものも含めて、やはり、彼の人間的な深みを、彼の精神の二重構造性というか、その根源（心根のところ）にある人間に対する愛のようなものをちゃんと描けていない。そういう感想を持ちつづけてきた。

ちゃんと描くに値する人間は地上にそう何人もいないのかも知れないが、わたしは前田日明はそのひとりだと思っている。大衆的なレベルの話でいうと、ほとんどの人がプロレスラーとして、新世代の〝反逆児〟だった彼に熱狂したが、プロレスをスポーツとしての格闘技に改造しようとした彼の前衛性についてはほとんど分かっていないのである。わたしはその、彼の前衛性をもっとちゃんと描かなければならないと思っている。

それにしても、わたしはいま、この作品を書く前にはまったく予期しなかった状況のなかにある。

というのは、前田日明について書くことが、これほど「在日」という問題について、さまざまに論じることだとは思っていなかったからだ。

けれども、わたしにとっても［在日］の問題は、現代の日本の大衆文化のなかでひろげた自分なりに大きなキャンバスに、もう三十年来にわたって描きつづけてきた巨大な、けれども未完成の［絵］のようなところがあるのだ。

原稿を描きながらというか、書きながら、そのことをどこかで説明しなければと思ってきた。これはもちろん比喩的な言い方で、わたしは画家ではなく、作家である。

わたしは原稿を書く職業についてもうじき五十年になるのだが、そのうちのまん中の部分をごっそり雑誌編集者として仕事してきている。そのなかで、大きく韓国にかかわる本を二冊、作った。

わたしの編集者としての［在日］という問題への最初の関わりは、一九八四（昭和五十九）年の年末に作った『平凡パンチ』で、正月合併号の、一冊まるごとの韓国特集だった。これはマスコミの世界で大騒ぎになったから覚えている人がいるかも知れない。この話はほかの本でも書いたが、このころというのは韓国の都市生活がそろそろ経済的に豊かになり始めていた時期で、独自のファッションや建築やさまざまの文化が醸成され始めたころだった。それで十五人くらいの取材チームを編成して（内訳はカメラマン五人、取材記者四人、イラストレーター、スタイリスト、ヘアメイクアーチスト、コーディネーター各一名、編集者二名というスタッフ構成だった）韓国取材をおこなって「カッコいい韓国」というタイトルで発表した。（1）

このときは韓国の代表的な女優たちのセミ・ヌードを含むパフォーマンス・グラビアも作って、発行部数四十万部で調査販売率九十九・五パーセントという、暴力的な販売成績を上げた。

都内の調査モデル書店四十軒あまりに合計で千冊配本されて、一週間後、全部あわせて五冊しか残っていないという絶好調だった。ＮＨＫや朝日新聞に話題として取りあげられたことが売れ行きに拍車をかけたのだが、日本でも韓国国内でも大騒ぎになったことを記憶している。

このころの韓国はまだ、珈琲はすべてインスタントのネスカフェで、明洞にもイテオンにもおしゃれな喫茶店などは一軒もなかった。アックジョンもただの汚い裏町に過ぎなかった。しかし、まだ国は貧しかったが、町は猥雑で活気だけはあふれていた。それこそスタッフの何人かが怪しまれて、取材途中にＫＣＩＡに拘束され、撮影済みフィルムを没収された。

このときの雑誌の取材の編集基準は韓国国内で日本の生活と同じもの、つまり日本と韓国の文化の共通項を探して記事にするという発想だった。内容を具体的に説明すると長くなるので、図書館などに保存されている現物を見てもらうしかないが、「カッコいい韓国」というメインタイトルがすべてを説明している。この本は発売と同時に爆発的に売れたが、たぶん、韓国をそういう基準で捉えて取材したマスコミというのはそれまでなかったから、相当の数の在日の人たちが本を買ってくれたのではないかと思う。

この雑誌の韓国取材のコーディネーターを引きうけてくれたのは、この人も在日なのだが、ボンド企画という芸能プロダクション（もう倒産してしまった）で松本伊代や大場久美子などのマネジャーをしていた安原相国だった。この本で韓国の有名な女優たちが総出演してくれたのは、この人の血のにじむ努力のおかげである。第二章の90頁に出てくる前田の思い出話ではないが、安原も雑誌が出た後、柳川次郎に赤坂に呼び出されたという。

これは電話を取り次いだのは、もしかしたらわたしだったのかも知れない。わたしもはっきり覚えていないのだが、安原の記憶では「塩チャンが『ここに電話してくれ』といって教えてくれた電話番号に連絡したらいきなり『あの特集を作った人に会いたい』といわれて、呼び出されたんだよ」という。

たぶん、わたしは柳川の秘書かなにかに「在日のものですが、ぜひこの雑誌を作った方にお会いしてお礼をいいたい」と電話でいわれて、取材コーディネーターをやってくれた安原の電話番号を教えて「この人に連絡してください」といったのだと思う。

場所は前田のように料亭ではなく、むかし、赤坂にあったヒルトンホテルのバーだったらしい。柳川は「在日朝鮮人のためにいい本を作ってくれてありがとう。ぜひ会って直接お礼がいいたかった」と感謝の言葉をかけてくれたという。前田と同様にお車代をもらったかどうか、電話して安原に聞いたのだが、本人は「オレのときは金一封はなかったヨ」といっている。

在日的な立場から誉め言葉を贈ってくれたのは柳川次郎だったが、この特集について「あんな軍国主義の国、カッコいいなんて持ち上げるるもんじゃない」というような批判というか非難が雑誌の『噂の真相』を中心にしてあった。これは雑誌が売れたことへの妬みのようなものもあったと思う。それを「アレはすごくいい本だったじゃないか」といって雑音的な批判を封じてくれたのは最後の無頼派の作家ともいうべき中上健次だったと記憶している。

この特集はわたしにとっても重要な作品になった。このころから編集者として会社の枠を越えて人に名前が知られるようになった。これがそのきっかけになった、初めてのホームランだった。

そして、もう一冊の本というのが二〇〇一（平成十三）年に作った雑誌『ガリバー』の一冊丸ごと韓国の旅特集だった。これは「韓国の達人」というタイトルで、一九八八年のソウル・オリンピック以降、日本でいうと平成以降にソウルの町に出現した美麗なホテル群と町のしゃれたレストランで食べられる美味しい料理を取材して形にした韓国旅行のためのガイド本だった。

このときに作っていた『ガリバー』は昭和の終わりごろに定期刊行していた隔週刊雑誌ではなく、年四回発行の季刊雑誌（ムック）で、記事の編集基準も日本人の目から見ても高級と思えるものを選んで取材して、韓国文化の美の極致を取材、表現しようとしたものだった。

韓国を訪れたのは十五年ぶりで、このときの取材ではソウルに二週間くらいいたのだが、おしゃれな喫茶店やレストランが何軒もできていて、町のものすごい変わりように驚いた記憶がある。

私はこのとき、もう会社をやめる準備をしていて、これがマガジンハウスで作った最後の雑誌になって、この年の年末に退社した。

この、二十一世紀に入ってから作った『ガリバー』の定価は一五〇〇円、発行部数が六万部くらいだったと思う。この雑誌は値段が高かったせいもあり、発売当初は六割くらいしか売れなかった。

時代の流れを思い出すと、あのときはソウルでの取材を二〇〇〇年の年末にかけておこない、本を発売したのが二〇〇一年の春だったのだが、その前年に韓国映画の『シュリ』という作品が日本国内で大ヒットして、みんなを驚かせた。わたしもそれまで、何本か韓国で作られた映画を見ていたのだが、それまでの作品は正直にいってろくなモノがなかった。『ガリバー』で韓国特集を作ってみようと思ったのは、『シュリ』という映画の影響と、このとき、ある広告代理店の営業マンからヒュンダイ（現代グループ）が韓国車を本気で日本で売り出そうとしている、という話を聞いたからだった。

結局、ヒュンダイの日本進出は失敗に終わるのだが、この直後から韓国では『冬のソナタ』の放送が始まり、翌年、NHKがこの番組を日本国内で放送開始して大ヒットさせるのである。そして、このドラマに主演したペヨンジュンとチェジウを旗頭にしてまたたくまに猛烈な韓流のブームがやってくる。わたしが退社したのは二〇〇一年の末だが、そのあとの話、このときに作った『ガリバー』の韓国特集もブームのなかで好調に売れつづけて、無事在庫を売り切ったという話を聞いている。

ひとりの編集者が自分の作る雑誌でどのくらい大きく文化を動かせるか、というのは難しい問題で、わたしのマガジンハウス時代の先輩編集者だった木滑良久や石川次郎は世の中に『ポパイ』、『ブルータス』を出現させて、日本の男たちの生活をそっくり変化させてしまったが、わたしが作った韓国にまつわる二冊の雑誌も少なくとも在日と日本社会で暮らす普通の人々の意識の溝を埋めることに多少は貢献したのではないかと思う。

三度目の正直という言葉があるが、それこそ、前田日明の評伝を書くことで、在日の問題にあらためてかかわることになった。これが、わたしがいまこの本を書いている、作家としての個人的な事情である。

わたしが最後に韓国にまつわる雑誌を作ってからまたまた十五年が経過してしまったが、いまやテレビで在日の女のコが主人公の恋愛ドラマが作られたり、韓国のタレントたちが大挙して日本の芸能界に参戦して、日本のオバサンたちを熱狂させたりしている。時代状況は昔とはかなり変わった。在日ということで、日本の社会でひどい目にあうということもだんだんなくなってきている。わたしにいわせると、一九八〇年代まで臭くてこんなモノ、といわれていたキムチがいまやスーパーマーケットではバカみたいな勢いで売れつづけているし、在特会の過激な行動なども長いスパンでみれば文化の断層を融和させ、埋め合わせていく歴史的な作業で、これまで日本の大衆文化はああいう偏狭なナショナリズムも徐々に解体し、消化してきているのである。

いまは過渡期というか、歴史というのは［いまは過渡期］という意味そのものだと思うが、わたしは最終的に、少なくとも日本の国というか、日本という文化圏のなかでは在日と日本人のあいだの差別も差違も区別も違和もなくなる日がいつか来るだろうと信じている。いつか、それほど遠くない将来に、……そのためには、いまの韓国国内の偏狭なナショナリズムも解体、風化されていかねばならないが、韓国風という言葉がアメリカ風とかイタリア風と同様の、文化のスタイルを示す意味の言葉になってくれる時代がいつか必ず来ると思う。

前田日明の韓国初体験の話にもどろう。

とにかく、前田が訪れた島は電気も水道もガスもない島だった。

それで、島の飲用水が井戸水なんですけど、なんかわかんないけど、水が茶色いんですよ。濁っていて、妙に土くさい臭いがするんですよ。そういう家の中の一軒が親戚だったんですけど、親族訪問ですから、そこを訪ねて一ヵ月くらいいましたけど、なんか腹をこわして大変だったですね。そのとき、自分はこんなところで暮らすのは絶対無理だというふうに思いました。
このころの韓国というのは、世界の後進国のなかでも最貧国ですよ。みんな、ひどい暮らしをしてましたよ。

日本の演歌歌手の天童よしみの持ち歌に『珍島物語』という歌がある。
前田の訪れた所安面の美羅里は［セマウル号が沈んだ海のそば］で、別の資料には［セマウル号は珍島のそばで沈んだ］とあるから、この話をつなぎ合わせると、美羅里は珍島のそばの（たぶん）さらに小さな島、ということなのだろう。『珍島物語』の歌詞の背景にある世界の意味がもうひとつよくわからないのだが、歌はこういうものである。

♪海が割れるのよ 道ができるのよ 島と島とがつながるの こちら珍島《チンド》から
あちら芽島里《モドリ》まで 海の神様 カムサハムニダ 霊登《ヨンドン》サリの願いはひとつ
散り散りになった家族の出会い ねえ わたしここで祈っているの
あなたとの 愛よふたたびと♪

♪遠くはなれても こころあたたかく あなた信じて 暮らします そうよいつの日か

海の神様 カムサハムニダ ふたつの島をつないだ道よ はるかに遠い北へとつづけ
ねえとても好きよ 死ぬほど好きよ あなたとの 愛よとこしえに

もしかしたら、これはそのまま、この地方にルーツを持つ在日の人たちの親族訪問の歌ではないか。天童よしみがこの歌を発表したのは一九九六年のことで、売り上げ百三十万枚の大ヒットになったという。この歌を作詞・作曲したのは中山大三郎という、星野哲郎の弟子というから本来は作詞家が本業で、尾形大作の『無錫旅情』や島倉千代子の『人生いろいろ』などもこの人の作品なのだが、ヒットメーカーとして知られた人だった。この人も在日だったのだろうか。うかつなことは書けないが、近くに在日の人がいて、そういうことについての知識を教えてもらっていたのだろうか。それとも珍島を訪ねて、島に起こるいろいろな話を聞いてこの歌を作ったのだろうか。

珍島というのは、朝鮮史のなかでは、高麗が元に攻められたときに、元に降伏することを潔しとしなかった三別抄たち（高麗の軍事組織、近衛軍団みたいなもの？）がこの島に立てこもって孤立無援の抵抗を繰りひろげた場所である。もともとモンゴルは遊牧民だから、海軍というのを持っていなくて、島に逃げたら手の出しようがなかった。そういう歴史的由緒をもっていた。

ＪＴＢが作った韓国のガイドブックには珍島についてこんなことが書かれている。

一年のうちのわずか数日のみ、この島は大勢の観光客でごった返す。珍島沖は複雑な潮の流れが起こることで知られ、毎年、春の4・5月ころの大潮の日には、回洞里と沖合の芽島との間の海水が引き、幅400メートル長さ2キロメートルほどの陸の道ができるという。海割れという現象が起こるのだ。もちろん、その道は歩いて行き来できる。大潮の日の前後（略）忽然と海の中に現れた道を、ぞろぞろと大勢の人たちが歩いている光景は圧巻だ。（略）海割れ現象が起こる日にあわせて、珍島霊登祭りもおこなわれ、ムダン（巫女）によるクッ（儀式）が見られる。（2）

『珍島物語』を作った中山大三郎さんとは、わたしが芸能記者をやっていたころだから、もう四十年近く昔のことだが、新人歌手の売り込みキャンペーンで岐阜県の長良川をいっしょに旅行したことがあった。性格の豪放な、にぎやかな人で、その旅がきっかけで親しくなり、一時期だったが、ずいぶん仲良くしてもらった。十年ほど前に咽喉ガンになり、声を失って、しばらくして亡くなられた。

右記の歌詞に芽島里《モドリ》という、たぶん、島の名前だと思うが、その島は前田が訪ねた所安面の近くなのだろうか。この地域と大阪との密接な因縁は第一章の54頁以下で説明したが、わたしは縁がなくて、済州島も旅行したことがないが、この地域は、そんなことで在日の人たちの思いがぎっしりと詰まった場所なのである。

この親族訪問は夏休みのひと月余を利用しての旅行だった。もどった時点から大阪で暮らすことになるのだが、大阪に家を手に入れたのと、たぶん、それほど前後しない時期に、父親は木浦にも生活を持ちはじめる。この話が重要である。［生活を持ちはじめた］ということは、下世話な書き方をすると、木浦に女ができた、という意味である。

それにしても、前田たちが新しく引っ越していった大阪の家というのは、どうも相当の因縁を孕んだ問題ハウスだったらしい。前田の懐述である。

自分が大阪に引っ越して、住みはじめた家というのが、前に住んでいたところの近くなんですけれども、南市岡一丁目という、なんか、町工場街ですよ。変な家で、一階に旋盤工場があって、そこではネジ（ボルトやナット＝註）を作っていた。

まず、音がうるさいんだけど、すごいのは工場に入れる機械というのが背が高くて、そのままの状態じゃ入らないんで、一階の天井の化粧板を外しちゃってるんですよ。だから、一階から見ると、二階の床板が見える、で、オレたちは二階のその床板に畳敷きで生活していたんだけど、音もうるさいんだけど、昼間、工場が動いている時間は畳の間から煙が上がってくるんですよ。ワーッという感じで。油で金属を削った煙がバーッと上がってくるんです。その煙を吸うと、頭が痛くなるし、そういうところに子どもひとりで、父親の帰りを待ちながら暮らしていたんです。毎日、子ども心にこの先、オレはどうなるんだろうと考えながら。いまから思うと、本当によくあそこに住んでいたなあと思いますよ。

一九八八（昭和六十三）年に講談社から出版された『格闘王への挑戦』のなかには、この大阪の新居についての描写があり、そこにはこんなことが書かれている。

オレたちの住む所は1階にボルトナットの工場が入っている建物の2階で、六畳と四畳半に台所がついた部屋だった。昼間は下から煙が間断なく上がってきて、オレの部屋に立ち込めた。雨の強い時には雨漏りもした。新築だった姫路の家とは大違い、オレは息が詰まるような思いだった。生活も一変してしまった。親父は鉄工所に勤め、出張が多かった。だからオレは何もかも1人でやらなければならなくなった。

ところがオレは面倒くさがり屋だったから、食事はいつもカップラーメンやボンカレーで済ませていた。男所帯にウジが湧くというけれど、部屋もひどいもんで散らかし放題だった。そんな部屋で1人でインスタントラーメンをすすっていると家族の大切さが初めて分かったような気がしたものだった。（3）

大都会の片隅の陋屋で荒廃しはじめた少年の生活と心の有りさまを偲ばせる文章である。わたしも右記の文章のなかでボルトナットと書かれている旋盤についての詳しい知識はないのだが、要するに、油を潤滑させながら、金属に穴をあけたり、研磨したり、切断したりするときに、金属の粉末を含んだ煙が発生するらしい。前田は高校二年生の夏までの二年間をこの家で暮らすのだが、ということは、二年間ずっとこの煙を吸いつづけたということでもあった。

身体を精密検査するためにＣＴ（スキャナー）で身体の断面図を撮ったり、レントゲン写真を撮ったりすると、いまでも前田の胸隔部の下の方に影が出るのだという。こういう影というのは昔やった肺浸潤などの既往症のなごりということが多いのだが、前田の場合は、医者から「左肺が嚢胞といって一部分死んでしまっている。うんと若いときからじゃないですか」とビックリするようなことを宣告されたのだという。これはたぶん、この十四歳から十六歳までの二年間、金属末の含まれた煙を吸いつづけたせいではないかというのである。

要するに、そのくらいひどい住宅環境だった。

この、一階が旋盤工場の家というのは、かなり複雑な事情が入り乱れて、前田の父親が所有することになった家だった。その経緯を前田に説明してもらおう。

この家というのは、もともとがオヤジの兄の、そのなんか犯罪を犯して、長く刑務所に入っていたオジサンの家族が住んでいた家なんです。オジサンが刑務所にはいるときに、オジサンの子どもたちと腹違いの兄弟が集まって、お金を出しあって手に入れてボルトナット工場を兄弟で力をあわせて運営して生活していた家なんですよ。刑務所から出てきたオジサンがその家を、兄弟を追い出して姫路にいた（オレの）オヤジをだまして一千万円で売りつけた。オヤジは姫路の家を一千五百万円で売ったらしいんですけれども、その金を持って大阪に引っ越してきて、この家を買った。一階を工場に貸してるから毎月家賃も入ってくるぞ、みたいな話だったんですよ。

あんな家、よく一千万円で売ったなと思うんです。オヤジも、買う方も買う方ですよ。それで、あとにまだ五百万円残って、その金で親族訪問したり、そのあとまた韓国にいくようになるんですけど、そこでいろいろ商売しようと考えたんでしょうね。

あの家もじつは借地権なんです。当時、あんな家で一千万円といったらとんでもない値段ですよ。せいぜい三、四百万円ですよ。それもオジサンはオヤジから受けとった金を全部自分のポケットに入れて、文句いってる奥さんや成人してる子どもたちに暴力ふるって半殺しにしてみたいな、メチャクチャの話なんですよ。

父親が絶対的な権力を持ってる家族なんだけど、江戸時代みたいな話ですよ。親が子供にいうこと聞かせるのは当たり前、子どもが親孝行して犠牲になるのは当たり前、親が刑務所から出てきて困っているんだから、持ってる金は全部出せよ、みたいな。ムチャクチャの話なんです。


というわけで、ここから、本当の前田の苦難というか、受難の時代がはじまるのである。


オヤジはそれでも、オレの学費とかはちゃんと一生懸命に用意していたし、なんか一生懸命にやっていたんですけど、とにかく口下手というか、自分が考えていたことを上手く説明できないんですよ。ひと言だけいってそれですませようとするから、説明不足で誤解される。話がこじれてくると意地になって身勝手なこともいいだすんですけれども。

それでも中学生のあいだはまだ、ちゃんとオレの面倒をみようとしていたんです。

大阪に移ってきて、前田少年もそういう環境のなかで全然勉強しなくなっていった。学力もみるみる落ちていったという。それはそうだろう、中学三年の二学期といえば、どのコも必死で受験勉強をしてちょっとでも学力を引きあげて、いい学校に進学しようとするものである。

普通だったら受験勉強に熱の入るところだが、じつは前田がこういう無目的な状態で迎えることになった理由というのがあった。

最初のころ、彼は、そのころの自分の将来の夢を［船乗り］というふうに考えつづけていていたのである。しかし、あこがれの船乗りへの道筋は困難を極めたものだった。

これは船乗りぐらいしか思いつかなかったということでもあるんですよ。まわりからいろいろと社会に出たら差別を受けるとかいわれて、船に乗って外国いっちゃえばそんなものないだろうって考えて。漠然とそう考えていたんです。そして（中学校の）進路指導のときに、岡山の高専にいきたいっていったんですよ。そしたら、キミは韓国人だから、高専は受験できない、と。韓国人はダメなんだよ、といわれた。

だったら、そういうことで、……オレは工業高校とか商業高校はいきたくなかったんですよ。それで普通科にいきたいっていったら、普通科なら併願で受験勉強して桜宮高校（公立高校）にいくとか、そういう公立高校にいくという手もあるけれど、専願で普通科だったら問題なく入れる学校があるよ、いまのままで入れる、みたいなことをいわれた。それじゃそこに進学しようと思ったんです。それが北陽（高校）。そんなわけで高校の受験勉強なんか、まったくしていないですよ。

高専というのは高等専門学校の略語。高校の三年間と大学の教養課程の二年間を合体させたような、五年制教育の学校である。技術者を養育する、寄宿の設備なども整った教育制度だった。ここの受験の条件の一つに「日本国籍を有するもの」という一項があったのである。これが、前田が在日であることによって実際に経験した最初の障害だった。これは努力すればどうにかなるというようなたぐいのことではなかった。船乗りになりたかった彼の気持ちは、宙ぶらりんの目的を失ったような状態になった。

このことを聞かされ、いまのキミの学力でも専願だったらなんの問題もないよといわれた。その状態に立ちいたって、前田は、受験のシーズンまではまだ何ヶ月かあったが、この薫製室のように畳のあいだから上がってくる煙で身体を燻される部屋で、自身が背負っている苦悩や苦渋を忘れようとするように大好きな戦争のノンフィクション本を読み耽ったり、好きなテレビ番組を見たり、ラジオを聴いたりしながら、こんなことしていていいんだろうか、この先オレはどうなるんだろうかという錯綜した不安に付きまとわれて、その冬の何ヶ月かを漫然とこころのなかに虚無《ニヒル》を抱えて暮らしていたのである。

父親も独身男にもどって、自分自身の人生を作りなおそうとするのに忙しく、息子の孤独につきあおうとはしなかった。問題なく進学できる高校があって、息子がその学校でいいと考えているんだったら、問題は解決したも同然、と思ったのかも知れない。前田は「親父はオレのことを心配していなかったワケじゃないんだろうけど、自分のことで忙しかったんだと思う。人間嫌いみたいなところもあって、なかなか人とコミュニケーションがとれなかった。親父がなにを考えているかもわからなくて、それもオレが孤独に苛まれた原因のひとつだった」といっている。

第二章の87頁と話がダブるが、前田の父親の正雄さんが亡くなったのは二十一世紀に入ってからで、二〇一〇（平成二十二）年の十月十一日のことだった。

この日の前田は横浜の文化体育館、いわゆる［文体］でアウトサイダーの横浜大会を開催していた。横浜の文体は収容観客数四千人が可能な会場で、リングスとしては絶対成功させなければならない興業だった。わたしもこの日、その場にいたのだが、前田は父親が危篤状態だということはおくびにも見せなかった。会場は満員で、彼は主催者だからそこから自分がいなくなるわけにもいかず、大阪で危篤状態に陥っている父親のところに駆けつけることができなかった。

前田には大幅に年の違う、この時期に韓国の女性に生ませた、十六歳年下の弟がいるのだが、父親は臨終の床で、朦朧とした意識のまま、その弟を前田と間違えて「申し訳なかった、申し訳なかった」とくり返してあやまりつづけていたという。

その経緯もいまから説明しなければならない。

昭和四十九年の十五歳、高校受験生の彼はひとりぼっちだったが、ぐれて、仲間を求めて街に出て非行に走るというようなことはなかったようだ。要するに、このころの前田は、戦争文学の本を読んでいるから浮ついた日常の興味に振り回されるということもなく、遊ぶ金もないので女のコにもてたいとも思わない、男気はあるが、心根は優しい、行儀のいい、繊細な子どもだったのである。

このニヒルな状態から自分を立てなおす方法はなかなか見つからなかった。困難だらけの敗北的な状況のなかで、戦うことをあきらめてしまった兵士みたいなものだった。姫路にいれば、子どものころからの友だちもたくさんいたから、こういう体験をしても悩みをひとりで内向させることもなく、現実の不合理や不首尾を友だちに慰められて自分を立てなおすことができたかもしれないが、転校してきたばかりで大阪には親しい友だちもいなかった。

彼はこのときの完全にひとりぼっちという環境のなかで、具体的に自分がどうすればいいのか、そのことを雄弁に語りかけられる、運命的な経験をする。正月の映画館で、ブルース・リー主演の空手映画『燃えよドラゴン』を観たのだ。これは衝撃的なアクション映画だった。

あの映画を見たとき、〈アアッ！〉と思った。〈オオッ！〉と思って、〈オレが探していたのはこれかも知れないぞ〉と思った。そして、ああ、そうだった、オレは小学校のときにずっと少林寺拳法をやっていたんだ。あのころ、ホントに楽しかったなあ、と思ったんです。オレの少林寺拳法の道場に通っていたことの想い出って、楽しいことしかないんですよ。それで、あのころ、楽しかったなあ、と。そういえば、小さいころ、自分はずっと強くなりたいと思って道場に通っていたんだと、そのことをすっかり忘れていたのを思い出したんです。

少林寺拳法を習っていたころは、自分は道場に通ってくるただひとりの子どもで、みんながチヤホヤしてくれて、それで、ちっこいのに必死になってオジサン相手に戦って、蹴ったらそのケリがたまたま金的に入ったりして、みんながウーッとかいって囃したててくれてね、まわりの人が「アキラくん、強いなあ。たいしたモンや」とか、みんながそんなふうに相手をしてくれたことを思い出したんですよ。『燃えよドラゴン』が自分のなかのそういう、半分忘れていたような思い出を蘇らせてくれたんです。

この映画が封切られて評判になったときのことは、わたしも覚えている。

前田の話には全然関係のない余談だが、昭和四十九年の新春である。わたしがこの映画を見たのは三月八日のことで、たぶん、有楽町の、あのヘンの映画館だった。評判になってロングランしていることから観たいと思ったのだが、どうしてそんなに細かい日にちまで覚えているかというと、この映画は、わたしがいまの女房と初めてデートした日に見た記念すべき映画なのである。もう、四十年以上前の話なのだが、女房はこのときのことをときどき思い出して「そもそも初めてのデートであんな空手映画を女のコに見せようとする感覚がダメなのよ」といって怒っている。それでも彼女はわたしと結婚してくれたのだ。人生良哉である。

それはさておき、この映画がヒットする背景というのがあった。主として少年マンガの世界の話だが、スポ根マンガというのが大きなブームになっていて、『あしたのジョー』とか『柔道一直線』とか、テレビ番組にもなって大変な人気だった。これらのマンガの源流というのは、わたしが子どものころに夢中になって読んだ『イガグリくん』という柔道マンガにあるらしい。『あしたのジョー』も『柔道一直線』も原作が梶原一騎だが、この人が『巨人の星』とか『タイガーマスク』とか、さまざまのスポーツジャンルのマンガの原作を手がけている。

梶原の作品に一九七一年から始まった『空手バカ一代』という、大山倍達の半生を描いた空手マンガがあり、これも大ヒットしたのだが、この作品がブルース・リー演じる中国空手の達人が大活躍する映画に猛烈な説得力を持たせたということがあったと思う。いまここに彼の原作になるマンガを列挙したとおり、どのマンガも大ヒットして話題になっている。

大山倍達は流派としての極真会館の創設者で、これがのちにK―1などに発展していくのである。前田はもちろん、これらのスポ根マンガを楽しみに読んでいたが、基本的に架空の世界を描いたマンガだろうと思っていた。しかし、一方のブルース・リーは実在し、信じられないような素早さで相手を倒し、しかもこのとき、現実の彼は死んでいたのである。

ブルースは一九七〇年代が、徒党を組み、デモの隊列を組んで戦ったような、六十年代的な戦いとは違う戦い方をしなければならない、テロリストがテロリストと戦うような、そういう戦い方をする時代だということの予言者のような、これ以降の時代の社会のなかでの個人の戦いを象徴するような存在だった。

この人が個人対個人の徒手空拳の戦いをくりひろげて見せ、しかも、戦いの場を作り出しながら、あっけないような途中退場して見せたことで、それぞれ異なるナショナルな文化風土で育った戦士たちが以後、ブルースの作った空白のリングで、覇者の称号を求めて何年間にもわたってしのぎを削ることになる。まだ十四歳の少年であった前田も、この映画を見たことで、若くして死んだブルース・リーの［無念］のいくらかを譲り受けた形になるのである。

ブルース・リーはこういう一生を過ごした人だった。

ブルースは、一九四〇年十一月二十七日に、サンフランシスコで生まれた。その一ヶ月前に誕生したのがビートルズのジョン。ジョンは世界中の女のコのアイドルになり、次にブルースが、世界中の男の子のアイドルになった。ブルースの中国芸名は、李小龍。父は広東歌舞団の喜劇俳優。小龍は、父の旅公演先のサンフランシスコで生まれた。母の父親はドイツ人。父、李海泉は、その子に振藩（ブルースという名は、出生時に米国医師が届け書に英名が必要なためにつけた）と名付けた。一家は公演後、日本軍管理下の香港に戻り、九龍に七人家族で生活する。

ラサール書院小学部に入学した振藩は、李小龍の芸名で、香港映画の子役スターになり、約二十本の映画に出演した。十二歳頃になると、勉強よりストリートファイトにあけくれ、先生たちから〝喧嘩狂〟と呼ばれた。近所の子供たちは〝阿飛〟とか〝飛仔〟とよんだ。阿飛はチンピラ、飛仔は不良少年をさす言葉だが、後年のスクリーン上を、高速でよぎるアクションを見てしまったファンには、こっちの方がいい気分になれる。漢字の表現力の凄さを思いしらされる。ブルースの代名詞〝怪鳥音〟は、この子供時代の喧嘩生活の知恵として、相手を威圧するために生まれた。そして喧嘩に絶対負けないために、中国武術カンフー、正確にいえば詠春派功夫を習いはじめる。道場に通いはじめるが、お稽古ごとというより、研鑽という言葉が必要なほど熱中する。

一九五八年、ブルースは、米国シアトルのワシントン州立大学哲学科に入学するために渡米する。三年後の旅の途中、東京に二日間滞在した。当時、米国ではマーシャル・アーツがブームになっていた。ワシントン州立大在学中に、道場を開いたブルースは、自分の武術を截拳道と表現した。英語風にいえばジークンドー。截という字は、髪を切る、という意味。截拳は、少林寺拳法のひとつで、女性がおこした流派という説もある。いつも日本製のオニツカ、現アシックスのトレーニング靴をはいていたブルースの截拳道は世界中の格闘技、ダンス、心理学、中国思想をプラスして完成された。それまでの無骨な中国武術ではなく、典雅とも見える動きと、技の単純化、スピードアップに成功した。(略)

日常では荒ぶる精神を沈める菊花茶を愛飲し、アクション映画・格闘技の世界を変えたこの男は、三十二歳の夏、急性脳浮腫で死んだ。死の直前には、彼の世界的人気に目を付けて、ブルースの直弟子の一人からカンフーを学んだロックンロールの王様、エルヴィス・プレスリーとの共演話、イタリアの大女優、ソフィア・ローレンとの共演という話もあった。しかし、ブルースは由緒正しきカンフー映画だけを少年たちの肉体と記憶に残して、香港の夜の闇に消えた。香港での葬儀の後、リンダ夫人はシアトルの墓地にブルースを埋葬した。棺を運んだのはスティーブ・マックイーン、ジェームス・コバーンなど、ハリウッドのアクション・活劇系大スターたちだった。ブルースのひとつの夢はかなえられた。それは、ハリウッドで、大スターになることだったのだから。(5)

右の文章は元『ハナコ』編集長の椎根和が『オーラな人々』のなかで描いたブルース・リーの

人物像である。

ブルース・リーはハリウッドでは格闘シーンの振り付けの仕事が多く、映画での役にはあまり恵まれなかった。香港にもどり、香港映画で花開いて、彼の『ドラゴン危機一髪』（英語題名『BIG BOSS』）は世界中の子供たちや格闘技好きの男たちを熱狂させた。

東洋出身で初めての世界的映画スターになった人、と書いていいのではないかと思う。

ブルースは香港で未完に終わった『死亡遊戯』をのぞいて四本の映画を撮ったが、日本国内の話をすると、一番最初に（一九七二年に）封切られた『ドラゴンへの道』はあまりヒットしなかったらしい。それが、翌年末公開の『燃えよドラゴン』（本人が主演した四本目の作品）が七十四年にかけての大ヒットとなり、この年の洋画部門興行成績第二位、興行収入十六億四二〇〇万円を稼いでいる。さらによく調べると、残りの二本、七十一年製作の『ドラゴン危機一髪』が同じ年の成績六位、収入は六億円、七十二年にもう一本作られた『ドラゴン怒りの鉄拳』も前作同様六億円を稼いで、同成績で四位、日本国内上げてのカンフーブームを招来して、ヌンチャクがバカ売れして、男の子のあいだで「アチョーッ」という不気味この上ない叫び声を上げるのが流行った。

これはインターネットの情報だが、『燃えよドラゴン』の製作費は八十五万ドルで、世界中で大ヒットして、トータルな興行収入は九千万ドルに及んだという。興行成績までアチョーッな映画だった。

この映画が話題になった大きな原因はその衝撃的な格闘シーンにあったが、公開時に本人がすでに死んでいたことも理由のひとつだった。その失われた存在に、スターとして、ジェームス・ディーンや赤木圭一郎と同じように、本人が夭折して描いていた夢が挫折したことで、その死が悲劇の輝きを増すということが起こったのかも知れない。死後のブルース・リーはそういう、不吉だが、輝かしい存在なのだった。そして、偉大な名前は存在するが、本人はすでにこの世にいないという、絶対虚無的な空白が、七十年代を、思いつくあらゆる戦いが可能である、というバトルロイヤルなフィールドにしてくれたのかも知れない。

勝新太郎の『座頭市』や高倉健の『網走番外地』などでもそうだったが、この映画を見終わったあとは、気分が高揚して自分がちょっと強くなれそうな気がして、いますぐブルース・リーのようにはなれないが、ああいうふうになろうと努力することはいくらでも可能なのだと思えた。

アントニオ猪木が「馬場よりオレの方が強いんだ」といって全日本プロレスから独立して新団体の新日本プロレスを創設するのは一九七二年の一月のことだが、この新日プロの［オレが最強］というコンセプトを日本の大衆が娯楽として狂熱的に受容し、やがて、猪木が繰りひろげるタイガー・ジェット・シンとのプロレスでの死闘とか、アリ（モハメド・アリ）とかルスカ（ウィレム・ルスカ）との異種格闘義戦に大喝采を送るメンタリティを持ちはじめるのも、七十年代の前半にこの、すでに死んでいるブルース・リーが巻きおこしたドラゴン・ブームと密接な関係があるとわたしは考えている。前田日明はこの映画を見たときの衝撃をこういうふうに語っている。

とにかく、びっくりしましたよ、ホントの超人みたいな感じで。

もちろん、空手映画というのを面白いと思ったんですが、自分はそのときの［ブルースはこの映画を残して死んだ］というキャプションにものすごいひっかかったんですよ。

なんか、それまで夢中で読んでいた戦記と同じでね、本のなかに出てくる登場人物というのは死んでいるわけじゃないですか。正確な知識もなにもないから、中国人の主演する空手映画なんてどうなんだろうと思いながらみたんですよ、それでショックを受けた。この人も死んじゃってるのかと思って、戦記物のノンフィクションと同じように、映画のなかの話が本当のことのように思えてしょうがなかったんですよ。

そして、子どものころのことも思い出して、よし、オレも空手をもう一度ちゃんと習おうと思った。高校生になったら、どこかいい空手の道場を探して、そこに入門して、戦いに負けない、強い男になろう、と思ったんです。


それにしても、これは中学三年生の冬、お正月休みの出来事である。

いずれ空手を習いたいという思いは深まったが、当面は高校進学の問題だった。受験勉強はほとんどできていなかった。それでも、まずここなら大丈夫といって、中学の進路相談の先生が太鼓判を押してくれたのが北陽高校だった。私立である。この学校は当時からスポーツでは名門校で、現在は関西大学の付属高校になっている。

この受験の場面も壮絶である。前田の説明は相当どぎついが、彼のその当時の心情もよく現れているので、そのまま、掲載しよう。

そのころの北陽なんていうのは、大阪中のカスの子どもが集まったみたいな、そういう学校でもうびっくりしましたよ。オレも受験勉強は全然しなかったんだけど、実際に受験の当日になったら心配になって、朝、受験会場に向かう電車のなかで、参考書読んだりしたんですよ。進路指導の先生からは「あそこなら大丈夫だよ」といわれていたんです。先生は「あそこは三択が多いからメチャクチャ書いても三分の一はとれるよ」とかいい加減なことといっていたんだけど、実際に出た問題は、三択とかじゃなくて、十択というか、答えがそのくらい並んでいるなかから選ぶヤツで、十二択くらいあって、エンピツころがしてもどうしようもないんです。で、いきなり長文解読でこりゃまずいナア、わかんないナア、カンニングするしかないナアと思って、まわりを見回したら、全員がオレと同じようにソワソワしながら、キョロキョロしてるんです。で、全員が答案を見せあってるんですよ。試験官とかもそういうの見てもなんにもいわないんです。

それで、こんなふうにして受験したら、全員が試験に落とされるんだろうな、全員、無理だろうなと思っていたら、驚くべきことに全員合格しているんですよ。（受験倍率が）何倍くらいだったか覚えてないですけれども、とにかく、そういう試験を受けて、高校に入学したんです。

これはもしかして、できるだけ全部の受験生を合格にしよう、デキの悪いのは全部うちで引き受けよう、ということだったのかもしれない。あるいは、そうしないと新入生が定員割れしてしまう、ということだったのかも知れない。入学してみたら、五クラスくらいあったという。

彼が高校は商業高校や工業高校はイヤでどうしても普通科にいきたいと思ったのにはワケがあった。神戸商船大学にいこうと思ったのである。船乗りになる夢を諦めたわけではなかったのだ。高校に入ってから、ちゃんと勉強すれば、神戸商船に入れるだろう、あそこだったら、日本国籍じゃないから受験できないといわれた岡山の高専よりカッコいいと思った。神戸商船の卒業旅行はセーラー服を着て日本丸に乗ってハワイに遠洋航海するという話にもあこがれ、それも楽しみだ、と考えた。（5）

それで、希望に燃えて、北陽高校に入学した。そこで一生懸命勉強しようと思った。

忘れもしない、一年生の一学期の一番最初のホームルームの時間ですよ。のちに北陽高校の校長になるんだけど、鈴木っていう教師がいて、当時、彼は阪大を卒業して、新任の教師で北陽にやってきて、そのホームルームでの第一声をいまでも覚えているんですよ。なんていったかというと「君たちのなかで、人生を真剣に考えている人はこんな学校にいちゃダメだ、もし、そういう人がいるんだったら、ここを予備校だと思って勉強しなさい。一番いいのはやり直すことです。ちゃんと塾とかそういうところにいって勉強し直して、来年、ちゃんとした学校を受けなさい。この学校にいても未来はありません」と、そうはっきりいったんですよ。オレはそれで一気にやる気をなくしてしまった。なんだこれは、と思いましたよ。ドイツもコイツも無責任だな、と思ってね。

実際、そのホームルームがあったあと、ホントに教室にいて先生の話を聞いたヤツのなかで、クラスの三人ぐらいが学校やめて、ちょっとびっくりしました。当時の北陽高校は学校で一番の成績のヤツがやっとこさ近畿大学に合格するような、そういう学校でしたよ。

こういう、なんともいえない状態で、彼の高校生活が始まるのである。

そのころの北陽高校は、前田が回想しているような状態だったのだろうが、いまは関西大学の付属校になっている。これは関大の方にも受験者数が逓減しているなかで新入学生を確保したいと考え、北陽の方も大学の付属高校になれば、進学の問題がかなりの勢いで解決されると、両者の利害が一致して、そういう形になったのだろう。

前田のいったとおり、北陽高校のいまの校長先生は鈴木清士という人で、前田がこの学校に入学したときの最初の授業で、この人も大学を卒業して教師になってこの高校に赴任したばかりで、新任のクラスへの挨拶で生徒に対して「この学校は辞めた方がいい」といった人である。

インターネットでこの学校の現在の難易度を調べると、【高校受験ナビ】というネットでは学校ランキングが全国五六三九校のうち三八四位、大阪府内二八六校中で三十七位とあった。合格偏差値を調べると、58となっていて、昔と全然ちがう高校になったということを示している。(6)

多分、話の具合では前田が受験、入学したころは偏差値が40くらいだったのではないか。そういうことからいえば、いまの北陽高校の状態は、鈴木先生の努力の賜物、ということだろうか。

こんなふうにして彼の高校生活ははじまったのだが、男ふたりだけの前田家の生活は、大変なことになりはじめていた。

またまた、前田少年の身の上に猛烈な試練が襲いかかってくるのである。

これはホントにオレも困ったんですけれど、オレが高校に入ったころから、オヤジが長期間、家を留守にするようになったんですよ。オヤジがいないあいだ、これで自分でなんとかして食事して生活してろとかいわれて、いくらかお金をくれて、いなくなっちゃうんです。お金は五万円とか三万円とか置いていくんだけれども、一か月くらいで帰ってくるといいながら二カ月も三カ月も帰ってこないようになって、だんだんお金もなくなってくるし、これはちょっと辛かったですよ。

なぜ、父親は家を空けるようになったのだろうか。
じつはここから、前田日明のひとりだけで生きていく人生というのが始まっている。
まだ十五歳だが、文字通り、親にも見放されようとしていた。

【註】
（1）このときの韓国取材については『編集の砦』（二〇一四年刊　河出書房新社）のなかで詳述している。

(2)『ワールドガイド・韓国篇』二〇〇二年刊　JTB　ワールドガイド編　P・308
(3)『格闘王への挑戦』一九九三年刊　講談社　前田日明著　P・90
(4)『オーラな人々』二〇〇九年刊　河出書房新社　椎根和著　P・165
(5)神戸商船大学は二〇〇三年に神戸大学に統合され、廃校になった。国立大学のため、外国籍の人間は受験できないのだが、この時点での前田はまだ、そのことも知らない
(6)ネットに【大阪府高校偏差値ランキング2015】というのがあるのだが、ここでは［特進コース（多分、特別進学学級の略?·）］の偏差値が65、［文理コース（これが普通科）］が61、［スポーツコース（スポーツ入学?·）］の偏差値が40となっている。

第五章　15の夜、あるいは絶対の孤独

人生を四季にたとえるならば、もちろん十五歳の前田日明は青春の真っ最中にいた。

しかし、前田の青春時代の、十代のうちの十五歳から十八歳まで、一九七五（昭和五〇）年の四月から一九七八（昭和五十三）年の六月まで、高校入学から卒業して三カ月後までの三年三カ月は、まさしく文字通りの〝地獄の季節〟だった。

一九九二年四月に二十七歳で死んだ尾崎豊のうたった歌に『15の夜』という作品がある。

ご存じの方も多いだろうが、この歌は一九八三（昭和五十八）年に発表された、十七歳だった尾崎豊のデビュー曲。こんな内容の歌だ。

♪落書きの教科書と外ばかり見ている俺 超高層ビルの上の空 届かない夢を見てる
やりばのない気持ちの扉破りたい 校舎の裏 煙草をふかして見つかれば逃げ場もない
しゃがんでかたまり　背を向けながら こころのひとつも解りあえない大人達をにらむ
そして仲間達は今夜家出の計画をたてる とにかくもう 学校や家には帰りたくない
自分の存在が何なのかさえ解らず震えている 15の夜
盗んだバイクで走り出す 行き先も解らぬまま暗い夜の帳の中へ 誰にも縛られたくないと
飛び込んだこの夜に 自由になれた気がした 15の夜♪

♪冷たい風 冷えた躰 人恋しくて 夢見てるあの娘の家の横を サヨナラつぶやき走り続ける
闇の中 ぽつんと光る 自動販売機 100円玉で買えるぬくもり 熱い缶コーヒー握りしめ

恋の結末も解らないけど あの娘と俺は将来さえ ずっと夢見てる 大人達は心を捨てろ
捨てろと言うが 俺はいやなのさ 退屈な授業が俺達の全てならば なんてちっぽけで
なんて意味のない なんて無力な 15の夜
盗んだバイクで走り出す 行先も解らぬまま 暗い夜の帳りの中を 覚えたての煙草をふかし
星空を見つめながら 自由を求め続けた 15の夜♪

この歌は尾崎豊が十四歳のときに書いた作品だという。レコード会社の担当ディレクターがこの歌を聴いて、十四歳では普通からいうとあまりに早熟すぎるのではないかと考えて、歌詞の年齢を十五に書きかえさせたという話がある。尾崎豊は一九六七（昭和四十二）年の生まれだから、計算すると、一九八一（昭和五十六）年ごろに作られたことになる。

歌というよりも、尾崎が叫ぶ、そのうしろでギターが手前勝手に和音をかき鳴らしているような騒然とした曲だ。居場所のない少年の苦しみがひしひしと伝わってくる。

前田日明はこの歌を聞くと、心中にただならぬものがこみ上げてくるのだという。

歌がそっくり、そのころの（十五歳の）彼の苦悩と悲愁に重なってしまうからだろう。

アルチュール・ランボーの『地獄の季節』は禍々しく猥雑だが、装飾的で華やかだった。前田少年の十代の、この三年三カ月は本当の意味での〝地獄の季節〟といってよかった。

けれども、さらに書き加えれば、彼はこの季節を生きぬいたことで、初めて戦士として、格闘者として生きることができるようになるのである。

この時代を、読者にわかりやすく整理しながら書くと、彼のその三年三カ月は大きく、ふたつに分けることができる。それは、次のようなものだ。

（一）高校に入学してから二年生の終わりまで、旋盤工場の二階で父親不在のまま、ひとりで暮らした二年間。

（二）高校二年の終わりに家を出る。親戚の経営する飯場で生活しながら、学校に通い、工事現場などで肉体労働をしながら暮らしていた、高校を卒業し、そのあと、新日プロに練習生として入団するまでの一年三ヶ月間。

残酷な話を書かねばならないが、この（一）と（二）のあいだに、父親から捨てられ、父を殺そうとしてできず、自殺しようとして未遂に終わったことや盛り場で人を殴ってノックアウト強盗に間違えられてパトカーに追われ、ヤクザものに助けられたりした、そういう、前田がいままで人に語ったことのない［生き地獄］のなかで体験した秘話がある。

ここで、話を中座する形になるが、これまで前田日明について書かれた半生記・伝記について、全体を俯瞰した状況を、わたしがどう考えているか、書いておいた方がいいと思う。

前田日明の人生の軌跡をたどった本は、単行本・ムックの体裁ではこれまでに四冊、出版されている。

①『パワー・オブ・ドリーム』一九八八年刊　角川書店発行　前田日明著
②『格闘王への挑戦』一九八八年刊　講談社発行　前田日明著
③『無冠　前田日明』一九九八年刊　集英社発行　佐々木徹著
④『週刊ゴング増刊　さらば格闘王　前田日明』一九九八年　日本スポーツ出版編

いずれも相当に昔の本で、二十世紀のうちの、彼がまだプロレスラーだった時代に出版されたものである。二十七年も前のことになってしまったが、一九八八年に出版された①と②の二冊は、前田が中心になって旗揚げしたプロレスの新団体UWFが大ブームを巻きおこした時期に出版されたもので、残る二冊、③『無冠～』と④『週刊ゴング増刊～』は、その十年後、前田がリングスで引退宣言をした一九九八年に出版されたものだ。

『無冠～』は若い男性向けの『週刊プレイボーイ』に半年間にわたって連載されていた記事を、最後の引退試合となったアレクサンダー・カレリン戦に時期をあわせて一冊にまとめた単行本、『ゴング増刊～』はそれまで『週刊ゴング』に掲載された写真と情報を組み合わせて作った特別編集号である。

先の二冊は、おそらく、誰かが（要するにゴーストライターが）前田にインタビューをして、それを一人称で一冊にまとめた本である。『無冠～』の著者である佐々木徹は、『週刊プレイボーイ』のフリーランスのライターで、消息を調べると現在も同誌で仕事をしているようだが、水道橋博士が二年ほど前に書いたブログに元プロレスライターと肩書きしているから、現在はプロレスにはかかわっていないようだ。『無冠～』の著者プロフィールを読むと、二十歳のときから、つまり一九八三年からフリーのライターとして集英社で働きはじめたというから、いかに集英社がフリーのスタッフを大切にあつかうか、その見本のような人である。

いちおう、これらの本を読んだ感想だが、本の内容はいずれもプロレス的で、いかにもプロレスラーの本らしく、その本のなかの前田は猛々しく血気も盛んだ。もちろん、本人談を元にして書かれたものだろうが、やはり随所でライターが筆を走らせすぎていて、どこがどうというようなことまでは書かないが、かなり脚色されているところがあったり、ホントかよと思うようなことをけっこうリアルに書いたりしているところもあるようだ。

そうではあるが、『無冠～』に関しては、週刊誌連載という枚数と時間に厳しく制限される執筆環境のなかで苦労して書かれたもので、多少の説明不足の印象があるが、かなりしっかりした文章で、苦労して文章を積み上げた感が伝わってくる。どの本も基本、プロレスの本だが、まずまずのきちんとした作品に仕上がっていると思う。

わたしといっしょに本を作ることが決まって、前田は「オレは自分の息子に自分がどんな人生を歩いたかをきちんと説明しているような本を作って欲しいんです。プロレス的な本はもうたくさん。この形で本が作れるのであれば出版社もどこでもいい。誰が書くか、それがオレには一番重要なんです」と、わたしにとっては光栄だが、かなりプレッシャーになることをいった。もちろん、わたしはいままで、いい加減な気持ちで自分の本を書いてきたつもりはないが、モノ書きとしての気持ちをあらためさせられるような前田の言葉だった。

そして、彼はその言葉通りに所々でよどみながら、過去にあった、これまで人に幾度もしゃべっていることから、誰にも語ったことのなかった人生の秘密まで含めて、打ち明けてくれた。

プロレスラーだったときは、少なくともプロレス的でなければならず、現役の格闘技の選手だったときにはそのようでなければならなかった。また、たしかにプロレス的に暴力的で、人から見て凶々しい部分もあったのだろう。当時のプロレスラーとしてインタビューを受けた記録も、読み返すと、前田はかなりホンネでしゃべっていると思うが、それでもなお、しゃべることに多少の誇張やフェイクもあったのではないかと思う。彼はそのことを、

あれはちょっと大袈裟に書きすぎなんですよ。まあ、そういう書き方をされても仕方のないようなところにはいたんですが、不良たちにまじってガンを飛ばしあってケンカ相手を捜して歩くというようなことはしなかった。ボクはいつもひとりで行動していましたから。


というふうに説明している。彼はそのときはそういう世界に住んでいたのであり、それはそのようである以上、出版社にそういうふうに書かれることはやむを得ないことだったと思う。

しかし、いまの彼はそんなふうに装う必要は全くない人間になっている。

わたしも前田の十代、特に高校の三年間は無頼の青春だったと思うが、前出の三冊の単行本に書かれているような暴力少年ということであれば、そうなる経緯をきちんと書かないと、もとも

との生まれついての気質が凶暴なことの大好きな乱暴者ということになってしまう。

彼の説明を聞くと、そういうことではないのである。大まかにいうと、追いつめられて、荒廃してしまった自分の生活環境、ナイーブなこころの置き場所を失って、絶望的な日々を過ごすなか、空手という、戦いのための体術を手に入れたことで、自分の鬱屈した怒りを表現する方法を見つけたというようなことであると思う。

右記四冊の本にどういうことが書かれているか、これ以上の細かいことは、現物を手に入れて読んでもらうしかないが、なにしろ、二十年、三十年前に出版された本だから、手に入れにくいかも知れない。プロレスの本というのは図書館にも保存されないから、どうしても読みたい人はアマゾンなどのネットの書店で古書を探してもらうよりしょうがない。

いずれにせよ、わたしは今度の取材で前田がわたしに話してくれたことは全て本当にあったことで、彼にとっての真実だと思って話を聞いた。ノンフィクションにとっては、取材対象者にとって事実が語られることが本の価値に結びつく生命線である。前田は長年、そういう本ばかり読みつづけてきているのだから、そのことをよくわかっているはずであるからだ。ウソや出任せを口にする必要もないのだ。

これは、ここまで来るあいだにも何度も言及してきたが、前田日明の評伝を書くことで、当然予想されたのは［在日］という問題をどう理解すればいいかということだった。日本の社会の近代化が宿命的に生みだしてしまった存在である。

前田がさまざまの人生の場面で、感じたこと、考えたことをある程度、そのままの形でわたしは共感したり同感したりできるが、ひとつだけ、［在日］ということのもつ意味や重さはどうしてもわたしたちにはわからないところがあると思う。

この問題を右に羅列した三冊の単行本（残る一冊、『週刊ゴング～』は資料集のような性格のムックである＝註）がどういうふうに扱っているかというと、一九八八年出版の二冊は、そのことにまったく触れていない。この時代まではおそらく、この問題は重要なタブーだったのである。

そして、一九九八年の『無冠～』には、こういう説明がある。


前田が受けていた教育的指導が少しだけ他の家庭と違ったのは、しつけを担当していたのが親だけではなく、親戚一同、つまり、伯父や伯母たちからも厳しくしつけを受けていたことだ。

「俺のおじいちゃんは大正時代に朝鮮半島から日本にやって来たんだ。だから、親父が二世で俺が三世になる。おじいちゃんと親族たちは別に日本に知り合いがいたわけではないから、この地で生き抜くためにはどうしても親族で寄り添うというか、一族という意識を強く共有していかなければならなかった部分があったと思う。結果、喜びも悲しみも親族で分け合うことになるんだよね。当然、子供たちのしつけもその範囲に入る。

親父は韓国語は片言しか話せない。俺なんか三世だからね、まったくハングルも半島の文化も理解していない。だけど、儒教の教えだけは親族みんなで受け継ぐ決まりだったから、徹底的に親戚の伯父や伯母からも教え込まれたんだ。その儒教の教えを簡単に説明すると、こうなる。まずは、『社会にとって役に立つ人間であれ。他人のために役に立つ人間であれ』ということ。次に、『男であるなら、自分の家族や仲間をどんな時でも守れる人間であれ』ということだね。そしてもうひとつ。『祖先や目上の人を敬いなさい。自分が恩を受けた人に対して迷惑をかけてはいけない』ということなんだ。他にも『人間の生きる役割として正しいことを常に追求すること』も大切だと教えられた。

でも、この儒教の教えは、よくよく考えてみると日本古来の教えでもあるんだよね。社会に役立つ人間になりなさいとか、目上の人を尊敬しようとかは、昔の日本人が常に心に刻んでいた教えでもあると思うんだ。日本人が大切にしていた道徳観でもあると思う。そういった意味で、子供の頃は特にこれが儒教の教えなのかと理解するより、人が人として生きていくために必要な教えのように受け止めていた。で、このような教えを物心ついた時から何度も叩き込まれ、刷り込まれていくと、気持ちが真っ白に育っていくんだよね。人間的にどんどんピュアになっていくといえばわかりやすいかな。何事にも一途な人間に育ってしまうんだ」（1）

引用が長くなった。

それにしても、自分から自分を「（オレは）人間的にどんどんピュアになっていったんだ」という言い方はちょっと変な感じがする。ピュアな人間であればあるほど「オレはピュアなんだ」などとはいわないのではないか。ここでの前田のいっていることが整理されすぎているような気がするのは、佐々木がコメントを編集したからだろう。
［おじ］や［おば］を叔父とか叔母と書かずに伯父、伯母と書いているのは、意味をきちんと把握して使い分けているのだろうか。父親の兄弟姉妹が叔父・叔母で、母方のそれが伯父・伯母なのである。前田は自分の両親が自分たちの親戚に振り回されながら生活していたこと、たぶん、伯母のルミちゃんが水商売の世界の女だったことや叔父さんが山口組の田岡一雄からプラチナバッチをもらうような人間だったことは佐々木には説明していないと思う。

だから、この前田の儒教的に見える精神の有りさまは、前田本人は在日という環境のせいというふうに考えているかも知れないし、佐々木もそういうふうに書いているが、わたしは、それはそういう家庭・親戚環境のなかで一方的に教育されてできあがっていった気質というより、もっと近代精神的な、わたしが精神の二重構造性と書いた、ものごころついた瞬間からはじまった、自分の現実に対する違和感、［俺はいったい誰で、ここはいったい何処なんだ］という彼の生来の実存意識から生じたものではないかと、思っている。

基本的に、ここでは［在日朝鮮人］という刺激的な言葉の使われ方はされていなくて、肯定的な意味を強く押し出した書き方をしている。そして、［在日］であることのマイナスについては、この文章の何頁かあとに、次のように書いている。

周囲の大人たちは、人が人として生きていくための教えとは別に、次のような注意を前田にこんこんと話して聞かせていた。

「特に母親や伯母さんからは『自分のお祖父ちゃんは半島から来た』と絶対口に出して言ってはいけないと言われていたね。口に出したら最後、いろんな問題がお前の周りで起きるはずだからと言うんだ。でも、正直な話、そういうことを言われてもピンとこなかったのは確かだよ。ただ、ピンとはこなかったけども、言われ続けることで、無意識のうちに心理的な壁ができてしまったのは事実だね」

ピンとこなかったその壁を前田が実感として認識するためには、もう少し年齢を重ねなければならなかった。(2)

このことは実際にはこんな整理された話ではなく、そのことを知った小学四年生のときから、こころの奥底にひそかな不安として存在しつづけていたのである。そして、社会的差別がどうのこうのという問題以前に、このことが両親の離婚ということの大きな原因のひとつになって、前田の家は家庭崩壊し、家族もバラバラになって、彼は孤独に生活する少年になっていったのである。

この前田日明が在日であることをカミングアウトした年でもある、『無冠 前田日明』が世に上梓された一九九八年というのは、政治的には韓国のキムデジュン(金大中)大統領が当時の内閣総理大臣であった小渕恵三といっしょに日韓共同宣言を発表して、韓国国内での日本文化の開放を押し進めた記念碑的な一年であった。

これは日本に韓流ブームがやって来る何年か前のことで、それまでは「在日」ということがいまのような多様な意味をもつことができず、昭和の時代にずっと強固に存在していた差別意識のしっぽのようなものを長々しく引きずっていた時代だった。

梁石日が『血と骨』を書いて、在日の人間たちの文学性（それまであった李恢成とか、立原正秋などの書いた作品とはまったく別のものだった）を強烈に確立するのが、前田のカミングアウト、『無冠～』の出版と同じ一九九八年、伊集院静（韓国名・趙忠来）が『海峡』を書きはじめるのが一九九九年、東大教授だった姜尚中が、集英社新書で『日朝関係の克服』の連作をはじめるのが、二〇〇〇年を過ぎて、二十一世紀に入ってからのことである。

力道山や大木金太郎がそもそもは韓国の人であったことが小説やノンフィクションなどに書かれて一般の人たちに知られるようになったのがいつごろのことだったか、はっきりした記憶にないが、たぶん、一九八九年、平成になってからのことだったと思う。日韓合作映画の『力道山』は二〇〇四年の製作で、二〇〇六年に日本公開されている。だから、これはその十何年か前に発表された吉田清治などが［強制連行］にまつわって書いた著作が、済州島への現地調査などをがおこなわれて、どうも、あの本はデタラメが書いてあるんじゃないかといわれはじめ、同時にソウルオリンピック後の在日の人々の努力もあって、徐々に日本と韓国の文化の体温差が縮まっていったプロセスだったということなのだろう。

一九八八年の『パワー・オブ・ドリーム』、『格闘王への挑戦』から、一九九八年の『無冠～』までの十年間は、そういうゆっくりとした歴史的な変動がおこなわれていた時代でもあった。そういう基礎的な変化があって、韓国映画が日本のメジャーな映画市場で公開の市民権を獲得して、

『シュリ』が登場するのである。これも一九九九年のことだから、梁石日、趙忠来（伊集院静）、姜尚中らの動きと根底のところでは連動していたと書いてもいいのではないか。

『冬のソナタ』以降の話は省略するが、韓流の大ブームは現象としては韓国の大衆文化を日本の人々が受け入れたということだが、これは端的にいうと、在日三世の人々の日本社会での文化的市民権の獲得というような意味合いで捉えられると思う。そして、現状の韓流に言及しておくと、これもじつはタレントにしてもテレビドラマにしても玉石混淆状態で、とくにテレビドラマについてはいかにも低予算というものが多く、また歴史ドラマについては恣意的な、小中華思想的な捏造が多く、歴史認識が実際の朝鮮史の史料と隔たりすぎていてついていけないものが多い。ドラマのことだから、あまり目くじらを立ててもいけないのだろうが、自分たちの過去を美化しすぎである。

ここまで「在日」の差別について、自分なりの考えを説明したつもりだが、自分についていうと、わたしはこれまで孤立したり、まわりにかげぐちをたたかれたりしたことはあるが、あからさまにいじめられたり、差別されたという経験はないままで大人になり、大人として仕事して来ている。

ただ、わたしも若いころから仲の良い在日の友人が何人かいるし、その人たちから自分が子どものころ、どんなことを考えたかとか、社会にでるとき、どうだったかというような話も詳しく聞いている。だから、在日という事実のもっている重みは、自分なりに理解していると思う。

それで、わたしがそのことよりも重要な問題だと思っているのは、前田が子どものころから、何回も、人に裏切られつづけてきているということだ。父親も彼を裏切ったし、母親も彼を裏切ったし、このあとに登場する人物だが、新間寿も彼にウソをついて、彼を裏切った。高田延彦にも裏切られている。

そういうことにめげずによくああいう善良の塊のような魂をもつ人間ができあがったと思うのだが、彼は普通だったらありえないような大きな裏切りにも何度もあっている。そういうことをした人たちのうちのひとりが、いまから話をする、彼を空手の世界へと導いたT、そして、もう一人が二度目のUWFで社長役を務めたZだった。Zの話はいずれ書かねばならないが、この本のなかではふれる必要がない。

とくにTの場合はこの章から登場するのだが、前田が少年のころから長年にわたって信頼し、もっとも重要な友人と考えてつきあい、あれこれと思いやってきたあげくの裏切り行為の露見で、正体がばれてみると、あのときもこのときもそのときも前田を欺いて、というような話で、わたしにしてもTの話を書くのはかなり疲れるのである。

Zの場合は新生のUWFの時代に限定された話だからいわば局地的な被害だが、Tに関しては、要するにお金が絡んでいて、前田のいうとおりであれば、あのときもこのときもそのときもお金を詐取していたというようなコトなのだが、人間の生業がいかに金によって狂わされるかをわたしたちに分からせてくれる。話を聞いたかぎりではTはなんかよく分からないが、角砂糖にしがみついている蟻というか、寄生獣みたいなヤツなのだなと思う。

じつはこのことをここで書いておかないと、前田の半生がもっている、悲劇の二重構造性（今度は悲劇である。ダブルでヤバイ、みたいなことである）を上手く説明できない。わたしはそう思っているのだが、それにしても、『無冠～』のなかで佐々木が書いている前田の独白ではないがこのころの彼は「気持ちが真っ白で人間的にピュアな、何事にも一途な人間」に過ぎるのではないか。あるいは、逆にそういう人間だから、みんなが、彼のいこうとするところの道をあけて通してくれたということでもあるのかも知れない。

Tが前田の信頼をどう裏切っていたかは分かっているかぎりでその場その場で書き添えていくつもりだが、そうであるのだという事実を踏まえて、稿を先に進めようと思う。

話を一九七四（昭和四十九）年春、高校生になる前田日明に戻そう。

この年の四月、私立北陽高校に進学して、最初の日、新任の担任、鈴木先生の学期始まりの絶望的な挨拶のことは前章の最後尾（２０９頁）で書いた。その言で何人もの生徒が学校を辞めたというのだが、前田もその教師の発言に猛烈なショックを受けた生徒のひとりだった。

というわけで、高校生活はそんな地獄状態から始まった。

オレはホントにアイツに出会ったら「オマエが校長かよ」っていってやりたいと思ってるんですよ。新任のときにオレたちの前でなんていったか、覚えてる？って。

いきなりそれで、最初にそういうふうにいわれて、高校入ったら気分新たにして頑張ろうかと思っていたのに、なんかもう、先生がこんなところにいちゃダメだよなんていうような学校で、実際、まわりを見ても勉強しそうなヤツなんかひとりもいなくて、なんか非行少年というか、女とヤることばかり考えているヤツとか、そうかと思うと外国のポルノ写真持ってきてみんなで見てるし、そんなヤツらばっかりで、弁当は勝手に食って早ベンするヤツがおるし、学校のなかはもうグジャグジャでしたね。オレはホントに学校に対してガッカリしていたんです。

本人は自分が所属することになった学校に対して失望していたが、この時代の北陽高校はむしろ、スポーツで有名だった。前田は一見いかにもスポーツ少年で、このころ、すでにもう一八〇センチを越える身長の持ち主だった。

本人談では高校一年で一八二センチ、二年生のときに一八六センチあったという。町で売っている服はどの服もサイズが小さく、着るものにも相当苦労したらしい。かろうじて、学生服の一番大きいサイズ（十五号）がちょうどの体格になった。身長はそのあともずっと伸びつづけた。

それで、運動部を受けもつ先生からは目をつけられ、有望視されたが、クラブ活動もやる気にはなれなかったらしい。

高校一年のときは、オレよりもっとデカイのがふたりいたんです。今田っていう、軟式野球部でピッチャーやってるヤツと、あと、劉っていう台湾人のヤツと。そのころの北陽は（学力の）偏差値はないに等しい学校だったんですよ。スポーツの学校だったんです。オレが北陽に入る前の年に、サッカーでは全国大会で優勝してるんですよ。で、それまでに野球の方は春の選抜も夏の大会も、何度も甲子園にいっているんです。

当時は校舎が淡路（阪急京都線にある淡路）にあったんです。淡路に校舎があって、いま、北陽のある上新庄っていうのは、昔は野球部とテニス部と陸上のグランドがあったところなんです。

オレは身体が大きかったから、運動部の先生たちからは「ウチに来ないか」とかいわれて、けっこう親切にされたんです。


空手はやってみたいと思っていたが、当時、大阪には極真会館がなく、空手の道場はどこかにあるはずだったが、どこにあるかわからなかった。道場を見つけて通いはじめるのは、高校一年の終わりごろからである。野球やサッカーでも好きだったら、また学校生活もちがったものになったかも知れないが、彼は球技というのが不得手だった。前田は「自分は子どものころ、キャッチボールというのをやったことがないんですよ。オヤジが腕が悪かったから、親とキャッチボールするということもなかった。だから、球技音痴なんです」といっている。

不良が多い学校だったが、前田はそういう生徒たちと徒党を組むわけではなく、スポーツに打ちこむわけでもなかった。身体が大きかったせいもあって、まわりからいじめられるということもなかったようだ。現実に、スポーツに熱中して精進するというような生活環境でもなかった。

精神的に一番苦しかったのは高校一年生のときなんです。

学校の授業は全然、聞いてなかったです。半分、寝てました。クラスでも半分くらいの生徒が授業中寝てましたし、さらに残りの寝てない人のうちの半分ぐらいは別のことやって遊んでましたし、あとの半分がかろうじて、こう、先生をからかったりとかしながら授業を受けていて、先生の話をまじめに聞いている生徒というのは何人か、一、二、三、四、みたいな感じでしたね。

勉強は学校の授業の時間だけしかやらず、家ではとても勉強なんてできなかった。

学校の授業も最初のころはちゃんと出席して、好きな科目は身を入れて勉強していたらしい。読書の習慣だけは昔と変わらず、あいかわらず、実録の戦争のノンフィクションを熱心に読んでいた。学校の成績にも好き嫌いがはっきり出て、歴史や国語、理科でも生物学や化学はよかったが、英語、数学、物理系がぜんぜんダメだったらしい。たくさん本を読みつづけていたから、世間一般の、社会的なことに対する理解力はあったようだ。

当時、いわれていたのは、オレらが入学したころはあとで阪神（阪神タイガース）にいった岡田（岡田彰布）が三年生にいてね、彼はそのころ、野球部のエース・ピッチャーで四番なんですよ。ソンで、そのころの野球部は甲子園に三回連続出場していて、だから、有名な学校ではあったんですよ。だけど、試験のときは問題用紙に答を書いてね、それを回してみんなで書き写して。先生もそれ見ても見ぬフリしていて。ホントにそんな学校だったんですよ。

オレはそういうのを見るにつけ、自分はなんのために学校に通っているんだろうかと思いながら鬱々としていた。家に帰ると、畳のあいだからモコモコ煙が上がってくるし。そんな家でも家は家で、ほかに行き場所もなく、家ではあいかわらず自分の好きな本ばかり読んでいました。

しかし、父との生活は、まったく別のことで破綻しそうになっていた。
彼はその重圧に押しつぶされそうだった。前章211頁からの続きである。

高校一年生のときは本当に父親が全然家にいなかったんです。ずっとひとりで取り残されたように暮らしていて、自分は寂しいのとひまなのとで、どうなってるんだろうと不安でたまらなかったですよ。というのは理由があって、オレが高校に入ったころからなんだけど、オヤジが韓国にいってくるっていって出かけるようになった。最初は仕事で出張だっていってたんですよ。それが一か月で帰ってくるっていって出かけていって、お金を三万円とか五万円とか置いていくんだけど、三カ月くらい帰ってこないんですよ。

それで日にちがたって、だんだんお金がたりなくなってきて、イヤ、困ったなあと思って、タマゴをいっぱい買いこんで、毎日、タマゴばかり食べたり、（インスタントの）ラーメンばかり食べたりとか、それも食べつくしちゃったら、ご飯に塩かけたり、バターかけたり、醤油をかけたり、そういう食事をして生活していたんです。

それで、たまらなくなって、自分でアルバイトを捜してきて、働きはじめた。

アルバイトの話は後述する。

このとき、父親は父親で自分の新しい生活を作ろうとしてやっきになっていたようだ。韓国には、前出した木浦に、例の一番上の（ヤクザの）兄貴（つまり、前田の叔父さんである）が移り住んでいたのである。

その叔父さんの木浦の家というのが、すごくて大豪邸なんですよ。広い庭でジャーマンシェパードを飼って、（韓国の女と結婚し直して）子どもをポンポンポンと二、三人作っちゃって、優雅に暮らしていたんですよ。で、オヤジも韓国で新しい女を見つけて再婚してるんです。その女に家を買ってやって、そこで生活していた。当時の韓国の物価なんて、日本の十分の一とか十五分の一とか、家を買うんでも、たいしたことないんですよ。小さい家なら（ホントの話）日本円で十万円くらいで買えた。それで、なかなか日本に帰って来なくなっちゃったんです。韓国で結婚した女に子どもができていたんです。だからこれが自分の弟になるんですが。

弟についての説明も後回しにしよう。

オヤジは韓国でなにかやりたいことがあったんだと思うんだけど、とにかく自分がどうしようと思っているかを息子にも説明しない。言葉がたりないんですよ。オヤジが死んだとき、親戚が集まって、あのとき、こうだったああだったというような話をオレにしてくれて、ああ、そうだったのと、そのとき、はじめて腑に落ちるような、そんなことばかりだった。とにかく、オヤジがなにも話してくれないからオレが知らないでいたことが多すぎたんです。

父親はそれでも、自分が長期間にわたって家を留守にすることをすまないと思っていたのだろう、息子が無事、高校に入学すると、高校の合格祝いに欲しがっていたオートバイを買ってくれた。

同世代の周りの友だちがみんな、親にオートバイを買ってもらって、乗り回していたのだ。それで、「オートバイ買ってくれ、オートバイ買ってくれ」とくり返してねだったら買ってくれた。

前田が買ってもらったのは中古だがナナハン（排気量７５０㏄のオートバイ）である。このオートバイが、このあと、しばらくは彼の救いになった。

バイクは当時の若者たち、少年たちの憧れの遊びのアイテムだった。いまは自動二輪車の運転免許は排気量別になっていて、ナナハンの免許を取るのはけっこう難しいという話を聞いているが、その当時は十六歳になれば、、誰でも、試験に受かれば、ナナハンでも２５０㏄でも好きなタイプのオートバイを運転できたのである。試験もいまのように難しくもなく、厳格でもなかった。

父親は、自分はこれから韓国と日本をいったり来たりすることになるから、息子にも自由に過ごせるようにしておいてやろうと思ったのだろうか。バイクさえ買い与えておけば、ひとりで放り出しておいても大丈夫だろうと思ったのだろうか。本当に困ったら、母親のところにでもいけるようにしておいてやろうと考えたのだろうか。

その買ってもらったオートバイに乗って、毎日毎日、あてもなくツーリングするようなね。和歌山の国道四十二号線、シニゴーセンていうんですけれど、海岸沿いのワインディングロードなんですよ。海岸沿いをずっとあてもなく走っていって、伊勢までいって帰ってくるとか、城の崎までいって日本海を見たりとか、そのあと、小浜にまわって琵琶湖沿いに走って帰ってくるとか、夜中にあてもなく走りつづけて明け方、大阪にもどってくる、そんな生活をしていたんです。

　後年のことですが、尾崎豊が亡くなったときに『15の夜』という歌があることを知って（この歌がヒットしたころ、前田はイギリスから帰国したばかりで、この歌が流行ったことをしらなかった）。あの歌を聞くと、妙にあのころを思い出すんですよ。あのときのことを。

　ひとりぼっちになってしまってね。在日なんて、家庭が崩壊したら、こんなにもろいものはないんですよ。なんかね、考えてみると在日でヤーサン（ヤクザ）になってるとか、右翼になってる連中とかは、みんな、家庭が崩壊した人間ばかりですよ。


　いっそ、同級生たちのようにオシャレに夢中になって着飾って、女のコと遊びまわるのに夢中になれれば、それはそれでよかったのだろうが、彼にはまだ、異性に対して恋愛感情を抱くような心の発達はなかった。［初恋］もまだ先の話、彼が本当に女性を好きになるのは、プロレスラーになってからの話である。

　姫路からは風の噂で、母親に新しい恋人ができて再婚するかも知れないという話が聞こえてきた。また、親戚の人から「アキラも大変だなあ、親父さんが韓国で再婚して、子どもができたらしいぞ。どうする、オマエ」というようなことをいわれた。

それらの話は彼のこころを孤独と寂寥で苦しめた。

オートバイを買ってもらって、それで、オレは捨てられたのか、と思ったという。

この時期に、戦記ものばかり読んでいた彼の読書も、空手の先輩に「日本文学を読むといい」とすすめられてはじめて日本の作家たちの小説を手に取って読みはじめた。一番最初に読んだのは太宰治の文庫本である『晩年』。老けたタイトルで、太宰の晩年の作品と思われがちだが、この作品が作家としての太宰治の処女作である。

太宰治もまた、［精神の二重構造性］ともいうべき、自分はいまの自分とは違う何者かだという自意識とありのままの生活感情とのあいだで悩みつづけた作家である。『晩年』はたしか、習作も含めた初期の作品を整理して、一冊にまとめたものだが、この本の冒頭に「葉」という作品が収められている。その書き出しは有名である。

死のうと思っていた。ことしの正月、よそから着物を一反もらった。お年玉としてである。着物の布地は麻であった。鼠色のこまかい縞目が織りこまれていた。これは夏に着る着物であろう。夏まで生きていようと思った。（略）
その日その日を引きずられて暮らしているだけであった。下宿屋で、たった独りして酒を飲み、独りで酔い、そうしてこそこそ布団を延べて寝る夜はことにつらかった。夢をさえ見なかった。疲れ切っていた。何をするにも物憂かった。（3）

文学書を読めといわれて、本屋さんの文庫本コーナーにいって、なにから読もうかなと思いながら、パッとみて一番最初に目に付いたのが、新潮文庫の、当時黒い背表紙だったんですけれども、太宰治の『晩年』だったんですよ。この本の一番最初に「葉」という短編が載っているんです。その書き出しに［正月に麻の反物をもらった。夏まで生きていようと思った］と書いてあった。ウワーッ、太宰ってなんてかっこいいんだろう、と思った。それからですね、まず太宰治の文庫本を全部読んだ。

いま考えてみると、あのころのオレというのは、頭がまっとうすぎて、経験もつたないなりにいろいろと重ねてきて、ちょっと世の中のことが見えるようになって、自分がドンドン変わっていくという予感があった。そのなかで、自分はどうなっていくんだろうという自分に対する不安もあった。そこにうまいこと付け込むように太宰の文学がこころのなかに流れ込んできた。それで、まずすっかり太宰治にやられて、本格的に日本の文学作品を読むようになっていったんです。

太宰の書いたものを読むと、健康な物語展開の作品でも、どこかに世の中に対して斜にかまえて、世俗の生業をバカにしてみているようなニヒルがある。技のたつ読みもの、というような書き方をすればいいのだろうか。短編の、着想で読ませる作品が多く、アイディアの文学といった趣である。

だからこそ、彼が作る物語のなかで繰りひろげられる人間の真実の有りようがそれなりに心をうつのだが、これに魅せられてしまうと、生きていることより死ぬことの方が美しくて価値があるんだというようなところにいってしまう、危険な文学作品ばかりなのだ。現に、わたしの高校時代の友人も柔道部のヤツだったが、ひとり、太宰の書いたものにのめり込みすぎて、高校三年生のときだったが、多摩丘陵の雑木林のなかで柔道の帯で首を吊って死んでいる。

前田はこのあと、三島由紀夫に取り憑かれるのだが、この人も志を貫いて自裁した人である。要するに、日本文学は危険がいっぱいなのだ。もしかしたら、これも後段で詳述するが、前田の父親の仕打ちに対して腹いせに、死んでやろうという復讐自殺の発想もこのふたりの文学者が教えてくれたことだったのかも知れない。

それで、じつはこの『晩年』という本の最初の作品の「葉」の冒頭にポール・ヴェルレーヌの詩集『叡智』から採録された詩の一節が、この作品の献辞のような形で掲げられている。それは正確に記すると「選ばれてあることの恍惚と不安と二つわれにあり」というものなのだが、このセリフをどこかで聞いたことがある、と思う人も大勢いるのではないか。

というのは、前田がこの本に出会った一九七五（昭和五十）年から十三年後の八十八年の五月のことだが、場所はぎっしり満員になった後楽園ホールのリングで、前田は自分と同調して新日本プロを離脱した高田延彦や山崎一夫らと語らって第二次のUWFを旗揚げするのだが、そのとき、マイクをとった前田はそこで挨拶して、観客に向かってこんなふうにいっている。

いま、このリングに立つことができて、自分たちの全員のなかで支配する言葉がひとつあります。「選ばれる者の恍惚と不安、２つ我にあり」という言葉がありますけれど、プロレス界のなかで選ばれた者という自負と、本当にできるんだろうかという不安があります。でも、不安があるからこそ、毎日必死で努力して、リングの上で命がけで闘います。それだけです。（4）

ここで、前田が語った言葉は、本人の回想によれば、こうである。

何をしゃべろうかなっていろいろ考えたんだけど、通路で待っている時になんか浮かんできたんだよね。（略）あの言葉を何かで読んでいて、あの時に「ああ、あの文章はこういうことをいうんだな」って実感が湧いてきたんだよね。（5）

「あの言葉を何かで読んで」の何かというのは、前述したとおり、太宰治の『晩年』である。じつは『晩年』というのは、昭和十一年に刊行された太宰治の第一小説作品集の標題である。太宰が小説家としてデビューするまでの膨大な量の習作、未発表作品の中から自分の自信作（短編もあれば原稿用紙二百枚に近い中編小説もある）を、十五本、集めたものである。

この本の冒頭に『葉』という標題がついた、いくら読み返してみてもひとつの作品として全体のまとまった意味の受け取れない、四百字詰め原稿用紙で三十枚ほどの起承転結のないアフォリズムをかき集めて並べたような文章が収められているのだ。

文芸評論家の奥野健男は、新潮文庫の『晩年』の巻末のなかで、この『晩年』という作品はそれまで書きためた原稿用紙五万枚のなかから、特に自信のあるものを選び出してならべた本なのだと説明している。そして、『葉』は、選ばれなかった、廃棄される運命にあった残りの原稿群のなかから、自分が気に入っている表現・言い回しの文章をピックアップして、一つの作品につなげていったものなのだという。だとすると、このヴェルレーヌの詩編を用いたエピグラフは『晩年』という作品に総括された、太宰自身のそこまでの執筆活動そのものへの献辞として、作品の冒頭に添えられたものだったと考えてもいいのかも知れない。
奥野は太宰の文学的特質について、次のように書いている。

太宰治に『晩年』という題名の小説はない。『晩年』は、作品十五篇を集めた第一創作集に付せられた総題であるのだ。なぜ満二十七歳の青年が、その処女創作集に老人くさい『晩年』などという題名をつけたか。そこに世の常の文学者と異なる太宰治の特異な文学的出発がある。つまり太宰治は自殺を前提にして、遺書のつもりで小説を書きはじめたのだ。ポーズや擬態ではなく、自分は滅亡の民のひとりだと信じ、せめて自分の一生を書き残したいと懸命に、『晩年』の諸作品を書いたのだ。(6)

太宰治の文学はそもそも［死の文学］なのである。
すでに書いたように、この詩編の一節は、ヴェルレーヌの詩集『叡智』からの引用なのだが、この詩集は、ヴェルレーヌがアルチュール・ランボーとの同性愛・同棲生活を精算するべく、ランボーをピストルで撃って怪我をさせ（この時、ランボーは二十歳、ヴェルレーヌは二十九歳だった）、その後二年間、監獄に収監されるのだが、その牢獄で書かれた作品、というふうにいわれている。
同時期、ランボーは『地獄の季節』を書き上げ、以後、詩作を放棄するのである。
ちなみに、いま、わたしの手許にある『叡智』は、堀口大學の訳で、『叡智』第八篇のその前後は、こんなふうになっている。

われ笑い、われ泣く、盾に立ちて
運ばれ行く青白の天使の姿ある戦場へ
征《い》けとなる喇叭を聞くと似たるかな、
その音ほがらかにわれを導く男男《おお》しかる心へと。

選ばれてあることの恍惚と不安と双つわれにあり、
われにその値なし、されどわれまた御身が寛容を知れり、
ああ！　こは何たる努力ぞ！　されどまた何たる熱意ぞ！

見そなわせ、われここにあり、

御身が声われに現せし望に眼くらみつつ
なお然も心つつましき祈にみちて
おののきて、呼吸《いき》したり…（7）

これは作品の一部だが、前後関係はわかると思う。ヴェルレーヌがモンスの監獄に収監されて、どういう状況で、この詩を作ったかまでは不明だが、戦場でこれから戦いに赴く兵士の思いに自分の心を託して、高揚する心と一抹の恐怖を詠っている。前後を読んでも、この詩編がこのときの前田たちの心象風景に相応しいものだった、このことだけはまちがいない。前田は直前にこの言葉が思い浮かんだというのだが、前田が引用した詩編の前後のつながりをわきまえていたとは思わないが、おそらく本能的にだろうが、よくこの言葉を選んだと思う。

たぶん、そういう形ではいわないが、高校時代の前田は相当のダザイスト（ダダイストでもダサイストでもない）だったのではないかという気がしている。

このことをわたしは『ＵＷＦ戦史２』でも取りあげていて、そこではこんな書き方をしている。

前田は、自分の好きな作家に太宰治の名前をあげているし、相当の読書家だったこともわかるが、十九世紀のフランスの詩人であるポール・ヴェルレーヌの『叡智』を暗誦できるところまで読み込んでいたというのはまあ考えられない（もしかしたら、読んでいたかも知れないが）。しかし、いずれにしても、日常の読書習慣というのは恐ろしいもので、（このエビ

ソードは戦士としての）前田の尋常でない教養の深さと心根の激しさ、二つながらを感じさせる。（8）

というわけで、あのセリフは太宰治であり、ポール・ヴェルレーヌなのである。

それで、前田が太宰の次に取り組んだのが、三島由紀夫だったというのだが、これも太宰に劣らぬというか、太宰治以上の難物である。三島は太宰の書いたものについてどこかで「あんなものは毎日身体を鍛えて頑強な肉体を手に入れたらなんの意味もない文学になっちゃうじゃないか」というような批判をしたことがあった。しかし、三島が体を鍛えはじめて、頑強な肉体を手に入れるのは昭和三十年代に入ってからのことで、それ以前は『潮騒』のような、川端康成の『伊豆の踊子』と共通するような青春文学の趣をもつ作品もあるが、『仮面の告白』にしても『金閣寺』にしても、けっこう意識の葛藤に悩み続けていそうな複雑な性格の主人公が登場して物語を繰りひろげているのである。そういうところから脱出するべく『鏡子の家』を初めとする、構築的な構成をもつ小説を書きはじめ、ノーベル賞候補に名前があがり、自分のかわりに川端康成がノーベル賞を受賞すると、戦後のヨーロッパ社会への当てつけに『わが友ヒトラー』を書き、最後は形式だけが際立って美しい『豊饒の海』四部作にたどり着く。この間、かれは映画に出演し（主演映画のギャラはサラリーマンの初任給一万五千円の時代に二百万円だったという。友だちの石原裕次郎は五百万円もらっていた）、歌手になり（これはあまり上手ではなかった）、脚本を手がけ（いまでも演目になる名作を何本も残している）、政治結社を作って、最後は政治的なのか文学的なのか、よくわからない理由で自衛隊の市ヶ谷駐屯地にテロルをかけて、自裁している。まるで、昭和二十年代に発表した、私的な匂いのする（変成された私小説のような）作品の足跡を消したがっているような、華やかな文化活動を繰りひろげるのである。それも死に向かってである。

前田は三島の書いたもののなかで一番面白かったのは小説ではなくエッセイだったという。

前田はそもそも作家が頭のなかで妄想して主人公を描き出す創作小説をウソっぽいといって嫌う。彼は戦記物から始まって、ずっとドキュメントやノンフィクションを読みつづけてきたというキャリアがあるせいか、作家の創作したものにあまり価値を認めない。

三島由紀夫というのは小説は審美的で、文章の神様っていわれてるくらいだから、たしかにそういうのを感じるんですけれど、オレが初めて読んだときに三島由紀夫で一番面白いと思ったのは小説じゃなく『不道徳教育講座』っていうエッセイだったですね。本のタイトルはなんか不道徳をしなきゃいけないんだというようなことをいいながら、結局は道徳の話をしているっていう本なんですけど、アレは読んで、すごく自分が元気になりましたよね。それで、やっぱりアレなんだ、小説みたいなものより、作家が自分の生活に基づいてホンネを書いているものの方が面白いと思いましたね。

前田はフィクションの小説など、本当はたいしたこともない、人間が頭のなかで妄想し、空想した後始末のゲロを原稿用紙に書き付けているようなものだというのだ。だから、たとえば、S

F小説とか剣豪小説のような、いわゆる虚構の物語をまったく受けつけない。プロレスも虚構のなかに真実を見つけようとするスポーツなのだが、そういう世界で前田が虚構の部分を排して、格闘技という新しい荒蕪地に分け入っていった心的な動機に、このノンフィクション以外は意味がないんだという尖鋭的な、あるいは前衛的なといっていいかも知れない、文学観と関係があったとわたしは思っている。

さて、十五歳から十六歳にかけての前田少年の読書遍歴は、太宰、三島のあと、ついに小林秀雄に遭遇する。わたしにいわせると、太宰、三島を急峻な峰々のつづく北アルプスだとすれば、小林秀雄はフトコロが深く、いくら歩いても尾根道にさえたどり着けない南アルプスの赤石岳周辺の山稜みたいなもので、小林秀雄くらい切れ味の鋭いメスをもった文学者はほかにいないだろうというようなことなのだ。前段からの話でいえば、あらゆるフィクションが彼のメスさばきによって、現実と真実の世界に解体されていくのである。それが小林秀雄の批評文学だった。

わたしは自分が好きだからそう書くのだが、吉本隆明や江藤淳の評論にもそういうところがあると思う。このクラスの文学者になると、ひとそれぞれ言い分があるだろうが、わたしは小林秀雄のもっとも大きな特徴は透徹した歴史の目をもっていたことだと思っている。

彼の書いた『歴史と文学』という文章のなかにこういう一節がある。

　歴史は、眼をうつろにしてゐさへすれば、誰にでも見はるかす事が出来る、平均にならされ、整然と区別のついた平野の様なものではない。僕等がこちらから出向いて登らねばならぬ道もない山であります。手前の低い山にさへ登れない人には、向こうにある雪を冠つた山の姿は見えて来ない。さういふものである。天稟の詩人の直覚力を持たぬ人は、常に努力して己れの鏡を磨かなければ、本當の姿は決して見えて来ない。さういふものであります。(8)

その時代を生きた人には、その時代でなければ理解できないような、そのときだけの重大な理由があったはずだ、歴史を論じるときはそのことを考えながら発言しなくちゃいけない、というような意味だと思う。このことは本書の十一章の冒頭部分の文章とも関係があるのだが、ハンナ・アーレントじゃないけれど、ヒトラーにだって自分が信じた正義があったんじゃないか、というようなことだ。簡単にいうと、「後出しジャンケンみたいに、あとからいろいろいうなヨ。人間というのはいまの自分たちも含めて、いまの自分の都合で生きているんじゃないか」というようなことである。

歴史の意味は現在にしかないが、歴史の真実は現在という状況を越えたところで見なければ本質は分からない、その時代の真実は現在の先入見を排除して見つめなければ本当のところは見えてこない、という考え方だ。たぶん、この考え方をつきつめていくと、敗戦後、アメリカが日本に押しつけた事後法の不合理とか、国際法のもっている高貴な思想性とか、人類学者たちが苦労して実証した文化の相対主義のようなものを受容することのできる精神のフィールドにたどり着くはずである。

小林秀雄というのは、それこそなにをいっているのか分からないんだったら、分からないままにドンドン読み進んでいくしかない作家である。それで、部分的にでもいいから、理解できそうなところを自分のなかで謎を解くように自分なりに解読するのだ。小説作品のように、読んだ万人が同じところで感動するというようなことはない。

前田は自分が読んだ小林秀雄の著作のなかで、一番刺激的だったのは『ゴッホの手紙』だったという。

当時の自分の頭でね、これはすごい本だなと思ったのは『ゴッホの手紙』だった。太宰よりすごいよ、っていわれて読んでみたて、ホントにすごいと思ったんですよ。なんちゅうか、感性のすみっこの方の感覚を引きずりだして抉られるみたいな感じがしたんです。

小林秀雄はその後も『考えるヒント』とか、分からないなりにずっと読みつづけるんですけれども、自分が二十八（歳）か九（歳）くらいのときに新潮社から講演のテープがでたんですね、それを聴いて、ああこういうことがいいたかったのか、と思った記憶があります。

しゃべり言葉と原稿書きの文章というのは大いにちがっていて、浅学にしてわたしは小林秀雄の講演テープというのを聞いたことがないのだが、たぶん、文章で書いて表現するのとは違う、聴衆が自分のしゃべっていることをその場で理解できるように、分かりやすく話しているのではないかと思う。書かれた文章の場合は、相手の理解の度合いを容赦なく切り捨てて、読んでわかんないヤツはわかんないままでいいよ、というようなところがある。これは書き言葉で書かれた文章で編み上げられた作品の宿命なのだ。小林秀雄の文学もひとつの文章が読み手の理解力でいろいろな意味合いで受け取れる、そういう文章である。

わたしが『ゴッホの手紙』を読んだのはたぶん、前田と同様に高校時代のことだと思うが、そのときの前田のように格別の悩みもなく、せっぱ詰まった生活をしているわけでもなく、ただ脳天気に読み過ごしていて「これはすごい本だ」というような読み方はできなかった。ただ、そのころ、小学館（だったと思う）からでたスキラ版のゴッホの画集を買っていて、この本を読みながら画集を眺め、絵を深読みすることを覚えた記憶がある。

この原稿を書くために『ゴッホの手紙』を読みかえしたが、あらためて、こんな文章、「再び幻滅しない為に、新たな理想に筋金を入れる為に、彼は、絶望した眼に、世の中の通念の馬鹿々々しさを焼きつける」とか、「未来のことは解らないよ、解らないなら解らないままにして置く方がいい」というような、メッセージ性の強い、花崗岩のなかの雲母のようにそこだけキラキラと光る文章が、追いつめられて傷ついた前田少年のこころにある種の安らぎをもたらしただろうことは推測できる。また、『ゴッホの～』のなかには、たとえば、こんな文章もある。

これはゴッホの個性的着想といふ様なものではない。その様なものは、彼の告白には絶えて現れて来ない。ある普遍的なものが、彼を脅迫しているのであって、告白すべきある個性的なものが問題だった事はない。或る恐ろしい巨きなものが彼の肉体を無理にも通過しようとするので、彼は苦しく、止むを得ず、その触覚について語るのである。だが、これも亦彼独特のやり方という様なものではない。誰もさういふ具合にしか、美しい真実な告白はなし得ないものなのである。現実という石の壁に頭をぶつけて了つた人間に、どうしてあれこれの理想というようなものが必要であろうか。「それは、深い真面目な愛だ」と彼が言ふのは、愛の説教に関する失格者としてである。(10)

これも『ゴッホの手紙』のなかの一節である。

これは人間の運命について小林流の書き方をした文章だと思うが、こういう読者の心理の深層をスキャニングするような文章が、傷ついてボロボロになりかかった彼のこころを癒したのだろうか。これは小林秀雄の書いたものだけではなく、わたしが認識している範囲では、マルクスにしてもハイデッガーにしても自分なりの理解力で読めば必ず得るところのある、それは専門家から見ると自己流の解釈で野狐禅的なものかも知れないが、自分なりに分かったような気がする、読者の理解力にあわせたという書き方をすると失礼かもしれないが、そういう多方向理解のできる文章だと思う。

前田がいわゆる戦記物の熱心な読者から、昭和の日本文化の先頭ランナーだった文学者たちの本を読みはじめ、それも彼らの書いた作品を読書して楽しむのではなく、作品が成立するために作家がどういうふうに生活し、なにを考えて生きようとしたか、文学作品をいわば裏読みするような読み方で読んだのは、やはり、前田の方に精神の二重構造性の問題、「オレはなんなんだ・ここはどこなんだ」という生と死の問題が痛烈な切実感といっしょに存在していたからではないかと思う。

彼は、要するにこれらの文学者と（文学的にではなく）人間的に出会ったのである。それは、そういう作家たちの創作の歴史のなかから生き方を学んだ、ということでもあるのだと思う。身体と同様に、こころの方もいずれ現実の社会に出て戦うための準備を進めていたのである。

こういう文学遍歴をつづけるかたわら、苦しい思いを抱きつづけて歳月は過ぎていった。

そして、そのあいだ、ずっと探しつづけていた空手道場が案外自分の家の近くにあることを知るのは高校一年生の終わりである。これもひょんなことがきっかけだった。

これまで、彼の生活はイヤイヤいく学校とオートバイと読書が中心になって営まれていたが、なにかが足りなかったのである。それが激しく身体を動かし、汗を流すことだった。前田はここから初めて身体を交えて戦う［戦いの世界］に足を踏み入れることになる。もちろんやっていることはスポーツだが、本質的にはルールによって定型された［闘争］だった。

これは整理して考えると、スポーツをやりたいと思っていたわけではなく、やはり、強くなりたい、人に負けない身体を持ちたいと願っていた、ということなのだろう。前田はこの時点でもう身長が一八六センチあり、身体の動きも敏捷で、これに技を身につけ、筋肉が付けば、かなり上等の戦闘マシンができあがるのである。それで、これは相当熱心に修行に打ちこんだらしい。

空手道場入門の経緯はこういうことであった。

いまから考えると、オレはまず自分を受け入れてくれる、暖かい場所が欲しかったんですね。

子どものころに姫路で通った少林寺拳法の道場の記憶みたいなものがあって、それと同じようなものを探しつづけていたんだと思うんですよ。これは、学校の一年生のときの友だちに近藤っていうヤツがいて、そいつはパン屋の息子なんだけど、その知り合いがTだったんです。Tはオレより一年年下だから、高校生になったばかりだったんですけども。そいつ（近藤クン）の家に遊びにいったときに「オレの知り合いで高校生で空手道場の（地区の）支部長をしているヤツがいる」っていう話になって、いや、じつはオレも空手を習いたいと思っていたんだ、道場を探していたところなんだ、そいつを紹介してくれないか、と。

それが無想館拳心道という流派だったんです。オレがそういう話をしたら、そのTが「じゃあ、いまから館長の家にいって頼んでみよう」っていって、港区の岩崎さんていうんですが、その人を訪ねていったんです。

道場は無想館拳心道本部道場っていって、港区の第三突堤というところにある小野田興産という会社がもっている大きな建物の屋上にプレハブを建てて、それを道場に使っていたんです。自分が住んでいたところから、自転車で一〇分、十五分こいでいったぐらいのところにあったんです。

無想館拳心道は少林寺拳法と剛柔流空手を混ぜ合わせたような格闘術だった。岩崎さんというのがどういう人かというと、こういうことである。

館長は岩崎孝二と名乗った。昼間は小野田興産に勤める、生コンクリートミキサー車の運転手だった。岩崎は昼間の作業を終えると、夕方からビルの屋上で門下生に空手を教えていたのだ。

「岩崎館長は心の広い、人間的にも尊敬できる人だったよね。少林寺拳法六段、剛柔流空手五段という凄い人で、特に少林寺拳法は宗道臣の高弟として有名だった。当時、館長とはブルース・リーの話をよくした。ブルースが亡くなったのは32歳。館長も生まれた年が同じだったんだ。背格好も同じぐらいだった。（道場での）練習が終わると、館長は俺たちに教養的なことや道徳的なことを話して聞かせた。他の門下生は難しい話が嫌いだから館長の話をはぐらかそうとしていたけど、俺は真面目に聞いていた。難しい内容の話ばかりで意味を理解するまではいかなかったけど、館長はとても純粋な人なんだなと感じた。話を聞いているだけで心がどんどん元気になれたよね」

家から道場まで自転車で20分という近さもあって、前田は毎日のように練習に励んだ。空手の技術を習得する目的とは別に、館長以下、年上ばかりの門下生たちとできるだけ長く一緒の空間にいたいという気持ちも強かった。

「あの頃、朝から晩まで道場の仲間と遊んでいた。街に出て喧嘩するのもバカやるのも、真面目な哲学的な話をする時も彼らと一緒だった。たぶん、初めて仲間とツルむ楽しさを覚えたんじゃないかな。自分でもはっきり分かるんだよね。それまで抱いていた孤独感とか疎外感がすーっと薄れていくのが」（11）

空手の道場には、相当に足繁く通ったらしい。

引用した文章にもあるように、空手道場はずっと自分が悩んでいた、ここが本当に俺がずっといるべき場所なのだろうかという、自分に付きまとっていた分裂した自己意識をほとんど意識しないですむ、自分がすっぽりとそこに納まることのできる場所だった。

空手の練習は、週に三回あり、それ以外の時間でも、練習したければいくらでもそこにいることができた。練習は、基本の型を何百回、何千回とくり返しておこなうことから始まる。おそらく、話を聞いたところでは、前田はそうやって体を動かしているときに、さまざまの世俗の雑事、自分の出自や不安な未来のことなどを忘れることができたのだろう。

答がわからぬまま、懸案にしているさまざまのことがあったが、空手はその練習に打ちこむことで、彼の身体だけではなく、精神も強靱にしようとしていた。


【註】
（1）『無冠　前田日明』一九九八年刊　集英社　佐々木徹著　P・17
（2）『無冠　前田日明』　P・20
（3）『晩年』一九四七年刊　新潮文庫　太宰治著　P・7

(4)『週刊プロレス』一九八八年五月二十八日号　巻頭
(5)『新生ＵＷＦ証言集』　Ｐ・18
(6)『晩年』　Ｐ・３９７
(7)『世界文学全集 世界近代詩十人集』一九六三年刊　河出書房新社、伊藤整篇　Ｐ・１６１
(8)『ＵＷＦ戦史２』二〇〇九年刊　河出書房新社　Ｐ・２１９
(9)『新訂小林秀雄全集 第七巻』一九七八年刊　新潮社　Ｐ・２２２
(10)『小林秀雄全集 第十巻』一九六七年刊　新潮社　Ｐ・28
(11)『無冠　前田日明』　Ｐ・51

第六章　自殺未遂

前田日明はついに体術を修練する場所へとたどり着いた。

姫路の小学生時代に習っていた少林寺拳法のような子供の遊びではない、本物の空手である。

空手の練習は楽しかった。そのころの彼にとっては、家も学校も必ずしも、いて楽しい場所ではなかったのだ。

彼にとって空手道場は新しく見つけた、本当に自分が充実していられるところだった。

自分のことだが、わたしも中学・高校時代に剣道と柔道には入れ込んだことがあり、いちおう剣道の素振りや柔道の受け身をとる練習はちょっとくらいはやったことがある。あいにく空手の修練についてはそれほど詳しくないのだが、初歩的な練習というのはどの武技も同じようなものらしい。前田はこう説明してくれる。

まず、基本稽古なんですよ。基本的な技術をマスターするために、反復練習をする。ひとつの動作を何十本、何百本という単位でくり返して練習するんです。こういう拳からはじまって、そのあと、キックボクシングみたいな蹴りの練習をやって、回し蹴りと前蹴りの練習をやるんです。それから後ろ蹴りをやって、各動作何十本ずつ、右何十本、左何十本という形でやります。

それで、基本稽古のあと、こういうふうに攻撃されたらこう受けろという、約束組手というんですが、その［受け］の練習をやって、そのあとが乱取りで、自由にやる、ということなんです。いちおう、週三回、道場に通って練習するということになっていたんですが、道場って、昼でも夜でも、何時いってもいいんですよ、練習日以外でも。それで、自分はイヤっちゅうほど暇な時間というのがいっぱいありましたから、ひとりで（勝手に）毎日っていうくらい道場にいって練習してましたけども。

スポーツだけのことではなく、机の上の勉強も同じだが、基礎訓練というのはだいたいが同じコトをくり返しておこなうもの、と相場が決まっている。

なにごとにつけても目的意識がはっきりしていないと、同じコトをくり返してやりつづける練習はたいくつなものだが、その繰り返しの動作がなにか新しい技術の習得やその技術を習得することで自分のモノにすることのできる［強さ］やその強さが内包する可能性のことを思えば、どれほど単純であろうと、その練習が面白くない、というようなことはない。

空手というのは、そもそもの起源は沖縄の武術である、といわれている。武器の所持、使用を禁じられた人たちが編みだしたものだという説があるのだが、これは根拠のない話で、琉球王国もいまの日本の日本刀と同様に、発見届けを出せば所持も可能だったらしく、俗説のようだ。

明治時代の中葉まではトウディーといって［唐手］と書いたらしい。それが［空手］になった。

大山倍達がそれまで日本空手道極真会大山道場と名乗っていたのを国際空手道連盟極真会館と名称改めをするのが一九六四年のこと、大山を主人公にしたマンガの『空手バカ一代』がマスコミの世界に登場するのは一九七一年のことである。この漫画が大ヒットして、空手は柔道や剣道に劣るところのない武術という大衆的な認識を確立するのだが、それまでの空手は際物とは書かないが、一般的な認知度からすると、いまいちの武術だった。

当初、沖縄においてさえも［唐手］（トゥディー）と呼ばれて中国から伝来した武術ということで唐手という表記だったのが［空手］と書かれるようになったのは、明治三十年代のなかごろのことであるらしい。ご存じのように沖縄は明治維新までは琉球王国という日本とは別の政治組織が統治していた、日本からも中国からも独立して存在する場所だったのを日本に併合して、本土との人的交流が始まったという経緯があるのだ。

空手自体はもともとの原型は中国伝来の体術だったのだろうが、たんに［手］とも呼ばれ、沖縄でそれなりの歴史をもつ武術として完成したものだった。日本での流布は沖縄＝琉球が日本に併合されると、沖縄での空手の心得のある沖縄の士族が東京の中央政府に出仕して技を披露してみせるというところから始まったようだ。

わたしたちが空手という存在を武術として明確に認識するのは、やはり映画がきっかけである。最初は太平洋戦争中、昭和十七年だと思うが作家の冨田常雄によってかかれた柔道小説の『姿三四郎』だった。この小説は、若き日の駆け出し映画監督、黒澤明の処女作として映画化され、大ヒットする。この映画『姿三四郎』のなかで、主人公の三四郎の前に決然として立ちはだかる、ライバル・檜垣源之助は柔術の良移心当流、村井半助の門弟だが、『続姿三四郎』に登場する源之進の弟たちふたり、九州からやって来た檜垣鉄心、源三郎は檜垣流空手の名人なのである。映画のなかで、三四郎は寒風吹きすさぶ雪の荒野で檜垣兄弟と決闘をくりひろげて彼らを倒し、柔道の強さをいやが上にも見せつけていた。

『姿三四郎』の物語の舞台はテロップによれば明治十五年にはじまることになっているのだが、

そのころは空手はまだ唐手で異国渡来の武術だった。そして、明治の何十年間かの時間の経過のなかで唐手が空手になっていったのではないかと思う。

『姿三四郎』は戦後もいろんな監督によって映画化された。日本映画全盛期に柔道映画を得意とした映画会社は大映で、わたしは子供のころ、二枚目俳優の菅原謙二が美人女優の代表格だった山本富士子を相手役にした映画作品なども夢中になってみた記憶がある。調べてみたら山本富士子の映画初出演作は長谷川一夫が主演の昭和二十八年作品『花の講道館』で、菅原謙二と共演したのは昭和三十年作品の『風雪講道館』、三十一年作品の『薔薇の紘道館』だった。ちなみに「講道館」は現実に嘉納治五郎が創始した柔道の道場で、「紘道館」は小説の『姿三四郎』に出てくる矢野正五郎が作った道場の名前である。

小説の『姿三四郎』は中学生のときと、大学生になってからと、二度くらい読んでいると思う。映画の『姿三四郎』、『続姿三四郎』は、小学生のときに初見している。わたしのなかでのそもそも空手がそういう武術だという認識はそこからはじまっている。

たぶん、歴史的な整合性から考えると、明治時代の日本の社会では「空手＝唐手」は、外国から入ってきた格闘術という認識が一般的だったのではないかと思う。映画の『姿三四郎』のなかで、空手がボクシングなどと同様の扱いを受けて、主人公の行く手を妨害する武術として登場するのはそういう意味があるのではないかと思う。つまり、明治時代にはボクシングはアメリカ、空手は中国→沖縄と、洋の東西はあるが、ともに異国から伝来したものとして扱われ、仇役のスポーツとして「攘夷」の対象になるアイテムだったのである。

問題は『続姿三四郎』で、小説の方の『姿三四郎』を読むと分かるが、『続〜』の物語は原作とはまったく無関係に作られた、脚本家・黒澤明の仕事である。この映画は昭和二十年の四月に封切られた、つまり、日本が戦争に負ける直前といっていい時期に作られた一種の国策映画で、黒澤明本人も「あれは作れといわれて、仕方なく作った映画」といっているくらいなのだが、そのなかでも空手は唐手として扱われて、日本の伝統的な武術から排除されているのである。

これは当然、情報局の検閲があって、そういう扱いになったのだと思う。つまり、昭和二十年に至るまで、日本政府の（情報局は内閣直属の組織だった）認識としては、空手は異国、南蛮西夷の武術だったのである。

戦後、一般的な認識としていうと、空手がそれまでの、柔道が克服すべき異文化スポーツ的な存在であったものを正義の味方に作りかえてくれたのはプロレスラーの力道山だった。

この人自身も朝鮮半島から来た人だったことはよく知られているが、この人のアメリカ退治のための決め技が空手チョップ、つまり手刀だった。これは、力道山のそれまでやってきたスポーツからすれば、相撲の張り手が進化したものというふうにも考えられるが、「リキさんの空手はオレが伝授したんだ」と主張する人は大山倍達を初めとして何人かいる。

力道山の空手修得のエピソードとして伝わっているのは、大相撲の力士をやめたあと、ハワイでのちに名レフェリーとして知られることになる沖識名の教導のもと、プロレスラーになるべく猛特訓している最中に、力試しの試合に出場して相撲の技の張り手を使ったところ、そのときに相手をしていたアメリカのレスラーがその威力に驚き、これをその場で見ていた沖が空手チョップと名付けて、そのあとの力道山の試合の決め技に使うことにしたという話である。それまでも、ハワイで活動している日系のレスラーのなかにはこの［空手チョップ＝手刀］を使う人間はいたらしいが、決め技として演出的に使ったのは力道山が初めてだったのだという。

日本にもどってプロレス団体を立ち上げた力道山は外人相手に勝負を挑み、いざというときにこの空手チョップを駆使して勝利をつかみ取る。このドラマチックな演出によって、空手チョップは外人レスラーをやっつけるための、攘夷を体現した正義の技術となり、同時に、空手がそもそも異国伝来の体術だったことも忘れられて、国民常識的なレベルでは伝統的な格闘技のひとつとして扱われるようになる。それを、柔道剣道をしのぐ人気武術にしていったのが大山倍達の極真会館と、彼を主人公にした漫画の『空手バカ一代』、さらに具体的な人間像としてブルース・リーを俳優ならぬ、英優（英雄みたいな俳優）にした『燃えよドラゴン』などのカンフー映画だったというわけだ。

空手の格闘技術としての最大の特徴は手での打撃や足による蹴撃で、練習方法も基本的に考え方が違っていた。それは筋肉トレーニングして体力を付けて戦う柔道やレスリングなどとは基本的に近接格闘技としての概念が異なっていたからだった。

空手はしいていえば、ムエタイ（キックボクシング）と類似していた。打撃もだが、とにかくその蹴りというのが強烈で、回し蹴りをストレートに大腿部にくらうと、内出血して蹴られたところに血がたまり、激痛で身体が動かなくなるらしい。

プロレスラーとか相撲取りという巨体を利して戦う武術を相手に戦うときの金的蹴りとか目つ

ぶしも敵を倒すための必殺技のひとつだった。要するに、空手道はイザとなったらなんでもありなのである。

前田はやっとのことで［空手］と出会うことのできたこのときの自分について、こんなふうに発言している。

あのとき、本当に自分が夢中になれることが見つかって、本当によかったと思うんです。オレはあのとき、自分が空手をやっていなかったらどうなっていたかなア、と考えるとちょっとぞっとしますよね。自分ではなかなか自分が強くなったかどうかなんて、わかんないものなんですよ。館長の岩崎さんというのは少林寺拳法の宗道臣の高弟だった人なんです。それが空手の剛柔流を学んで、少林寺拳法と空手をミックスしたような流派を作って［無想館拳心道］っていっていたんです。

前田が［夢中になれることがあって本当によかった］という、その事情の説明はあと回しにしよう。まず、無想館拳心道の説明である。空手と少林寺拳法をミックスしたものだという。

少林寺拳法というとよく知らない人は中国の少林拳と混同するかも知れないが、それとはまったく別のものである。ウィキペディアにはこういう説明がある。これもわたしにとっては新入の知識なので、長文になるが引用しよう。

少林寺拳法は、拳の修行を行う武道としての側面と、精神修養と人格形成を行う社会教育活動の側面をもっていることに特徴がある。技の体系は、創始者である宗道臣が中国大陸在留中に会得した各種の拳技（少林拳の一種であった少林梅花拳他）をベースに、独自に創意工夫を加えて再編成されたものであり、社会教育活動としても、その拳技の修行を通して青少年をはじめとした個々人の精神的成長を支援している。

宗道臣は後年、単に武道団体を創始したかったのではなく、「敗戦した後の日本の若者の堕落ぶりは目を覆わんばかりであった。荒廃した日本民族の自立を再度うながすべく、ひとりでも気骨ある若者を育てる教育の場を創造したかった」と回顧している。宗は自らの想いを実現すべく一時期仏教の教えを説く試みをしており、これが合わさって真の武道、宗門の行としての少林寺拳法を立ち上げる動機となった。

武道としての少林寺拳法の本来の位置づけは、宗教法人金剛禅総本山少林寺に伝承する霊肉一如の修行法であり、その修練をとおして、精神修養・護身鍛錬・健康増進の三徳を兼備し、金剛の肉体と不屈の勇気、円満な人格、思いやりと優しさを持った人々を多く育ててあげて、それにより人々が平和で幸福な理想社会を実現する為の力を獲得する真のリーダー作りであるという。つまり、人造りによる国造りの大道が本来の目的であるとされる。そうした意味で、宗教団体というより、また、武道団体というよりも、社会教育団体である方が似合う位であるとされている。（略）

法衣と呼ばれる仏門の服装をまとい、おもに二人一組で行われる演武は、飛燕と呼ばれる突きと蹴りの攻防、そして鋭い気合いの応酬、床にたたきつけるがごとくの投げ技と関節技、そして圧法と呼ばれる技法も併用される。静と動を同時に行う禅の拳法と称された。（5）

これを読んだかぎりで思うのは、こういう近接格闘技というのは往々にして相手を打倒するための技術と考えがちだが、たとえば柔術が近代の精神性を技術の背景に取り入れて柔道と称するようになっていったのと同様に、少林寺拳法も技の意味を支える考え方の部分を社会的なところまでひろげていって、そのひろがり全体を体術と相互補完するものというふうにとらえ、そのひろがりのなかにある人生や生活についての思想を技術習得のための目標としたものだった、ということがわかる。文中の「戦後の日本の若者が堕落している」という部分はちょっと、戦後の日本の若者だった平成の時代の高齢者のわたしとしては納得しかねる部分もあり、それは人それぞれだろうとも思うのだが、これはこれで、ちゃんとした人間を育てるための指導原理として十分価値のある考え方だと思う。

武道というより、一種の宗教みたいな印象である。

前田はこの道場に足繁くかよって練習にうちこみ、一年ちょっとで昇段試験に合格し、有段者、つまり初段になっている。そして、技術の習得とともに、たぶん、こういう格闘技を修得するということの社会的な意味も吸収したはずだ。館主の岩崎さんのお説教も一生懸命に聞いたという。たぶん、そこで語られたことは端的にいうと「正しく生きよう」ということだったのだろう。

前田が人生の至る所で、義理に固く、人をけして裏切らず、自分の理想を追求することをやめなかったのは、彼が少年時代に出会ったいろんなものがそういうふうに生きるのが正しいのだと示唆し、教育したからだろう。

それをちょっとここで整理すると、ひとつは前田の家に受け継がれたヤクザの本質である［侠気］、在日であることによる韓国的な儒教がもつ［仁義礼智信］という言葉で語られる精神性、そして、空手＝少林寺拳法を学んだことで同時に会得した社会性、それに死に直面しながら戦うことをやめなかった兵士たちの書いたものから学んだ、生きることより大切なことがあるという、戦いの（陽明学的な）思想、そういうモノが、わたしが［精神の二重構造性］と名付けた彼の近代的な自我のなかで、渾然一体となって成立していたのだと思う。

それにしても、この［無想館拳心道］の岩崎館長という人は面白い人だったらしい。道場は表向きは他流試合禁止だったが、門弟たちはけんかっ早く血気盛んだった。前田の思い出話である。

岩崎さんという人も変わった人で、こういうこと（空手を練習すること）の目的を精神修養だ、なんていったら誰もそんなコトしない、強くなったらみんな、自然と精神も修養していくものだというのが持論で、けんかとか他流試合とかやっちゃいけないけど、やるんだったら、負けちゃダメですよ、という人だったんです。だから、館長のことを「あの人はあんなにしてるけど、ホントはとんでもないイケイケの武闘派だ」みたいにいう人もいましたよ。

そんなことで、他流試合というのは挑まれたら受けてたっていたんです。当時、不動禅少林寺とかいってね、少林寺拳法の亜流があったんですけれど、そこから道場破りが来ていたりしたんです。

かなり、実用的というか、実戦的な流派だったようだ。

一九九八（平成十）年の引退時、前田日明は週刊誌の『プレイボーイ』の取材で岩崎館長を訪ねている。そして、そのときに前田と岩崎館長は互いについて、こういう発言をしている。『無冠～』からの引用である。

「館長のおかげで俺の荒んだ青春時代がどれほど救われたか。たまに夕飯を誘ってくれてね。忘れかけていた家庭の団欒を味合わせてくれたよ。あの頃の俺は父親の愛情にも飢えていたしね。そういう飢餓感も館長が癒してくれた。館長はね、普段は優しいんだ。喧嘩してきても『前田くん、オイタしちゃダメだよ』と言うだけ。でも、その喧嘩に負けたと知ると鬼の形相になって恐かったね」

当時の状況を岩崎は振り返る。

「おとなしい子でした。いや、他ではワルサしてたかもしれんが、私の前ではおとなしかったですよ。前田くんから新日本プロレスに入ると報告を受けた時は、ああ、この子なら大丈夫やろな、と思いましたね。前田君は練習でもなんでも没頭すると、それだけに熱中できるタイプなんですよ。だから、プロレスの厳しい練習にもついていけるはずだと信じていました」（2）

無想館拳心道の道場は現在もつづいていて、前田の後輩が岩崎館長の娘さんと結婚して後継者になり、道場の二代目として看板をまもっている。岩崎さんも引退したが、健在だという。

道場での前田についての資料はなにもないが、インターネットのなかに「俺の親父が前田と同時期に無想館に通ってたんですけど、道場内で行われた不動禅少林寺との他流試合で、前田は相手を大けがさせて、先輩たちに大目玉食らってたそうです」という書き込みを見つけた。（3）

こういう書き込みを読むと、このころの前田はかなり、凶暴というか、強かったのではないかと思われる。前田の回想である。

『空手バカ一代』という漫画のなかに芦原英幸さんという人が登場するんですが、この人がけっこうな人気者になったんです。漫画では芦原さんが山手線の駅をひとつずつ移動しながら、駅ごとに誰かとケンカして歩いた、というエピソードが描かれているんですよ。で、それにいたく影響された人たちが自分の通っていた道場のなかにもいっぱいいて、自分に「初段はいわば仮免だ、このあと、やっぱり路上教習をやって、本当の戦いを身につけなきゃダメだ」みたいなことをいうんですよ。それで、先輩に連れられて、街にケンカをしにいくことになるんです。

蛇足の話になるが、芦原英幸は大山倍達の門弟のひとりだったが、『空手バカ一代』の筋書きのなかで、大山を差しおいて、主人公のように活躍して、〝山手線各駅停車激闘物語〟が大人気を呼んでしまい、大山と芦原の仲が険悪になり、大山が漫画の原作者の梶原一騎に「主人公はオレのはずじゃないか」というクレームを付けたという話も残っている。のちに、芦原は極真会館から独立して、自分の流派を確立している。

前田が初段になるのは一九七六年の春、高校三年生に進級したころのことである。

ここから前田の有名な伝説のストリートファイト時代の幕が開くのだ。

しかし、高校の二年生のあいだに、空手の道場に通いはじめてしばらくしてからのことだが、前田の生活事情は大きく変化していくのである。それはこういうことだった。第五章の232頁からのつづきである。


オヤジがすぐ帰ってくるっていって韓国に出かけていって、一か月だったり、三カ月だったり、長い間、日本にもどってこなくて、おかしいなあと思っていたんですよ。そうしたら、親戚の人から、オヤジが新しい女と韓国で再婚したというような話を聞かされて、びっくりしたんですよ。それが高校一年の時のことだったんです。オヤジは、新しく結婚した女のために家を一軒、買ってやって、そこで二人で暮らしていたんです。

日本と韓国との二重生活である。日本での妻とはすでに離婚しているのだから、問題ないといえば、その通りだった。家を買ったというが、その家はたぶん、妻名義で買っているはずである。このころの韓国は厳しい軍事政権の統制下にあったから、韓国国内に住所のない人間には簡単には不動産売買はできなかったはずなのだ。前田の父親は新しく自分の妻になる女に家を買い与えて、自分の暖かい家庭を作りなおしたかったのだろう。

前田は「とにかくオヤジが家に帰ってこないから、金がなくて、米も買えないような状況になってきて、もう、オヤジをアテにするのはやめようと思った、それで、学校の授業そっちのけで働きはじめたんです。学校もいかなくなったというか、いけなくなった」という。

最初はアルバイトで事務用品運送の手伝いを始めた。このことは後述する。

この父親の描いた夢は、信じられないような形で崩壊してしまう。前田の回想である。


自分にも細かな事情というのはわからないんですが、オヤジが日本にもどってきている最中に、その女に（買ってやった）家を売られちゃって、その家を売ったお金もとられちゃったんですよ。それで、その女と別れて、日本にもどってきて、それで日本でまた、新しい女を見つけて、その人とひっつくんです。で、その女を連れて、家に戻ってきた。オレはまた、それで驚いてね。その彼女と暮らすために、（店子の）旋盤工場を追いだして、オレが生活していた部屋を夫婦の寝室にして、……なんか、女にいわれたんでしょうね。なんで、あたしがこんな狭いところにいなアカンのって。それで、ふたりでまた、スクラップ屋みたいなことをはじめるんですよ。

前田はこのとき、十七歳である。十七歳の少年と、できあがったばかりの男と女のカップル（父親は昭和三年生まれだから、このとき、四十八歳である）が、ひとつの部屋で長くいっしょに暮らせるはずがなかった。父親は新しい女に「二人で楽しく暮らしたいのに、あの子がジャマ」といわれたらしい。それで、父親は息子にこういいわたす。前田の苦い回想である。

あのとき、こういわれたんですよ。『日本の昔の武士はみんな、十五歳とかそのくらいで元服して、大人扱いされていたんだ。お前はもう、十七歳なんだから、サムライだったらとっくに元服をすませた年齢なんんだ。十分に一人前の大人として、親の世話にならなくても生きていける年齢のはずだから、いまからこの家を出て、ひとりで自活して生きていけ。自分で働いて、金を稼いでみろ。高校の学費と大学の入学費用ぐらいはオレが出してやるから、ひとりで生きていく力を身につけろ』と。

オレはそのとき、ホントに腹が立った。なにいってんだ、女とやりたいだけじゃないかと思ったよ。でも、まあ、そういわれたら、それはそれでしょうがないなあと思ったんですよ。オレのイトコ（つまりオヤジの兄弟の子供たち）は、みんな、もっとひどい目に遭いながら育っていたからね。

父親は、要するに、前田にこの家から出ていけ、といっているのである。

出ていけといわれても、どこにいけばいいのか。

ちょうどそのころ、父親の兄弟の一番上の兄（無期懲役の判決を受けて十五年間刑務所に入っていて、山口組のプラチナバッジを贈られたヤクザの叔父さん）が建築現場で働く労務者たちのための宿泊施設（＝要するに飯場。飯場というのは工事現場などに付随して建てられた労働者たちのための合宿所の俗称である）を作る。これも、そのころ住んでいた家の近くにあった家を借りて飯場にしたものだった。

叔父さんとしては、自分がそういう土木建築工事のための人足集めの請け負いをして、集まってくる労務者からピンハネして、なおかつ、宿所を提供して、そこでもいくらかまた宿賃をかすめ取るという、二重の搾取を思いついて、商売にしたのだった。

これは一皮むけば、ヤクザな仕事で「○○組の誰々の仕切り」というような、その世界で名前が通っていなければできない商売だったが、たぶん、前田の叔父さんというのはそういうアウトローの世界でまわりに一目置かせるような、名前を出すと、地元の親分衆がビビルような、そういう存在だったのだろう。

家を出ていけといわれた彼は、その、できたばかりの叔父さんの飯場にいって暮らし、そこで働きながら自活する決心を固めるのだ。

だけど、オレはそのとき、ホントに怒ったんです。あんまりにも自分勝手すぎると思った。

上手く説明できないんだけど、オヤジを刺してやろうと思った。殺してやろうと思ったかどうかまでは覚えていないんだけど、刺すんですから、オヤジが死んでもいいやと思っていたんでしょうね。

母親は母親で、姫路で元気に暮らしているはずだったが、これも新しい彼氏ができて派手にやってるとか、再婚したとかいう噂が聞こえてきて、彼を苦しめた。

彼が大好きだった母親も尊敬していた父親も、歳月の中で形を崩して素の男と女にもどり、もうこの世には存在しなくなっていた。前田はこういう状況のなかで絶望的な孤独を味わっていた。

この話は、『無冠～』のなかでは、こういうふうに書かれている。


「あの頃、思うことといったら〝どうして俺がこんな目に遭わなきゃいけないんだ〟ということだけ。毎日、親父を恨み母親を恨んでいた。繰り返しそう思い続けると人間というのは果てしなく心が荒むんだ。荒み続けた結果、あの親父がいるから俺はこんな目に遭ったいるんだと勝手に思い込むようになる。

何度か親父とは大喧嘩したよ。でも、中学生（原文のまま）だった俺には勝てる相手じゃなかった。親父もけっこう身体が大きいからね。相手にならなかった。

そういえば、こんなことがあった。確か親父から、いつ帰るぞ、という知らせの手紙が送られてきた。その時、その日に備えて、俺、刺し身包丁を買って、親父を殺そうとまで思い詰めてしまったんだ。その刺し身包丁を手に持って、ひと晩中、玄関で親父を待っていた。だけど、その日、親父はとうとう家に帰ってこなかった」（4）


ここでは父親を刺そうと考えたのを、中学校時代の大阪でと書いているが、大阪に引っ越したのは中学三年の二学期で、父親はまだ韓国で再婚してはいない時期である。これはたぶん、高校時代になってからのことではないかと思う。年表を作って、起こったことを順番に並べていけば、わかる。父親との仲は相当に険悪になっていったようだ。

けっきょく、悩んだあげく、彼は家を出る決心をするのである。

そして、ここから自分から選んだ飯場暮らしが始まる。このことについて前田の説明はこうだ。


オレンチ（オレの家）の近くでうちのオヤジの一番上の叔父さん（懲役十五年で出所してきた叔父さん）がある商売をはじめたんですよ。人夫出しっていって、早朝の公園にいって労務者を引きつれてきて、それで仕事を割りふって、稼ぎの上前をはねる。そのための飯場を作ったんです。で、オヤジはおまえは出ていけ、と。出ていくといったって自分の身の置き場所は叔父さんの飯場ぐらいしか思いあたらなかった。それで、家を出ることに決めるんです。

それにしても、オヤジは新しくできた女と水入らずで暮らすために、オレを家から追い出した。それがどうにも許せなくて、刺してやろうと思ったのはそのときなんです。あのときは刺身包丁を買って、オヤジが何月何日の何時ごろ帰るからっていっていたから、玄関トコでずっと待っていたんですよ。でも、朝まで帰ってこなくて、オレは玄関のところに腰掛けて、そのあとも夕方までそこで待っていたんだけど、結局帰ってこなかった。それで、そうやってオヤジの帰りを待ち伏せしている自分というのがアホらしくなっちゃってやめたんですよ。

放っておかれるのに絶えきれなくなり、自分の才覚で生活費を稼ぐことにして自分でアルバイトを見つけて働きはじめた。これが高校二年から三年に進学するころ、彼が空手道場で練習に励んで初段に昇段するころのことである。

飯場は、こういう書き方をしてはいけないのかも知れないが、人生の落伍者や人生に失敗した人、さらには前科者などが集まって暮らすような場所だった。十七歳の少年にそういうところへいって生活しろ！という親も随分とひどいヤツだと思うが、このときの前田は、孤独感に苛まれながら、餓えた人間が食べ物を探すように、自分の居場所を探しつづけていた。もしかしたら、飯場も新しい、いままで会ったことのなかったような人との出会いを可能にする場所だったのかも知れない。

飯場には飯場なりの暮らしのルールや秩序があった。それでも前田はオーナーの甥ということで特別扱いされたらしい。そして、アルバイトと学校の話である。ここからはQ&Aで話を進めよう。

前　自分が一番最初にやったアルバイトというのは、イトーキっていう事務用機器の会社があるんですが、そこの大阪市内で品物を配送する仕事だったんです。それの助手だった。カネマタ運輸っていう運送会社でした。

塩　それは学校に通いながらやれる仕事だったの？

前　ウーン、学校はほとんどいってなかったですね。じつは、出席日数ギリギリで、学校もなんで卒業できたか、いまだに不思議なんですよ。
塩　卒業証書、もらっているんでしょ？
前　くれました。卒業はしました。
塩　何日が卒業式だから出てこい、みたいな話だったの？
前　でもねえ、考えると同じクラスのなかには留年した人もいたんですね。いま思うと、どうしてオレだけ留年とかダブったりとかしなかったんだろうと思いますよね。自分と同じようにしていて留年したヤツもいた。いま考えるとなぜ自分は卒業できたんだろうと思いますよね。
塩　先生と仲がいいとか、そういうことはなかったの？
前　ウーン、特別に仲のいい先生というのもいなかったですよ。ただ、自分は背だけは高かったから、野球部とバスケット部とバレー部の先生からは高校二年の二学期とか三学期になると、さかんに「ウチのクラブに入れ」「悪いようにしないからウチに来い」っていわれましたね。
塩　そういうことがあったから、進級させてくれたのかもしれないね。
前　バレー部の先生が一番しつこかったですね。「なんもせんでいいから、フェンス際に立って、パッと飛び上がってくれればいいから」っていってました。自分はクラブ活動どころの話じゃなくて、バイトで忙しくて、学校へは週何日間か遅刻していって、それで何時間かいて、早引けして帰ってくるみたいなことだったんですよ。あとはオートバイに乗る。オートバイに日がな一日乗って、あとは空手道場にいって、というような感じでしたね。ただ、学校の勉強とか全然しないから中間試験とか期末試験の成績は全然よくないんだけど、試験はいちおうちゃんと受けていました。
塩　途中から、働きながら学校にいくみたいになっちゃったんだ。
前　そうなんです。学校の勉強はほとんどしなかったけど、ただ、そのころは、本当にいろんな本を読んでましたね。本屋にいって、並んでいる新潮文庫を片っ端から、作家ごとに集中して読む、みたいな感じで本を読んでました。あのころの自分のことを考えると、ホントに切なくなってくるんですよ。あのころまだ、背がドンドン伸びつづけていて、一年のときよりも二年の方が高くて、三年生になっても背が伸びていたんです。
塩　ヒョロッとしてたの？
前　そうですね。当時、七十三キロです。
塩　その身長で七十三キロじゃ、相当に痩せていたね。
前　着るものがなくて、困っていましたね。ズボンはもうしょっちゅう学生ズボンで、学生ズボンはサイズの大きいのがあるんですよ。それと、ジーパンもけっこう大きいサイズがあって、ジーパンはいてるか、学生ズボンか、みたいなことでした。あと、上はTシャツ、夏はTシャツで、冬はなんかアメリカ軍の放出品みたいな、ヘンなの着たりとか、そういうのしかなかったですね。
塩　靴はどうしていたの？
前　靴も大変だったんですよ。靴はなんか、変なブーツみたいの履いたりとか、あと、大阪の大黒町というところに大きいサイズの靴がたまにあって、それもちょうどじゃなくて、ムチャクチャ大きすぎるか、ちょっとちっちゃいんですね。それを無理して履いてるんです。普通、身長が一メートル九十二あったら、足のサイズは三十四とか三十五ぐらいあるらしいんですけど、自分の場合は、そのころ、ちっちゃい靴を無理して履いていたせいだと思うんですけども、足のサイズは大きくなっていないんです。二十九とか、そのまんまなんです。
塩　そうだろうね、身長が百九十二あったら、足はもう少し大きくてもいいかもしれないね。それで、空手というのは、考え方として、基礎体力というのはどのくらい必要なものなの？
前　それは力がかかるかどうかということよりも、スタミナとスピードだけあればいいんですよね。だから、空手の場合はウェイトトレーニングとかはまったく関係ないんですね。
塩　二段になったのはいつごろなの？
前　だんだん空手だけが唯一の楽しみみたいになっていって、学校よりも道場にいる時間の方が多いみたいな感じで、初段になってから半年もかからないうちに二段になりました。

初段になったのが、飯場に移った高校三年（一九七七（昭和五十二）年）のはじめごろだから、二段になったのは、その年の秋、ということになる。

塩　基本的な認識として、二段とか三段というのは強い盛り、ということだよね。四段とか五段の方が強いっていうわけじゃないものね。かなり、強かったんだろうね。
前　まあ、なんていうか、そうたいしたことないんですね。はっきりいって、どうなんだろう。当時、自分たちの流派はどう見ても知的に見限った人間の集まりだったですね。それで（ひとりでも多く）黒帯を見せなきゃいけないというのがあって、それで二段にしてもらえたっていうところもあるんです。

前田は正直というか、あくまで謙虚である。

女のコ問題については、こういう状態だった。

北陽高校があった阪急京都線の沿線には、なんか、淀川女子とか成蹊女子高（いまの大阪成蹊女子高校？）っていうのがあったんですけど、もうこれまたなんか、そのころはスケバンが集まったような学校で、沿線上にまともな学校はひとつもないんですよ。アホの集まりみたいなねで、自分といったら、着てるモンがこんなじゃないですか。当時、男の子もみんなオシャレして、アイビーだヴァンだってやってて。自分はもうそういうことは諦めてましたからね。遊ぶ金ももってないし。そして、もうなんていうかね、暴力的に腹がへるんですよ。人でも食べたくなるくらいに。当時、思い出すと一日六食ぐらい喰ってましたね。

とにかくワーッとご飯食べて、お腹いっぱいになって、眠くなって三〇分くらい昼寝して、起きたらもうお腹へってるみたいな生活なんですよ。

少年前田の青春は女のコ抜き、食欲最優先、空手とオートバイと読書の青春だったのである。

やがてそれにケンカが加わるのだが…。

飯場の生活というのも、かなり壮烈なものだったようだ。ああいうところというのはだいたい、部屋がいくつかあり、そこに何人かでいっしょに寝泊まりするというのが普通なのだが、前田の場合はオーナーの親戚ということで、特別扱いだった。前田の告白である。

当時ね、オレと同室だったのは、叔父さんの息子なんだけど、オレの従兄弟なんですよ。オレより二つ、三つ年上なんです。これがイトコだからって別に示し合わせたわけじゃなくて、オレが飯場にいったら、そいつもやって来た、みたいなことなんです。彼の場合は、マ、親がそうだからしょうがなかったんだけれども、彼もかわいそうなんですよ。

彼は、飯場に来る前は東京でひとり暮らしをしていたんですよ。東京で成功してる、みたいな話を聞いていたんですが、ある日、オレがひとりで暮らしているところにやって来て、オレも混ぜてくれみたいな話だったんです。

それまで、東京の錦糸町というところに住んでいて、毎日、ディスコに遊びにいって、女とやりまくって遊んでる、みたいな話だったんです。それがちょっとまずくなったから、骨休めに大阪にもどってきたんだっていうんですよ。自分が「あれ?、どうしたの」って訊いたら、「オレ、東京でケンカして、相手がちょっとやっかいで目をつけられて、それで、ほとぼりが冷めるまでと思って大阪に逃げてきたんだ」と。

飯場というのはいくつも部屋があって、そこにはホントにいろんな人が生活してましたよ。

オレたちがいた部屋は六畳くらいの広さなんだけれど、息子と甥っ子ということで特別扱いしてくれたのかもしれませんね。他の部屋は四人、五人で暮らしてましたね。

いろんな人が集まっていて、なんちゅうか、本当にもう、眉毛にまで刺青が入っていて、なんか刑務所で知りあった彫り師に背中に（刺青を）入れてもらったオッチャンとか、あと、覚えている人では、野口さんといってね、本人いわく、京大（京都大学）卒業したんだとか、もの知りで、たくさん本を読んでいる人もいた。どういう過去があるか、自分からいいだすんだったら別だけど、昔のことは聞かない。それが暮らしのルールだったんです。

いま考えると、よくあんなところに住んでいたな、と思いますよ。エアコンもないし、布団といっても、干していないから、湿気があるグジャグジャの布団で、南京虫だらけだし。南京虫が布団の上をはい回っていて、もう二度とあんなところで寝れないですよ。

で、メシはなんか、いつもみそ汁だけ、バッと置いてあるんですよ。それでご飯だけあって、あとタクアンとか、……それをこうやって、ご飯にみそ汁かけて、おかずはいつもめざしとかで、タクアンとめざしで食べるみたいな食事ばかりでした。たまに、タマゴ買ってきてタマゴかけご飯とかやってましたけど。粗末なモンですよ。

部屋にいるときはいつも本を読んでた。もうかたっぱしからみたいな感じで、読んでました。文庫本は値段が安いから文庫本ばかり読んでいたんだけど、現代の作家の小説は好きになれなくて、昔の人が書いた本が多かったですね。部屋の片隅に読んだはしから文庫本を積み上げてました。いま思えば、そういう生活しか知らないから、そういうモンだと思って暮らしていた、みたいなことなんですよ。

これが前田が経験した、初めての家族以外との共同生活だった。

アルバイトも最初は配達便の手伝い助手のような、純然たるバイトだったのが、だんだんと、飯場の他の人に交じって労役人夫みたいな仕事をするようになる。

飯場で暮らしていると、宿泊代千円、食事代に千円と、一日二千円とられる。それが毎日だから、いきおいなんでもやらなければ生活していけないのである。前田の告白はつづく。


毎日毎日、二千円ずつとられるんですよ。だから、親を頼りにせずに自分で暮らしていこうと思いはじめてから、ずっと毎日っていうくらい働いていましたね。オレの記憶では学校はほぼいっていないんですよ。オレは学費のことは考えずにいたんですけど、なにもいわれなかったし、それで卒業できたから、学費はオヤジがチャンと払っていたんでしょうね。オヤジはオヤジで、自分が幸福になりたくて、いっしょに暮らしてくれる女を探すのに必死で、韓国の女にだまされたりしていたわけです。

それで、そのころのオレというのは、自分の将来について、どう考えていたかというと、最終的にはアメリカで生活するということなんだけど、こういうことがあったんですよ。

たまたまオレの家のね、イトコというか、イトコっていっても二〇歳くらい年が違うんですけど、マグロ漁船に乗った人がいたんですよ。で、半年ぐらいマグロ釣って、あの、このくらいの革のバッグにお金いっぱい入れて持ってきてたんです。銀行強盗でもやったのかと思って「どうしたの?」って訊いたら「ちゃうちゃう、マグロ漁船に一航海、乗ってきたんや」というんです。それで一千万くらいもらった、と。

この話のやり取りも、ここからは会話体で書いていくことにしよう。衝撃的で痛快な話である。


「そんなん、船に乗って一航海しただけで一千万なんてくれるわけないやろ」

「いや、そうなんや。一航海ちゅうても、アフリカとかアッチの方までいくさかい、半年とか一年くらい船に乗っとらないかんのやけど、上手くいったら二千万とか二千五百万、もらえんのや」

「一航海でか?」

「そうや。だから、マグロ船の基地がある三崎だとか清水だとか、ああいう港町にいったら二十代のうちに家を建てる人がいっぱいいるんや。ホントのことやで。そのかわり、マグロ漁は大変よ。もう、延縄《はえなわ》でね、延縄を何十キロも落とすんや。つまり、針の数が何千本や。それを三日三晩、嵐のなかをこうやってな、引きあげていくんや。それでな、マグロだけじゃなくて、四メートルも五メートルもあるサメがエサを喰ってることもあるんや。そういうときは、ちょうど日本刀くらいあるおっきなナイフで突き殺したりとか、槍みたいので刺し殺しながら船にあげるんや」

「怪我せえへんのか」

「船も揺れとるから海に落っこちて死んじゃうヤツもおる。ワイは船に乗って二週間くらいは船酔いでなんも食えんと吐きっぱなしやった。とてもじゃないけど、船の上に立ってるのが精いっぱいで仕事にならなんだ。だから一千万円しかもらえんかったんや。ワイはもう船には慣れたから、次はちゃんとやって、二千万とか二千五百万もらうんや」


学歴も必要ない。年齢も問わない。身体健康、頑強であればそれにこしたことない。

彼は、これはもしかしたらオレにピッタリの仕事かも知れない、と思った。

オマケに、途中で外国もいけるし、漁師だってこのくらいスケールが大きくなれば、立派な船乗りだ、と思った。

船乗りになりたいという夢があり、神戸商船大学に入ることが彼の夢だったのだが、調べてみたら、ここも「日本国籍を有するもの以外は受験不可」だったのである。このときの彼の結論としては、なんとか金をためて、アメリカに移住して、そこで差別なんか関係なしに気楽に暮らそう、というものだった。夢の中でも、日本を見放しそうになっていたのである。

マグロ漁について、ちょっと触れておくと、日本はこれまで世界中のマグロをひとりで食べてきたところがあるのだが、最近は世界的に寿司ブームで、マグロがタコになってきたというか、タコといっても引っ張りダコなのだが、獲りすぎたせいで、クロマグロは絶滅危惧種だとか、近畿大学が養殖マグロに成功したとか、いろんな話がある。一航海が二千万円というのはこの時代にはウソでもなんでもなく、ホントのことだったらしい。

ネットを検索すると、岩手県遠洋マグロ漁業者協会というところが作った「マグロ漁船乗組員募集」の求人広告があり、そこの「賃金（給料）」の項にはこんなコトが書かれていた。

昔は遠洋マグロ船で一航海行けば「家が1軒建つ」という時代がありました。

よく莫大な借金を抱えた人が借金のかたにマグロ船に乗せられるという都市伝説まであり、「マグロ船＝大金を稼げる」というイメージをいまだに持っている人もいるのではないかと思います。でも、それは高度成長期の話で、今は現実的な賃金（給料）になっています。それを聞いて「なんだ〜」と残念に思う人はちょっと待ってください！　この遠洋マグロ漁の賃金には「学歴」「年齢」といった一般社会で給料の判断基準とされているものが一切ありません。つまり最終学歴や年功序列では給料は決まらないのです。中卒であれ、高校中退であれ、誰にでもチャンスがあります。

もちろん、まだ20代であっても「船長」になるチャンスも十分あります。当社のマグロ船の船長は一昨年25歳の若さで船長に昇格しました。全ては「資格」と「実力」の世界。これが最大の魅力、ロマンではないかと思います。

それではいよいよ給与体系を紹介したいと思います。新人は「員級B」というクラスに分けられ、1〜2年間就労していただきます。月額30万円〜34万円、年収ベースで３６３万円から４１０万円。仕事ができるようになると「員級A」というクラスになり、月額38万円〜42万円、年収ベースで４５０万円〜５１０万円。海技資格「海技士」を取得すると航海士になることができます。［一等航海士］は月額48万円〜58万円、年収ベースで５８０万円〜６５０万円。（略）［船長］は月額約64万円〜72万円、年収ベースで７７０万円〜８６０万円。（略）

最高峰となるのが「漁労長」。マグロ漁船の全てを統括する最高責任者です。月額90万円～104万円。年収ベースで1075万円～1240万円。憧れの年収1000万円になるわけです。

　早くから乗船すると「船長」までは20代でクリアできます。これは一般的な水揚げをした場合の賃金であり、この上も十分にあり得ます。この賃金を高いとみるか低いと見るかは意見が別れることと思います。（略）家賃や食費、光熱費は一切かかりませんので、陸上の賃金から見ると控除されるものが圧倒的に少ないのが特徴です。


一航海二千万円の世界は過去のことだが、本当にあった話のようだ。

就労の内容は船に乗って、一年間くらい日本に帰れないというものである。海の上には医者もいないし、病気になったり、ケガしたりしても、自分でなんとかしなきゃならないのだから、生やさしい仕事ではないのだろう。

それでも、三食の食事代は会社持ちで船員室で寝泊まりするわけだし、家賃も取られない。言葉通り、一航海終えると、右記にある年収分がごっそり手に入るのだから、収入的にはかなりステキな商売であることにかわりはないようだ。

いまでも、正月の初値のマグロが一尾一億五千万円で競り落とされたりしていて、マグロの周辺というのはなんとなくきな臭い。珊瑚の密漁は違法だが、あれもしかる場所に持っていけば、赤珊瑚などは目玉が飛び出るような値段で買い取るというから、やはり海は宝の山なのかもしれない。

ここに語られていることの本質は、日本の社会に存在する、因循な価値の規範とはまったく別の考え方の世界がある、ということだ。いまも昔も海の上はそれだけ、平地・地面の計画や常識的判断が通用しない世界だ、ということである。

前田がこの話を聞いたのは、高校三年、この先どうしようかと将来のことを必死でいろいろ考えていたときのことだった。一九七六（昭和五十一）年のことである。


当時ってね。オレが十八歳ぐらいの時だから、高卒の初任給が十万円くらいですか。そのころにトロの寿司が二貫で千五百円くらいだったかな。だから、マグロの一番のバブルのころだと思うんですよ。オレはその話を聞いてね、イヤー、船にも乗れるし、お金ももらえるし、オレもこれかな？　みたいな感じで。学校卒業したら三崎か清水にいって、マグロ漁船に乗って、二、三年ガマンしてお金貯めて、そのお金をもとにしてアメリカにいって暮らそう、と。で、なにを糧にするかというと、空手の道場を開こう、と考えたわけです。

もう、マグロ、そしてアメリカしかない、と思っていました。


飯場暮らしの前田はよく働いたらしい。

とにかく、どんなに荒唐無稽でも夢があれば生きていけた。

建設作業員、道路工事人夫、港湾作業員、仕事があればなんでもやった。それで、貯金していた。飯場で暮らしながら、一生懸命にやって貯金も三十万くらいたくわえたという。

これはもう気楽に考えるのが若さの特権で、このころは英語なんて全然しゃべれなかったんですけれども、マグロ漁船で南にいく、と。で、途中、あちこちの港に寄るから、そのうちにどこかで英語も覚えて、しゃべれるようになるだろう、と。頭のなかにはずっと神戸商船という名前があったんです。チャンとした航海士になる勉強がしたかった。当時、大学別の受験問題集みたいのがあったんですけれども、それでちょっと調べてみたら、受験資格は日本国籍を有するものとあって、あ、こりゃダメだな、と思ったんです。

そんなふうにして、暮らしているなかで、高校生活も終わろうとするのである。
前田はふたたび、首をかしげながらこういう。

高校三年のときは学校を休んでばかりいて、ろくに勉強もしていないんですよ。あれでよく卒業させてくれたなといまでも不思議なんです。まともに学校に通った記憶がない。だけど、卒業がちかづいてきて、大学受験という話が出てくるでしょ。どういうワケなのか、親父が大学の費用は出すから大学にいけ、というんですよ。オレも大学にいければいきたかった。親父は学校の面倒さえ見てやれば親の責任は果たしたことになると思っていたんでしょうね。学校の先生に「おまえはどうするんだ」と聞かれて「大学受験したい」といったら、がんばったら卒業させてくれるというでしょ。それで、追手門大学と大商大（大阪商科大学）を受けたんですけれど、学校の勉強なんかほとんどしていなかったから受かるわけがなかった。

販場で暮らし、働きながら受験勉強なんかできるわけがなかった。大学受験には失敗する。しかし、高校は卒業させてくれた。

北陽高校が高校三年生になってからほとんど授業にも出席していない前田を卒業させたのは、担任の鈴木先生の計らいだったのかも知れない。それとも、学校は彼が学校に出てこない理由も、販場に住み込んで働いている理由もわかっていて、退学させるのも忍びず、留年させれば邪魔者になる、早く学校からいなくなれ、というようなことだったのかも知れない。とにかく、彼はこうして、高校を卒業して社会に出ることになるのだ。

彼は人生に絶望しはじめていた。

飯場で雑多な夢を見ながら、空手道場に通い、真夜中にオートバイを乗り回し、部屋にいるときは本ばかり読んでいる、そして、かたわらにもうひとり、別人格のケンカ小僧がいて、盛り場で通り魔のように人にケンカを売って殴って歩くという、変な立ち位置の少年になっていた。

真夜中にオードバイを走らせていて検問にひっかかり、逃走しようとして警官たちに身柄拘束され、オートバイの免許を取り消された。以後。保護観察下におかれることになる。このことについての説明は後出にしよう。

人生の成功を夢見て、あれこれと思い描いた夢が、どれも遠い、とても実現できない、儚い夢幻に思われた。死んでもいいかも知れないと思ったという。

自殺ということについて私見を述べると、死ぬのも、一種の生き方なのである。前田が、オレも自殺しようかなと考えたのには、たぶんにその時代の気分というのも関係があったのではないかと思う。この時代、文学的な自殺というのがちょっとしたブームになっていたのだ。

作家の自殺ということについて書くと、古くは芥川龍之介や太宰治が有名だが、この前後で三島由紀夫が自殺（一九七〇年）したり、川端康成が自殺（一九七二年）したり、三島のあとを追った思想家というか、文学者というか、三島由紀夫の心酔者であった村上一郎が自宅の書斎で割腹自殺（一九七五年）したり、自殺がブームになったというか、自殺した人について書かれた本や自殺した人が残した遺稿集が光を浴びたことがあった。前田はこういう。

もう、オヤジといい争いするのもイヤになってね。クヨクヨとつまらないことを考えているのもバカバカしくなった。オレはもう自分の人生を諦めようと思った。それで、これはいままで誰にもいったことがないんだけど、死のうと思ったんですよ。死ねば楽になるな、と思ってね。それと、オレが無念の思いをかかえて死ねば、オヤジに一生祟ることができるだろうというふうにも考えた。

そのときは、他に自分がやるべきコトを思いつかなかった。オレが死ねば、オヤジは永久にそのことで苦しむだろう、そして、オレにした仕打ちを一生後悔して過ごすだろうと思ったんです。

どうせ、オレなんか、明るい将来なんか待ってるわけないし、生きていてもしょうがないやと思ったしね。それで、死んでもいいや、と思って、オートバイで列車に飛びこんで死んでやろうと思った。

場所は紀勢線の和歌山県にある、遊びにいくときにいつも通っていた踏切だったという。彼は列車がやってくるのを見計らって、ウィスキーのポケット瓶を三本くらいラッパ飲みして、精神を尋常じゃない状態にして列車に飛びこんだ。

とにかく、苦しかった。死ねば、自分は楽になり、この苦しみは親父が背負って生きていくことになるだろうというのが、そのときに考えたことだった。

ここからまた、ちょっと取材のやり取りの記録をそのままの形で再現することにしよう。

前　あそこで、一個違うことになっていたら（自分の人生って）どうなっていただろうと思いますよね。

塩　話を聞いていると、運が悪いところだらけだけど、ところどころで幸運なところもあるよね。

前　オレ、一回ね。オートバイで走ってる貨物列車に飛びこんだことがあるんですよ。もう、なにもかもイヤンなっちゃって、自殺しようと思って。あれは、ホントに自分がなんで死ななかったのか、いまも分からない。飯場暮らしをしていたころのことですけども、家を出ていけといわれて、イヤになって。見捨てられたように暮らしている自分がイヤになって、もう死んでやるからいいよ、と思ったんです。
塩　それはどこで？
前　紀勢線の踏切です、和歌山の。ウィスキーのこんなの（指でポケット瓶のサイズを作る）を二つか三つくらいあけて、走ってワーッと突っ込んだんです。そして、気がついたら、道端に伸びていて、オートバイははるか後ろにあって、すっ飛んで倒れていて、オレは踏切から二十メートルくらい飛んでいるんです。気がついたら、ちゃんと生きているんですよ。どうなってるのか、全然わかんないんですよ。パッと気がついたとき、ここ、天国かなと思ったんですよ。
塩　そんな話、いままで人にしたことあるの？
前　ないです。
塩　自殺しようと思ったのは、太宰治とか三島由紀夫とか、ああいう人は関係あるの？
前　いや、ちょっとは関係あるかも知れないですね。わかんないですけども。なんというか、女と住みたいために、なんか、お前は出ていけといわれて。いったいオヤジにとってオレってなんなんだろう、みたいなね。韓国に家庭があって、子供が産まれて、女房に買ってやった家を売られちゃって、その女と別れて、日本に帰ってきて。
塩　でも、あれでしょ。お父さんの面倒をそのあと、見るんでしょ。
前　父親の面倒というか、オヤジの生活費と（そのときに生まれた）弟の学費ですね。オレの弟というのは、桜井徹というんだけど、いまTSUTAYAの取締役になってるんですよ。あのガキは近大付属高校のコンピューター専科にいかせて、専門学校も出してやって、お金がかかってるんですよ。

TSUTAYAというのはあの有名な、有力なチェーンのビデオレンタル店&書店のTSUTAYAである。この話は、また、あとで触れることがあるかも知れない。

彼は自分を裏切って、殺したいとまで思い詰めた父のために、父親が年老いて働けなくなったあと、ちゃんと生活の面倒を見ている。また、父親が韓国で結婚した女性に生ませた腹違いの弟の面倒まできちんとみている。

前田の、どうしようもない実直と真摯を思わせる話である。

この話はこれまで、誰にもしゃべったことがなかったと彼はいっているが、一九八八年、二十九歳のときに角川書店から出版された伝記『パワー・オブ・ドリーム』のなかには、こんな一節がある。これもオートバイにまつわる出来事である。

暴走しながら、オレは、危険と背中合わせになる状態を、半分投げやりで楽しんでいるところがあった。無理な追い越しをして車と激突しそうになったりすると、「このまま死んだら、その瞬間、オレは笑うかな、それとも泣くかな?」そんなことを考えていた。ひとつには、当時読んでいた、太宰治の影響もあったと思う。『人間失格』を読んで妙に共感し、「生きていて何になるんだろう」と、今にして思えばくだらないことを考えていた。もしかしたら、死ぬ瞬間が、一番美しいいんじゃないか、とさえ思った。(略)

夜の阪奈道路で事故を起こしたときのことだ。現場は大阪市内に入る直前だったから、もしかしたら気が緩んでいたのかもしれないが、誤って中央分離帯に激突してしまった。体が反対斜（車）線まで吹っ飛び、地面に叩きつけられたままオレは気を失った。どれくらい時間がたったかわからないが、意識を取り戻してから、あらためて背筋の凍る思いをした。阪奈道路はトラックなどの交通量が多く、夜とはいえ、車の途切れることなど考えられない。道路にひっくり返ったオレに気づかず、車がハネていったとしても、けっして不思議ではなかった。だが、車が通らなかったのか、無視されたのか、オレが自分で気づくまで気を失っていることができたのは、幸運としか言いようがなかった。

ヘルメットはひび割れ、体側一面がすりむけてボロボロだったが、なんとか自分でバイクを起こし、生きて家に帰ることができた。そんな事故にあっても、自暴自棄の走りッぷりはいっこうに衰えなかった。(5)

ここに書かれている事象は前田がわたしに話をしてくれた［自殺未遂］の話と酷似している。わたしはこの本を書くために、前田をインタビューする前に、前田にまつわる資料にあらためてざっと目を通したつもりでいたのだが、前田からその、自分で死のうとした経験を打ち明けられたとき、右に引用した部分を想起することができなかったが、場面自体はけっこう似通っているのだ。

あらためてこのことについて質問すると、前田はこういった。

『パワー・オブ・ドリーム』というのは自分がしゃべったことをあるライターが構成して文章にした本なんですが、じつはいま考えてみると、あの［自殺未遂］というのは自分にとってかなり重要な出来事だったんです。というのは、オレはアレで死に損なってから、急に運命が開けるみたいになっていった。それで、この話を省くわけにいかないと思ってしゃべったんですが、あのとき（二十九歳のプロレスラー＝註）の気持ちとしては、自殺なんて弱い人間のやることだし、自分をそういう弱い人間だと思われたくない、という思いもあって、ああいうことにして話したんです。じつは、中央分離帯というのが本当は列車なんです。

死神にも見捨てられた、というような話なのだ。

そして、不思議なことに、ここから彼の星回りはラッキー方面に大きく変化していく。

それからしばらくして、死神の代わりに新日本プロレスの敏腕マネジャー新間寿が会いたいといってきたのだという。この経緯は次章で紹介する。

あの時代は、六十年代末の全共闘運動とか七十年安保闘争が終わったあとで、世の中全体になんとなく［死］のイメージがたちこめているようなところがあった。ブルース・リーの［死］についてはすでに書いたが、このころ、映画館にいくと、座頭市はドンドン人を斬り殺し、『網走番外地』や『昭和残侠伝』のなかでも親分子分のみさかいなく、ドンドン人が殺されていた。次章で書き述べるとおり、大阪では大阪戦争がくり広げられていて、現実にも血なまぐさい時代でもあった。

文化的にいうとあの時代、自殺は若者の生き方の選択肢のひとつだった。

この動きは三島の自裁以前からはじまった話で、わたしがそのことをはっきりと自覚するきっかけになったのは一冊の本が発端だった。その本というのは文芸評論家の松永伍一が一九七〇（昭和四十五）年の十一月二十五日発行という、三島由紀夫が市ヶ谷駐屯地に殴り込んだ日に世に出した本で、『荘厳なる詩祭』という標題で、［死を賭けた青春の群像］というサブタイトルが付いている単行本だった。これは若くして自殺したり、病死したりした昭和の詩人たちの生きざまを描いた本だったのだが、この評論集が、世の中にそういう雰囲気をまき散らす、きっかけになった本だったと思う。

この本ももともとは松永伍一が詩人の清水哲男に頼まれて一九六七（昭和四十二）年に河出書房の『文藝』のために書いた「影の詩史のニンフたち」という評論が元原稿で、同年の十一月に徳間書店から書籍として発行され、それが三年あまりのあいだに在庫切れになって、体裁もあらたに今度は田畑書店という出版社から刊行された新装版だった。わたしはこの本を田畑書店版で読んだのだが、旧版が発売になったときから話題になっていた本だったらしい。

この本も時代の雰囲気を敏感にすくい取ってかかれたものだったのだろうが、この六十年代の後半から長沢延子の『海〜友よわたしが死んだからとて〜』だとか、清岡卓行が戦後すぐに自殺した原口統三（この人にも『二十歳のエチュード』という遺稿集があり、清岡の評伝本が世に出たことで、その遺稿集も文庫本だったが話題を呼んで再出版された）の自死の事情を書いた『海の瞳』(一九七一年に刊行)などが出版され、そのほかにも奥浩平『青春の墓標』、歌人の岸上大作とか、早稲田の学生だった山村政明(この人はたしか在日だったと思う)の遺稿集などが世に出た。

そういう本のなかの一冊として、立命館大学の学生だった高野悦子の『二十歳の原点』があったのだ。この本がこういう系統の本のなかでは一番話題になったという記憶がある。前田日明は村上春樹が書いた『ノルウェーの森』について「なんか話の筋が『二十歳の原点』にすごく似てますよね」といっている。

高野悦子が自殺したのは一九六九(昭和四十四)年六月だが、『二十歳の原点』が出たのはその死の二年後、七十一(昭和四十六)年の六月のことである。わたしがもっているのはその二カ月後の八月に増刷された本だが、その二カ月のあいだに九回版を重ねているから、ベストセラーになったと書いていいのではないかと思う。

七十年代は、連合赤軍の人たちが大菩薩峠の山中で内ゲバで殺しあったり、東アジア反日武装戦線「狼」と名乗ったテロリストたちが大企業に爆弾を仕掛けて犠牲者を出したりというような、その時代特有のゲバルトが繰りひろげられたが、文学のことだけではなく、歌謡曲だったら藤圭子の一連の怨歌、漫画家の上村一夫の描いた『修羅雪姫』、『同棲時代』などの復讐や心中をテーマにした作品、映画だったら東映のヤクザもの、現実の山口組の動向を中心にした関西の暴力団の抗争については後述するが、大衆文化の底流にはそういう殺伐とした「暴力と死の匂い」のようなものがたちこめていた時代だったのだと思う。これはプロレスも同様だった。プロレスの話は後回しにしよう。

本人ははっきりとはいわないが、前田も高野悦子の『二十歳の原点』をかなり熱心に読んだようだ。鉄道に飛び込んで死ぬというアイディアは、彼女の死にヒントを得てのものではないか。

前田は紀勢線での自殺未遂について、繰りかえしになるが「あのときに死ななかったことからオレの人生の潮目が変わっていったような気がするんです」と、意味深長なことをいっている。

【註】

（1）http://ja.wikipedia.org/wiki ［少林寺拳法］の項

（2）『無冠 前田日明』 P・85

（3）http://blog.livedoor.jp/k1prideheros/archives/50456487.htmlのトラックバックURL

（4）『無冠 前田日明』 P・30

（5）『パワー・オブ・ドリーム』 P・41

第七章　ストリートファイター

このへんで、前田日明が十七歳のときに大阪の町で繰りひろげたストリートファイトの話をしておかなければならない。この時期の前田は、ふり返ってみれば、非行少年からヤクザ者になっていく、ギリギリの世界で生きていた。それは、大阪という町が、そういう生き方をするための、お誂えの町だったということでもある。

まず、一九七〇年代の大阪の街がいったいどんなところだったのか、そのことから書いていこう。

一九七四（昭和四十九）年、当時の大阪府知事黒田了一の肝煎りで作られた［大阪文化振興研究会］なる研究チームが『大阪の文化を考える』という本を出した。そのなかで、大阪がどういうところなのか、当時、このチームのメンバーだった学者の梅棹忠夫、宮本又次、吉田光邦の三人がこんな議論をしている。梅棹はご存じ京都大学人文科学研究所の人類学者、宮本は第一章の51頁などにも登場したが、京都大学出身の歴史学者で九州大学の教授をへて関西学院大学教授、当時の大阪研究の第一人者である。吉田はこれも同じ京都大学出身の科学史家で梅棹の同僚（この当時は京都大学人文科学研究所助教授）、のちに、京都文化博物館の館長をつとめる人、三人とも京都大学出身の碩学である。

三人とも大阪の文化はだんだんダメになっている、徐々に衰弱しているという見解で一致しているようなのだが、その発言だ。

吉田　私は大阪をあまりよく知らないので、この研究会に出ることもさんざんお断りしたんだが、とにかく大阪は日常的すぎると思う。大阪というまちは日常性に埋没した大社会だと思う。全然、非日常的な時間もなければ空間もない。たとえば天神祭りで神輿を車にのっけて動かすというような日常性への妥協を平気でやる。祭りのために、大阪中の交通を止めるくらいの意気込みをもたなかったら、大阪の文化などというものはとうてい回復しないいんじゃないか。
梅棹　私はかつて知事（黒田了一）さんと同じ大学（大阪市立大学）にいて、大阪のめしを長いあいだ喰ってきたので、だいたい大阪の雰囲気を知っています。言葉は悪いんだが、あなたのおっしゃるとおり、これはまったく下司《ゲス》のまちですね。
宮本　しかし下司は下司でも、上手物に対し、下手物にも美があるという考え方もできる。
梅棹　いや、このまちはそれをさがそうともしない。ここの人は本当に日常性に埋没している。人間の持っている楽しみみたいなものをパッとはなを咲かせるようなところが本当にないところです。大阪文化の振興対策ということを考えても、市民のなかからそういう情熱を掘り起こす作業をやらなければ、これはモノにならん。もし拠点ということに意味があるのだとしたら、それを掘り起こす作業の起点だ。まず掘り起こさねばならない。

大阪の一番欠点は、大阪の市民に文化に対する需要がないということです。吉田さんが言われたように、大阪人には文化に対する哲学が欠如している。これは全く上から下までない。（笑）

梅棹忠夫は大阪人には哲学もなければゲテモノの美もないというのである。相手のことを下司だと考えはじめるためには、相当の経験がなければならないだろうが、梅棹と大阪のあいだになにがあったのだろうか。その説明はない。

この三人ははおそらく、当時の関西の最高の知的水準のところにいた人たちで、三人とも京都大学の出身者なのだが、京都から大阪がどう見えるか、そのことを語っているといってもいいのではないかと思う。それが、ゲスの町だといっているのである。下司というのは、もともとは日本史の言葉で、中世の荘園の実務担当の下級職員、つまり小役人のことをいう。品性下劣で日銭ばかりを追いかけていて、目先のことしか考えないヤツ、というような意味だろう。京都のお公家さんたちからは、たぶん、大阪商人というのはそんな下司なヤツに見えたのではないか。

それにしても、「日常性に埋没している」ということは働くのに忙しくて、なかなか休みも取らない、勤勉である、ということではないのか。下手物も漢字で書くと、なんとなく意味が分からないところがあるが、要するにゲテモノである。梅棹は大阪の人はゲテモノの美も楽しめない、といっているのだが、さすがにそれはちょっといい過ぎではないか。

わたしの認識では、江戸時代の後期に関西では石田梅岩がでて、ちょうど、マックス・ウェーバーとまではいわないが、中世ヨーロッパの宗教革命の立役者カルヴィン・ルターのような役割を果たして、現世での利益の追求、つまり勤労を尊び、商売を肯定する石門心学を確立して、これによって、大阪商人は精神的支柱を得て大いにふるい、幕末と維新の民衆のエネルギーを醸成するのにも大きな役割を果たしたのであり、京都の尊皇攘夷とはまたちょっと違うが、大阪はそれなりの生活哲学を伝統として保持しながら近代化をすすめたのではなかったかと思う。昭和の時代にそのことの体現者、思想者として登場するのがナショナル→パナソニックの創始者の松下幸之助で、松下幸之助が『経営心得帖』とか『人生心得帖』などのさまざまの著作（ビジネス書のはしりだ）を世に問い始めるのは、ちょうどこの『大阪の文化を考える』の上梓される前後からのことである。

大阪＝ゲス論を主張する梅棹さんはもしかしたらここで、外来の洋風のしゃれた生活のなかで育まれるモダンな美や装飾デザインみたいなものを比較の基準にして、どこか、たとえば東京とかヨーロッパの大都市なんかの文化活動と比較して、大阪は断然劣っている、といっているのではないか。

要するにモダニズムを基準にしてものをいっているのではないか。

わたしは大阪の盛り場のキャラクター分けについてはよく分からないが、個人的な私見を述べさせていただくと、東京の街でたとえていうと、六本木とか原宿よりも赤羽とか武蔵小山とか大山の雑踏の方が居心地がいいと思っているようなところがあって、必ずしもオシャレであか抜けた町の方が文化的に高度だとはとても思えないのだ。

たとえば、世田谷の下北沢はわたしが子供のころに住んでいた町だが、そのころはただちょっとにぎやかな商店街が並ぶ、近所の住民たちが集まって買い物する、生活の町だった。子どものわたしにとっては買い食いできる駄菓子屋とかメンコを売っているおもちゃ屋とか漫画本を只読みさせてくれる本屋とかがあちこちにある、かなりステキな町だったと思う。それがわりと、自然な感じで自分で勝手に成長するように増殖して、けっこうな盛り場になっていったのだ。

これがなんか最近、都が自動車交通の便をよくするための都市再開発計画で町のど真ん中に幅の広い道路を通して、自然発生的に存在し続けてきた雑踏を計画の図面にあわせて排除するのだという。

下北沢も最近は様変わりして、ジャズ喫茶の「マサコ」もなくなって跡地はスーパーマーケットの駐車場になり、変に小じゃれた古本屋は新規開店したが、昔ながら昭和二、三十年代の古本たちがかび臭いにおいを発していた古本屋は一軒残らず姿を消してしまい、パチンコ屋さんと携帯の店と有名な食べ物のチェーン店、マックとか、モスとか、吉野家とか、松屋とか、魚民とか養老の滝とか、そういう店ばかりが通りに並ぶ、そういう町になり下がって、地元のローカルトラッドな文化はほぼ壊滅状態に陥っている。

純喫茶はすべてカフェとなり、不良少年も行き場所がないような町になってしまった。

このあと、この町は六本木とか南青山のようなコじゃれた街になっていくのかもしれないが、それはもうわたしが好きだった下北沢ではない。

わたしが最近訪ねた地方都市というと仙台や熊本、福島などなのだが、そういうところも同じで、全国展開の食べ物チェーンが町一番の盛り場の一番いい立地のところに店を出している。これはもしかしたら、大阪も同じかも知れない。わたしは六本木ヒルズとか原宿ヒルズとかはどうも苦手で、リドリー・スコットが三十年くらい前に作った作品なのだが、ハリソン・フォードが主演した『ブレードランナー』という映画があるのだが、あの映画の冒頭に、近未来の浅草みたいなゴチャゴチャした町が出てくるのだが、ああいう町が好きなのである。

〝日常性ばかり〟というのは祝祭空間がない、という意味だろうか。右記に引用した文章につづいて、大阪をこんな町にしちゃったのは小林一三的な発想だ、というようなことをいっている。小林一三は宝塚歌劇団や阪急デパートを作った人で、マア、実業家だから無駄なことに手を出そうとはしないのだが、そのへんの功利性が大阪をダメにしている、という意味なのだろうか。

既述のように、このころはまだ、松下幸之助はそれほど有名ではない。

わたしの考えでは、大阪に祝祭日空間がない、というのは、梅棹さんのような文化教養にあふれた知識人にとって、大阪の町は満足できるような、芸術的な文化活動の場がない、というようなことなのではないだろうか。

わたしはそういう考え方には組みしない人間で、大阪の盛り場は毎日が祝祭空間みたいなものではないかと思っている。タイガースが優勝したり日本代表がワールドカップで予選を勝ち抜いたりしたときに大阪人が道頓堀にダイブするのは、その祝祭の意識が頂点に達するからだと思う。

芸術に限界芸術というものがあるように、文化にも大衆文化というものがあり、高級な芸術よりも低級の、というかB級の芸能、演芸などの方がむしろ、人々を楽しませ、楽しくするというような基本的な意味では、そういう大衆文化の方が、高級な芸術家たちの芸術活動よりも重要なのではないか、と思うのだ。そういうとらえ方をして、底辺庶民の生業まで含めれば、吉本興業の漫才だって、リッパな芸術ではないか。わたしはもう十年以上前の話だが、四万円払って上野の東京文化会館でやったイタリアのオペラを観にいったときには感情移入できなくて思わず眠ってしまった。吉本の漫才はくだらないとは思うが、吉本の漫才を見ていて寝てしまったことはない。

つまりゲスとかゲテモノとかいうのは、そういうエリートたちの基準にあわせればそうだ、というだけの話ではないか。

京都の大学教授のいうゲス、ゲテモノは、大阪の庶民感覚でいったら［アホ］というようなことではないかと思う。大阪の文化は京都とも東京とも違うのである。［アホ］も東京ではくだらない人間の代名詞だが、大阪では大違いで、反語的にちょっとステキな生き方をしている人間のことをそう呼ぶのである。

関西、大阪を拠点に活動しつづけた作家で中島らもという人がいて、この人は、東京の作曲家兼ジャズピアニスト兼自動車レーサー兼遊び人だった三保敬太郎が一九八六年に酔っ払って飲み屋の階段から転げ落ちて死んだように、二〇〇四年に神戸の飲み屋の階段から転落して、頭部を強打してそのまま死んでしまった人なのだが、この人の著書に『西方冗土〜カンサイ帝国の栄光と衰退〜』という本がある。

この本は平成三年の出版というから、いまからもう二十数年前に出た本だが、大阪のアホについて、著者独自の発想と切り口で縦横に論じたモノなのだが、そこにはこんなことが書かれている。


「関西にはアホが多い」というのは一見逆説とか謙遜のように受け取られるかもしれない。実は僕自身、当初はそういう心づもりだったのである。ところが、この本をつくるにあたって、いろいろと関西を取材していくプロセスで、最初は謙遜だったものが「ゆるぎない確信」に変化してしまったのだ。この実感を確固たるものにしてくれたのは、「日本初の靴みがき喫茶」なる店を取材したときの店主の発言だった。

この「靴みがき喫茶」がどういうものかというと、五百円出すと「コーヒーが飲めるうえに女の子が靴をみがいてくれる、日本初の試み」なのである。どうしてこんな店をつくったのかときかれたときの当時の店主の答がすばらしかった。この人は、一見コワモテ風の人だった。

「ワシはな、みてのとおりオシャレや。靴なんかいっつもピカピカでないと一日中気分が悪いのや。あれは去年のことやが、ワシは用事があって出かけた。その日はえらい雨の日やった。歩いていると靴がすぐドロドロになった。ワシは気分が悪かった。で、そのとき、ワシはむちゃくちゃコーヒーが飲みたかったんや。そのときワシは思うたんや。こんなとき、コーヒー飲めて靴もみがいてくれる店があったらどんなにええやろう。それでこの店を始めたんや」

この店を取材した日は、朝から三人しか客がきていない、とのことだった。

「これ、普通の喫茶店にしとったら、今ごろどれだけ客がはいっとるやろう、と思うこともあるけどな」と店主は淋しげに言った。その「靴みがき喫茶」はほどなくしてつぶれてしまった。が、ある日、前を通ると同じ場所に、「日本初！　こたつ喫茶」と看板が出ていた。(2)

大阪駅の近くで、夜になると出る屋台の「表札屋」さんがある。

達筆で字を書いてくれるのはかなり高齢のおじいちゃんである。

この人が自分で書いた貼り紙には「当方明治三十八年生まれ。余った命。だから安い！」。

実に説得力がある。これを見た人は、他所へ表札の注文を出そうとは思わないだろう。

(広告の) コピーではないが、東大阪の方に有名な「イカ焼き」屋さんがあった。老人夫婦でやっているのだが、このイカ焼きは普通の大きさのものと、二倍の大きさのと三倍のとがある。

ここのメニューには、「シングル百八十円、ダブル三百円、サブル四百五十円」と書いてある。

おそらく「トリプル」という言葉を知らずに推測で「サブル」というのを考えたにちがいない。

この「サブル」はなかなか人気のある実力者だが、ネーミングも力になっていたにちがいない。

このほかには薬局で「夏だ、帽子だ、スキンレス！」というのや、「鼻が悪いと頭も悪いって

ほんとです」という絶句するようなアグレッシブ・コピーもあった。（3）

どうもこの中島らもが集めた［大阪のアホ］のメンバーのなかには前田日明も入っているようで、『〜カンサイ帝国〜』のなかにはこんな文章もあった。

正論というのはあまりに正し過ぎるとときとしてジョークの分野に突入してしまうことがある。僕はプロレスが好きだが、プロレスはその進化の過程でいろんな見せ方やテクニックを蓄積していった結果、一種のマンネリズムになってしまった。オーバーデコレーションで正体不明になり、技だの強さだのは実体のないレトリックになった。そんなところへUWFの前田日明みたいのが現れて、「本気でやって誰が強いか決めればいいじゃないか」と言い出したのでみんな目からウロコが落ちたのである。

飛んだりはねたりするかわりに三角絞めだの裏アキレス腱固めだので勝負が決まるようになった。見栄えはしないし、ときには二分で試合が終わってしまうこともある。それでもその見場の悪さの中にシリアスな引力があるのでみんな息をひそめて見守っている。レトリックにかまけてみんな忘れていたのだが、格闘技というものは本来こういうものなのだ。（4）

文学の世界で大阪の出身で名をなした人というと、織田作之助とか、司馬遼太郎とか、藤本義一とか、作家もそこそこに輩出しているのだが、B級芸術である大衆芸能でいうと、古くは初代の桂春団治、昭和の藤山寛美とか天才漫才師の横山やすし、大阪府知事まで登りつめながら選挙中に女のコにセクハラして人生を台無しにしてしまった横山ノック、最近だったらやしきたかじんとか、大阪の町で一生を燃えつきるように生きた、なんとなく破滅型の人生を連想させる人たちもいる。

もしかしたら、ストリート・ファイター時代の前田日明もそういう文化の流れを受け継いで、ものを考えていたのかもしれない。

そして、大阪というとじつは、NHKのアナウンサーが枕の口上に「ひったくりの件数全国ナンバーワンの大阪からお伝えしています」と延べてしまうくらいに街頭犯罪の多い町なのである。

街頭犯罪というのは、ひったくりや路上強盗、オートバイ泥棒、車上ねらい、自転車強盗、自転車泥棒、などなどのいわゆる小犯罪（ホントは犯罪に大小はないのだが）のことをいうのだが、これが警察庁発表の数字では、平成二十六年に二万六七〇六件と、前年比四三七三件増、前年比増加率でいうと、十九・六パーセント増と圧倒的に大阪がナンバーワンなのである。それも、もうこれで四十年連続第一位という輝かしい戦績なのだという。

この話も余計なエピソードが張り付いている。これもインターネットのなかで拾った話なのだが、こんな文章をみつけた。

（1）大阪では二日とあけずにひったくり犯がつかまったという報道がされていますが、全国のひったくり4万6064件（平成12年）のうち、なんと23・1％（1万973件）が大阪府下で起きているわけで、残念ながら25年連続で日本一（ワースト1）という記録です。（略）おそ

らく今年も1万件をこえ、1万500件ぐらいになると予想されています。その約75％は少年による犯罪です。（5）

（2）警察庁は18日、日本の全国刑事犯罪件数を発表した。ひったくり件数で、大阪はまた全国トップだった。（略）共同通信が18日伝えたところでは、大阪はひったくり件数トップの座を一度は千葉県に譲ったものの、2011年にはまたトップに返り咲いている。大阪府警によれば「この傾向を停めるため、一件でも多く検挙に勤めている」というが、大阪がひったくり全国一の汚名を返上するのは難しそうだ。ひったくりとは、バイクで歩行者の脇を通る時、持っているバッグなどを奪う犯罪である。大阪でひったくり件数が多いのは、暴走族が多いからだろう。暴走族は犯罪にはならないが、夜中に住宅地近くで騒ぎ立て、迷惑となっている。（6）

（1）は二〇〇一（平成十三）年につくられた「犯罪防止に都市デザインはどう貢献できるか」というう標題のついたブログのなかにあった「大阪の犯罪状況」という項目の文章からの抜粋。（2）は中国網日本語版（チャイナネット）の2012年12月19日の「またまたひったくり日本一は大阪　汚名返上ならず」という記事の引用である。（2）の文中に2010年に一度、ナンバーワンを千葉県にゆずったと書いているのだが、これも最近、この年、大阪の警察が「汚名返上したさにひったくりの発生件数をごまかして少なく報告していたというオソマツがばれて、連続ナンバーワンの記録は持続していたことが分かっている。どうやら大阪はお巡りさんまでグズグズなのである。だから（1）で25年連続と書かれているナンバーワンの座は平成二十六年のいまも堂々、継続している。計算すると、四十年連続でワースト1の栄冠に輝いたことになる。

それで、今年の時点で四十年連続ということは、ナンバーワンの栄冠に最初に輝いた歴史がちょうど一九七六年、昭和五十一年からはじまったということである。つまり、こうやって前後を洗い出していくと、大阪万博が終わったのが昭和四十五年、そのあと、昭和四十九年ころには梅棹忠夫がゲスの町といいつのるような大阪のありさまがあり、やがて昭和五十年を越えると大阪の街頭犯罪日本一の歴史がはじまったということなのだ。こうやって全く別のデータで大阪の歴史を検証すると、大成功といわれた大阪万博も、じつはあそこがクライマックスで、あれから転落の歴史がはじまったというような、従来いわれているのとは全然べつの、新しい意味をもってきそうだ。

そして、前田が空手初段の免許を取って、ストリート・ファイトを繰りひろげるのが昭和五十一年の春からのことだから、犯罪都市首位の大阪の栄光の歴史は前田のストリート・ファイトと同時にはじまったと書いてもいいのかもしれない。

この時代に十七歳から十八歳にかけての前田日明は大阪の盛り場で、ひったくり犯のような、あるいは通り魔、辻斬りのようなケンカ三昧のなかで、二度と帰らぬ青春時代を過ごしたのだ。

このころの大阪の街はいったい、具体的にはどういう状態で日本でワースト1になったのか。

梅棹さんは一九七〇年代の大阪について、文化の需要もない、文化の哲学もないと断言しているが、実際のところ、彼がそういうのももっともなことで、じつはそのころの大阪というのは苛烈な戦争状態のただ中にあったのである。これがつまり、世にいう〝大阪戦争〟である。

この「大阪戦争」と呼ばれた日常的な戦争状態をきっかけにして、大阪は戦後日本で最高の、人がドンドン殺される［大犯罪都市］であるだけでなく、街角で始終いざこざが頻発する［小犯罪都市］にまでなり果てていった、ということなのだ。とりあえず、前田の説明を聞こう。

当時、大阪戦争といって、山口組が始終どこかと抗争をやっていたころで、大阪の街にはいっぱいヤーサン（やくざのこと）がいたんですよ。鳴海清の事件からはじまって、山口組対松田組だとか、山口組対平和会（＝大日本平和会）だとか、山口組対なんとか会だとか、もうしょっちゅうなんか抗争をやっていたんですね。もう南（盛り場の南）とかでもヤマケン（山健、山本健一のこと。後出＝註）の健龍会の制服着てるヤツがいっぱいウロウロしていたりして、そういうのを見つけて道場の先輩から「あれ、うしろからいってしばいて来いよ」とかいわれて殴りにいくんです。なんかそんなことをしょっちゅうやってましたね。

そもそも鳴海清とは何者なのか。そして［大阪戦争］とはいったい、なにごとなのか。それの詳細な経緯を『仁義なき戦い』を書いた飯干晃一が一九七九（昭和五十四）年だから、戦争の終結直後になるが、『雷鳴の山口組』という、手際のよいノンフィクションに仕上げて発表している。

その書き出しにこういう文章がある。

山口組は、四年越しに松田組と戦争状態にあった。世間ではこれを〝大阪戦争〟と呼んでいた。この大阪戦争で山口組側に死者四、負傷二、松田組は死者八、負傷三を出し、ほかに市民三が巻き添えとなってケガをした。また死傷はなくとも十数次にわたる双方の銃撃戦があった。（7）大阪戦争の説明に大分を割くわけにはいかないので、その概要を説明した文章がある。そこから引用をしよう。『雷鳴の〜』によれば、じつは大阪戦争はジュテーム事件、日本橋事件、ベラミ事件の三つの事件を軸に展開した抗争劇である。こういうことだ。

１９７５年７月26日深夜、大阪豊中市の喫茶店「ジュテーム」において松田組系溝口組の集団が、先にいた溝口組幹部と面談中の山口組佐々木組（組長・佐々木道雄）の組員３人を射殺、１人に重傷を負わせた。この背景には佐々木組内徳本組の構成員が大阪キタにある溝口組の賭場で起こしたトラブル（嫌がらせ）があったとされる（これがジュテーム事件である＝註）。

この佐々木組と溝口組の衝突は、一旦は和解しかけるも決裂。同年８月23日に松田組幹部の自宅に銃弾が打ち込まれた直後、佐々木組の本家である神戸の山口組本部に銃撃が行われたことで大阪周辺の山口組勢力も参戦する結果となった。この後、翌９月３日には大阪市南区（後の中央区）の山口組系中西組（組長・中西一男）の組員が松田組系村田組大日本正義団組員に射殺されている。この混乱に山口組の組長・田岡一雄は傘下の組織に自重するよう厳命したとされる。

抗争は一時沈静化していたが、翌年の１９７６年10月３日に大阪日本橋筋商店街で大日本正義団の会長・吉田芳弘（当時36歳）が、待たせていた車のドアを開けようとしたところ、佐々木組組員２人組によって射殺された。佐々木組から前年３名の死者を出していることへの報復だった。

すぐに松田組側から報復が行われると警戒されたが、そのまま何事もなく1年以上の時が過ぎた。

こうして山口組と松田組の対立が深まり、冷戦状態になる中で、突如起こったのがベラミ事件である。日本橋事件から1年9ヶ月後の1978年7月11日、山口組組長の田岡一雄は、京都市太秦の東映撮影所を訪れた帰りに京阪三条駅前のクラブ「ベラミ」を訪れた。このとき、田岡が「ベラミ」を時々訪れる情報を事前に掴み1カ月ほど前から通いつめて待ち伏せしていた大日本正義団幹部・鳴海清によって田岡は狙撃された。凶弾は田岡の首に命中したが、奇跡的に一命を取り留めた。この狙撃は、当時すでに巨大組織となっていた山口組のトップが命の危険に晒されたという意味で大きな衝撃を与えた。このベラミ事件は山口組若頭・山本健一の怒りに火をつけた。鳴海清を追跡する一方で、山本は容赦のない攻撃指令を出した。

報復は山本率いる山健組を中心に、宅見組（組長・宅見勝）などが参加した。同年8月17日から10月24日にかけて公衆浴場や松田組幹部自宅、路上といった場所でも無差別に松田組組員を次々と射殺した。田岡を狙撃した鳴海清は9月17日に六甲山の山中で、激しい暴行が加えられたことが明らかな状態の他殺体となって発見されたが、真犯人の判らぬまま1993年に時効となった。松田組との手打ちさえ望まない山本健一は、11月1日に報道陣を神戸の田岡邸に招いて一方的に抗争終結を宣言。松田組も終結宣言を大阪府警に提出し、大阪戦争は終結した。（8）

これが［大阪戦争］の概要である。この戦いのその後を付記すると、山口組は昭和三〇年代からつづいていた警察庁の第一次頂上作戦によって衰弱していた影響力と強さを取り戻し、威信を再び内外に見せつけることになった。しかし、山口組の反撃の指揮を執った山本健一は、もともと持病を持ち体調が悪かったのだが、保釈を取り消されて、再び収監される身となって、肝臓病を悪化させて一九八二（昭和五十七）年にこの世を去った。このことは後に山口組の四代目の跡目争いを引き起こし混乱と分裂（山一抗争）を招く遠因となった。

山一抗争の山は山口組、一は一和会、三代目山口組組長代行の山本広が若頭筆頭で三代目田岡の妻である田岡文子の強い意向を受けた竹中正久との四代目の跡目争いに敗れて、山口組を脱退してつくった組織である。

一方、松田組の方は大阪戦争終結後に「松田連合」に改称して組織建て直しをはかったが、傘下組織の相次ぐ離脱により、勢力が激減し一九八三年に解散したというのが一部始終である。（8）

田岡一雄が死んだのが一九八一（昭和五十六）年のことなのだが、大阪戦争の〝終戦〟について、飯干晃一は一九八二年に出した『雷鳴の山口組』の文庫本のあと書きにこんなことを書いている。

だいたいこの戦争そのものがおかしかった。山本健一は復讐戦の号令をかけたが、山口組の各組はいっこうに動かない。そのなかでヤマケンの率いる手兵だけが突撃した。

「戦争をやっとるのは、おれとこの組だけやないか！」

当時、最高幹部会で山本健一は顔面に朱を注いで怒鳴ったと伝えられている。

大阪戦争ではしなくも山口組という巨大なピラミッドはいつの間にか中身が空洞化していることを露呈したのだった。（略）大阪戦争でヤクザの戦争そのものがもうとっくに時代遅れであり、ヤクザのあり方自体がすでに時代錯誤《アナクロニズム》だということがようやく彼らにもわかってきたのである。いま彼らが急激にエネルギーを失っていくのは、こうした大阪戦争の後遺症のせいとも言えるのである。（9）

飯干晃一は残念ながらここで筆を走らせすぎていた。実体の彼らは急激にエネルギーを失っていくこともなかったし、徐々にエネルギーを失っていくこともなかった。山口組はしぶとかった。時代の変移のなかでプロレスは衰退していったが、極道というかヤクザは少しも衰えなかった。

蛇足になるが、アメリカの経済誌『フォーチュン』の推計によれば、日本の現在の山口組はこの手の集団としては世界最大の収益力を持ち、非合法ビジネスも含めたさまざまの商売で年間約八兆円、ロシアのマフィアの十倍、イタリアン・マフィアの二十倍の収入があるといわれている。

ヤクザを暴力団という言葉に置きかえて、日本の国家権力、警察がいくらこの地上から彼らを抹殺しようとしても、無理なものは無理なのである。細かな説明は省くが、ヤクザはある種、歴史的必然として存在しているのだ。いまでも、学歴も両親も知恵も才覚も才能もない人間が自分の腕力だけを信じて社会の階梯を雄渾に駆けあがっていこうと思えば、真面目にスポーツとしてのケンカのルールを覚えてボクシングや格闘技の選手になるか、それもできなかったら、本当にヤクザものの世界に足を踏み入れるかぐらいしか選択肢はないのである。

イスラエルの人類学者のヤコブ・ラズという人が日本のヤクザの研究をしていて、その人の著書に

『ヤクザの文化人類学』という本があるのだが、このなかには、こんなことが書かれている。

私の研究の目的は「当局」と犯罪組織の関係を暴こうとすることではなかった。だが結果的にこの研究が明らかにしたのは、「カタギ」とヤクザの間に、腐敗企業などに関するレベルよりはるかに深い類似性があるということだった。一見対立しあう組織のように見えながら、、二つの世界は昔から多くの点で互いを補い合ってきた。ほとんど神話的になっている日本の治安の良さもそこに含まれおり、この点についての両者の協力について繰り返し述べるまでもないだろう。（略）私は、ヤクザは日本人的であると同時に非日本人的であるというダブル・バインドの中で生きていると述べた。ヤクザがカタギの人々にとって恐怖と軽蔑と憎しみの対象となると同時に、ロマンにあふれ、魅力的な人物となり得るのは、まさにこのためなのである。つまりヤクザは、内部にいながら同時に外部にいるものであるがゆえなのだ。言い換えればヤクザは神話と儀式の世界にいる一人二役の存在なのである。(10)

引用の途中だが、私はこの文章の説明を前田が自分の心象の状況を語った「ここはどこだ、オレは誰なんだ」という精神の二重構造性を連想しながら書いている。わたしは、前田がヤクザだといっているわけではない。

前田も本質論としてのヤクザも、たぶん、わたし（塩澤＝著者）も同類の人間だと思うのだが、同類のなにかひとくくりしたものをご先祖様にもつ、二重に分裂した意識のなかで（一人二役の）人生の思いをひとつにまとめて前のめりになりながら生きようとしている人間なのである。

ヤクザ者は自分の立場を二重の構造で意識したりしなかったりして個人差があるのだろうが、前田はそのことについて明らかに自覚的だという違いはあるが、その有りようは類似している。そして、私はそれを弁証法的な思考方法だと思っている。要するに、常に生きるためのエネルギーの問題なのだ。その存在の仕方はたぶん、社会の前衛ということと関係があるだろう。

そもそも前衛というのはやくざな存在なのである。ヤコブ・ラズの説明のつづきを書こう。


ヤクザは社会の闇の側、ヤクザ自身の表現によれば本音の側を引き受ける他者的自我を表象する者である。したがって日本社会やその法の強制者たる警察はヤクザの撲滅・絶滅を完遂することはありえない。もしそのようなことがあれば、ヤクザはアメリカ式のギャングと化し、地下へと潜行するのが落ちである。

ヤクザが日本社会においてこれほど顕在的であるというのは、単に常識がどうのという問題ではない。それは社会を織りなす複雑な深層構造を、現実にまた象徴的に、大胆に暴き示すものである。そのような例は世界にはまれであると言わねばなるまい。ヤクザを顕在化させ、彼らをめぐる都会の民話を紡いできたのは、日本社会の知恵である。

ヤクザに対しこのように寛容的態度をとっていても、ヤクザが地域社会の基礎を脅かしそうになれば日本社会は容赦しなかった。しかしそのような不寛容は、常に特定の脅威との関連においてのみ生じるのであって、抽象的な定義の「犯罪性」と関わって生じることはなかったように私には思われる。そして犯罪の定義に対する日本社会のアンヴィバレントな態度が、すぐ近い将来において変わってしまうとも思われない。(10)

たぶんこれは、いまわたしが書き綴っている物語からすると、日本のなかでも特異な場所である大阪という異文化の坩堝、独自の地極のなかで特に顕著に起こったことなのである。植物学でいったら、前田日明（特に若いころの彼）と大阪のヤクザは同じ科の植物ロードデンドロンとアザレア、つまりシャクナゲとツツジみたいなもので、花の形（倫理観や道徳観）はちがって見えるが、よく見ると同じ科目の花なのである。

さて、話を十七歳の前田日明にもどすが、前田がケンカ通り魔として大阪の盛り場に出没してストリートファイトを繰りひろげたのは、まさしくこの、大阪戦争の真っ最中のことだった。

そのときの彼には、もちろんのちに［大阪戦争］と呼ばれることになるようなヤクザ同士の緊迫した抗争、流血の非常時がつづいていたなんていう認識はなかったのだろうが、こういう一触即発の、相当にきな臭い状態のなかでヤクザものをみつけて、殴って歩くのだから、確かにスリル満点の鬱憤ばらしであったことに間違いはなく前田少年も相当の無法者というか命知らずである。

このストリートファイトのアイディアは前述したが、『少年マガジン』の人気連載漫画「空手バカ一代」に登場するケンカ空手の達人の芦原英幸の山手線の各駅で下車してケンカして歩くというエピソードのまねをしたものだった。最初のころは先輩に連れられて盛り場に出かけて、適当なのを見繕ってケンカをふっかけてやっつけていたらしい。それがだんだん慣れてきて、というか、面白くなってきて、単独行動でケンカを売って歩くようになっていった。それこそ、大阪の街ではこぜりあいのケンカ沙汰は始終のことであったのだ。

南なんかに出かけてヤーサンをうしろからしばいて、囲まれたりしたら困るんで、もう走りぬけざまにバーンと殴るとか、そんなんですね。当時はひとりでウロウロしてるヤーサンというのはいなかったですよ。もう、ホントに山口組なんかもう、何人かで組んで歩いていて、ひとりでウロチョロしてるヤツは見つけてやっていたんですけどね。すれ違いざまにいきなり殴って、びっくりしてるあいだに逃げちゃうんです。

最初に先輩たちに連れられていって、ケンカ空手の路上教習をはじめたのは、大勢の人が集まる南とかだった。夜中に電話がかかってくるのである。

いまから路上教習だっていわれて、夜中に電話で呼び出されるんです。宗右衛門町とかに出てこいといわれて、出かけていくんです。いくと道場の連中が何人かで集まってて、街を通る人を品定めしていて、アイツにしようっていう話になるんです。

宗右衛門町に呼び出されるときは、半地下みたいな駐車場で、そこにみんなで集まって試合みたいな感じで、みんなが見ているところで異種格闘技戦みたいなことをやらされた。もちろん観客はいないんだけど、相手は先輩たちがどこかで探してきた日本拳法とか陳家太極拳や他流派の空手とか、そういうのでした。あと、それ以外は先輩の気にくわない他人とか、全部、自分がやっつけにいくんですよ。自分の他にも同年輩のヤツとか先輩とかいるんですけど、いってやってこいっていわれても誰もいかないんです。いくのはオレだけなんですよ、いつも。

夜中に呼び出しくって、いけ！と。そしたらもう、いくしかないんですよ。電話でいま、ドコソコにいるからちょっと出てこい、と。呼び出されてあれやこれやいわれて、いや、それはできませんとオレはいえなくて。それで、やるじゃないですか、そうすると余計に面白がられて、今度はアイツをやっつけてこい、みたいな話で。自分もそうやって人からああしろこうしろといわれるのが嫌だけど、半面、うれしくて。

道場ではまじめな顔して一生懸命練習に励んで、真面目な空手少年を演じていたが、夜の盛り場にいくと突然豹変して、ヒッタクリならぬヒッタンウェイ（hit & away）で、ヤーサン、不良、いかにもケンカの強そうなヤツ、そのほか町を肩で風切って歩いているヤツなんかを相手にケンカ通り魔を演じていたわけである。うさ晴らしもここに極まれり、というところだ。

最初はドキドキしながらやってましたけど、だんだん慣れてきて、（親父の再婚話とか受験のこととか）面白くないことだらけで、もううっぷん晴らしになっていったんですよ。

街を歩いていると、身長とかもかなりあって、いかにもなんか柔道とかやっていたみたいな体つきの、凄そうなガタイのヤツがいるんですよ。それで、顔見るとまちがいなくヤーサンだなというのを、うしろからバーッと走っていって、アゴをスパーンとやったら、どーんと倒れて一発で伸びちゃうんです。で、気絶してるあいだに逃げちゃう。それで、面白がってそういうことやってるウチに、オレってもしかしたら強いのかもしれないと思いはじめたんですよ。だけど、不意打ちでうしろから襲いかかってアゴをバーンとやると、誰でもそういうふうに伸びちゃうんですけどね。

いきなり殴って逃げようとしたら、あとを追いかけられて袋小路みたいなところに追いつめられて、フルボッコされた（フルにボコボコにされた）、そういうこともありました。あとから考えて、あれはプロレス的にはなんの役にも立たなかったかけど、度胸だけはついた。あれを経験したおかげで、度胸マンマンになった。アレのおかげでなにやるんでも恐いもの知らずみたいになっちゃったからね。

この路上のケンカだが、最初、先輩からああしろこうしろといわれてやっていたことだったが、それをそのうち自分でも面白いと思うようになる。そうすると今度は得意の単独行動である。

前田がひとりで重点的に出没したのは西成の盛り場だったらしい。地名でいうと、今池とか天下茶屋とか天王寺あたりだろうか。前田が住んでいた港区からはそう遠くないところである。

ある日、こんなことがあった。

ケンカを繰り返しているウチに、オレは強くなったかもしれないと勘違いして、調子に乗って、西成にいって、ちょっとカタギのオッサンを殴ってケンカみたいのをしたんですよ。西成にいっぱいいて、町のなかをウロウロしてる、ガタイのいい、なんかケンカの強そうなオッチャンを選んでケンカしたんですけどね。

それが最大の危機の始まりだったんですよ。相手の男を殴ってやっつけたら、いきなりお巡りさんにピピッと笛吹かれて「オイ、そこのオマエ、止まれ！」っていわれて、——当時、大阪でノックアウト強盗っていうのが話題になっていたんです。酔っぱらいをパッと殴って、ノックアウトして、財布をとってパッと逃げるという、ひったくりの一種なんだけど。お巡りさんにそれと勘違いされて、アレヨアレヨという間にパトカーが集まってきて、それから、必死で逃げたんですよ。いや、これ、捕まったら絶対に傷害事件になるな、と思って。逃げたら、そこら中、パトカーだらけになって。大騒ぎになっちゃったんです。

いろんなことでイライラしてて、人を殴ったれと思ってやったら、お巡りさんに見つかって、逃げだしたら、逃げていく先からもパトカーのサイレンの音が聞こえて。パッと露地に入ったら、またお巡りさんと出くわして、逃げまわっていたんですよ。で、ある露地に入ったら、いきなり引っ張られて、連れこまれてね。そしたら、どっかのヤーサンなんです。「オマエ、大変だなあ、しばらくここにいろ。かくまってやるから」っていわれて。

西成だから英《ハナブサ》組だと思うんですけど（英組は当時の山口組に所属する二次団体だった＝註）、そういって、オレをかくまってくれたんです。そしたら、その家に警察無線の受信機があって盗聴しているんです。お巡りたちがしゃべっていることが全部、聞こえるんですよ。ノックアウト強盗の容疑者どうのこうのとか。なんかいってるんです。そんで、そこにいた人が「オマエ、見所あるから、よかったらウチに来いよ」っていわれて、知り合いになって、そのあと、しょっちゅう電話がかかってくるようになって。「メシ、喰ったか」とか「遊びにこいよ」とかいわれて、遊びにいくとお小遣いくれたりしてたんです。

まず、オレのことをノックアウト強盗と勘違いしていたんですけど、その人はオレをずいぶん可愛がってくれたんだけど、あれはいま考えると、ヤーサンのリクルートだったんだなと思いますよ。あやって、だんだん仲良くなって、お金の面倒とかみながら、仲間にしていくんでしょうね。オレのことをノックアウト強盗だったら、根性のある、面白いヤツだと思ったんでしょうね。


ヤクザとは別の話で、町をうろつき回っているチンピラというか、不良少年もいたはずである。

これもみんな知っている話だが、この当時、大阪にはまだ、高校生で、有望なプロボクサーのタマゴ選手として有名だった赤井英和がいた。また、吉本の芸人だが、トミーズ雅も元々ボクサー出身で、前田、赤井と同年生まれで、大阪の盛り場でブイブイいっていた不良少年だったという。

赤井は私立浪花高校の生徒で、浪花高校はいまの偏差値しか判らないが、理数が66で、普通科の偏差値が61だから、前田がいたころの北陽高校とはちょっと違う、北陽みたいに大学の付属高校になって偏差値が急上昇したというようなこともないようだから、そのころも偏差値的にはけっこう程度の高い学校だったのではないか。

赤井と前田は、前田が早生まれだから学年は一年違うが、同年齢である。

赤井もある時期まではワルだったらしくて、真偽のほどはともかくとして、さまざまのケンカ伝説がついて回っている。元スポーツ新聞のプロレス担当だった二宮清純が原作で三池崇史が監督したオリジナルビデオ作品の『喧嘩の花道』は、大阪の盛り場で前田と赤井が一触即発、雌雄を決するという物語なのだが、実際のところはちょっと事情が違っていたらしい。赤井やトミーズ雅が大阪の盛り場で暴れ回っていたという話について前田はこういっている。

そういう話は自分は聞いたことないです。赤井はオレより一学年下でした。当時ね、浪花高校のボクシング部のキャプテンでしたよ。だから、そんなケンカなんかしていたら、大会とかに出れなくなっちゃいますよ。トミーズ雅とか渡嘉敷とかシーザータケシとか暴れ回っていたというんだけど、聞いたことないですね。聞いたことないというより、自分は普段から仲間と徒党を組んで盛り場をヨタって歩いていたというようなことじゃないんで、そういう不良少年というのをよく知らないんですよ。でも、当時の大阪の町というのはヤーサンたちだけでなく、そういうガキの、いつもケンカ相手を捜しているような不良たちもすごくたくさんいましたよ。自分は、そういう人たちとはつき合いはなかったけど、当時、よく聞いた話ではケンコクという朝鮮高校があったんですけど、そこになんとかっていう兄弟がいて、そいつらはちょっと危ないから気を付けろ、というようなことはありましたけどね。

前田自身の総括として、このストリートファイトの経験はどういう意味があったのだろう。

そのことについて、彼はこういっている。

それはまあ、単純にけっこう面白かったということなんです。最初はドキドキしながらやってましたけど、後になったら、もうんなんかうっぷん晴らしでしたよ。

ただ、あのあと、プロレスの世界に入って、当時、十八歳でしたけど、入ってすぐだからまだ新米で、ちぢこまってまわりをキョロキョロして観察していたんですけど、正直にいってそのときに思ったことは、なんかみんな案外臆病なんだなっていうことだったんです。なんでこんなにみんな臆病なのっていうくらいえらい小心に見えたですね。たぶん、それは自分がその、大阪の盛り場でケンカして歩いた、そういう経験と関係があると思うんですよね。なにがあってもヘッチャラだ、みたいなね。


前田はたぶん、このストリートファイトの経験から、ものごとを企てて事件にするときの前衛的な勝負感覚のようなものを身につけていったにちがいなかった。簡単にいうと、度胸がついたのである。これはもしかしたら、梅棹忠夫にいわせれば、ゲスでクズの人生観かもしれないが、乾坤一擲とか先手必勝といった、人生の叡智を語る四文字熟語に潜んでいるような、大阪の日常的な生活感覚にちがいなかった。(11)

人生は勝負、それものるかそるか、なのだ。それは、大人になりかけた彼に目の前に現前した既成の社会が古いヒエラルキー(秩序)を維持しようとしつづけている人間たちばかりで、おとなしくそういう秩序にしがみついているヤツばかりに見えた、ということなのだろう。

そして、そういうふうに見えないヤツの後をついていった、というのがレスラーになったころの前田日明だった。そういうふうに見えないヤツというのが、藤原喜明だったり、山本小鉄だったり、カール・ゴッチだったのだが、その話は章をあらためて書こう。

いまはまだ、大阪のケンカ空手の話にケリが付いていない。

前衛は最初、権威に弓引いた時点では常に反逆者と呼ばれる。ＵＷＦ以降の前田が、大衆的な支持をひそかに探りながら、同時に理念に引きづられて前衛的であろうとしつづけたことに、このストリートファイトの経験はかなり大きな影響を与えているのではないかと思う。

前田は大阪戦争のさなかにいわば中立的な攪乱者として、戦局を混ぜかえす形で参戦したわけだが、もし、このあと、プロレスの世界からのヒキがなかったとしたら、もしかしたら、本当にヤクザものの世界に足を踏み入れていたかもしれない。芸能の世界をめざすわけでもなく、野球の世界で才能を認められるわけでもない以上、実際のところ、徒手空拳というか、幸運な星回りでもなければ、ヤクザになるくらいしか、物質的に豊かな、経済的に恵まれた生活を手に入れる方法というのは存在しないのである。

そして、前田にもあのまま飯場暮らしをつづけていて、マグロ船にたどり着けるという保証はなにもなかった。まだ童貞である。実のところ、初恋もまだなのだ。女たちが男の人生に与える、本当の女の意味も価値も知らない。いつ、そういうことに目覚めるのか。

大学に入って勉強したかったが、それもダメだった。自殺して人生のケリを付けようとしたが、それもできなかった。死神にさえも見放されていた。むしろ、そのときの彼はヤクザの仲間入りをすれば、それなりの生活ができる、まさしくそういう場所にいたのである。

そんな日々のさなかに前田は初めてプロレスラーというものに出会う。

これは話の手順があり、順を追って説明しなければならないが、相当に衝撃的な体験だった。

この話にはT（空手道場の先輩）が絡んでいる。前田の説明である。

Tがある日、どっかの公園みたいなところで空手の型の練習をしていたら、当時、アントニオ猪木の付き人をやってた佐山聡（のちのタイガーマスク）が、通りかかったんですね。

どうして佐山が大阪に来ていたのかまでは分からないんですけど、その当時の新日本プロレスは「キング・オブ・スポーツ」と名乗って「誰の挑戦でも受けて立ちますよ」と豪語していた。

そしたら、名古屋の大塚剛という、プロ空手の人なんですが、その人の道場のなんとかっていう選手が、新日本プロレスに挑戦状を送ってきた、と。それで、山本小鉄サンから「じゃ、藤原嘉明か佐山聡か、どっちか相手になって痛い目にあわせてやれ」と。「お前たち、準備しとけ」といわれたんですね。で、佐山サンはそういうつもりですから、空手ってどんななんだろう、研究せなあかんな、と考えていたんですね。で、たまたま公園で、Tが練習しているのを見て、「それはキックボクシングですか、空手ですか？」と聞いたのね。そういう話からはじまって、こうこうこうなんだということがあって、じゃ、今度おいでよっていう話で、そのあと、大阪に一週間ほど泊まりこみで練習しに来たんです。オレはそのときに初めて彼に会ったんですよ。

で、自分は無想館の道場のなかで一番タッパがでかいんで、じゃ、オマエ、いっしょにやってやれよといわれて、いっしょに練習して、いろんな話をして、仲良くなったんですよ。

初めて会ったプロレスラーの印象はどうだったのだろうか。
『無冠～』では、前田日明はこの出会い、初対面の佐山について、こんなふうに語っている。

Tから電話がかかってきたのは日曜日の午後だった。話の内容は『ひょんなことからプロレスラーと知り合いになった。そいつは空手を習いたいらしい。よかったら今から道場に来て、そいつの練習相手になってやってくれないか』ということだったんだ。日曜日で暇だったしね、とりあえず道場に向かった。（佐山聡の）初対面の印象は〝あれ？小さい人だな〟だったね。どうしてもプロレスラーというと生まれながらに怪童だった人がなるものだと思い込んでいたから、佐山さんの普通の兄ちゃんぽいたたずまいに驚いたよ。

正直、なあんだ、こんな普通の兄ちゃんのような人でもレスラーになれるのかと思ったよ。それで、普段はどんな練習をするんですかと聞いたら、『あくまでも準備運動だけど、スクワットを3千回、腕立てを1千回やるんですよ』というわけ。その瞬間に、やっぱりプロレスはちがう世界だと思った。当時は人間がスクワットを3千回もこなせるとは思っていなかったからね。

一応、その時に軽く佐山さんと組み手みたいなことをしたけど、いきなりパッと掴まれてポーンと投げられてしまった。投げられた時は素人相手にプロがムキになって投げなくてもいいじゃないかと思ったけども、同時にレスラーの力は凄いと感心した。（12）

これは一九九八年、いまから十七年前におこなわれた、この時点で二十年前、いまから三十七年前にあったことについてのインタビューだが、これについて、いまは前田はこういっている。

すごい力があるなあと思って、びっくりしましたよ。佐山は背丈はそんなにないんですよ。一メートル七十センチくらい。当時、体重が九十キロでね。なんか、筋肉のかたまりだったですよ。（身長が）ちっちゃくて（体重が）でかかったら、動きは鈍いだろうと思ったら、全然そんなことなくて、一歩も引かずに、すごい速さで体を動かすんですよ。パーンとやったら、パーンと片手で放り投げられるみたいな感じで。すごいなと思いましたね。

それで、当時の佐山聡は、いまはちょっと変わっちゃいましたけど、世の中にこんな好青年がいるのかみたいな、すごく礼儀正しくて、やさしくて、気前がよくて、で、お金もいっぱい持ってましたし、（そのころの）自分から見たら。プロレスでもらったお金だと思うんですけど、「キミもプロレスやんないか」と誘われたんですけど、いや、とんでもない、そんなの無理無理って断ったんですけど。

これは一種の運命的な出会いだった。のちに、ふたりは考え方の違いから袂を分かつことになるが、佐山が前田というケンカ少年がプロレスの世界へとわたっていくための渡り廊下をつくった人間であり、船乗りの世界にたとえて書けば佐山があるときまでは前田の水先案内人だったことは紛れもない事実だった。これはTがある時期、空手の世界で前田のガイド役を務めたのと同じようなことだった。前田の人生を調べていくと、西成で前田のことをノックアウト強盗と勘違いしてかくまってくれたヤクザのオジサンではないが、いいところで人に助けてもらう星めぐりになっていることが分かる。これはもう、姫路の小学校でクラス担任だった中村正剛先生からそうだった。

それにしてもこのとき、佐山に出会っていなければ、というより、佐山が大阪に来て、公園を散歩していて、途中、Tの練習の光景を見て言葉をかけていなかったら、UWFの前田日明もジ・アウトサイダーもこの世に存在していなかっただろう。たぶん、前田はマグロ漁船の乗組員かヤクザ者になっていたのだろう。こういうのを運命というのだ。

ネットのなかに前田と佐山の出会いについて書いたブログがあり、そこでは「前田と佐山が出会った場所については二説あり、前田自身も公園であったという話と道場で出会ったという話と二通りのことをいっている」と書かれているが、佐山と公園で出会ったのはT、Tが道場で佐山と前田を引きあわせたというのが正しい。前田は佐山と公園で出会ったというようなことはいっていない。

前田にしてみれば、背丈はあるにしても、満足な食事もしていないから、身体には最低限の空手をやるための筋肉ぐらいしかついていなくて、貧弱なこと、この上なかった。身長が百九十センチ近くありながら、体重は七十キロちょっとしかなかったのだ。

そして、前田はそもそもプロレスなんていうのは、生まれながらに恵まれた体格で、運動神経の研ぎすまされた身体の人間がやることで、オレなんか、背が高いだけでなんの役にも立たないや、と思い込んでいたのだった。前田の言である。

自分のなかでのプロレスというイメージは、生まれながらに神童とか怪童とかいわれる人たちが、集まってやってることだと思っていましたから、オレなんか、町道場で空手をチョコチョコッとやってるだけだから、プロレスラーなんてとんでもない、と。これは誤解されたくないんだけど、オレは最後までプロレスラーになるつもりで新日本プロレスに入ったわけじゃないんですよ。オレにはとてもじゃないけど、あんな、飛んだりはねたり、投げたり投げられたりは無理だと思ってましたから。

前田は佐山のプロレスへの誘いをかたく固持したのだが、話はもちろんそれでは終わらない。
東京にもどった佐山はアントニオ猪木に「どうだった?」と訊ねられて「大阪にすごいヤツがいる、とにかく身長がでかい」と報告する。「空手が二段で、いい顔してて、けっこう強いんだ、それでまだ十八歳ですよ」というようなことをつけ加えてしゃべったのではないかと思われる。前田とのコンタクトは新日本プロにとっては大阪での大発見だった。佐山が猪木に報告し、猪木は当時、新日プロの台所を一手に引きうけていた新間寿に「大阪にすごいのがいるらしい。会いにいってきてくれないか。いいと思ったら、東京に連れてきてくれ」と指示を出すのだ。それで、新日プロは大騒ぎになるのである。その間の事情を前田が説明してくれた。

そのころの新日プロというのは、新弟子が居つかなくて困っていたんですよ。練習がきつくてすぐにやめちゃうんです。だから、たぶん、当時、佐山さんが一番下っ端だったと思う。本当はジョージ高野というのがいて、これが佐山さんと同期ぐらいだと思うんだけど、デビューしたとたんに、俳優にならないかって引き抜かれて、新日をやめちゃうんです。で、なんかテレビ番組で『プロレスの星アステカイザー』というヒーローものに主役で出たりするんだけど、上手くいかなくて、また新日にもどってきて、オレと同期の返り咲き入団ということになるんです。

結局、新人レスラーがいないと、負けを引き受けるヤツがいなくなるんです。新人がデビューすると、みんな、ある程度は負ける役をやらされるんです。

これはプロレスラーの生涯成績を調べるとすぐに分かる。猪木なんかもデビュー当時は負けつづけているし、前田も昭和五十三年八月二十五日のデビュー戦から年末の十二月十四日までの合計四十七試合の対戦成績は〇勝四十五敗二分けである。その後も負けつづけている。当然のことだが対戦相手は先輩の前座レスラーたち、魁勝司とか栗栖正伸、小林邦明、荒川真などでとにかく負けてばかりいた。二引き分けはいずれものちのストロングマシン、平田淳二（のちに平田淳嗣と改名）との試合だった。平田の入門は前田よりちょっとおそく半年後のことだった。デビュー戦は前田がデビューした1カ月後の八月二十五日の翌二十六日で、後輩だが年齢は三歳年上で微妙な位置関係だった。勝ち負けは試合前に言いわたされているから勝手に勝つわけにはいかなかった。引き分けは引き分けでやれといわれたらしい。

新日本プロレスの試合では前座の対戦も前もってどっちが勝つか決められていて、それは厳しくまもらなければならないことのひとつだった。だいたい負けてくれるのは後輩と決まっていたのだが、前田にはその後輩がしばらくはいなかったのである。このへんの話は次章でもう一度しよう。

もちろん、新人をスカウトする仕事は負け役を探す作業ではなく、将来エースとして活躍してくれそうな人を見つけだして、入団交渉して、入団させるのである。その有望新素材の発掘係を受けもっていたのが新日プロのフロントの責任者、新間寿だった。新間は弁説も立ち、調子もいい、巧言令色のかたまりのような、そのかわり、企画力とか営業力もたっぷり持ち合わせた、ある意味、プロレス界最大の怪人といっていい人間だった。

この人が前述したように猪木の指令を受けて、大阪に前田を訪ねてくるのである。

前田の方は、Tらに「新間さんというのはアリVS猪木戦を実現させた立役者。その人が会いたいっていってるんだから、会っておけ」と説得されて、話だけでも聞いておこうという気になる。何日かまえに美容院にいって、髪の毛にパーマをかけたところだったのだが、まわりから全然強そうに見えないぞというアドバイスをされて、頭をスポーツ刈りにして、空手小僧になりきって新間に会いにいったという。場所は大阪ロイヤルホテルのスイートルームだった。

前田との初対面について、新間はこんなふうに回想している。

前田の顔を見るなり、飯でも食おうとホテルのレストランに誘ったんだよ。なにが食いたい？と聞くと、「なんでもいいです」と答えるから、お前はレスラーになるんだから肉を食べなきゃダメだとステーキを食べさせたんだ。豪快な食べっぷりだったね。見ていて本当に気持ちのいい食べ方をしていたよ。『いままでこんなおいしいものは食べたことない』と言いながら食ってたね。だから俺もついつい、もう一枚食べるか？　と聞いたら、『はい、食べます』と元気よく答えてさ。そういう受け答えは実にはっきりと礼儀正しかったね。親御さんの教育がしっかりしているのだろうなと思ったよ。（新間は食事の終わったあと、ホテルのなかにあるトレーニング・

ルームにいって、前田が身体を動かすところを見せてもらう）上半身は貧弱なんだけど、足が太かった。で、蹴ってみろと言ったら見事な蹴りを見せてくれてね。自分の頭の上までビシッと足が上がるんだ。驚いた。これだけ足が上がるということは、柔軟でバネのある筋肉を持っているということだからね。これはひょっとすると大変なレスラーになるかもしれないと思った。

初対面の前田を見て、全体的な線は細いけれども、本格的に新日本の道場で鍛えたら素晴らしいレスラーになると思いましたね。それと、プロレスの世界では、体格とは別に、その人間が放っている〝オーラ〟が大事なんです。オーラという表現ではわかりづらいかもしれませんが、その人間が醸し出している〝鋭角的な闘争心〟とでも表現すればいいのでしょうか。

前田の場合、そのオーラが際立って光ってましたよね。それまでにも、前田に負けないくらい体格のいい素質に恵まれた人間が新日本プロレスに入門しましたけど、大成しなかった例はたくさんあります。やはりオーラを発していない人間は長続きしません。私のように長くプロレスの世界の内側で生きてきた人間は、ひと目でオーラを敏感に感じ取れるのですよ。アントニオ猪木にしろジャイアント馬場にしろ、日本マット界でメインエベントを張ってきたレスラーたちは、日本プロレスに入団した頃から、そういう鋭角的な闘争心を醸し出してました。そういった意味で、前田のオーラを感じた瞬間に、こいつは間違いなく猪木や馬場クラスのレスラーになると直感したんです。

これはもう、なにがなんでも猪木のもとに連れていかなければいけないと思いましたね。前田のオーラをより以上に光らせることのできるのは猪木しかいないと思い込んでしまったんですよ。だから、あの時、前田に対しては、いろんなおいしい話をしましたよね。それは、たとえ口からでまかせを言おうが、前田を猪木のもとに連れていきさえすればこっちのもんだと思っていたからなんです。で、前田に『明日、一緒に東京に行ってくれるか?』と聞くと、素直に『はい、行きます』と言ってくれましたね。(13)

ここで、新間が語っていることは彼の本心だろう。のちに、新間は新日本プロレスに反旗を翻して、第一次のUWFをつくろうと策動するのだが、その時、団体の看板レスラーに据えようとしたのが前田だったのだから。前田を猪木、馬場クラスのプロレスラーになる器の持ち主と考えていなければ、そんな発想はけしてとらなかっただろう。

プロレスラーになれるかなれないかという話からすれば、じつはプロレスラーも自分の意識やまわりの人が、練習させたり身体を作ることで作られていくものなのである。

そのプロレスラーを作る工程のなかで、元々、闘争心や強烈な自我を持ちつづけることのできる人間が本当に強いプロレスラーになっていくのだろう。新間はそのことをオーラという言葉を使って、わけがわからなくさせようとしているが、見た目が連想させる将来的な可能性をオーラと呼んでいるのだと思う。

このときの話を前田にさせると、こういうことである。

オレはもしプロレスラーになれっていわれたら、その場で断ろうと思っていたんですよ。自分なんか、プロレスなんかとんでもない、と。このときはプロレスラーになってもいいやなんて一度も思わなかったですよ。新間さんというのは本当に人にウンといわせる名人なんですよ。魔力みたいのがあるんです。「キミは将来なにになりたいんだ」というから「お金貯めて、アメリカにいって空手の道場をやるんだ」というような話をしたんですよ。そしたら、新間さんは「プロレスがいやだったらボクシングっていう手もあるんだ。新日プロは将来的にはボクシングの世界にも進出しようと思っている。それもヘビー級のボクサーとかを育てたいんですよ」っていうンですよ。

その当時、たまたま、日本で初めてのヘビー級ボクサーとかいって、テレビの特番で試合したヤツがいるんです。なんていう名前だったかな、名前忘れちゃったけど、いたんですよ、こんなおかっぱ頭みたいな髪型したのが（ゴング斉藤である＝註）。

で、そいつの試合見たらね、ぜんぜんダメで、それを見ていて、オレはその試合見ながら〈イヤ、こんなヤツでもここまでやれるんだったら、オレだったらもっと強いかもしれないな〉と内心思っていたんです。ただ、そのとき、オレは保護観察中でね。不良少年だったから、定期的に保護観察司のところに顔出ししなくちゃいけなくて、そのこともあって、無理だっていったんですよ。

不良少年だから、保護観察中だったというのは、どういうことなのだろうか。

前田の話によると、正確に日にちまでは確定できないが、高校三年のときにオートバイを乗り回していて、警察の検問にひっかかり、それを無視して無理やり突破しようとしたらしい。

高校三年の時にバイクの免許を取り消されちゃうんですよ。自分は暴走族というわけじゃなかったんですけれども、オートバイ乗りがいっぱい集まるところがあるんです。そこをバーッと走っていったら、検問をやっていて、オレの前にいたヤツがその検問をバーッと突破して、ものすごい勢いで走っていなくなっちゃったんですよ。それを見ていて、オレも同じように突破しようとしたら、捕まっちゃったんです。走り抜けようとしたら、封鎖されて、棒を投げられて、その棒がオートバイの車輪に絡んで、倒されて、五、六人でねじ伏せられた。オレの場合は、たしかに暴走はしていたんですけど、仲間がいてつるんで走っていたというわけじゃなかったんですけどね。許してくれなくて、免許取消になって、保護観察を何年間だったか忘れたけど、付けられた。自殺しようかと思ったのもそのころのことなんですけど、そのころはホントに自暴自棄で、正直、いつ死んでもいいやと思っていたんですよ。学校も暇つぶしでいってただけで。

前田が新聞のいうことを聞いて、東京にいってみようかと思ったのは、そのころの彼にとっては最高に美味しい餌を投げられたからだった。それはこういうことである。

オレがね、「プロレスラーなんて絶対無理ですよ。なれませんよ」といったんですよ。そしたらね、新間さんが「キミはモハメド・アリは好きか」って聞くんです。好きに決まってるから「好きです」っていったんです。そうしたら、新間さんが「キミがどうしてもプロレスがいやだったら、モハメド・アリの弟子にしてあげられる。アメリカにいかせてあげるから、ウチでちょっと練習してみないか」っていうんですよ。そういわれて、オレはホントにびっくりして、「エエッ、いいんですか、本当ですか」っていって、それでヨシ、一回、東京にいってみようと思ったんです。

保護観察のことをいうと、新間は「そんなものはボクがチョチョッと解決してあげるよ」というのである。これは本当に、前田が上京を承諾すると、どこかに手を回して、前田の保護観察を外して、新日プロ預かりというふうにしてしまった。

そのころのモハメド・アリは世界一強い人間で、前田の神様みたいな存在だった。

猪木とアリが戦ったのが、一九七六年の六月、ちょうど一年前のことで、さんざん評判になった異種格闘義戦だった。だから、新間のこの「アリを紹介してあげる」というセリフは、本当に紹介してもらえるかどうかは別にして、十八歳の少年には十分な説得力を持っていた。前田の回想はつづく。

自分は身体だって貧弱だし、プロレスはとても無理だと思っていたんですよ。だけど、そのアリのジムに入ってプロボクサーの修行をすればいいという話だったら、アメリカにいけるし、モハメド・アリにもあえるし、モハメド・アリの弟子になれるし。モハメド・アリの弟子になったら、あんなヤツ（おかっぱ頭の日本初のヘビー級）より数倍強くなれるだろう。それでアメリカで戦おう、と。よしんば、アメリカでダメだったとしても、日本でテレビに出て試合ができるなあ、と思った。

これはホントに夢みたいな話でね、それでオレは「そやったらいきます」って答えたんです。そしたら、新間さんは、「それじゃあ、とりあえずご飯食べよう」という話になって。で、ホテルのルームサービスで西洋料理のフルコースが出て、こんな分厚いステーキですよ。何グラムくらい食べられるんだと聞かれて。「いやあ、自分はステーキ、そんなに食ったことないから分かりません」といったら、分厚いステーキを用意してくれて「これ食べなさい」と。オレは、いやあ、これ誰がお金払うんだろうと思って、「すみません、ボク千五百円しか持ってないんですけど」っていったら、「なにをいってるんだ、こんなのオレが出してあげるに決まっているじゃないか」と、いわれて笑われました。

このころはもう飯場で集団生活をしていて、ひとりで暮らしていたときのように、食べるものに困って毎日タマゴかけご飯ばかり食べつづけるというようなことはなくなっていたが、飯場の食事は、ご飯、みそ汁、たくあん、それにメザシがおかずというような、粗末この上ない食生活だった。ただ、いくら食べてもいい、ご飯もみそ汁もおかずも食べ放題というのが救いだった、という。

それが肉汁したたる柔らかく焼かれたステーキを好きなだけ食べなさいといわれたのだから、そのときのうれしさと驚きがわかるというものだ。

食べものに釣られて、ということも多少あったのだろうが、前田は「アリの弟子になれる」といわれて、この話はノリだ、とその場で判断するのである。

それで、とにかく、一度、猪木に会ってやって欲しい、といわれて、それを承諾したんです。

じゃあ、翌日、東京にいきますという話になって、新間さんが東京行きの飛行機の切符の予約を取ろうとしたんですよ。そしたら満席なんですね、オレもあとから知ったんですけど、飛行機の予約で国会議員のための専用の暗号みたいのがあるんですよ。新聞さんが電話して、それをいったら「分かりました。三人取ります」みたいな話でね。またまた、その秘密の力に驚かされて、そのときに、なんかすごい世界だなと思いましたよ。

それで、翌日、その飛行機便で猪木さんに会いに東京に出かけていったんです。

こうして、前田はついに、上京して猪木に出会うことになるのである。そして、水ばかり飲んで暮らしていた大阪の生活は一変し、東京では、水の代わりに牛乳かオレンジジュースを飲め、と命じられる夢のような生活が始まるのである。

前田と新間はそれぞれ、両者の思惑というより、そこには前田の介添え役みたいな形でTも立ち会っていたのだが、三者の思惑は、それぞれ微妙に、というか、大違いにちがっていた。

それでも、前田はまもなく本当にアントニオ猪木のところにたどり着こうとしていた。

【註】

（1）『大阪の文化を考える』一九七四年刊　創元社　大阪文化振興研究会編　P・13

（2）『西方冗土～カンサイ帝国の栄光と衰退～』一九九一年刊　飛鳥新社　中島らも著　P・20

（3）『西方冗土～カンサイ帝国の栄光と衰退～』　P・27

（4）『西方冗土～カンサイ帝国の栄光と衰退～』　P・24
（5）http://www.gakugei-pub.jp/judi/semina/s0110/han009.htm
（6）http://japanese.china.org.cn/jp/txt/2012-12/19
（7）『雷鳴の山口組』　一九八二年刊　徳間文庫　飯干晃一著　P・6
（8）http://ja.wikipedia.org/wiki［大阪戦争］の項
（9）『雷鳴の山口組』　P・190
（10）『ヤクザの文化人類学～裏から見た日本～』一九九〇年刊　岩波書店　ヤコブ・ラズ著　P・292
（11）この、大阪的な基準というのは、京都のものでもない、東京のものでもない、大阪独自のものであり、それは大阪の日本文化のなかでの独自性を創出しているものだった。ある意味では、大阪の文化は日本文化のなかで、権威に対する反対勢力を代表しているような異文化とまではいかないが、近世から始まった、生きることからはじまる合理性を追求した、独特のものだった。わたしは司馬遼太郎の歴史小説などもそういう大阪的な色合いをかなりの濃度で持っていると思う。つまり、大阪は日本的な権威主義と地元発生の日本的な権威に対する反抗と抵抗の思想の二項の対立のなかで成立している、そもそもがアンビヴァレンツな町だったのである。前田はまさしく、その精神の二重構造性において、見事に純正な形で育てられた（姫路に暮らした時期があったことで余計に自分のなかに二項対立的な世界を顕現させることになった）、まさしく大阪の落とし子だった。
（12）『無冠　前田日明』　P・60
（13）『無冠　前田日明』　P・62

第八章　上京、新日本プロレス入団

前田日明はついに故郷の町に別れを告げることになった。

東京は一度だけ、高校の修学旅行でいったことがあるだけの知らない町だった。

それはいわば、純粋に関西の大阪・兵庫の文化圏で育った少年の東京への就職だった。

そもそもは新日本プロレスの敏腕スカウト、新間寿の甘言に乗ぜられて、だまされた形で口車に乗車したわけだが、そのことがかえって、彼の人生の扉を押しひらいた形になった。


まず、上京初日である。一九七七年七月五日のことだ。前田の回想である。

オレとT（前田の道場の先輩で前田を佐山に会わせた当事者）と、新間さんもあのとき、いっしょだったのかな。まず、新日本の青山の事務所にいって、橋本さんという、レスラーだったのをやめて社員になって事務をやっているこんなちっちゃい人がいて、そこ（南青山の事務所）から、その人の運転で代官山のマンション、いまでもありますよ、そのマンション。当時、オレは十八歳なんだけど（いまから三十八年前になる＝註）オートロックなんですね。広い玄関にバッと入って、ちょっと待ってね、部屋の番号をピピピッとね。ウワ、すごいな、と。サンダーバードの基地みたいだな、と。当時、オートロックなんか、どこにもないじゃないですか。びっくりして。それで、エレベーターに乗って、エレベーターがバッと開いたら、猪木さんの家のドアしかないんですね。で、パッと（ドアが）開いたら、猪木さんが出てきたんですよ。そしたら、肩幅がこんなで、ウワー、テレビで見るアントニオ猪木が目の前にいるって、びっくりして、や、こんな人がドロップキックやって来たら、どうすればいいんだろう（とか、考えて）、で、緊張しながらなかに入って、マンションというより、家のドアを開けて入ったら、えらい広いところで、リビングルームだけで三、四十畳あったんじゃないかと思うんだけど、ソファに座って待ってたら、猪木さんが目の前に座って。〈ウワァ、これがアントニオ猪木か〉と。で、横から「暑いでしょ、これ飲んでください」とかいって、白魚のような手がパッと伸びてきて、その手をパッと見たら、倍賞美津子で、それもね、すごいのはノーブラでね、うすいTシャツを着てるのね。で、オレは〈アッ、ノーブラだ！　倍賞美津子がノーブラでいる〉、と。いや、そのころの倍賞さんのきれいさといったら、もう、なんか目が釘付けになって。若いから、オッパイの前で目が釘付けになっちゃって、アカン、亭主の前でこんなんして、女房のオッパイ見たらアカンみたいなね、まずいことになっちゃったなってことで、あせってね。

東京の初日はいきなり、相当に強烈な体験を連続してすることになる。

猪木と前田の初対面の場面、新聞の回想である。

「猪木は前田に『服を脱いで裸になってみなさい』と言ったんです。思い返してみれば、その言葉は猪木が力道山にいわれた言葉だったんですよ。ブラジルで移民生活を送っていた猪木に力道山は『おい、裸を見せてみろ。よしっ、これならいい』と言って、そのまま猪木を日本に連れて帰りましたからね。それで、これは今でも忘れられないのですが、その時に猪木は前田の肩の筋肉を揉みながら俺に言ったんです。『新聞、こいつはルー・テーズになるよ』って。それも、うれしそうにニタァ〜ッと笑いながら言ったんです」

鉄人ルー・テーズ。猪木が憧れていた「20世紀最強のレスラー」と呼ばれた男だ。（略）

「猪木は、よっぽどうれしかったのでしょうね。よくぞこいつを大阪から連れてきた、という感じで俺にウィンクしましたからね。それから前田に『ちょっと前屈みになってみなさい』と言ってね。『これはいい。テーズにそっくりじゃないか』と言いましたよね。両手を前に差し出して前屈みになる、そのスタイルはテーズのファイティング・ポーズだったんですよ。

だから、もう即決でしたね。『お前はすぐにでも道場に入れ』ということになったんです。

もちろん、大阪のホテルで初めて会った時から薄々は感じてましたよ。前田がプロレスラーになるよりも、アリのジムに入りたがっていたのは」（1）

これが新間の側からの猪木と前田の出会いの記憶である。

新間は「前田がプロレスラーになりたいと思っていないということについて、初めて会ったときからうすうす感じていた」と発言している。しかし、前田本人の思い出話からいうと、そういう話ではなく、契約書は作らなかったが、はっきりした新間からの提案で「アメリカにいくまでのしばらくの間、新日の道場で体を鍛え直す。体をキチッと作ったらアリのジムを紹介してあげる」という約束で上京したのだという。だから、要するに新間は、まだ子供の十八歳の少年を適当にあしらって、虚言を弄して東京に連れ出したことになる。

前田もこのことについてはわたしのインタビューのなかで「アリのことは最初からウソですよ。〈アリのところに弟子入りさせてあげるなんてことは〉あり得ないですよ」といっている。

新間は〈とにかく上京させさせて、猪木に会わせて、そこで猪木に励ましの言葉をかけてもらい、それから新日の道場に連れていってしまえば、なんとかなる〉と思っていたのである。

新間の方は前田がどういう経緯や経験があって、アメリカにいってそこで生活したいと考えていたか、深い事情まで知る由もなく、モハメド・アリに弟子入りして日本初のチャンとしたヘビー級ボクサーになって活躍し、そのあと、アメリカで空手の道場を開いて生活するなどという夢よりも、いまからプロレスの世界で人気者になって愉快に暮らす方がはるかにリアルで、即物的で実現可能な夢のはずだと考えて、前田の語る将来に対する願いをわかったわかったといってあしらい、軽く受け流して聞いていたわけである。

けっきょく、新間がこのときについたウソは、最後まで前田の思考のなかで消化されることはなかった。このことは結局、前田を鬼っ子のようなプロレスラーにしてしまう一因になって、新日プロにも新間にもあとから祟ることになる。

彼はプロレスラーになったあとも、「これはオレの一時、世を忍ぶ仮の姿だ。ホントのオレは別にあるはずだ」という思いから解き放たれることなく、ハタから見れば、プロレス界随一のアヴァンギャルドということなのだが、過激なプロレスを追求しつづけることになるのである。

前田はわたしのインタビューのなかで、「自分はプロレスラーになって有名になりたいとか、人気者になりたいとか、考えたことは一度もないんです」と、語った。思えば、前田が自分のことをそう考えはじめる萌芽になる、レスラーとしての前田日明の［出生の秘密］がこの〝新間のついたウソ〟だったのである。それは最初のうちはどうでもいいような小さな嘘に見えたが、やがて、前田の心のなかで次第に大きくなり、重大な意味を持ちはじめるのである。

猪木も新間も前田の未完の、可能性にみちたたたずまいを見て一目惚れしたわけだが、前田の方は興奮した猪木と新間のこのやり取りを聞きながら、全然別のことを考えていた。

この時のことについて、前田は『無冠～』のなかではこう発言している。

猪木さんから『道場に入れ』と言われた時は、これでようやくアリのジムに入る下準備が整ったんだなと思った。あの時点ではアリのジムで恥をかかないようにするためにも道場での激しい練習に耐えなきゃいかんと改めて気を引き締めたね。たとえ練習に耐えられずにヘドを吐いても、空手道場の仲間たちから『期待』されている分、石にかじりついても逃げださずに必死にがんばろうと思ったよ。猪木さんと初めて会った日、俺の夢は現実に向けて動き始めたと思い込んでいたから単純にうれしかったよね。練習に耐えて体が作れたらアメリカに行けるんだ、本物のアリを間近で見れるんだ、と素直に喜んでしまった。(2)

新間のついたウソはよかれと思っての虚言だったが、前田と新日プロは最初から同床異夢だったのである。しかし、この時点での前田が、少なくとも周囲の人々にとっては、金の卵であることにちがいはなかった。前田は上手く育てれば、すごいレスラーになると思えた。

なにしろ、日本人のプロレスラーは何十人といたが、身長一九〇センチを超える背丈の人は何人もいないのである。新日プロでいうと、身長一八〇センチの後半の背丈の人は何人もいたが、一九〇を越えているのは坂口征二だけだった。猪木の身長はその当時、一九二と発表されていたが、ホントは一八六センチくらいだったらしい。一九二というのは前田の正味の身長なのだが、猪木と前田がふたり並ぶと前田の方がちょっと背が高く見えるため、「お前は身長一九五センチということにしとけ」といわれたくらいだった。

背丈というのは、要するに体格であり、そこにどういう、戦うための筋肉をつけて、体重を増やしていくかだった。つまり、プロレスラーは前田が考えていたような生まれながらの素質の世界ではなく、ある素材を元に、本人が努力し、周囲の人たちがいろいろに指導して、作りあげていくものだった。前田はこのことを、美味しいものを毎日のように次から次へと食べろ食べろといわれて、そして、毎日のように、体重は何キロになったかと聞かれることで、そういうものだということをだんだんに了解していく。

このころの「金の卵」としての前田の特長は背丈（すぐれた体格）と驚くほどの身体の柔らかさだった。しかも、これまでそれなりに読書をしていろいろとものも考えてきているから、飯場暮らしをしていたにしては知的な風貌をしていた。しゃべらせてもまともで、生来の頭の良さを伺わせた。一枚看板のプロレスラーになるためには、頭がよいことは必須の条件だった。素材としてはほぼ完璧だったのである。

これに食生活を改善して体重を増やし、練習を積みかさねて俊敏なスピードと持久力（スタミナ）をもたらす筋肉をつけ、空手で培った技術を基本にプロレスの技を身につけて、それを磨けば、おそるべき戦士が誕生するはずだった。新間も猪木もおそらく、山本小鉄も藤原喜明も、そのことは分かっていたはずである。

話を七月五日にもどそう。

猪木に励ましの言葉をかけられ、その日は新宿の京王プラザホテルに部屋をとって、ホテルに泊めてもらった。これも生まれて初めての経験だった。新間は別れ際に「このあと、大阪と東京を往復する交通費だ」といって封筒に入ったお金をくれた。十万円入っていたという。

これも前田から聞いた話だが、前田の介添え役のような形で、同行した空手道場の先輩のTは、このとき、新間に前田が上京して、新日プロに入団するための支度金として、三百万円という金額を要求したのだという。支度金が必要な理由は、前田の父親やオジサンというのはかなりうるさい暴力団員で、その金を渡して、あれこれ口出しできないようにするから用意してくれ、というものだったという。

これまで書いてきたように、現実は父親も叔父さんも前田のことなんか放し飼いというかほったらかしで「おまえなんか好きにしろ！」というお荷物状態だった。彼らには自分の息子が金の卵だなどという認識はまったくなかった。だからTはそのお金を詐取したことになる。

この話は、前田の結婚式というから二〇〇八年、新日プロへの入門から三十年後のことになるが、久しぶりに前田と顔を合わせた新間が「そういえばあのときは」といって初めて打ち明けてくれた秘密の話だったという。十代の前田は善良が服を着てそこにいるような素直な少年で、同行した新聞からもTからも騙されていたことになる。なんとも感想の書きようのない話だ。前田は「若いころの自分というのは人にかまってもらえるのが嬉しくて、誰のいうことでも信用していた。ホントにお人好し、そのものだったんだよ」と苦笑いしながら、この話をしてくれた。これが一九七七（昭和五十二）年の七月五日のことである。

翌六日、大阪にもどり、あらためて、上京の用意をして、飯場のみんなや父親に正式に新日本プロレスに入団することになったことを告げる。父親は息子の話を信用しなかったらしい。「ホントは東京になにしにいくんだ」としつこく聞かれた、という。

空手道場の仲間もだが、応援してくれていたのは、いっしょに寝食を共にしてきた飯場の人たちだった。このときの想い出として心のなかにはっきり残っているのは、その日の夜、飯場の人たちがみんなで集まって、酒と肴を持ち寄って歓送激励会を開いて、彼の旅立ちを祝福してくれたことだったという。その日暮らしの寄る辺ない男たちが「東京にいったらオレたちの分までがんばってくれよ」といって別れを惜しんでくれた。そして、明くる七月七日、前田はふたたび、東京へとんぼ返り。まず、青山の事務所へ顔を出した。今度は新聞もTもいっしょではない。単独行動である。

南青山の事務所に来いといわれたんですよ。渋谷からバスに乗って。一番最初の時は羽田空港まで迎えに来てくれたんですけど、このときは自分で来なさい、といわれて。渋谷から飯倉にいくバスに乗ったんだと思うんですよ。南青山何丁目とかいう停留所で降りるんだけど、イメージが分からなくて、時間もあったからバスで二往復ぐらいして、見当をつけて、ここかなと思って降りたんです。一階にミロていう喫茶店があるビルの六階が新日本プロレスの事務所で。

これは場所的にいうと渋谷からいって青山の骨董通りが上に高速道路が通っている六本木通りにぶつかる、富士フイルムのビルがある手前あたりである。かつては東名からのつながりで首都高速を走っていくと、左手に新日本プロレスの看板を掲げたビルが見えてものすごく目立ち、ここが猪木たちの本拠地かと確認できたものだった。

いまは新日プロの事務所は中野に引っ越しているようだ。どんな建物のなかにいるのかはわからない。前田の新日プロ入門初日の思い出話のつづきを聞こう。

約束の時間にあわせて事務所を訪ねていったら、ちょうど猪木さんの弟さんの啓介さんていうんだけど、その人がいて「今夜は箱根の小湧園で試合だからいまから出発する。下に止まってる白い車に乗れ」といわれた。白いキャデラックというのはいつもは猪木さんが乗っている車だったんですけども、いっしょに下に降りていったら、後部座席に長州さん（長州力）が乗ってて、自分は助手席に乗せてもらって、啓介さんの運転で箱根にいったんです。それが長州さんとの初めての出会い。最初、サッと見たときに、なんだ、この人は！　と思った。佐山さんと最初に出会ったときも大きかったんでびっくりしたんだけど（佐山のときはそんなに背は高くないのに体のしつらえは大きかった。それで驚いたらしい）、長州さんのガタイのすごさですね。こんなゴリラみたいな体の人がいるんだ、と。それまで見たことない体型だったんです。

たしかに、いまでも長州力の体の形は他のレスラーともちがって、細長いサイコロのような、ユニークな形をしている。佐山聡は発表身長が一七〇センチだったが、長州力は一八四センチある。その体に甲冑のような、殴られても叩かれてもなんともない、分厚い筋肉がついていた。それが前田を驚かせた。

長州力は一九五一（昭和二十六）年生まれだから、前田より八歳年上。本名は日本名が吉田光雄、韓国名は郭光雄、在日二世。高校時代に国体で優勝、大学時代、一九七二（昭和四十七）年におこなわれたミュンヘンオリンピックには、国籍のことがあって、日本代表の選にもれ韓国代表として出場した、アマチュアレスリング界のエリートだった。

大学卒業と同時に新日本プロレスに入門して、翌七十四年に吉田光雄の名前でプロデビューした。たたずまいが地味で、最初、あまり人気が出なかったらしい。長州力に改名したのはこの年の四月、外国遠征からもどったあとのこと、だから、前田が出会ったのは、吉田光雄が長州力と改名した三カ月後のことである。

長州が異常な人気者になっていくのは、まだずっと先、彼はこのあと海外遠征に出かけ、メキシコに転戦して一九八二年に帰国するのだが、そのあと、藤波辰巳に対して例の噛ませ犬発言をかましてからのことである。このころは女性に人気があった木村健吾や藤波辰巳の後塵を拝して、レスリングの技術的にはすごいのだが、花がなくて脇役レスラーのひとりとして扱われていた。

箱根の小湧園について、やっと落ち着いて、みんなにそれぞれ挨拶して。それで、とりあえずこれに着換えろといわれて、ジャージ着て、わけも分からずに準備して。それまで自分が持っていた本とか服とかそういう荷物は全部、大阪の家と飯場に置いてきたんですよ。飯場には文庫本とか平積みにして置いてあったんですけど、それも捨ててくれ、といって。家の荷物も捨てたと思いますよ。だから、荷物といってもバッグひとつにちょこちょこっと着換えと歯ブラシが入ってるだけ、みたいなことですよね。

で、箱根の仕事が終わって、東京にもどったんですけれども、帰りは今度は小型の、ハイエースみたいなワンボックスカーで、乗ったら木村健悟さんがいて、あと、そこに長州さんもいたかな、東京にもどってくる途中で木村さんに「お前は韓国人か?」と聞かれたんですよ。そのとき、オレが「はい、そうです」っていったら、木村さんから「オレもそうなんだよ」といわれて、なんだかよくわからないけど、ああよかったと思ったんですよね。

なんでいきなりそういうことを聞いたのか、分からないんですけど、そういう会話だったんですよ。それで、木村さんから「星野さんと長州もそうなんだよ」っていわれて、なんでなのかわからないけど、ああよかったと思ったんです。

もしかしたら、それは要するに彼がそういう場所についにたどり着いた、ということだったのかもしれない。前田はそこに辿り着くことを自分から望んでいたわけではなかったが、そこははからずも、社会的弱者が分厚い筋肉を身にまとって、差別を跳ね返し、乗り越えることのできる［力の世界］だった。マグロ漁船の乗組員と同じような、出自や係累や過去の経緯に関係のない［戦う能力］だけが重要な世界だった。

幸運がここまで、少年の彼を導いてくれたのかもしれなかった。

お前は韓国人かと聞かれたのも初めてでしたし、それに素直に「ハイ」と答えてホッとしている自分というのも生まれて初めてだった、やっぱり、いつもどこかで身構えて緊張していたんでしょうね。見ず知らずの世界で、いったいこれからどうなるんだろう、みたいな不安ですよね。それで、長州さんもだけれど、木村さんにしても、なんかあり得ないような身体をしているんですよ。他では絶対に見たことのないような身体をしているんです。で、空手の世界の先輩後輩を連想して、コチンコチンになっていたら、みんな、ものすごい気さくでざっくばらんでね、やさしくみえてね。オレはホントにひとりだけカチンカチンになって、「大阪からまいりました。前田アキラといいます。十八歳です。空手の道場にいました。よろしくお願いします」って挨拶したら、「ああ、そうか、がんばれよ」っていってくれて、そのバスにはストロング小林さんとか、小沢正志さんとか、見るからにごつい顔した人たちがいっしょに乗っていたんですけど、そんな人に挨拶したら「アッ、そう。ボク、がんばってね」ッていってくれて。

みんな、基本、すごくやさしいんですよ。オレはそのとき、ものすごいみすぼらしいカッコしていたんだと思うんですよね。そしたら、汚れてないシャツとかを「あ、これ、お前にやるよ、まだ新しいから、着たらいい」とかいってくれて。エライやさしいんですよ。

どの人もプロレスの黄金時代を支えた人たちだった。いまの時代に比べれば、世間の注目度も認知度も高く、プロレスラーとして幸福な時代を過ごすことのできた人たちだった。

バスはやがて、野毛にあった新日プロの合宿所に到着して、ここから、前田の道場での日々が、新しい人生、正式に前田の新日本プロレスの練習生としての生活がはじまるのである。

そして、ここで新日本プロレスの一九七七（昭和五十二）年までのおおまかな歴史と現状を説明しておかなければなるまい。

まず、新日本プロレスの創設は一九七二（昭和四十七）年の一月のことである。

前田日明が入門するまでの新日本プロレス（以後、新日プロと略記する場合もある）の五年半の大ざっぱな時系列での歴史を述べると、こういうふうになっている。

■一九七一年

【十一月】　アントニオ猪木と倍賞美津子が結婚。一億円挙式として話題になった。費用は日本プロレスが出した。猪木が「プロレスの宣伝になるから」といって費用を負担させた。

【十二月】　アントニオ猪木がいわゆる［密告事件］によって日本プロレス選手会を除名され、日本プロレスを永久追放される。密告事件というのは、当時の日本プロレスは芳の里、吉村道明、遠藤幸吉の合議制で運営されていたが、放漫経営の噂がついて回っていた。猪木はこれを告発、改革しようとして、同士であったはずの上田馬之助の裏切りにあい、告げ口されて、先手を打たれ、除名処分の憂き目にあうのである。(1)

■一九七二年

【一月十三日】　新日本プロレスリング株式会社を設立。日本人の参加レスラーはアントニオ猪木、魁勝司、山本小鉄、木戸修、藤波辰巳、「テレビが付くまで」との条件で豊登が参戦。外国人の参加プロレスラーは選手兼ブッカーとしてカール・ゴッチ、レフェリーのユセフ・トルコが参戦。

【三月六日】　大田区体育館で新日本プロレス旗揚げ戦が行われ、メインイベントはアントニオ猪木対カール・ゴッチの時間無制限一本勝負でカール・ゴッチが勝利。

このあと、しばらく新日プロの苦闘時代がつづく。これを救ったのがＮＥＴ（現在のテレビ朝日）の『ワールドプロレスリング』だった。

■一九七三年

【四月一日】　日本プロレスとの対等合併計画が発表されるも、大木金太郎ら日本プロレス選手会の反対により頓挫。日本プロレスからは合併推進派であったエースの坂口征二が小沢正志、木村たかし（のちの木村健悟）、大城大五郎、レフェリーの田中米太郎を連れて新日本プロレスに移籍。

［坂口征二は、テレビ朝日が新日本プロレスの試合を放映してくれるという条件をもって新日本プロレスへきてくれたのである。それまでの新日本プロレスは、最初の一年間（の最初＝註）

は、そこそこの客は入ったけれども、その後はあまりパッとしなくなっていた。」(3)
【四月六日】　NETテレビ(現・テレビ朝日)が『ワールドプロレスリング』の放送枠で新日本プロレスの中継を開始。
【十一月五日】　タイガー・ジェット・シンが新宿路上でアントニオ猪木夫妻を襲撃。
■一九七四年
【五月】　第一回「ワールドリーグ戦」を開催。優勝はアントニオ猪木。
【五月八日】　東京都体育館で新日本プロレスとWWWF(現:WWE)が業務提携を結んだことを発表。
【十二月】　第一回「カール・ゴッチ杯争奪リーグ戦」を開催。優勝は藤波辰巳。
■一九七五年
【八月三日】　アメリカ、ルイジアナ州ニューオーリンズで開かれたNWA年次総会でNWAに加盟したが、全日本プロレスの圧力で団体としてではなく坂口征二と新間寿の個人加盟とされたのに加え「NWA世界ヘビー級王者は新日本プロレスに参戦しない」という条件下で加盟が承認された。
【十二月十一日】　日本武道館で百田家主催による「力道山十三回忌追善特別大試合」が行われていたが、新日本プロレス側は参戦を固持して蔵前国技館で興業を開催。このときも暴力団などが新日プロの興業をジャマしようとして大変だったようだ。これは全日本プロレスが百田家を担ぎ出して追悼興業をやろうとして、猪木を招待選手にしたのだが、猪木はすでにこの日、ビル・ロビンソンとの対戦を組んでいて、招待に応じなかったもの。そこから話がこじれていった。東京スポーツによれば力道山の未亡人は激怒して猪木に対して「もう、力道山の弟子を名乗らないでください」と言いわたしたことになっている。（4）

■一九七六年

【二月六日】　蔵前国技館で異種格闘技戦が行われ、アントニオ猪木対ミュンヘンオリンピック柔道93kg超級と無差別級の金メダリストのウィレム・ルスカによる格闘技世界一決定戦がおこなわれ、アントニオ猪木が勝利。

【六月二十六日】　日本武道館でアントニオ猪木対ローマオリンピックボクシングライトヘビー級の金メダリスト、WBA・WBC統一世界ヘビー級チャンピオンのモハメド・アリによる格闘技世界一決定戦が行われ、試合は後に「猪木アリ状態」と呼ばれる膠着戦となり引き分けに終わった。当時のファン、関係者からは「世紀の凡戦」と評されるが後世の総合格闘技に多大な影響を与えた。

【七月二十九日】　新日本プロレス版のアジアヘビー級王座を設立。初代王者はT・J・シン。

【八月四日】　新日本プロレス版のアジアタッグ王座を設立。初代王者は坂口征二&ストロング小林組。

【十二月十二日】　パキスタンのカラチ・ナショナル・スタジアムでアントニオ猪木対格闘家のアクラム・ペールワンによる格闘技世界一決定戦が行われ、アントニオ猪木の勝利。

■一九七七年

【八月二日】　日本武道館でアントニオ猪木対全米プロ空手世界ヘビー級王者のザ・モンスターマンによる格闘技世界一決定戦が行われ、アントニオ猪木の勝利。（5）

だいたい、こういう運びで、ここのところまで来ている。

これを見るとわかるが、新日プロというのはそもそもが、アントニオ猪木の既成のエスタブリッシュド（旧来の権威）に対する抵抗と反逆を契機に成立した団体であったと書くことができるのではないかと思う。

力道山亡きあと、力道の周辺にいた朋輩レスラーたちで作った日本プロレス経営陣に対する反逆、そもそもはジャイアント馬場がアメリカで圧倒的な人気があったことを理由に、猪木は団体のナンバー2の役目、ナンバー1のレスラーにしてみれば、常に負ける役を引き受けさせるレスラーとしてナンバー2は存在しているのである。そういうふうに考えているレスラー（＝ジャイアント馬場）といっしょに試合するわけだから、それらのことはかつて力道山から「お前はオレの後継者」といわれていた猪木にしてみれば、いままではしかたなくガマンしてきたが、もうこうなったら絶対に許しておくわけにいかない、馬場は猪木にとっては不倶戴天の敵になっていったのである。

日本人のプロレスラーのなかで、一番強いのはオレだ、というのがこのときの猪木の確信だった。本当はオレの方が強いのに、なぜ、負けばかり作らされるのか。強いものが勝つという自然な形で試合がおこなわなければ、八百長といわれても反論できないではないか。新日プロはそういう思いのなかで成立したプロレス団体だった。

馬場、つまり、全日本プロレスはこれに対して、大人対応というか、政治的な手を打って新日プロの勢力の伸張を妨げようとしている。そのことも、馬場のプロレスをそっちに置いても猪木がなにをやるか見届けなければという気にさせた。

実際、このころの猪木は本当に強かった。

［俺が一番強いんだ］という、本能的に人間の自我が作り出す自分へのこだわり、そのために練習を欠かさず、最強でありつづけようとする、それが猪木のレスラーとしての基本的なポリシーであり、同時にこの集団の基本理念だった。

だから、新日本プロレスは【最強】と【天下無敵】を看板に掲げて、道場破りをいつでも歓迎していた。その下地があったから、佐山は大阪で空手に出会って無想館の道場を訪れ、そこで前田日明は佐山聡に邂逅することができたのである。

新日プロに所属するレスラー全員がそういう考え方をしていたとは思わないが、猪木から藤波辰巳、長州力、藤原嘉明に至るまで、彼らは基本的な団体結成以来の歴史のなかで自然にできあがった格に従って、勝ち負けを前もって決めておくプロレスをやっていたが、みんな、ひそかに、ガチンコでやったらたぶんオレの方がアイツより強いとか、たぶんセメントでやればオレが一番だとか、そういうことを考えながら試合（じつはプロレス）をやっていた。

これは、団体設立時に集団のアイデンティティとしてカール・ゴッチがみんなに与えた闘争のための思想的なテーゼでもあった。ゴッチはショーマンというよりは孤高の、ひとり黙々と最強のレスラーであろうとして自分を鍛えつづけた人間だった。ゴッチの尊敬する人間は宮本武蔵で、愛読書は『五輪の書』だったという。誰よりも強いレスラーでいたい、そう考えて技術の研究と錬磨、体力の補強を欠かさずにやってきた人だった。ゴッチには第十一章に再登場してもらおう。詳述はそのときにしよう。

これは時代の趨勢でもあった。日本社会はおおかたの経済成長を終わらせ、生き残った企業が市場で生存競争を繰りひろげる、そういうところにまで来ていた。強さを巡って戦うレスラーに企業戦士たちは自然に自分の心情を重ねあわせることができた。プロレスはなによりも、最強を争って戦わなければ、戦いの必然性が補完されないものになろうとしており、そこのところにこそ自由主義社会で繰りひろげられる資本による（企業間の）生存競争の二十世紀末的な意味との共通性があった。たぶんこれはレスラーが自分の戦いを生き抜くことが、社会情念的には弱肉強食という資本主義的な有りようのなかで必死で出世競争に勝ち抜こうとするビジネスマンたちの労働環境と通底していて、レスラーたちの激闘のありさまはビジネスマンの心象風景だったのである。だからこそ、レスラーの戦いは広汎な大衆の共感を得ることができたのだ。

いまの猪木はプロレスのそういう時代を懐かしがる人たちのお笑いネタのようになってしまったが、七〇年代から八〇年代にかけての彼は、まさしくそういう社会状況を象徴した最大のイコンだったのである。

そもそも初期の日本のプロレスは異文化との遭遇をカリカチュアライズしたスポーツ（ショーでもあった）エンターテインメントであり、力道山のころのメインテーマは［尊皇攘夷］、つまり白人の襲撃から日本をまもることだった。それが、攘夷の夷が、T・J・シンとかA・ジャイアントとかアブドラ・ザ・ブッチャーとか妖怪変化的、怪物的なレスラーになっていき、プロレスは民俗説話的な、桃太郎の鬼退治みたいな話へと変化して、普通の人が怪獣や怪物と戦うというふうにエスカレートしていった。そして、その次に待ち受けていたのが、生き残った普通の人たちが自分たちのなかで誰が一番強いかを決めるために戦う、そういう下克上をともなった、階級闘争のパロディのような試合だった。それが八〇年代に入ってからくり広げられるプロレスだった。

これはたとえば、東映のヤクザ映画を例証に上げると、高倉健＝唐獅子牡丹・網走番外地的な、ヒーロー対外敵との対立的抗争という構図から、菅原分太＝仁義なき戦い的な内部紛争劇・生き残りゲームへと話の内容が変化していった経緯とパラレルである。要するに時代の所作であった。

前田は、そのバトル・ロイヤル（王冠争奪戦）のはじまる寸前に、新日本プロレスの軍門にくつわを並べることになったのである。

前田日明はこうして［最強戦士］を育てあげるためのシステムのなかにわが身を犠するのである。

しかし、それは辛いが楽しい、天国と地獄が同居し混在しているような世界だったらしい。

話を今度は、一九七七年の七月八日、つまり入門した翌日に戻そう。

翌日から東北巡業で、みんなでタクシーに乗って上野駅にいって、そこから寝台車みたいのに乗って。そのころは地方への移動はみんな、電車（列車）でしたね。機材とかは別仕立てでトラックで運ぶんです。年間が六シーズンに分かれていて、一シリーズがだいたい三十試合程度でしたね。だから年間百八十試合くらいになるわけです。でも、一番多いときは年間、二百三十試合くらいやってました。

当時の新日プロの興業はだいたい、一日八試合か九試合で、所属の選手は日本人レスラーだけで二十人くらいいたという。それがまとまって、遠距離は列車、近間は自家用車か会社のマイクロバスで移動するのである。

地方にいくと、午前中は時間があれば、一時間ほど走るんです。そのあとに移動で、旅館について、それから昼飯を食べて、ちょっと昼寝して（しばらく休憩して）、それから会場に向かって、それで会場で練習をして、で、試合をやって、それで終わって、旅館にもどって、食事して洗濯などの雑用をやって寝る、という毎日なんです。

で、自分たちが試合会場に着くころにはもう、先乗りしたスタッフがリングを作り終わっていて、試合が始まる前に、だいたい二、三時間ぐらい時間があるんです。そのときにトレーニングするんです。

リングをまん中にして、リングのまわりでいろいろな基礎練習をやって、それからリングのなかでいろんな練習をやるんですよ。シリーズの最中じゃなければ、道場で練習をするんですが、巡業で地方にいるときはだいたいそういうスケジュールで練習していましたね。それで、自分の記憶ではそのとき、合宿所にいる新弟子というのが、全部逃げちゃっていて、自分しかいなかったんですよ。自分のすぐ上が佐山さんだったんです。

七月七日に入門して、初めて休みをもらって大阪に帰省したのは翌八月十五日のお盆にあわせてだった。入門したばかりの新弟子でも毎月十万円の手当が出る。だから、そこそこにフトコロは温かいのだが、なにしろ普段はジャージで暮らしている。外出するときの服がみすぼらしかったらしい。それで、まわりの人たちが気を遣ってくれた。

この話をするときの前田はとても楽しそうだった。よほどうれしかった経験なのだろう。

八月のお盆に、親も心配しているだろうから、一度大阪に帰ってこいといわれて、休みをくれたんですよ。そのときに、自分が普段、パッとしないカッコウばかりしていたからだろうと思うんです。大阪にいるときはひどいカッコウして暮らしてましたからね。クツなんかボロボロだったですから、それで、チャンとしたカッコウで帰れよといわれて、みんなが餞別がわりにいろんな服をくれたんですよ。猪木さんからは「コレ、買ったけど履かないから」っていって、グッチのブーツをもらった。シャツをくれた人、柄物のエルメスかなんかのジャンパーをくれた人もいて、それを組み合わせて着て帰ったんですけど、親父がオレのカッコウをパッと見て「オマエもついにそういう道に入ったんか」と、「オマエ、それだけはやめてくれ」といわれたんですよ。真夏にブーツはいて、柄物のジャンパー着て、考えてみると、確かにすごいカッコなんですけどね。

父親は息子がヤクザの仲間入りをして、そういうカッコウで意気揚々と大阪に、いい風吹かせに帰ってきた、と思ったらしい。まだ子供だから、服のコーディネーションということを知らないのである。もらった服のアイテムを組み合わせると、どうしてもそういうふうに見えてしまうというふうに見えてしまうといういで立ちの服の組み合わせだったらしい。

山本たちにしてみれば、今度の新弟子は真面目で、逃げださないからえらい、というようなことだったらしい。それで、可愛がってくれた。

とにかくみんな、やさしく、練習はきつかったが、前田はまず、美味しいものを欲しいだけ食べられるという、大阪時代からすれば信じられないようなことがあって、全然逃げだしたいとは思わなかったらしい。とにかくみんな、やさしかったという。

どうして新弟子が逃げちゃうかというと、練習がきついからなんです。自分の場合は、たしかに練習はきつかったんですけど、とにかく、みんなが優しかったんです。それがすごくうれしかったんですよ。自分の場合は、このあと、モハメド・アリのところにいくんだ、と。モハメド・アリのところにいくのに只飯食わせてもらって。そのこと（新間さんがいずれアリのジムにいかせてあげるといったこと）は秘密だったのかもしれないんですが、自分は、みんな、それを知ってるもんだと思い込んでいたんですね。で、そうやって世話になるから、いわれたことは一生懸命にやんなきゃなと思っていたんです。で、新間さんからモハメド・アリのところにいく前にウチで体を作っておきなさいといわれていたものだから、それにチャンと応えなきゃいけないと思って一生懸命、真面目にやっていたんです。

それで、練習なんですが、スクワットだって他の人がやるような形ではできないわけじゃないですか。回数もそうだし。自分はマア、みんなといっしょにやりはじめて、がんばって五百回だったら五百回、千回だったら千回と、とりあえず、みんなから遅れてもその数が終わるまで（遅れても正直に）ひとりでちゃんとやってるみたいな、そういうふうにやっていたんで、四年前に亡くなられたんですけれども、山本さん（山本小鉄）とか、オウ（今度来た新弟子はなかなか真面目じゃないか）みたいな感じで。出来ないなりに一生懸命にやろうとしている、みたいなことだったんでしょうね。

普通だったら、何百回といわれて、先輩たちといっしょに始めて、先輩たちが終わっちゃったら、回数できてなくても途中でやめて次にいっちゃうんですけど、自分はやり残してるのを全部やってから、次のことをやっていたんです。律儀な性格してるんでしょうね。でも、そのときの自分としては、とにかくモハメド・アリのところにいくんだから、一生懸命真面目にやんなきゃな、と思っていたんですよ。あれがプロレスラーになるっていうんだったら、どう反応したかわからないですよ。

とにかく、みんなが飛んだりはねたりしているのを見て、あんなこと、とんでもない、とてもじゃないけど、自分にはできないと思っていましたからね。（「面白そうだとは思わなかったの？」

と質問すると）いや、面白そうだというよりも、あんなコトして身体は大丈夫なのかなあと思っていましたね。そのへんがプロレスラーになりたいと思って入門した人との一番の大きなちがいかもしれないですね。

どのくらい凄まじい猛練習だったかについては、『格闘王への挑戦』にこんな記述がある。

スクワットは初日は250回でダウンしたが、10日後には1000回をこなせるまでになった。練習には〃鬼コーチ〃と名を轟かせていた山本小鉄さんが竹刀を持って気合いを入れる。オレは苦しくなると「竹刀ごっつあんです！」と大声で怒鳴った。周囲の人はあっけにとられていた。

入門時オレは身長188センチ、体重73キロだった。ところが、一週間で66キロまで一気に落ちた。オレが実に情けなかったのはパワーだ。ベンチプレスで45キロを挙げられなかった。空手をやって鍛えていたつもりだが、最初の一週間はつらかった。トイレに行くとまるでコーラみたいな（血の色の＝註）小便が出た。（6）

スクワットなんかでも、入ってだいたい初日に三百五十回ぐらい、ダメでもなんでもやるんですよ。それでいてね、そうやって一週間、二週間ぐらいで千回つづけてできるようになりましたからね。その千回も最初四十五分かかってヒイヒイいっていたのが、三十分くらいでヘッチャラでできるようになりましたからね。

ダンベルとかそういう道具みたいのはあまり使わないんですよ。スクワットとか腕立て伏せとか、ウサギ跳びとか、主として自分の身体の重さを上手く使った練習を一生懸命にやっていましたね。

前田の身体はいきなりは無理にしても、ある日数をかけてノルマを消化していけば、相当のことまでできるような潜在的な能力を秘めていた、ということなのだろう。もしかしたら、健康な人間の身体はどんな人でもそういう、鍛えればたくましくなる性向をもっているのかもしれない。

いずれにしても、歯車は回りはじめた。

プロレスラーは、前田が考えていたような生まれながらにプロレスラーたるべき人間がいるのではなく、本人の練習と鍛錬、そして周囲の人々のさまざまの協力、アドバイス、援助によって作りあげられるものだったのである。前田はここで、佐山聡が持っていたような、殴られてもぶたれても平気な身体というのが、本人のたゆまぬ努力によって作られるものであり、才能は、もちろん初動の部分では関係はあるが、じつは本人が一生懸命に努力しなければ、味のしないスープのように全然美味しくなく、価値のないものだということを知るのである。佐山の身体もその他のレスラーたちの身体もそうやって作られたものだったのだ。

そして、大阪時代から最大の変化を遂げたのが食事の事情だった。これは激変したという。

オレはいまでも、あのときの感動を思い出すんだけれど、日本旅館に泊まるんですよ。日本旅館に泊まったら、旅館の方が「プロレスラー様ご一行」とかいって、玄関に歓迎の札を立ててくれて、（最高のもてなしをしてくれるんだけれども）食事のときには必ず、こんな分厚いステーキがついているんですね。で、最高級の料理ですよ。海のそばなら、アワビだったりウニだったりカキだったりタイやマグロの刺身とか。それをいくら食ってもいいんです。食えば食うほど、オッ、食べてるな、と喜ばれるし、なんか、それまでに比べたら夢のような世界ですよ。

それまで、毎日、ご飯にみそ汁をかけて食べるだけで、一年三百六十五日、みそ汁の内容が変わるだけというような、お新香とメザシがおかずの食事をしていたのが、だいたい旅館はその土地土地の見たこともないような名物料理を出してくれるんです。なんか、毎日毎日、大名気分ですよね。酒は飲めなくても太れるからビールは飲めとかいわれて。

とにかく、太れっていうんですよ。山本さんなんかは「ご飯は最低でも十杯だ」と。茶碗に十杯食え、というんですよ。そんで、最初のうちはいわれた通りに十杯食べていたんですけれども、そのうち、だんだん食えなくなっていくんです。で、また新しい日本旅館いくでしょ、そうすると旅館の人が気を遣ってくれて、たまに「お茶碗は大きい方がいいですか」っていって、大きなドンブリを出してくれるんです。ウワーッ、ドンブリ十杯はきついなあと思って、必死で大きなドンブリでご飯十杯食べるんですよ。でもね、毎日毎日、美味しいものが食べられた。それがなによりだったですね。なにしろ、高校三年間、食うもので苦労しつづけていたから、それがなによりもうれしかったですね。

これが食生活。新弟子としての前田の役目というのはこういうことだった。

自分は入ったらすぐ、猪木さんの付き人と、旅館から会場にいく往復のタクシーの手配と、あと救急箱の係と、いきなり三つやらされたんです。一番苦労したのは配車で、うまくできなくていつも怒られて怒鳴られてましたね。猪木さんがメーンエベントやって、試合が終わったら、バーッとそのままの状態でタクシーに乗りこんで、宿舎に大急ぎでもどるんですよ。そうしないと、人がいっぱい集まってきて、車が身動きとれなくなっちゃうんです。そのために、試合が終わった瞬間に、車が混雑しているじゃないですか、それを混雑していないところにタクシーを配車して待たせておく、待機させなきゃいけないんですよ。その要領が全然わかんなくて、配車したはいいんだけど、混雑してるなかに車を待たせちゃって、猪木さんが乗ったらまわりをバーッとお客さんで試合見に来た人たちが取り囲んじゃって、動けなくて、そういうようなことがしょっちゅうでしたね。毎日、怒られていた。救急箱も同じです。流血するでしょ、試合のあと、傷の手当てをするんですが、アレが足りない、コレが足りないって怒られて。

あと、猪木さんの付き人というのは、身の回りの世話をするんだけど、手の掛からない人で、猪木さんは自分のことは全部本人が自分でやってましたね。自分は出るときの衣装を揃えておいたりとか、そういうことをやってました。そういう雑用係みたいのをだいたい二～三年間くらいやらされるんですよ。雑用係をやりながら練習して、体重増やして、身体を作るんです。

それで、オレはお人好しというか、新間さんがいずれオレに、「まあ、そろそろアリんとこにイカンといかんだろう。アリのとこにいってくれるだろうと思っていたんです。それで、最初にその話をしたときに、「お世話になって来い」といってくれるだろうと思って聞いたら、新間さんから「いや、ちょっと選手としてどうやって恩返ししたらいいですか」っていわれたんですよ。だから、おれは、じゃあ、そうやってちょっとずつプロレスの試合しながら、ある程度、身体ができた時点で、じゃあ、お前、(アメリカに)いって来いといってくれるものだと思っていたんですよ。それで、「いつになったらアメリカいけますか?」とか聞いて、無理に自分の考えを通したらここにいられなくなる、ということも考えたし。精神的にはそんな状態で過ごしていましたね。

当時の道場の責任者は山本小鉄で、前田は律儀で礼儀正しかったから、すぐこの人に気に入られた。道場に併設して寮(新弟子たちが入る合宿所)があった。この合宿所時代の前田は、随一の真面目な練習生だった。入ってしばらくしたら後輩になる新弟子が入ってきて、すぐに寮長に任命されたらしい。「三年間、一度も休みの日に外出ということをしなかった」といっている。

当時の新日本というのは、(雑用と練習は)きつかったんですけれど、自分みたいに愛情に餓えているものにとっては、道場と寮の生活は愛情にあふれている環境だったですね。いまでもあのころのことを思い出すと、なんか修学旅行にいっていたみたいな、そんな気がしてきます。自分にとってはね、あのころを思い出すと自分の気持ちが静まるというかね、すごいなんか、三時間だけきつい練習をするだけで、そういう場所にいられるというのがすごいうれしかったですね。
それで、オレが幸運だったのは、自分の前の新弟子が佐山さんで、純粋の同期が誰もいなかったことなんです。だから、余計にみんなが可愛がってくれたんですよ。

これは細かいことを調べてみると、佐山聡の入門が一九七五年の七月である。そして、七十六年の五月に新人レスラーとしてデビューしている。
そのあと、新入門がいなかったわけではないのだが、みんな、途中で嫌になってやめてしまったらしい。じつはジョージ高野が七十六年八月の入門なのだが、翌七十七年二月にデビューすると、たちまち女性ファンの注目を浴びて、そういうノリの人気者となる。コレに目をつけた芸能マネジャーに俳優にならないかと持ちかけられ、新日プロを退団した（菅原文太に弟子入りしたが、俳優としてはダメだったらしく、すぐにまた、新日プロに出もどった。前田の入門と同時期のことである。このあと、高校時代からボディビルなどで身体を作っていたという平田淳二や、のちに平田らとともにカルガリー・ハリケーンズを結成して大暴れするヒロ斎藤（斎藤弘幸）らが七十八年になってから入門している。この事情を前田に説明してもらうと、こういうことだ。

ホントは自分の前に佐山さんのあとに入門したジョージ高野がいたんですけれど、彼もかわいそうなんですけど、周りにいた人間がよくなくて。ジョージ高野というのはハンサムで、もうカッコいいもんですから、俳優にするとかいってまわりにいた人（芸能関係者＝註）が引き抜いていったんですけれども、けっきょくダメで、帰り見参して、自分と同期なんですよ。で、自分が入った半年ぐらいあとだったと思うんですが、平田淳二とか、斎藤弘幸とかが入ってきたんです。

前田は期待の星だった。そのことは間違いない。みんなが前田を大事にしてくれた。前田の方も大阪の盛り場でケンカ小僧をやっていたことなど、おくびにも出さず、先輩たちからいわれることを従順にまもりつづけて、優良児として振る舞っていたようだ。

この道場で、かれは自分の人生を方向づける三人のレスラーに出会う。

その三人というのは山本小鉄と藤原嘉明とカール・ゴッチだった。

前田のレスラーとしての人間形成と精神性の確立はこの三人に出会うことでかなったと書いてもいいのではないかと思う。

まず、山本小鉄の話をしてもらおう。山本小鉄は新日の道場を仕切っている責任者だった。

この人も往年、アメリカで星野勘太郎とふたりで組んで、ヤマハ・ブラザーズを名乗って、まだ戦争の記憶が色濃く残っていた一九六〇年代のアメリカの田舎町で白人レスラーたちを相手に、観客たちにとっては悪逆非道の反則ヘッチャラプロレスを繰りひろげて、敵役として大いに名前を売った命知らずのレスラーだった。これは星野勘太郎が前田に話してくれたエピソードだというのだが、試合会場の選手入場口で待ち伏せしていた暴漢に襲われて頭をナイフで刺されたのだという。星野の頭というのは絶壁で、ナイフは頭蓋骨を横滑りして頭皮と頭蓋骨のあいだに刺さったままになったらしいのだが、星野はその状態で、刺した男を取り押さえて叩きのめしたというのだ。

ジャイアント馬場のアメリカ遠征はニューヨークのマジソンスクウェアガーデンで、馬場はここで人気者だったらしいが、猪木や山本はアメリカの南部の田舎町で、たっぷりと死ぬか生きるかの殺伐としたプロレスを経験してきているのだ。これが全日本の王道プロレスと新日本の闘魂プロレスの根本的な出発時点の相違である。前田はこういう。

新日本プロレスが特異だったのは、試合も大事だけど、相手の外人にバカにされたらダメなんだよ、バカにされたらそこで相手をやっつけてしまってもいいんだよ、と。ホントの決める技術で、やってしまわないといけないよと教えていたんですよ。強いことが一番大事なんだと。

山本小鉄は前田のプロレスラーとしてのデビュー戦の対戦相手でもあった。この話は後段（次章）でしよう。

『UWF戦史3』のなかで、わたしは山本小鉄について、こんなふうに書いている。これは全体の文脈が全日プロの［王道］と新日プロのいわゆる［闘魂］との比較で、それぞれがどういう経緯で成立していったかを述べた文章なのだが、こういう内容である。

当時、山本小鉄は道場主で、若手レスラーたちを管理する鬼軍曹ともいうべき存在だったのだが、前田のことをずいぶんかわいがってくれたらしい。（略）前田はこんなふうにいっている。

「ひとつだけ、新日本プロレスのことを擁護しなければと思うのは、当時、新日本プロレスと全日本プロレスがどうしてあんなに違ったプロレスをやっていたかというと、猪木さん、山本さん、ヤマハ・ブラザーズで当時、アメリカへ遠征に出かけて、どこにいったかというと、テネシー州なんですよ。あそこは太平洋戦争での戦死者が一番多いところなんですよ。それで、そのころのアメリカがどういう国かというと、アパルトヘイトの国ですよ。人種差別が存在していた。アメリカがいまのような、自由と平等の国になっていったのは、ケネディ大統領以降のことですよ。いまでも、テキサスとかいったら、まだ人種差別があるんですよ。これは（スポーツトレーナーの）ケビン山崎さんから聞いた話なんだけれど、ピストルで撃たれて足から血を流している日本人が病院にいったら、医者が全然みてくれないし、あとから来たなんでもないような人を先にみてるっていうんですよ、それで、「血が止まらないからみてくれないか」と頼んだら「ジャップなんか唾でもつけとけ」っていわれたっていうんだよね。そのくらい、日本人が嫌われてるんですよ。

もちろん、相手の選手もまともに試合をする気もないし、観客たちだって差別と憎悪で凝り固まってるワケですよ。山本さんたちはそういうところへ乗り込んでいって、プロレスやってたっていうんだよね。そういうところでプロレスをやってみせるためには強くなきゃダメなんですよ。いざとなったら本気で相手をねじ伏せることができる、そういう力を持ってなくちゃならない。山本さんなんて、体重が一番多いときで108キロだったたっていうし、身長も170センチくらいしかないいんですよね。アメリカのレスラーというのはみんな、120、130キロあるのが普通だからね。そういう修羅場をくぐり抜けて来ていたから、(新日本のプロレスの道場のなかには）いつでも（真剣勝負で）やってやるぞっていう気概があったんですよ」

その伝統的な土壌があって、それがのちにUWFのなかで花開いた、と前田はいうのだ。

山本小鉄が星野勘太郎とヤマハブラザーズのコンビを組んで、アメリカを転戦したのは1967年のことである。前田はレスラーの強い弱いは結局ハートの問題というのだが、要するに覚悟を決めて、肝を据えてやらなければ、技術も力も発揮できない、ということだろう。これは言葉でいえば［根性］というようなことになるのだろうか。案外、［闘魂］の正体はそういう言葉なのかも知れない。（7）

猪木のファイティングスピリットとは別に、この人の戦いの精神が新日の道場から多くの尚武の戦士たちを生みだした思想的基盤になった、山本小鉄とはそういうレスラーだった。

『パワー・オブ・ドリーム』のなかで、前田が新日の道場に入門したころの山本小鉄はこんなふうに描かれている。前田と山本小鉄は年齢差十八、このとき、山本小鉄は三十六歳である。

それは毎朝、一台のキャディラックの到着とともに始まるのだ。朝十時、ウォーミングアップ中のオレの耳に飛びこんでくるキャディラック独特のエンジン音。いつの間にかそれを聞くと反射的に身がすくむようになってしまった。鬼コーチ山本小鉄さんのお出ましである。当時、現役バリバリの山本さんは、同時に若手のコーチとしても活躍し、そのしごきぶりには定評があった。

「さあ、足の運動を始めるぞ」竹刀を片手に、山本さんがオレに命じる。

足の運動とは、ヒンズースクワットのことだ。入門したばかりの新弟子は、最初の数日間はこればかりやらされる。腕を前後に振りながら立ったりしゃがんだりするだけの単純な屈伸運動だが、回数をこなすとなると大変である。普通の人なら、百回も繰りかえせば膝が笑うはずだ。このスクワットを、レスラーは一日に千回から三千回も行うのである。三千回をぶっ続けて行えば、一時間半は優にかかる。それだけの苦行をあたりまえにこなせるようになって、初めてプロレスラーらしい下半身のパワーと持久力が身につくのである。

もちろん、新入りのオレがいきなり何千回もできるわけがない。が、山本さんはそんなことにいっさいお構いなしだ。途中でダウンしたら、竹刀がうなりを立てて飛んでくる。自分ではもう限界だと思っていても、まだ一回でも屈伸する力が残っているうちは、しごきの手をゆるめてくれない。

「一度へばったところから始まるのがプロレスのトレーニングだ」と誰かが言ったが、まさに言い得て妙である。（8）

「一度へばったところから始まるのがプロレスのトレーニングだ」といったのは、ジャイアント馬場である。（9）

二〇一四年の秋のインタビュー、わたしの取材で前田はこんなことを言っている。

道場全体のムード造りだとか雰囲気というのは小鉄さんが作っていたと思います。あの人もすごい人で、私生活なんかなかったんじゃないかと思うくらい、全身全霊で仕事していましたね。朝、早くに道場にいって、若いモンが道場の掃除をちゃんとやっているかチェックして、みんなで合同練習をやるんだけど、それも率先して若いモンと同じ回数だけやって、その、見ていてこの人の性格のよさが伝わってくるんですね。年とってくると（身体が固くなって）、スクワットひとつでもひざが半分しか曲がらない人が多くなるんですけど、山本さんはいつもフルスクワットしていた。それも、みんなと同じ回数やっていましたね。

練習が終わったら終わったで、新人たちが飯食ってるところに来て、いっしょにビールを飲みながら、おまえ、何杯メシ食った？　いま何杯目食べてるの？　ってきいてね。いま、体重どのくらいあるの？　ってきいて。毎日毎日、十杯食え、十杯食えっていって、みんなが食事するところを見てるんですよ。

この体重の問題だが、これだけ美味しいものを飲んだり食ったりしていれば、体重も順調に増えていくはずである。前田は大阪から上京したとき、体重は七十三キロだった。身長が百九十以上あるのに体重はそれだけしかなかった。ろくなモンを食べていなかったのが急にステーキだ刺身だという調子で夢のような食生活がはじまったのである。

で、その結果、かなり激しい運動をしているのだが、身体は食べるものが突然よくなったことで、ドンドン変化していったらしい。食べ物が身体のなかにただの脂肪になってたまって、それで体重が増えても意味はなく、力や速さを作り出してくれる筋肉になってくれなければならない。そのために欠かせないのがトレーニングだった。トレーニングを繰りかえしながら、ドンドン食べ物を摂取するのである。そうすると、実用的な筋肉がついて、体重も増えていく。「真綿が水を含むように、ピューっと太っていった」といっている。

前田のデビューは翌七十八年の八月のことなのだが、その時、体重が九十キロあったというから、正確にいうと、入団からの十三ヶ月で体重は十七キロ増えたことになる。

食事というのも身体というか、胃のキャパシティ（収容能力）があり、あまり無理して食べると気持ち悪くなって吐きそうになるのだという。みんなの前で吐くと怒られるので、トイレにいってこっそり吐いて、平気な顔をしていたのだという。美味しいもの地獄のことを「饅頭こわい」というが、これも一種の饅頭こわいで、普通よりさらに過激な「饅頭こわい」である。

『無冠～』のなかで山本小鉄は練習生時代の前田について、こんな思い出話をしている。

第一印象は〝ヒョロッ〟だね。今では想像できないくらい痩せていたんだよ、前田は。

でも、目だけは異様にギラギラしてたな。何かに反発するような目、とでも言えばわかりやすいかもね。

　おもしろいことに、うちの会社に練習生として入ってくる若い奴らは、初対面の時、みんな全面降伏のような態度をとる。たとえば、犬が飼い主に甘える時に寝転がって腹を見せるじゃないか。自分はあなたに絶対に服従します、ということをわかってもらうためにね。そんな感じの奴ばかりなんだよな。ま、長州のように元アマレスのオリンピック代表選手だったスポーツ・エリートは別だけどね。（略）それは仕方ないといえば仕方ないことなんだ。周囲を見渡せば、自分以外の選手たちは化け物のように体もでかいしね。

　だけど、前田は違った。礼儀はちゃんとしているけど、なぜだか目だけは俺たちに反抗していたよ。これっぽっちも服従の態度を見せない。こりゃ、久々におもしろい奴が入ってきたなと思ったよね。シゴキ甲斐のある奴が入ってきたなとうれしくなった。そういえば、若い連中に厳しい長州も俺のところに来て、『新しく入った奴、体はまだできてないけど、負けん気が強そうでおもしろそうだよ。ちゃんと仕込めば、いい選手になるんじゃないか』と言っていたくらいだからね。（10）

　あのころの前田は素直な青年でね。用事を言いつけると走って片付けるような誠実さがありました。我々からすれば、そんなに気張らなくてもいいじゃないかと思うくらいに目を吊り上げてがんばるんですよ。で、『よくやったな』と褒めると喜んでね。なんとかが木に登るような感じで喜ぶんですよ。逆に叱り飛ばすと口では『すみませんでした』と謝るけど、目は反抗しているんだよね。まあ、実に単純な男でしたよ。（11）

山本小鉄には悪いが、［実に単純］はいいすぎだろう。世のなかにそんなに単純な男もいないし、単純な女もいないし、単純な人間もいない。人間のこころはみんな複雑にできている。単純なように見えるのはその人が単純な人間のようにふるまおうとしているだけの話だ。

これは前田が猫を被っていたと考えるのが正しいだろう。彼は素直でない青年が大人たちからどんなあしらいを受けるかもよくわかっていたし、人から嫌われないようにするにはどうしなければいけないかということもよくわかっていた。前田にいわせると「在日はそういう演技力はすごくあるんですよ」ということなのである。日本という社会で生きていくための知恵である。しかし、演技力はどうであれ、性質が善良であることにかわりはない。

人の言葉を悪意を持って解釈したりはしない。人を疑うということは知らないからよく騙されるが、それは単純な人間ということではないだろう。

たしかに人から何かを頼まれて、それを一生懸命にやったり、誉められるとうれしそうにしたり、子供の反応の部分は多分にあったが、ここではこういうふうにしていようという、演技ではないだろうが、正直者とは裏腹の、人からいい子だと思われるように振る舞わなければという強い自意識のようなものも働いていたはずである。

もちろん、誉めてもらってうれしかったが、まだ十八歳の子供といえども、それほど単純ではない。大阪では戦前のゼロ・ファイターたちが生き死にについて書いた本を教科書がわりの参考にして、ヤクザもの相手にストリートファイトを繰りひろげた戦歴の持ち主なのである。

《オレの最終目標は新日のリングじゃなくてアメリカのモハメド・アリが用意している第何番目かの弟子の椅子なんだよ、最後はブルース・リーなんかと同じようにアメリカで空手道場をやるんだよ、まわりの大人たちから子供っぽくてかわいいと思われる手管なんかいくらでも用意しておくよ》というのが、半分大人になりかかっている前田の本音、心意気だったのではないか。

それでも、前田は新日の道場で初めて人の情けにふれて、人間てもしかしたら素晴らしいものかもしれない、とも思いはじめている。山本小鉄は前田日明に戦士としての心得とプロレスの革新とはなんなのか、そのことを教えたと思う。このときのふたりの出会いは十分に「オレはしばらくはここにいよう」と思わせてくれた、心が震えてくるような経験だった。

それも山本小鉄の仕業だった。小鉄は前田に人間の真情も教えてくれた人だった。

山本小鉄が点鬼簿に名を連ねたのは二〇〇八（平成二十）年のことだが、前田は山本小鉄の葬式で、未亡人になった奥さん（山本ミツ子＝註）に頼まれて、弔辞も読んでいる。

後日、雑誌にミツ子未亡人との対談が掲載されたが、そこで前田はこんな思い出話をしている。

前田　自分が入門して2カ月ぐらいのときに、大阪にいたウチの父親が十二指腸潰瘍から腹膜炎を起こして倒れて、病院に担ぎ込まれたんですね。それで小鉄さんに「ウチの父親が危篤らしいんですけど……」って言ったら「すぐ行け！」って言われまして、「わかりました」って自分がパッとお尻を向けた瞬間にポケットにこんな分厚い札束を入れてくれて、「いいから持ってけ！」って。それで病院代とかを払ったんですよ。自分の交通費とかだけじゃなく、病院代とかを全部払えるくらいの額のお金をいただいて、ビックリしました。それまで怖いだけの人かなって感じでしたけど、そんなに思ってくれていたんだって知って驚きましたね。

ミツ子　そんなことがあったんですね。

前田　ええ、自分は大阪に住んでいた時代はほとんど家族もいない状況で生活をしていて新日本プロレスに入門してから、小鉄さんにイチから躾けだとか教育を受けたんだと思います。多分、最初の頃は自分のことを見て、何千回とため息をついたと思うんですよ。自分が行儀の悪いことを言ったり、したりするたびにバーンと殴られて、「なんてことを言うんだ！」とか「なんてことするんだ！」って怒られまして。それでもまたやると、バーンと椅子が飛んできたりして。ちょうど自分が小鉄さんの付き人をやっていた頃というのは、自分が一番世の中とか人間に対して不信の頃だったんですよ。「家族さえ信用できないのに、他人なんか信用できるわけないじゃないか」みたいな、そういう気分だったんですよね。それをイチから矯正してくれたのが小鉄さんでした。

ミツ子　前田さんは彼の付き人もやってくださってたんですよね。

前田　はい。自分にとっては、本当に父親みたいな人です。(12)

葬式の夜、通夜のインタビューで、前田はこんなふうに語っている。独白である。

若い当時は厳しくて大変な人だと思いましたけど、いまから思い起こしてみるとすごい自分の時間なんかあったんだろうか？　というくらい一生懸命やってましたね、いろんなことを。父性愛です、父性愛。レスラー全員のオヤジになって、厳しく、ときには優しく。練習中は鬼のように怖かったですね。練習終わったら、陰で『あのハゲオヤジ』って言って、それを聞かれても『誰のことをハゲって言ってるんだ？』って許されたというか。いま自分に身についているいろいろ、人から自分が評価されるときに、自分が持っているもののなかで山本さんから教えてもらったものっていうのは数えきれないくらいあるなって。

今日お通夜に参加していろいろ思いましたけどね。レスラーとしてっていうんじゃなくて、一人の人間の生き方として、いつもコツコツと小さな努力を積み重ねることが大事だし、人間て本当に努力しないといけないときに、ちゃんと努力できるかできないかっていうのが、人生でいちばん大事なことなんだっていうのは山本さんに教えてもらいました。ハッと気がついてみたら、すごい大きな影響でしたね。

当時、新日本の道場にいて、山本さんがコーチでいて、あの時に育った選手はみんなそうじゃないですか。当時は新日本は〝過激なプロレス〟って言われてたんですけれど、ハッキリ言うとメインイベントとかは全日本も新日本もそんなにたいして変わりはないと思うんですよ。だけど山本さんが育てた若手の連中、前座中堅クラスはハンパじゃないことやってるんですね。いま考えると、あれプロレスだったんだろうかって。その中からいろんな多士済々な人たちがのちのち出てきて、日本の格闘技界を作りましたからね。あのまま新日本プロレスが本当にレスリングの方面だけで頑張ってやっていれば、また日本の格闘技界も変わっていたかもしれない。本当に縁の下の力持ちっていうか。黙々とおごることなく、偉ぶることなくやり遂げた人（だと思います）。(13)

これらのコメント、引用した文章のなかからわたしが感じるのは、新日の道場の、というよりは多分、山本小鉄その人が持っていた、未完成なものに対して厳格に接するなかでのいたわりや優しさである。

この新日の道場についての前田の回想を読むと、新日の道場にあった一番大切なものが、ぼんやりとだが見えてくる。わたしはそれは未完成なものに対しての柔軟な対応、あるいは尊敬の念であったのだと思う。いまはなにも知らず弱くても、練習して努力すれば強くなる可能性を持つ者たちへの信頼である。山本小鉄は努力するものに対しては寛容だった。

つまり、山本小鉄は本当に強かったから弱いもの、未完成なものに対して愛情というか、優しさと尊敬の念を抱くことができたのではないかと思う。彼は一徹に生きた。一徹に生きれば肉体は老いとともに衰えるが、精神はそれとは逆に強靱さを増していく。

前田は最近、色紙を頼まれると、「太く生きたからといって人生が短いとはかぎらない」と書いているのだという。戦いを積みかさねた人生はたぶん、生き残った者の心に豊かさ、精神に強靱さを残すのである。

もう若くなく、年をとりはじめている前田は山本小鉄から社会の奈辺で一生懸命に努力する人間を尊敬する、そういう人間的精神を受けついだのではないか。前田がいま取り組んでいる［ジ・アウトサイダー］もその視点で見ると、その戦いの持っている意味の深さが見えてくる。

【註】

(1)『アントニオ猪木自伝』二〇〇〇年刊　新潮文庫　猪木寛至著　P・152
(2)『無冠　前田日明』　P・75
(3)『さらばアントニオ猪木』一九九三年刊　ベストブックス　新間寿著　P・62
(4)『アントニオ猪木の伏魔殿』二〇〇二年　徳間書店　新間寿著　P・36
(5) http://ja.wikipedia.org/wiki［新日本プロレス］の項
(6)『格闘王への挑戦』　P・118
(7)『UWF戦史3』二〇一〇年刊　河出書房新社　塩澤幸登著　P・52
(8)『パワー・オブ・ドリーム』　P・107
(9)『私、プロレスの味方です』一九八〇年刊　情報センター出版局　村松友視著　P・176
(10)『無冠　前田日明』　P・80
(11)『無冠　前田日明』　P・89
(12)『KAMINOGE#33』二〇一四年刊　東方出版　P・11

(13)『週刊プロレス』二〇一〇年九月二十二日号　P・4

第九章　トンパチと呼ばれて

新日本プロレスの道場に迷い子猫のような状態でたどり着いた、まだ少年の前田日明を、先輩のレスラーたちはみんな、その少年がすぐれた素質を持っていることを見抜いて「コイツは金の卵だ、大事にあつかってやろう」と思って可愛がってくれて、優しくしてくれた。

しかし、そのなかにひとりだけ、ふざけるんじゃねえヨ、こんなガキ、みたいな態度をとって、前田を白い目で見るレスラーがいた。

それが藤原喜明だった。

藤原としては、このとき新入団した前田を見て、みんなにチヤホヤされて、妙に礼儀正しいようなフリしやがって、どうせロクでもないヤツだ、ぐらいの受け取り方をしていたらしい。

前田の方からは藤原は特別の人間に見えた。まき散らすオーラが他の人とぜんぜん違っていた、とでも書けばいいだろうか。前田はせっかくプロレスの道場に入ったんだから、プロレスの技もおぼえておいたら、将来、なにかの役に立つかもしれないと考えた。そして、あたりを見回すと、いつもひとりで黙々と練習している人がいたのである。

それが藤原さんで、いつもひとりで練習していて、ときどき誰かをつかまえてスパーリングとか、寝技の練習をやっているんですね。他の人はそんなに熱心じゃないんだけど、藤原さんだけはいつも練習していたんです。なんか、地味な人だなと思ったんですけど。

本当のことをいうと、そのころの藤原さんというのは前座のレスラーだったんですけど、みんなから孤立していたんです。藤原さんというのも孤独な人なんですよ、よくも悪くも。

オレ、藤原さんをパッと見たときに、性格というか雰囲気が親父とそっくりだなと思ったんですよ。陰気な感じで、なんか風采が上がらなくて、世渡りが下手そうにみえた。それがいやになるくらい似てるんです。怒り方とか機嫌が悪くなる過程とか、なんで怒ってるのかわかんないけど、怒ってるみたいなね。もう、あのわけのわからないたたずまいがうちの親父そっくりなんですよ。それで他人と思えなくて、練習しているところに声をかけて「オレにプロレスを教えてください」っていったんですけど、最初、すごい嫌われて。シッシッシッとかいわれて。

藤原さんからすれば、こんなヒョロヒョロしたモヤシみたいの入れて、みんなでチヤホヤしやがって、って思っていたらしいですね。まわりから大事に保護されやがって、なんだコイツめ、みたいなね。あの人はそういうの、大嫌いだから。そういうことが半月ぐらいつづいて、相手にしてくれなかったんですよ。何度か声かけして頼んだんですけど、その都度、シッシッってやられて。

前田がいうとおり、このころの藤原は前座のレスラーだったが、じつは猪木のスパーリングパートナーを勤めていて、すでに実力は仲間内でピカイチだったらしい。

年齢は猪木の五歳年下で一九四九（昭和二十四）年生まれだから、前田より十歳年上、七十七年時点では二十八歳である。実力ピカイチの証拠に七十六年におこなわれた猪木の格闘技初戦、ウィレム・ルスカ対アントニオ猪木戦で、勝敗のことでむずかって負けを作ることを嫌がるルスカにスパーリングをやろうと持ちかけられ、関節技を使ってルスカをギブ・アップさせて、猪木との試合で負けることを承諾させた張本人が藤原だった。

このころ、藤原が目の仇にしていたのが木村健悟で、この人の若いころのあだ名は〝貴公子〟で、華やかで派手な雰囲気の、若い女性に人気のあるレスラーだったらしい。一方の藤原のあだ名は〝関節技の鬼〟というものだから、そこでも天と地ほどの差がある。

藤原はのちに、一花咲かせるべくUWFに合流することになるのだが、前座時代は日陰にしか身の置き所のないような、地味な花のない存在だったらしい。

年齢は藤原が木村より四歳も年上なのである。藤原は二年ほど前に卓越した技術を認められて、カール・ゴッチ杯を受賞していたのだが、それでもあいかわらず前座に甘んじていた。一方の木村はスパーリングをやらせると全然弱いくせに、メーンエベンターのひとりになって、特別扱いされて試合に出場していた。このころ、前田は藤原が「どうして木村はグリーン車でオレは二等車なんだ」といって扱いの違いにカリカリになって怒っていたのを覚えている。

この時代の藤原はあまり観客受けしない、暗いオーラをふりまく、不気味なレスラーだった。コレも有名なエピソードで、前田が新日プロのなかで「トンパチ」＝なにをするか分からないヤツ、というあだ名で呼ばれるきっかけになるエピソードなのだが、入団してしばらくたった、山口県の徳山体育館だったというが、この日も藤原はひとり黙々と身体を動かしていて、前田が「藤原さん、スパーリングお願いします」と頼んでも、シッシッシッあっちいけ！　とあしらわれて、相手にしてもらえないでいたのだった。

そのときはちょうど、リングのなかに猪木もいて、藤原が前田につれなく当たるのを見ていて、前田に「オイ、ちょっと来い」と声をかけてくれた。そして、猪木は藤原に「そんなに邪険にするなよ、かわいそうじゃないか」といい、ふり返って前田に「オレがスパーリングの相手をしてやるよ。こっちへ来いよ」といったのである。

ここからは前田の独白でことの成りゆきを説明してもらおう。

自分、猪木さんに来いって呼ばれたのはいいんだけど、ホントにいってもいいのかなと思ったんですよ、アントニオ猪木。スパーリングの相手しろっていったけど、藤原さんには教えてくださいっていいったんだけど、猪木さん、いきなりスパーリングといっても、オレはレスリング知らないし、どうしたらいいかな、と思ったんです。そのときに、そういえば大山倍達の『空手バカ一代』に空手家がプロレスラーとやるときは金的と目突きしかないと書いてあったな、空手がプロレスに勝つにはコレしかないな、やるしかないんだな、と思って。でも、金的とかやるわけだからいちおう断っておいた方がいいんだろうなと思って、猪木さんに「あの、なにやってもいいんでしょうか」って聞いたら、猪木さんが「いいよ、なんでも」といったんですよ。

金的と目突きがレスラーの急所というのは、この二カ所だけはどうやっても鍛えようがないことからそういうふうにいわれている。目突きは言葉の通り、二本の指で目をついてつぶす攻撃だが、金的というのは男の急所を攻めるのである。急所に蹴りが入ると、どんな大男でも、どんなに分厚い筋肉で身をよろった男でも気が抜けたようになってひっくり返ってしまうのだ。男だったら、誰でも一度はそんな経験をしているのではないか。

前田は果敢に猪木に対して、金的攻撃と目突きを実行したのである。


それで仕掛けた。猪木さんに金的と目突きをやったんですよ。そしたら、猪木さんが大声で「なにをするんだ、オマエは！　仲間同士なのになんてコトするんだ！」と怒って。まわりにいた先輩がリングに駆け上がってきて（オレは）ふくろ叩きにされたんですね。金的は蹴りが太腿のところに当たって、うまく入らなかったんですけれど、目突きが目に入ったんです。それで、そこから次の攻撃にいこうと思ったら、バーッとまわりに掴まれて。オレは、なんだよ、さっきはなにやってもいいっていったじゃないかと思ったんですけど、とにかく、袋叩きにされた。

そしたら藤原さんがそれを見ていて大笑いしてるんですよ。こっちはみんなにやられてボロボロになっているのに大笑いして、ハラかかえて笑っているんですよ。そのときはメチャクチャ怒られたんですけど、藤原さんは、コイツはおもしろいヤツだ、トンパチだと思ってくれた。

この話がオレがみんなにトンパチって呼ばれるようになったきっかけなんですよ。

それで、藤原さんが翌日から、道場で「オイ、来い！」っていってくれるようになって。でも、教えるっていってもそれは名ばかりで、なにか教えてくれるわけじゃなくて、藤原さんの実験台ですね、実験台。技をかけられて、かけられながら、少しずつ覚えていくんですよ。でも、藤原さんのスパーリングの相手をすることで、だんだんと身体の動きをどうすればいいか、どうしなきゃいけないかというようなことを覚えていったんです。

このころの前田はみんなからはアキラの愛称で呼ばれていたが、この事件があってから、トンパチというのが、前田のもうひとつのあだ名になった。

わたしはこの話をきいたときに、最初、藤原が個人的に前田のケンカ小僧ッぷりに惚れて、プロレスを教える気になったのだろうと考えたのだが、もしかしたら、そうではなかったのかもしれないという気もする。新間は少なくとも猪木には、本人にはいずれモハメド・アリのところにいかせてやるから、といって（騙して）東京に連れてきたことを話していたのではないか。新間のついたウソを少なくとも猪木と山本くらいは知っていたか、感付いていたか、ある程度わかっていたのではないか、という気もする。

この金的&目つぶし攻撃の話も、このあと、前田のいないところで猪木と藤原、もしかしたら山本小鉄も相談の輪のなかにはいって、猪木が藤原に「アイツにちゃんとしたプロレスの技を教えてやってくれないか」というような話し合いがあったのかも知れないという気もする。

要するに、道場全体が〝金の卵孵化大プロジェクト〟のようなものに従って、［前田を一人前のレスラーにしてアメリカのアリのところにいかせない作戦］のようなものが進行していたのかもしれない。

前田が［トンパチ］と呼ばれるようになった所以は、もうひとつ、エピソードを取りあげることができる。これも『無冠～』に載っていた前田の独白である。

あれは確か入門した翌年の3月頃だったと思う。会社で花見をやることになったんだ。で、よせばいいのに寮長の荒川真（現・ドン荒川＝一九九八年時点）さんが『じゃあ、その前に花見の予行演習をやろう。みんながどれくらい飲めるか試してみよう』と言い出してね。練習が終わった後、日本酒をしこたま飲まされたんだ。途中で、これはあかんぞ、酔いそうやと思ったけど、もう記憶が飛んじゃってね。ふと気づくと両手両足を縛られ、ご丁寧なことに口にはサルグツワをかまされていた。これは酔って暴れたんだなと観念したよ。実際、話を聞いてみると、かなりの大暴れだったらしい。いきなり台所の包丁を手にして斉藤（ヒロ斉藤）に投げつけたり、（レフェリーのミスター）高橋さんの手を本当に傷つけてしまったりとかね。

結局、藤原（喜明）さんの指示で、どうにか取り押さえて縄で体を縛ったそうなんだ。あの時は落ちこんだよね。こんな醜態をさらしたんだから内弟子をやめろと言われても仕方ないよなと思った。でも反対にみんなは「お前は最高のトンパチだな」と大喜びしてるわけ。道場に珍しい動物でも迷い込んできたような感じで喜んでいたよ。（1）

この話は本人も酔っ払っている最中については明瞭な記憶がないわけだから、なにが起こったか、正確なところは分からないが、いまから四年ほど前になるが、藤波辰爾のドラディションが主催して藤波と前田日明のトークショーがおこなわれたのだが、藤波と前田はこの騒動のころに初めて出会ったらしい。藤波がアメリカ遠征に出かけ、カール・ゴッチのところで修行を積んで強くなって帰って来たころである。彼はこの騒動を覚えていて、その、トークショーの席でこんなことを話している。

藤波　言っちゃっていいの？　ちょうど前田君がいちばん元気な頃でしたね。ボクがニューヨークから凱旋して久しぶり、3年ぶりくらいに帰ってきたときです。すごい元気のいい選手が（お酒を飲んで）暴れてましてね。佐山（聡）と同期だっけ？
前田　デビューは佐山さんより二年くらい後ですね。
藤波　それが最初ですね。レフェリーから誰からみんなで前田を取り囲んで押さえて、大変だった、3、4人がかりでね。その場面に出くわしましたね。ちょうど3月の酒が入る花見の頃だったのかな。
前田　レフェリーの（ミスター）高橋さんに「レスラーの花見は酒を1人1斗飲まないといけないんだ」「1人最低2升飲め」と。当時はビールのロング缶で酔ってしまうくらいで（すぐ酔ってた）。気がついたら両手両足縛られて、さるぐつわはめられていた。（2）

これもジキル博士とハイド氏みたいな話で、酒の飲み過ぎで前田のもうひとつの、凶暴な方の人格にスイッチが入ってしまったのである。それにしてもさるぐつわというから、放送禁止の四文字言葉でも叫んだのだろうか。
前田はみんなに大阪ケンカ小僧の正体を見せつけてしまったのかもしれなかった。

アイツは普段はおとなしくしているが、じつは正体の分からない乱暴者だ、というわけである。多分また、みんなの顰蹙を買った分、藤原は、面白がって見ていたのではないか。

道場でスパーリングの相手をしてくれるときの藤原は身体の動きをいちいち細かく説明したり、技を受ける要領を教えてくれたわけではなく、教えぶりも不器用で不親切そのものだったが、前田はプロレスの技がひとつひとつ面白く、藤原に攻めつけられながら、実践と練習のなかで技術的なことを身につけていった。それと同時に体重も増え、戦うための筋肉も着いていった。前にも書いたが前田の身体は驚くほど柔らかく、身体がデカイくせに動きも敏捷で、またたくまにレスリング的な身体の動かし方の要領を修得していったらしい。

最初は実験台にされているっていう感じだったんです。もう、五秒に一回、技を決められている、みたいな。それが毎日藤原さんの相手をしていて、だんだん時間がたつにつれ、日を追うごとに五秒に一回が十秒に一回になって、一分に一回になって、十分に一回になっていったんです。道場で始終練習していたのはそれこそ、藤原さんくらいでしたね。あとの人はときどき顔を見せる、みたいな感じで。だから、自分が藤原さんのスパーリングの相手をさせてもらったのは相当にラッキーだったんだと思うんですよ。そういう、激しい練習を繰りかえしながら、だんだんに（レスリングをするための）身体ができていったんだと思うんです。スクワットも最初、千回やるのに四十五分くらいかかっていたのが、三十分くらいでヘッチャラでできるようになっていったわけですから。

本来のプロレスラーの身体作りというのは、ボディビルなんかと違って、見た目の形を追求するわけではないから、どんなにかっこよく見えても、余計な筋肉を身体につけるようなことはしないものだ。多すぎる筋肉は素早い動きのジャマなのだ。よく筋肉隆々というイメージのプロレスラーがいるが、あれは筋肉増強剤を使用したりして、見かけの力強さを追求したもので、本当のポテンシャルの高い身体はまた別の話なのである。

レスラーはまず耐久力がなければならず、ここ一番での瞬発力がある身体でなければならない。そういう身体を作るトレーニングにはダンベルとかはほとんど関係なく、腕立て伏せ、スクワット、腹筋、それに持久力や俊敏さを身につけるために縄跳び、ウサギ跳びなどの科目が重要とされている。これは基本的に自分の体重を上手につかったトレーニングということである。

自分の身体の重みがかける負荷が自分の身体には一番有効、ということなのだろう。しかし、その練習量は半端なものではない。スクワットでも、連続して何百回、何千回というノルマで体を動かすのである。前田にいわせると、バカみたいな量の回数をやるんです、ということだ。

これがレスラーの身体造りだ。なかでも重要な要素は長時間戦いつづける耐久力、つまりスタミナだった。テレビや写真だけでは分からないが、そのころのレスラーたちの戦いの環境は信じられないくらいに劣悪だったようだ。前田はいう。

自分もいってみて驚いた記憶があるんですが、自分が入門したころの愛知県大会だとか、両国国技館とか、設備にクーラーがついていないんですね。で、なんか試合のとき、テレビの中継を放送するじゃないですか。ライトをバーンと照らされると、リングの上は前座の試合のときでも四十度以上あるんですよ。メーンエベントのときは五十度くらいあるんですから。そのなかでフルタイムで戦うわけですから、ちょっと大変なんです。いまはどこの会場もクーラーが入っていて、昔みたいなことはないんですが、選手のなかにはエアコンのきいた涼しい会場のリングで六十分引き分けの試合をやろうとして、途中で脱水で倒れて救急車で運ばれましたっていうようなレスラーがいるんですよ。オマエ、それ、ホント恥ずかしいだろう、っていいたいですね。

話を寄り道してしまうが、現状のプロレスについて、前田は「プロレスマスコミもプロレス関係者もレスラーたちも〝どうせプロレスなんだから〟とか〝プロレスなんてこんなもんだよ〟というような、妙な劣等感というか、なんか妙な定義を持ちはじめていて、そのことがプロレスをどんどんつまらなくしているんじゃないか」という。

昔の全盛期の新日本プロレスの幹部たちはどう考えていたかのだろうか。

前田は、こういう。

小鉄さん（山本小鉄）なんかは試合中にケガして試合できないという話になると、『ケガするのはだいたいケガをさせられる方が悪いんだよ。ケガさせられたからってビービーいうんじゃない、やり返せばいいだけの話じゃないか。だいたいケガさせられたっていって人のせいにする方がおかしいんだ。お前らが泣いたりするから甘く見られてケガさせられるんだ』っていっていたよ。

昔の新日のプロレスは本気とプロレスのギリギリのところで気を張りつめて戦っていた、というのだ。

新弟子時代の前田は心のなかでいずれひそかに、仲間たちに見送られてアリのジムへと旅立つ自分を夢見ながら、鍛錬にはげんだ。前田はどんどん強くなっていったらしい。

入門してから一年たっていないのだから、まだ新米なのだが、前田はそれなりに自分で考えて、身体が大きくても動きは素早いという、あまりいないタイプの強いレスラーになろうとしていたらしい。身体が大きいと、どうしても動きがゆっくりになるのである。それを前田は蹴りにしても打にしても、早い仕掛けで技をかける練習を繰りかえしていたらしい。巨体が猛烈なスピードで動けば、ただでも迫力がある。この発想はやはり、前田が空手の出身だったことに関係があるのだろう。空手の場合、戦うための手足の動きを技術化したものだが、いずれにしても一瞬を争って繰りだす技のスピードが命なのだ。

こんなふうにして藤原から手ほどきを受けるようになってからしばらくの時間が過ぎた。

この時期にこういうことがあったらしい。『パワー・オブ・ドリーム』のなかの一節である。

道場で後輩の原園善由紀（引退）とスパーリングをしていたときのことだ。

原園が殴ってきたのにカッとして、オレも膝蹴りとパンチをガンガン叩きこんだ。すると
それを目にした猪木さんが、血相を変えてリングに飛びこんできた。

「プロレスは殺し合いじゃないんだぞ。バカヤロウ！」

そう言って、オレをメチャクチャに殴りつけたのだ。周りにいた選手が、あわてて止めに入ったほど、猪木さんの怒り方は激しかった。おそらく、初めてオレとスパーリングをしたときのいきさつがあるので、猪木さんも必要以上にカッときたのだろう。しかし、オレは自分がなぜ殴られなければならないのか、納得がいかなかった。

猪木さんはプロレスを総合格闘技だと宣言していたはずである。しかも、道場のスパーリングはルールなどないのだから、それこそぎりぎりの闘いを訓練するのが当たり前ではないのか。怒られる筋合いはない、とオレは思った。（3）


じつは、このころ新日本プロレスは少しずつ変質していたのである。そのことを書かねばならない。

まず、入門して、一年ほどしたころに、こういうことがあった。珍しく、坂口征二がスパーリングの相手をしてくれるというのである。これはもしかしたら、コイツはそろそろデビューさせてもいいかもしれない、みたいなことを調べに来たのかもしれなかった。猪木の意を汲んでのことだったのかもしれない。あるいは、アイツはなかなかやるというような評判を小耳にはさんで、小手調べをしてみようと思ったのかもしれない。

坂口征二も公表身長一九六センチとあるから、前田と同じくらいかそれ以上の背丈の巨漢である。ふたりのスパーリングはさぞかし凄まじかったのではないかと想像してしまうのだが、これがそうでもなかったようだった。このときのことを前田はこういっている。

突然、坂口さんに呼ばれてこういわれたんですよ。「ちょっと、オマエ、スパーリングの相手してやるから来い」と。で、やったんですね。そしたら、坂口さん、オレを決められないんですよ。けっこう長い時間やってるからリングのまわりに人が集まって来ちゃって。オレはみんなが見てるなかで、坂口さんがオレのこと決められないとまずいのかなと思って、坂口さんに腕をとらせたんですよ。それで、決められてギブアップしたんです。そしたら、そのあと、藤原さんにトイレに連れていかれて、バーンて殴られて。藤原さんが大粒の涙を流しながら「オレはオマエにあんなことさせるためにスパーリングを教えてるんじゃないよ、あんなコトするんだったら、もうやめだ」といわれたんです。そのとき、オレはすみません、と。謝るしかなかったんだけどね。

藤原としたら、コイツに本格的なプロレスの技術を教えて、ウンと強いレスラーを作ってみようというような、思いがあったのではないか。それが、相手にあわせて、スパーリングだからどっちが勝っても、おかしくないはずだ、それを自分から勝手にプロレスにしちゃうな、と思ったのだろう。

前田は「藤原さんはオレのことを自分と同じ不器用にプロレスの世界で強さを追求する仲間だ」

と思っていたんでしょうね、だから怒った」というふうに説明する。

多分、藤原は試合のことは別にして、スパーリングでは誰にも負けないというのが、レスラーとしてのプライドだったのだろう。「強いということ」をもっと大事にしろ、という意味である。しかし、じつはこれが、藤原が他のレスラーたちから煙たがられている大きな原因だった。

それともうひとつは、これは前田はそうはいっていないが、藤原の坂口に対する反感というのもあったのではないかと思う。どこの企業でもあることだが、新日本プロレスの基本的な構造として内部（社内）は大きくふたつに分かれる人脈があったというのだ。藤原が木村健悟を嫌っていたという話はすでに紹介したが、藤原と木村の関係は「相手を好き嫌い」というような素朴な話ではなかったようだ。

これはウィキペディアの「木村健悟」の項目で見つけた文章だが、こんなことが書かれている。


（藤原と木村は）年は藤原が歳上だが、入門は木村の方が数ヶ月先輩という複雑な序列関係であった（ただし、木村は日本プロレスを経て新日本プロレスに入り、藤原は最初から新日本に入ったため、新日本プロレスにおけるキャリアは藤原の方が長い）。（略）

新日本プロレス創世記は、創設組の猪木派（山本小鉄、魁勝司、柴田勝久、木戸修、藤波辰爾とその後の入門組のグラン浜田、ドン荒川、藤原喜明、栗栖正伸ら）と合流組の坂口派（永源遙、木村健悟、キラー・カーン、大城大五郎）の派閥があり、選手の売り出し方に差が出た。若手の登竜門カール・ゴッチ杯は第一回優勝者藤波、準優勝カーン。第二回優勝者藤原、準優勝木村。第三回は若手のリーグ戦にベテランの魁が入り優勝、木村は準優勝に終わり、すべて猪木派が優勝している。木村は海外遠征に出るのも藤波より約3年、4年も後輩の佐山サトルより遅かった。（4）

人間的な素顔を伝える項目で木村は「プロレスラーは気性が荒い者が多いが、（この人は）温厚で思いやりがある」と書かれ、「付き人をやっていた武藤敬司から『俺、木村さんみたいなプロレスラーになりたいなあ。立場が楽だから』と言われ、控室が大爆笑になった」という文章もある。木村は現在は品川区の区議会議員をつとめ、寿司屋、携帯電話販売店、リサイクルショップなどを経営して実業家として成功している、というから人生、至るところ青山ありの見本のような人である。

藤原の隠花植物のような立ち姿の前座レスラーとしての顛末は後段で述べるが、藤原の木村憎しのむこうには、新日のなかでレスラーにとって一番大切なものはじつは強さよりも華やかさだと考えるレスラーの頭目である坂口征二がいて、多分、藤原にとっては坂口も［たいして強くないくせになんだ、このヤロウ。潰れそうな日本プロレスからさっさと逃げだして来やがって］みたいな鬱屈した思いがあったのではないかと思う。新日プロは坂口が連れてきたテレビ朝日の『ワールドプロレスリング』に救われたが、前座の藤原は番組のはじまる時間に（多分）試合をやっていたことがなかったのである。それやこれや、藤原にはそういう錯綜した事情があって、前田がわざと坂口に負けてみせたことが許せなかったのではないか。

わたしも、この時代、坂口のリングをテレビで見ていて、なんだか予定調和の匂いの強いプロレスをするレスラーだなと思った記憶がある。なんとなく相手と動きを会わせている感じがするのだ。猪木などの本気っぽい戦いぶりに比べると、ちょっと馬場のプロレスに似ていて、あまりエネルギッシュだなという感じがしなかった。これはそのときのわたしがテレビの画面を通して受けた印象である。坂口派のレスラーが出世街道的には恵まれなかったと書いているが、これはたぶん、闘いのスタイルが古くさかったからだろう。

また、ウィキペディアは猪木派と坂口派の対立というようなことを書いているが、初期の形はそうだったのかもしれないが、この力関係は猛烈な勢いで、変化していき、同時に、新日本プロレスの体質も急速に変質していくのである。

このことの説明は前田がプロレスラーとしてデビューするあとにまわそう。

さて、こんなふうにして練習生時代を過ごしていた前田日明がプロレスラーとしてデビューするのは入門から約一年二カ月後の七十八（昭和五十三）年の八月のことである。

デビュー戦が決まって、先の予定が見えてきたころに、前田を大阪からプロレスの世界へと導いた張本人で仲良しだった佐山聡から大変なことを告げられる。

プロレスの試合はフェイクだ、というのである。つまり、簡単にいってしまうと八百長である。ただストレートに八百長と書いてしまったら、抵抗する人もいるかも知れないが、その論議はあと回しにしよう。

前田はこの話に、それまで、力がすべてで、強い者が勝つと信じて、強くなろうと考えて練習してきていたから、相当に大きなショックを受ける。前田はこのときのことをこう回想する。

新日本に入って、一年くらいして体重も九十キロくらいになって、デビューのスケジュールも決まったころに、佐山さんが「じつは……」といって、そのことをオレにいったんですよ。こうこうで、こういうアレなんだよ、と。それを聞いたとき、正直、愕然として、弱ったなと思った。いま、考えてみると、プロレスというのは映画製作といっしょでね、全体の一年かけたアングルというストーリーに沿って、ひとりひとりの選手を独楽のように使って物語を作っていくんですよ。

全体がひとつの大きな物語になっている、…それはなぜかというと、そうやってやるのが一番、集客できるからなんです。だから、プロレスというのは映画作品と同じなんです。ひとつずつの試合で、どっちが勝ったなんていうのは、じつはどうだっていいんですよ。

選手の試合というのは、映画でいうとシーンなんです。そういうのが全然理解できなかったから、その話をきいたとき、どうしよう、もう辞めようかなと思った。別にプロレスラーになりたくて、プロレスの道場にいたわけじゃなかったからね。わざと負けるということにたいして、すごい抵抗がありましたね。結局、負けるときにも負け方の演技力というか、そういうものを要求されて。だから、藤原さんなんかでも、カッコよく負けてみせられないというか、地味でスター性がないからというんで、万年前座だったんです。だけど、万年前座なのにヨーロッパ遠征なんていうときは、猪木さんに連れていかれて、スパーリングの相手をして、同時にボディガードとかもやっているんです。それは本当に強かったからなんです。

わざと負けるということはそのときのオレにはなかなか納得のできないことだったんですけど、やっぱり、それまでちゃんと毎月、給料もらって、なんかの名目で手当みたいのももらって、寝泊まりもただという環境で、お金のことを考えるとね。お金がないこと、というか、お金がないと生活していけない、メシが食えないという（大阪時代の）生活が身にしみているじゃないですか。そのことを受け入れれば、ちゃんとご飯が食べれて、お金もいっぱいもらえて、ちょっとずつでも有名になっていけるんだったら、それはそれでいいのかもしれないと思ったんですよ。

この話は前田がすぐれたプロレスラーになっていくために、どうしても乗り越えなければならない、障害のひとつだった。

これはしかし、よくよく冷静に考えてみればそうだろうという予想のつくことだった。

新日本の道場では藤原が他流試合を挑んできた道場破りの相手をして、そいつの腕をへし折ったりしていたが、始終本気で勝ち負けを争って、本気で技をかけたらケガして再起不能が当たり前の世界なのである。戦前、プロレスの世界にまだフェイクのルールがなかった頃には、世界選手権などでは三時間、四時間の試合がおこなわれて、試合の結末も、それでも引き分けというようなことが本当に何度もあった。だから対戦者がたがいに協力して勝敗の形を作っていく作業は必要悪だった。観客にそうと知られるわけにはいかなかったが、そういう作り方をしなければ、観客たちが感動するような勝敗の形は作り出せなかった。

しかし、それは強くなろうとして一生懸命に努力している者には衝撃的な事実だった。

このことを前田に伝えたのが道場で一番前田に近い存在で、前田の気性もよくわかっている佐山だったということも、もしかしたら、新日プロが前田に仕掛けた［金の卵孵化大作戦］の一環だったのかもしれない。

このことを雑な進行のなかで納得させようとすると、前田の培ってきた戦いのマインドを台無しにする可能性があった。大阪に帰ってしまうのである。

フェイクの問題はプロレスの最大のポイントのひとつだと思うのだが、それまでガチンコだと考えていた人にこのことを論理的かつ倫理的にきちんと説明して納得させるのは非常に難しい。なにしろ、スポーツと名乗っていたのが、勝敗という部分に関してはスポーツを擬したショー的エンタテインメントだから、勝った負けたには他のスポーツが持っているような意味はないのだと説明しなければならないのである。わたしはプロレスはフィギア・スケートや体操に近い、技の美しさや力に溢れた身体のくり広げる戦いの有りさまを鑑賞するスポーツだと思っている。

この話の前田の相手役に佐山が登場したのは、佐山はその時期に偶然その話をしたのかもしれないが、もしかしたら、佐山は小鉄さんたちの意を含んで、山本小鉄は前田と一番の仲良しで年齢も近かった佐山にそのこと（プロレスがフェイクであるということ）を伝える役目を託したのかもしれなかった。前田の気性からしても、これは相当にナイーブな事柄で、うっかり雑に扱うと「そんなんだったらオレは辞めるよ」と言いだしかねなかった。そういう判断があっての佐山の打ち明け話だったのではないか。

そうすると、次のような推論もできる。デビュー戦の相手は山本小鉄で、山本は前田に「みんな、オマエと試合するのを嫌がってるんだよ」といって、だからオレがオマエのデビューの相手をしてやる」といったというのだが、これも、前田が打ち合わせの段取りをまもらず、勝手に試合を作ってしまうのではないかと危惧しての措置だったのではないか。前田に勝手にそういうことをさせないためにも、小鉄本人が相手をして、レスラーとしての強さを見せつけながら試合の形を作る以外に安心していられるやり方はなかったのではないか。

逆にいうと、そのころの前田は上層部がそういうふうに考えるくらい危険な存在になっていたのではないか。なにしろ、勝とうと思ったら、金的攻撃でも目つきでもやってのけるトンパチなのである
つまり、実戦をやらせると相当強くなっていたのではないか。前田の話をきいていて、そんな気がして仕方がなかった。

そして、デビュー戦である。こういう試合だった。『UWF戦史3』からの転載である。(5)

前田のデビュー戦は1978年5月のことなのだが、このときも試合の相手は山本小鉄だった。これは、他のレスラーが前田と試合するのを嫌がった、という事情があったらしい。そのことを山本は「お前がなにをするかわからないから、みんな壊されると思って、お前の相手をするのを嫌がっているんだよ。しようがねえから、一応お前の師匠であるオレがやる

ことになったんだ」というふうに説明したらしい。

『ゴールデン・ファイト・シリーズ　開幕戦第二戦』、試合会場は新潟県の長岡市厚生会館だったという。試合はこういう内容のものだった。

（大阪で喧嘩に明けくれていたころ以来の）久しぶりの実戦である。体がうずいてしょうがない。通路脇に鉄パイプが組まれているのが目に入った。気持ちの昂ぶりを抑えられず、オレはそのパイプに、ガシン、ガシンと蹴りを叩きこんだ。「こらあ、バカ、危ないじゃないか！」頭の上で声がした。仰ぎ見ると、テレビ局のスタッフが、必死で揺れるカメラを抑えている。オレが蹴っていたのはイントレ、つまりテレビカメラの足場だったのである。「すみません」オレは頭をかいた。すると、近くの観客から「若いの、あんまり興奮すんなよ」と冷やかされて、ますます赤面してしまった。

（略）リングアナのコールに礼をして応える。オレのデビュー戦だということが場内に告げられると、ファンがかすかにわいた。ゴングが鳴った。

「さあ来い！」山本さんが小さく鋭く叫んだ。何も考えている余裕はなかった。夢中でキックを叩きこみ、タックルをぶちかました。が、それ以上に投げられ、叩きつけられ、関節をきめられた。

練習のとき以上に、山本さんのパワーのすごさを痛感した。しかし、スリーカウントは聞かない、ということだけが、この試合にかけたオレの精一杯の意地である。再三のフォールを、必死になってハネ返した。だが、山本さんはこれくらい相手をしてあげればいいだろうと思ったのか、オレをひっくり返して上に乗っかると、ガッチリ腕をきめた。もう逃げられなかった。オレはマットを叩いた。五分四十二秒、アームロックによるギブアップだった。山本さんが握手を求めて来た。オレは精根尽き果て、かろうじて、「ありがとうございます」とだけ言うことができた。(6)

これがデビューした日の前田だった。

このあと、デビューしたての新米レスラーとして前座の試合に登場する日がつづくのである。試合をやると一試合につき六千円の手当が出たという。シリーズが三十試合くらいあるとすると、単純計算して十八万円、巡業中、ホテル泊の場合などは食事手当が一日一万円、その他に毎月の手当を十万円ずつもらえるのだから、悪い商売ではなかった。

当然、前田は新人レスラーだから、出場するのは前座のなかの一試合なのだが、この時代の新日プロの前座の試合というのが、相当にものすごかったようだ。前田はこういっている。

当時、マッチメイクを担当していたのは山本小鉄さんだったんですけれども、どっちが勝ってもいいよみたいないい方をする試合というのはひとつもありませんでしたね。引き分けは引き分けでいわれるんです。そのころの新日の前座の試合というのは一試合のなかでドロップキックは一回以上やったらいけないんですよ。ブレーンバスターなんかはやっちゃいけないんです。そんな技をやったらえらいことになるんです。試合の最中はホントに動きまわって、投げて、受けて、技術の攻防だけでみせろ！っていわれるんですよ。前座でチンタラした試合をやっていると、ホントに誰かが棒持ってやって来て、出てるふたりともボコボコにされましたからね。なにやってるんだって怒られるんです。チンタラしやがって、このヤロー！っていって。

新日本の場合は、アレなんですね。フィニッシュだけこうというふうに決まっていて、その前はどんなんでもいいんです。だから、いろいろやっていると（最後の勝敗に関係なく）見ている人が、アッ、ホントはこっちの方が強いな、こっちの方がすごいんだな、ってわかっちゃうんですよね。この選手はこの選手に比べると弱いとか。あのころ、よくまあケンカみたいな試合を一番最後のフィニッシュだけはまもるという形でやっていたなと思いますよ。それは最後のその約束を守らないと、会社を辞めさせられちゃうからなんですよ。

試合の前に勝ち負け引き分けをはっきり決めてしまうのは、最後の落としどころを決めておかないと、どういうふうに展開していくか、予想がつかず、なにが起こるかわからなかったからだろう。

それはそれで、それなりの知恵だった。しかし、この知恵は人にいうわけにはいかない秘密の知恵だった。それが知られたら、戦って勝敗を決める、強いものが勝つということを大前提にして成立して、スポーツだと公言、標榜しているプロレスがじつはショーであることを暴露してしまうことになるからだった。

前田のデビューした年、一九七八年の八月から十二月末までの戦績が〇勝四十七敗二引き分けだったことはすでに書いたが、デビュー後の一年間、翌年の八月までの試合の成績を調べると、八勝一〇四敗十引き分け、普通なら「おまえはやる気があるのか、勝とうと努力しているのか」と怒られそうな成績である。（7）

勝ち星の内容を見ると、後から入ってきて前田デビューの翌日にデビューした斉藤弘幸相手に五勝、あとの三勝は山本小鉄、藤原喜明、永源遙とタッグを汲んだときのもので、パートナーになったレスラーが勝ち星を取ったものである。引き分けてくれた相手というのは同期の高野、平田、前出の斉藤弘幸などだった。ほかのレスラーには一度も勝てていない。また、初勝利は七十九年三月末の斉藤弘幸戦でのことである。勝たせてもらえる相手は後輩の斉藤弘幸だけだった。

この時期、ちょっとしんどい思いをしながら、試合では負けつづけていたらしい。

要するにずっと負ける役を引き受けさせられて、完全に嫌になってきているのである。

この間の事情を『無冠〜』ではこんなふうに説明している。これも長文になるが、このころの前田の精神状況を分かりやすく説明しているから、引用を厭うまい。

デビュー戦以降、栗栖正伸、魁勝司、荒川真、小林邦昭といった先輩レスラーを相手にシングル戦が組まれるが、試合の駆け引きや技術的にも体力的にも優れた、百戦錬磨の先輩レスラーたちに勝てるはずもなく、前田は連敗記録を更新していった。

この頃、前田の気持ちの中に、ある迷いが生じている。その迷いとは「どうすれば先輩に勝てるのだろうか」という新人レスラーらしい迷いではなかった。自分のポジションが曖昧になってきたことに対する後ろ向きの迷いである。

デビュー戦を果たしたことで周囲は練習生として扱わなくなった。一人前のプロレスラーとして見ている。だが、前田はプロレスラーになりたくて新日本プロレスに入門したわけではなく、あくまでもモハメド・アリのジムに入門するためにアントニオ猪木の内弟子になったのだ。確実に自分の進む方向が微妙に狂ってきていることを感じ始めていた。

「だんだんとね、何かがおかしいとは思っていたよね。デビューしたはいいけど、会社側からはまったくアリのジム行きの話が出てこない。ただ、当時の俺は身長が192センチ、体重が90キロぐらいだったんだよね。この体格ではまだまだ細い。だから、先輩たちとの試合を積み重ねることで、もっと大きく頑丈な体にしてからアリのジムに行けということなのかなと思っていた。そういった意味で、先輩たちとの試合はトレーニングの一環、アリのジムに入門するための体作りの一環としか考えていなかった。当然、先輩たちに負け続けても悔しいと思わなかったよね。トレーニングだから負けてもいいやと気にもしなかった」(8)

ここのところを『無冠～』の著者の佐々木徹はなんとなく書きにくそうに書いているが、それは要するに、前田がわざと負けているからである。この本が出た一九九八(平成十)年ころにはプロレスが勝ち負けの部分を前もって決めておいてから試合に臨むこと、八百長といわれても仕方のないような段取りを含んでいることは、公然の秘密だったが、誰もそのことを正面から公式に発言する人はなく、公的には認められていなかった。このことの功労者というか犯人はミスター高橋と高田延彦なのだが、ミスター高橋の『流血の魔術〜最強の演技〜』が出版されたのが二〇〇一（平成十三）年のことで、二十一世紀に入ってからの話である。［負け続けた］というのは負けを演じさせられつづけた、ということだった。

勝つ練習と勝ちを作る練習は違う。負けを作る練習はあるが、負ける練習というのはないはずなのだが、勝負の一番重要な意味を勝つことだと考えていれば、負けを作る練習は、屈辱的で虚無的な負ける練習としか考えられなくなっていく。これを乗り越えるためには、まず、プロレスが勝負事ではなく、ロラン・バルトがいっているような大道の見世物なのだということを納得しなければならない。（9）

その上で、あらためて強さを追求する覚悟を固める、それでやっと本物の戦士が作られていくのである。

藤原喜明についていうと、藤原は藤原で、この状況を生活のために仕方なく、この形で戦うという以上の理由を提示できず、藤原なりの苦しみを味わっていたということなのだろう。つまり、前田も藤原もここから脱出するための戦いの内包している哲学性を読み取るためには、あるひとりの人間に徹底的にレスリングの技術と闘いの思想性についての指導を受けなければならなかった。

その人が誰かというと、カール・ゴッチだった。

藤原は前田がデビューした後、一九八〇（昭和五十五）年にアメリカ遠征に出かける。アメリカ遠征というのは、じつは藤原や前田にとってはフロリダのタンパにあるゴッチ道場での修行を意味していた。藤原はここで、ゴッチから正確無比の関節技を教わって帰ってくる。しかし、前田がゴッチと出会うまでは、まだしばらくの時間が必要だった。前田のこんなはずではなかったという錯誤の思いは強い。

このころの前田の閉塞感は深かった。

「ある時、とうとう気持ちが焦れてね。俺を大阪から連れ出した新間さんに問い質してみたんだ。いつになればアリのジムに行かせてもらえるのかって。だけど「アキラ、しばらく見ないうちに体が大きくなったな。これからも頑張れよ」と、うまくはぐらかされてしまうんだ。いつまで経っても、ちゃんとした答をもらえない。正直、俺はこのままどうなるんだろうかと不安になった」

当時の状況を新間寿は次のように説明する。

「私も驚きましたよ、だって、そうでしょ。当時も今も新日本プロレスの道場は世界一ハードな練習をさせることで有名なんですよ。そのハードな練習を乗り越えてデビューを果たすということは、これはもう大変なことなんです。一種のエリートなんですよ。あとは自分の努力次第で金も女も地位も名誉も自由になるんです。それなのに、アリのジムはいつ行かせてくれるんですかと聞いてくる。普通ならね、デビューした時点で諦めますよ。しかも、私が曖昧な答で逃げていると、こう言うんです。『アリのジムに行けないのなら、俺、大阪に帰りますから』。アキラの頑固さは私の常識の範疇を超えていましたよ。それだけ純情だともいえるのでしょうが。

しかし、だからといって『ハイ、そうですか』とも言えない。せっかくデビューまでこぎ着けた金の卵なんですからね。とにかくアリのジム行きを諦めてくれるまで、なんとか誤魔化すしかないなと思っていました」

新間の戸惑いは理解できる。(8)

佐々木は［新間の戸惑いは理解できる］といっているが、わたしには理解できない。

そもそも、新間はスタートラインで話を誤魔化して走り始めたのだ。それをグズグズにして分からなくしてしまおうという作戦なのだろうが、前田がひそかにその心根を寄せて、そこをめざして走っていこうとしている場所は、かって太平洋戦争の最中に俺たちは正しいと信じて死んでいったゼロ・ファイターたちがいたのと同じ場所なのである。

そこはギミックの死地でも演技の地獄でもない、もしかしたら本当の生きる苦しみや悩みを背負わなければならない場所かもしれないのだが、同時に、正真の強いものが勝つ、そういう闘いの［場］なのだ。［アリのジム］というのはそういう前田の心のなかの幻の場所の象徴なのである。

新間も佐々木もそれが分かっていない。

前田は大道の見世物の強さを追求しようとして身体を作ったわけではないのである。

これは新間が大道芸人をエリートだと考えていくら力説しても、前田にしてみれば、そんなものちっともエリートじゃないと思っているのである。それならば意味はない。

前田の心情を「純情」という言葉で乱暴に片付けてしまおうとするのも、新間からすればそういう荒っぽく粗雑な考え方で話を進めなければ自分がいったりやったりしていることの立つ瀬がなくなってしまうからだろう。彼独特のものの運び方である。理屈を屁理屈も正論も綯い交ぜて手品のように使う、反則も5カウントまでならOKのきわめてプロレス的な人生観である。

巧言令色少なし仁、ということか。しかし、この言葉の寝技が最終的に新間の首を絞めることになるのだが、それはまだ大分先のことだ。

『無冠～』の引用をつづけよう。

〝プロレスラーになったのだから、わざわざアリのジムに行かなくてもいいじゃないか。

プロレスラーとして大成しろ〟と会社側が考えるのは不思議でもなんでもないことだった。

しかも、前田はまだ〝金の卵〟なのだ。これから金を稼げるレスラーに成長してもらわなければ会社として旨味がない。しかし、一方で前田の戸惑いも理解できる。〝話が違うじゃないか〟と不信感にとらわれるのも当然のことだ。だが、どうしても理解できないのは、前田と新日本プロレス側の相違が、デビュー戦から半年以上も経ったこの時点においても根本的に解決されていなかったことだ。

曖昧といえば、これほど曖昧な状況もない。前向きにきちんと対処すれば新しい展開も見えてくるのだろうが、若かった前田は、それに対処する術さえ知らなかったに違いない。そのため日々、迷いは深刻さを増していった。先輩レスラーに相談しても「今さら何を言っているんだ。せっかくデビューできたのに」と不思議そうな顔をされるだけだった。（8）

先輩レスラーがいっているのは、「オマエだって新日の道場のめしを食ってしまった以上、共犯者のひとりなんだぞ。覚悟を決めて、手をもっと汚せ！」というような論理である。みんな、前田が複雑な精神をかかえて生きていることは分かっていたのだろうが、多分、リングに上げてしまえば目標もできるだろうし、お金も入ってくるようになる。大丈夫だ、と思っていたのではないか。

しかし、前田のこころ模様は違っていた。

佐々木の文章の大勢を簡単に要約していうと、前田が環境に適応できなくて苦しんでいた、それは会社の側のせいでもプロレスのせいでもない、というようなことなのだが、この解釈では、いくらなんでも前田がかわいそうだ。何度も書くが、前田はプロレスそのものがイヤなのである。

人生はある意味、覚悟を決めて生きていくものだが、彼が人生の旅先に選んでいこうと覚悟して目指したのは試合前に勝ち負けを決めて試合を始めるような演劇的な世界ではなく、勝ち負けを試合で決する強者が勝ち、弱者が敗れる「真実」の世界なのだ。南洋の孤島で最後は三機しか飛べる飛行機がなくなってしまっても闘いつづけようとした戦士たちの心意気とつながっている世界なのである。

確かにこの問題を解決することができるのは、前田本人しかいなかった。

この問題は彼にとっては新日プロ側から前田がどんなに金の卵に見えても、お金をたくさん上げるからとか、いい女を紹介するからというような［世俗の物欲］的な誘惑で考えを変えさせることのできるような性質の話ではなかったのである。

新間や新日プロには［お前の好きにしろよ］ということ以外、手だてはなかった。

煎じ詰めれば、前田の精神の問題だったのである。だから、彼は苦しんだのだ。そして、自分から変わっていく以外に道はなかった。


その迷いは当時の前田を支えていた「夢」と「期待」と「気負い」をも揺るがす要因になり始めていた。

「あの頃は、どうしてアリのジムに行けないんだろうと疑問に思うばかりでね。もし行けないのなら、いっそのこと大阪へ帰ってしまおうかと考えたくらいなんだ。でも、冷静に考えたら、大阪に帰っても居場所がないんだよね。たとえ帰ったとしても、あの飯場に戻ることになる。ということは、また解体作業や土木作業のアルバイトをしなければならない。週末になれば飯ばのおっちゃんたちとワンカップを飲みまくり、意味なく暴れる生活に戻ることにもなるわけだよ。それだけはイヤだと思った。大阪の空手道場に戻りたいとは願ったけど、二度とあの生活には戻りたくなかった。そう思い始めると、どうしたらいいか頭の中が混乱してきてね。このまま新日の道場にいれば飯は食えるし、トレーニングはさせてもらえるし、いい試合をすれば褒められるし、大阪に帰るよりはマシかなと思った。一方でレスラーで食っていく気もないのに、それはおかしいんじゃないかとも考えたよね」

大阪に帰るのか、それともこのままズルズルと今の生活を続けていくのか。結局、決断が下せないまま日々が過ぎていったということは、つまり、前田の気持ちの中に「妥協」が芽生えたのではないか。「夢」も「期待」も「気負い」も芽生えてきた「妥協」のせいで薄らいでいき、とうとう迷い始めたのである。(8)

わたしは、これは前田はなにか、きっかけを待っていたのだと思う。年齢はこのとき、二十歳である。二十歳の人生に妥協もなにもないではないか。このときの前田はいい加減大人のサラリーマンなどではないのだ。二十歳なんていうのは、夢にしがみついていて当然の年齢ではないか。この年齢こそ、多くの人たちがなにかに出会って、心が震えるような感動を経験して、そのために一生を捧げようと考えはじめる、そういう年齢ではないか。

わたしからいわせると、迷い始めたのではなく、前田は流され始めようとしていたのである。この時期のことだと思うが、前田はいくつかのエピソードを話してくれた。

デビューしてしばらくしてからいきなり、小鉄さんに寮長になれっていわれたんです。そのときに「どうして自分なんですか」って聞いたら、「オマエが一番真面目だからだ」っていわれたんですよ。オレも人からそういうふうにいわれるのがじつはうれしくて、バイブルのようにして持ち歩いていた坂井三郎さん（第三章の１４８頁などで言及している零戦撃墜王）の『大空のサムライ』のなかにリーダー論とかが書いてあったんですけども、そこにはリーダーはこうあらねばならないみたいなことがあって、それを読んで、オレもきちんとした男にならなきゃな、とか思ってましたね。

オレはそれで、寮長でいた三年間、日曜日とか一回も外出しなかったですよ。ずーっと寮にいて、外出しても近くの喫茶店（ここに初めて好きになった女のコがいた。この話はあと回しにする）くらいで、本ばかり読んでました。

当時の寮にいたのは同期のジョージ高野、平田淳二、斉藤弘幸、それから高田延彦や新倉史祐が入ってくる。

みんな、そもそも不良少年のような連中である。前田も半分はそうだが、普段は長幼の順を知る行儀のいい好青年だった（らしい）。高田延彦の新日プロ入りは十七歳のときで、一九八〇年だというのだが、板橋雅弘が書いた『夢のいる場所』にこんな文章がある。

高田は前田が大嫌いだった。といっても、新日本プロレスに入門したての頃の話だ。理由は単純だ。いつも怒られ、殴られていたからだ。

前田は誰もが恐れる鬼の寮長だった。とくに高田だけにつらく当たるような人ではなかった。寮長としての責任を果たすため、若手全員をまじめに監督していただけだ。それでも、結果的には高田が一番怒られた。その理由も簡単だ。高田がいちばん規律違反をしたからだ。

よくも悪くも、前田は不器用なほどにまじめなのだ。（略）新日に入門してからの一年間、高田は日記をつけていた。その日記に毎日のように登場したのが、前田の名前だった。

「前田のバカヤロー」「前田、死んじまえ」「早くいなくなれ前田」

こんな感じだ。他の人間の名前はほとんど記されなかった。前田の罵倒ばかりだ。たまにいいことが書いてあるかと思えば、食事をごちそうになったことだった。

「前田さんにステーキをおごってもらった」

そんなときだけ、日記のなかで前田は「さん」づけになった。（10）

前田のこのころの日常の楽しみは読書だった。プロレスラーの読書というと、ジャイアント馬場とか坂口征二も読書家だったが、だいたい読んでいる本は時代小説とか、推理小説、ハードボイルドなどが多いのだが、前田は違う。ノンフィクションと純文学、一辺倒である。前田の回想である。

あるとき、梶井基次郎の『檸檬』を読んだんですよ。それで、なんてカッコいい小説なんだと思った。レモンを齧るのもカッコいいなと思った。そこで思いついたのが、毎日、レモンをしぼってその汁をそのままコップに集めてごくごく飲むことで、寮の近くの喫茶店に頼んでレモンをしぼってもらって果汁百パーセントのレモンジュースを飲んでましたね。美味しい、とかいいなから。

それから、小林秀雄の『考えるヒント』なんかも読んでいたんです。たまたま週刊現代が［新日本プロレスに密着］というテーマでグラビアの取材をしに来たときに、オレは小林秀雄の『考えるヒント』を読んでいる最中だったんです。編集の人がそれを見つけて「小林秀雄なんか読んでるんですか」と驚いて、その文庫本は大阪時代から持ち歩いていて手垢にまみれてボロボロだったんですが、オレが「アッ、高校のときから読んでますよ」といったら、プロレスラーが小林秀雄読んでるっていうんで、面白がってくれて、写真撮ってグラビア頁に大きく載せてくれたことがあるんですよ。あのときは『本居宣長』が出版されたあとで、それを読みたいなと思いながら『考えるヒント』を読みかえしていたときだったんです。

彼は悩みながら、読む本のなかで生きていくためのヒントを探しながら、生きていた。

プロレスラーとしての彼は、デビューはしたが、袋小路のようなところに迷い込んでいた。前田のデビュー後、しばらくして藤原喜明がアメリカに出かけるのだが、そのころになると藤原とのスパーリングも曲がり角に来ていたようだ。前田は藤原の関節技についてこんなことをいっている。たぶん、これはプロレスがフェイクであったことを彼がなかなか消化できずにいたことと関係があると思うのだが、こういうことである。

「たまたま藤原さんがトレーニングをしていたんだよ。せっかくプロレスの道場に入門したのだから、関節技でも教えてもらおうと思って『お願いします』と言ったんだ。最初はグッチャグチャにやられたよね。手も足も出ない。俺もムキになってね。毎日のように藤原さんとスパーリングだよ。でも、当時の藤原さんも関節技に関しては完璧ではなかったんだ。藤原さんがゴッチ道場に行く前の話だからね。いや、最終的な極め方は知っていたよ。例えば手をこうもってきて、こうやって捻れば極められるのはわかっていた。だけど、極める過程がわかっていなかったんだ。相手をどういうふうに追い込んでいって、パッと極めるかがわからない。だから、藤原さんはスパーリングになると手を極めるまで離さなかったり、足を強引に極めてばかりいた。なにもかも力ずくなんだよ。そうなると関節技といったって力の強い奴が有利じゃないかと感じ始めてね。それは違うんじゃないかと思った。なんだか、そう思い始めたら関節技を習うのもイヤになってしまったんだ」(11)

要するに、このころの藤原の関節技は要領が悪い関節技だったといっているのである。この話は前田も、藤原の関節技が完全でないからイヤになったという語り方で説明しているが、わたしはこの話の正体も、プロレスそのものがイヤになっていた、だからスパーリングも面白いと感じなくなってしまった、ということだと思う。

正確な日付がわからないのだが、この時期、一九八〇年、三十一歳のときに藤原喜明はアメリカ遠征へと出発している。アメリカで興業に参加してプロレスをやりながら、時間を見て、カール・ゴッチの道場を訪ね、ゴッチから本格的な関節技の技術を伝授されるのである。(12)

いずれにしても、ここのところの物語のキーマンはカール・ゴッチだった。

そして、ここで時代の変化について、書いておかなければならない。

前田日明がカール・ゴッチに出会うのも一九八〇年に入ってからのことだが、この一九八〇年という年は、戦後の大衆文化の大きな曲がり角になった一年だった。

プロレス年代記的なことを書くと、猪木の最後の異種格闘技戦となった空手家ウィリー・ウィリアムスとの試合がおこなわれたのがこの年の二月のことである。これ以降、猪木はしばらくプロレスに専念する形になり、新日のマットにはスタン・ハンセン、ハルク・ホーガンらが参戦する。本格的なアメリカン・プロレスのレスラーたちの登場だが、この背景には、新日プロとビンス・マクマホン・ジュニアの率いるアメリカのプロレス団体WWF（現在のWWE）との関係の蜜月化があった。

話をわたし（塩澤）のところに戻して書くのだが、このころ、わたしは『週刊平凡』という芸能週刊誌の編集記者をやっていて、現在は芸能プロダクションのケイダッシュの会長を務めている、当時は田辺エージェンシーの副社長で、確か新日本プロレスの役員でもあった川村龍夫と仲良くしていたのだが、その川村が、

「シオちゃん（わたしの芸能記者時代のニックネーム）、オレ、こんど猪木とつきあい始めたんだよ。おもしろいヤツなんだよ。猪木といっしょに商売を始めたんだ。これ、あげるよ」

といって、ブラジル直輸入のマテ茶をくれたのが、このころだった。「ピンクレディにもあげて、

飲んでもらってるんだ」といっていた。

マテ茶はそれほど美味しいものではなく、紅茶きのこやアマチャヅル茶のような大ブームにはならなかったが、それでも猪木が日本とブラジルのあいだを繋げてなにかビジネスをやろうとしていることだけは理解できた。この話はやがて大事件へと発展していくのである。

この時期、大衆文化にどんなことが起こったかといえば、まず、キャンデーズの解散、ピンクレディーの解散、山口百恵の引退、巨人軍の王貞治の引退、長嶋監督の解任、スティーブ・マックイーンの死、ジョン・レノンの死、越路吹雪の死、レーガン大統領の登場、松田聖子のデビュー、たのきんトリオの人気爆発などなどである。芸能的にもスポーツの世界でも世代交代が起こっていた。

プロレス的な出来事でいうと、当時まだ、中央公論社の社員編集者だった村松友視が『私、プロレスの味方です』を書いて、アントニオ猪木のプロレスを［過激なプロレス］と呼んで、絶賛するのも一九八〇年の夏以降のことである。

要するに、時代は曲がり角にたどり着き、文化も変質しようとしていた。

プロレス的にいうと、猪木のマテ茶も前田がカール・ゴッチと運命的に出会うのも、『私、プロレスの味方です』がベスト・セラーになっていったことにもこういう時代状況の趨勢が背後に横たわってのことだった。

プロレスの世界でもなにもかもが立ち位置を変えようとしていたのである。

新日本プロレスでおこったプロレスの変質をすこし詳しく書いておくと、団体の創設から、七〇年代をとおして、他団体（日本プロレスや全日本プロレス、国際プロレスなど）と差別化を図って、いろいろと考えたのだがほかにやることも思いつかず、自然のなりゆきで手加減せず過激にやり合うという〝ケンカプロレス〟を繰りひろげてきたのだが、これが観客に受けるということが分かると、わざと過激にやるようになる。つまり、演技をする余地が生まれる。演劇的になっていく、というプロセスだった。

第八章の359頁以下を見てもらうと分かるのだが、一九七六年から七年にかけての二年間、猪木はいろんなジャンルの格闘家たちと異種格闘技戦をくりひろげた。また、それに並行して、T・J・シンなどを相手に壮烈なプロレスをくりひろげて新日プロのプロレスはテレビ放映の視聴率も二十パーセントを超えて、全日プロ（G・馬場のところ）以上の人気を獲得していくのである。そして、ただでも客が集まるようになるわけだが、その過激さが演劇化することでリアルさを徐々に喪失していくのである。具体的にはドロップキックなどを連発する派手なプロレスが増えていったようだ。

前田はそもそもの過激派だから、このわざと作られた［過激なプロレス］に強い違和感を持ちはじめるのだ。

このことと、もうひとつ、マテ茶のところでもちょっと触れたが、新日本プロレスの経営が軌道に乗って安定して利益を生みだし始めたことで、猪木が実業家を夢見て、ブラジルの産業に投資をしはじめるのである。これが金食い虫状態に陥って、興業で上がる収益をどんどん吸いこんでいっているという問題が起こる。これがいわゆる、アントン・ハイセル問題である。

これは企業的には会社経理の不正融資の問題なのだが、具体的にどういうことがあったかというと、新間が猪木の指示で会社の内部留保金を横流し投資したり、まわりの人たちから借金したりして、あれこれのことがあり、要するに会社を私物化している、という問題があった。

このことはやがて、道場の責任者であった山本小鉄を中心にしたクーデター計画へと発展していくのである。

そして、新間が新日プロを馘首され、そのことがＵＷＦの誕生へとつながっていく。

４０４頁で書いた藤原喜明が木村健悟だけではなく、じつは坂口征二まで嫌っていたのではないかというわたしの推測は邪推かもしれないが、八十年代になると、新日本のプロレスはこういう個人的な怨念や執念をギミック（仕掛け）にして動いていて、そこに観客たちの人間的共感が集まるようになっていく。

そして、藤原は七〇年代から持ち越してきたような劣等感や疎外感をそのままむき出しにして、リングに持ちこんだようなプロレスをくりひろげて、やがて〝テロリスト〟の異名をとって大いなる人気者になり、その後、前田とともに新日プロを離脱してＵＷＦを盛り上げることになる。

【註】

（1）『無冠　前田日明』　P・90
（2）http://kakutolog.cocolog-nifty.com/kakuto/2011/09/post-5068.html
（3）『パワー・オブ・ドリーム』　P・128
（4）http://ja.wikipedia.org/wiki　[木村健悟]　の項
（5）『UWF戦史3』　P・614
（6）『パワー・オブ・ドリーム』　P・132
（7）『週刊ゴング増刊 さらば格闘王 前田日明』一九九八年刊　日本スポーツ出版社　P・104
（8）『無冠　前田日明』　P・98
（9）『神話作用』　一九六七年刊　現代思潮社　ロラン・バルト著　P・5
[レスリングのよさは、度を越えた見世物であることだ。そこには古代演劇がそうであったに違いないような誇張がある。それにレスリングは野天の見世物だ。というのは、サーカスや闘牛場の本質をなすものは空（社交的催し物特有のロマンチックな価値）ではなく、光の輪の強烈で垂直な性格なのだ。最も垢じみたパリのスタジアムの中でさえ、レスリングは太陽の下での偉大な見世物、ギリシャ劇、闘牛の種類に属する。どちらの場合にも、影のない光は屈折のない感動を生みだす。レスリングは下劣なスポーツだと信じている人が多い。レスリングはスポーツではない、見世物だ。（略）もちろん、苦労して正規のスポーツの見せかけで行なわれる偽のプロレスが存在する。それには（私は↓著者のバルトは＝註）なんの興味もない。本物のレスリングは、不当にもアマチュア[愛好者]のレスリングといわれて二流のホールで行なわれ、そこでは観衆は場末の映画館の客がするように闘争の見世物的性質に没入する。先刻の人々は次にレスリングが八百長かどうかを知るなど全くどうでもいいのだ。（そうだとしたらその下劣さが失われてしまうのに）。観衆は闘争が八百長かスポーツであると憤慨するのだ。]
（10）『夢のいる場所〜新UWF伝説 高田延彦・エースへの物語』集英社刊　板橋雅弘著　1990年　P・176。またP・180にはこんな文章がある。

［酒を飲んで気の大きくなった高田は帰るタイミングを失い、ふと気が付いたときには朝になっていたわけだ。普通、入門五ヶ月といえば、まだまだ食事の買い出しぐらいしか外出を許されないはずだ。さすがに高田もまずいと思った。二ヶ月めにチャンコ番をさぼったときのことが浮かんだ。今度は朝帰りだ。あの程度では済まないだろう。（略）もともと前田は、大阪でケンカに明け暮れていた男だ。それがすごんでいった。（略）「なめとるのか」前田のパンチが顔面めがけて飛んできた。一発や二発ではない。ぼろぼろになるまで殴られた。痛いし、情けないし、自分のしたことに涙がでてきた。高田は泣きながら、道場にいた者ひとりひとりに「すみませんでした」と頭を下げてまわった。藤原に初めてのスパーリングでぐしゃぐしゃにされたのも、この門限破りを前田に言いつけられてのことだった。（略）寮長としては厳しすぎて、どうにも好きになれない前田だったが、練習に対する熱心さでは、高田と同じものがあった。そこが互いに惹き合ったのだろう。強くなりたい。ふたりは共通の目標があった］

（11）『無冠 前田日明』　P・101

（12）『復刻 幻の藤原ノート～ゴッチ教室の神髄～』二〇〇九年刊　講談社　藤原喜明著　P・101

第十章　カール・ゴッチとの出会い

新弟子時代の前田日明の周辺のさまざまの出来事を書き並べていくと、アメリカのアリの道場をエサにして、新日プロの道場に連れてこられた彼が、あれこれといろいろなことを考えながら、そこを逃げださずにいた要因は大きく分けて二つあったことがわかる。

ひとつはもちろん、それまで食べたことのなかったような美味しいものを連続して、いくらでも食べさせてくれる食生活である。普通だったら、そんなにメチャクチャに食べると体重がどんどん増えて、太りすぎ、アイツは身体の管理ができていない、だらしがない、などといわれるのだが、ここはまさしく、どんどん太ることを要求される、そういう世界なのだった。毎食丼飯十杯は地獄だが、惣菜的には和洋中華の美食の宴である。総体、めざしとたくあんとみそ汁が定番であった大阪時代に比べれば、彼はまさしく天国に辿りついた、といえただろう。

もうひとつの要因は重要な人間たちとの出会いだった。死地を承知であえて戦いを挑む太平洋戦争時代の兵士たちを過ぎ去った、遠い昔の、絶対に会うことのできない存在と考えていた彼が、上京して、新日の道場で出会った幾人かは紛れもなく、戦後昭和の生ぬるいような平和のなかで、ひたむきに闘いのために体を鍛えようとしつづける、前田が戦争について書かれたノンフィクションのなかで出会ってきた人間たちにそっくりの戦士だった。

それまで、家族が離散して、絶対的な孤独のなかで生きることになり、飯場に集まる日雇いの労務者たちといっしょに暮らしてきた彼には、新日プロで出会った、厳しいが優しい大人たちは、彼にとってはかけがえのない、家族のような存在になっていった。

具体的に名前をあげると、とりわけ重要だったのは、山本小鉄と藤原喜明である。

前田が話してくれたことの総体から判断すると、前田は山本小鉄からは、精神的なこと、日常生活のなかでの身の振り方や振る舞い、礼儀作法の大切さや規律正しい生活の大切さ、努力することの重要さ、リーダーとしてのあり方などをあらためて、教えられたようである。また、藤原からは、技術的なこと、プロレスラーとしてどう戦えばいいかとか、こういう闘いのときは身体はこういうふうに動かすとか、これもレスラーとしてリングに立つのであれば、絶対的に必要なテクニカルな知識を身につけさせてもらったのだった。

しかし、人間的にいうと、その二つではまだまだ不足だった。前田はそもそもプロレスにほとんど興味がなく、将来、なにかの足しになるかもしれないから、プロレスも覚えておこうぐらいのことでしかなかったのである。自分はこの競技のために人生を捧げようと考えるようになるためには、決定的になにかが足りなかった。それが、このころまでの前田日明だった。

それは将来の夢とか、人生を賭けた理想の追求というような言葉で表現されるようなことだったのだが、いまのところはアメリカにいってアリに出会って弟子にしてもらうという、ポンチ絵のようにリアリティのない話がその役目を果たしていた。入団時の「新間のウソ」がアリの道場と新日の道場のあいだに存在していて、本人は気づいていなかったが、前田は自分からは身動きならない、どうしようもない場所にいたのである。

しかし、やがて、彼は自分をそういう場所から救い出してくれる人間に出会う。

前田日明がカール・ゴッチと出会った日のことを『無冠～』は「デビューから一年が過ぎたあ

る日」と書いていて「前田は膝を痛め、道場でひとり居残り番をしていて、巡業に連れていってもらえなかった」と書いている。（1）

会社から電話がかかってきて、ゴッチといっしょに大分の別府にいって、そこにある整体院で治療を受けるのに付き添うように命じられた。「ゴッチは約一カ月のあいだ、治療院のすぐ近くのビジネスホテルに宿泊して通いながら治療を受けることになっていた」、そして、その間、ゴッチと行動をともにしたというのである。（2）

わたしは前田がカール・ゴッチに出会ったことはレスラーとしての彼の最大の出来事だったと思っていて、その出会いの日から、彼のレスラーとしての精神的成長がはじまったのではないかと考えている。だから、前田が初めてゴッチといっしょに過ごした一カ月というのは彼のレスラー人生にとっては最重要事項に認定するべき時期だということである。

わたしの取材でも、彼はゴッチと初めてであった日の正確な日付けまでは記憶していなくて、「とにかく試合はずっと欠場していたンです」というのだが、それがいつごろのことかまでは覚えていなかった。それは無理もない話だった。いまからもう三十数年前の出来事なのである。

前田がいつカール・ゴッチに出会ったか、ということを確定するために『週刊ゴング増刊　さらば格闘王　前田日明』のなかに掲載されている［パーフェクト版　前田日明　国内全戦績］を細かく調べてみた。

前田が現役のレスラー&格闘家としてどんな戦いを繰りひろげたかは、この［国内全成績］をみれば、おおまかな概要はわかるのである。ちなみにだが、この星取表に従えば、前田はデビューから引退まで、昭和五十三年八月二十五日から平成十年七月二十日までの約二十年間に千百二十七試合をたたかって、五百四十八勝四百四十二敗百三十七引き分け、というのが彼の生涯の通算成績ということになる。ただ、その内容を見ると、一九八二年から八十三年にかけてイギリス遠征に出かけるのだが、それまでの戦績が五百四戦して百二十六勝三百二十五敗五十三分けであるのに対して、イギリスからもどったあとは四百二十二勝百十七敗八十四分けとだいぶん質のちがう数字が残っている。（3）

ちなみに、長州力の顔面を蹴飛ばして新日本プロレスを追放になり、第二次ＵＷＦを立ち上げてから、リングスで引退するまでの戦績は、八十九戦して、七十六勝十二敗一分けと圧倒的な数字を残している。

それで、話をもとにもどすのだが、問題は前田がゴッチに出会ったのは「デビューから一年が過ぎたある日」というのが何年の何月何日かということだった。

「デビュー後一年を過ぎて」ということは昭和五十四年から五十五年にかけてという意味である。それにしても、この五十四年から五十五年にかけての新日の前座の試合はかなり壮烈なものだったらしい。

その事情を前田は「佐山さんを始め、木村健悟さんや小林邦昭さんといった先輩たちが、次々と海外遠征に旅立っていった。必然的にオレや平田あたりが、中堅クラスに押し上げられる機会が多くなる。すると、山本さんから大技解禁の許可が出された」というふうに説明している。（4）

前座の若いレスラーたちはみんな、仲良しだったが、大技解禁のお許しが出ると、それぞれ、平田淳二はバックドロップが得意技、ジョージ高野はムーンソルト・プレスを切り札にして、華やかなプロレスを繰りひろげるようになる。

前田はここで空手の蹴りわざを工夫してのちにフライング・ニールキックと呼ばれることになる、凶暴な技を編みだす。これは、この技をもろに食らったら衝撃で立っていられないような破壊力にあふれたものだった。同期の平田淳二はこの技を顔面に直接受けて下唇の肉を殺ぎ落とされてしまったという。この顚末を『パワー・オブ・ドリーム』はこんなふうに書いている。

さすがに平田は欠場することになり、オレはまた上の人から油を絞られた。しかし、平田を見直したのは、その事故について何もオレを攻めなかったことだ。それどころか、復帰してからも、オレの技を真正面から受け止め続けた。平田のそんな根性にオレも応えないわけにはいかない。お互いに思いっきり技を叩き込み、そしてそれを思いっきり受けた。

それが評価されたのか、五十四年暮れに、オレは東京スポーツの主催による日本プロレス大賞の努力賞をいただくことができた。ふと気がつくと、入門してから二年以上の時間が過ぎていた。プロレスラー前田明が、どうにかサマになってきたような気がしたが、まだ、プロレスが人生を賭けるに値するものだとは思えなかった。(5)

フライング・ニールキックはものすごい荒技だった。それで、まわりの先輩レスラーたちはトンパチがまた危ないことを始めたといって、前田の相手をするのをいっそう嫌がるようになっていった。

流智美の書いた『これでわかったプロレス技』にはこんなことが書かれている。

この技（フライング・ニールキック、以下ＦＫＫと略す＝註）が日本でポピュラーになったのは、今から20年近く前のことです。77年８・２日本武道館で猪木―モンスターマン戦が行われた日に、初めて公開されたアメリカの新格闘技マーシャルアーツ……その頂点にあった〝怪鳥〟ベニー・ユキーデが全日本キック１位の鈴木幸一相手に見せたＦＫＫは、これをエプロンで観戦していた入門まもない前田を大いに刺激しました。ユキーデは３ヶ月後の77年11・14に、今度は元全日本ライト級王者の岡尾国光を相手にＦＫＫ、ローリング・ソバットを決め、そのカリスマ的人気を確立したのでした。

翌78年８月、山本小鉄を相手にデビューした前田は、平田、高野、原薗といった同期生を相手に連日ＦＫＫを見せ〝前座のぶっこわし野郎〟のニックネームで早くも注目されました。しかし飛距離を計るのが難しく、時折カカトが相手の顔面に入るＦＫＫは危険すぎるため禁止令？　がしかれて、それ以来自分のふくらはぎを叩きつける、衝撃の少ない、いわゆるレッグラリアット・スタイルになったのです。

83年５月、欧州王者のベルトを巻いて凱旋帰国した24歳の前田が、大宮で行われたＩＷＧＰリーグ戦で大巨人アンドレをダウンさせたＦＫＫは大きな反響を呼び、以来ＦＫＫは前田のトレードマークとして、数多くの名場面を作りました。（６）

この技の凶暴さをリアルに伝えている文章である。先輩や同僚のレスラーたちが前田を相手に試合をするのを嫌がるようになったのは、たぶん、技をやり取りしているあいだに、もしかして、本気でやったら自分よりコイツの方が強いかもしれない、と感じるからではなかったかと思われる。

なにしろ、このころの前田は、藤原と毎日毎日、スパーリングばかりやっていたのだ。前田は「道場で日常的にスパーリングの練習をしていたのはオレと藤原さんだけだった」といっている。ただ、プロレスは普通のスポーツと違って、弱いレスラーでも本当にプロレス的に強い人間を相手に戦うと強く見える、そういう、ちょっと説明の難しい世界のスポーツだった。このことを前田はなかなか納得できなくていたのである。

前田はこの時期について、「正直にいって、食うのに困らない、それでダラダラとプロレスの世界にいた、それがこのころまでの本当のところなんです」という。

前田がカール・ゴッチに出会った日はいつなのかという問題について、『週刊ゴング増刊〜』のなかにはこんな文章がある。

前田のプロレス観を変えさせたのはゴッチだった。55年11月に膝の故障で戦列を離れた前田は、足の治療のために来日したゴッチの付き人に指名され、これを機にゴッチに指導を乞うた。前田の熱意に打たれたゴッチは宿泊先のホテルを引き払って合宿に移り、前田にマン

ツーマンの特訓を施したのだ。（7）

このことを前田に細かく説明してもらうと、ゴッチは足だけでなく全身にさまざまの古傷を持っていて、その治療のために別府の治療院を訪ねたのだったという。

『ゴング増刊～』の［国内全戦績］の五十五年十一月を調べると、この時期は毎年、闘魂シリーズが開催されていて、このシリーズは毎年二十試合以上あり、五十六年は二十一戦、五十四年は二十五戦しているのだが、この年だけは四試合しか出場していない。

わたしは、この時期に前田はゴッチに出会ったのだろうと考えていた。

ところが、一九八八年に角川文庫から出版された『パワー・オブ・ドリーム』を読んでみると、そこにはこう書かれていた。

五十四年の暮れに、オレはテレビ番組撮影中の事故で、左膝靱帯を負傷してしまった。おかげで、張り切っていた五十五年の「新春黄金シリーズ」を欠場し、治療に専念するハメになった。だが、禍い転じて福となすという言葉もある。ついでだからというので会社から命じられた仕事がオレを驚かせた。同じく膝の治療で来日していたカール・ゴッチさんの世話をしろというのである。

「レスリングの神様に会える！」、そう考えただけでオレは有頂天になってしまった。（5）

そのときの彼は「巡業に連れていってもらえず道場でひとり居残り番をしていた」というのである。そして、そのあと、ゴッチの身の回りの世話をしながら、ひと月くらい大分の別府温泉に滞在して、いっしょに膝の治療を受けていた、というのだ。

同時期に講談社から出版された『格闘王への挑戦』にもこういう文章があった。

新日本プロレスに入ってすでに3年が過ぎようとしていた昭和55年、オレは試合中に左膝内側じん帯を負傷してしまったために1月2日から始まる新春シリーズを欠場しなければならなくなった。

治療のため、別府の高本治療院に通院した。そこであらためて自分の体を見ると、レスラーになって見違えるほど逞しくなっていることに気がついた。(略)

そんなオレにビッグニュースが届いた。ゴッチさんが、治療のために来日し、自分と同じ高本治療院に通うから、世話をしろと言うのである。(8)

二つの資料はともに、前田とゴッチが出会った日にちを昭和五十五年(一九八〇年)の正月としていて、『週刊ゴング~』に記載された年譜と十一ヶ月食い違っているのである。

これは必然的に、どっちが正しいのか、という話になってしまう。

『パワー・オブ・ドリーム』も『格闘王への挑戦』も、前田が初めてゴッチに出会った昭和五十五年からまだ八年あまりしか経過していなくて、二冊ともが日付を間違えるというようなことはないような気がする。しかし、『ゴング増刊～』の［国内全戦績］で調べると、この昭和五十五年の正月から二月にかけて、前田は一日も休まず［新春黄金シリーズ］に出場していることになっているのだ。ただ、この試合を細かく調べていったら、なんとなく怪しい。それはこういうことである。

昭和五十五年の正月から二月にかけて行なわれた［新春黄金シリーズ］と三月二日からはじまる［ビッグ・ファイト・シリーズ］で、［新春～］の方は正月四日から二月五日までの約ひと月の期間に全部で十三試合が組まれているのだが、これが初日の対荒川真とのシングルマッチのほかに十二試合があり、その十二試合は全てバトルロイヤル戦なのだが、前田の名前がどこにもないのだ。

［ビッグ・ファイト～］の方も全二十八戦のうち、最初の二試合はバトルロイヤル戦だけの参加になっているが、優勝者は前田ではない。バトルロイヤル戦というのは、多数の参戦者がそれぞれ個人の才覚で最後まで他の人をつぶしつづけて、最後に誰が生きのこるのかという形式の遊びの試合なのだ。子供の頃、テレビでよく見たが、いつも力道山はみんなに袋叩きにされて早いうちに姿を消していたのを記憶している。要領のいい人が勝つ、そういう試合形式である。これも当然、最終的な勝者を決めて試合していたのだろう。

このバトルロイヤルの一試合の参加人数は十一人とか二十二人とかいう人数で、前座のレスラーから猪木まで有力な選手たちが勢揃いして参加するからなかなか毎回優勝というわけにもいかないのだろうが、とにかく前田はどういうわけか最初の二試合を連続して優勝したあと、残る二十一試合は優勝も準優勝もした形跡がないのだ。バトルロイヤル戦での個人の成績優秀者名をあげると荒川真が一番優勝回数が多く、八回優勝している。斉藤弘幸でさえ三回優勝している。前田の最初二連勝、そのあと二十一連敗という成績はいかにも不自然でなかなか理解しがたい。

バトルロイヤル戦が前田の戦績のなかに登場するのは、〔国内線全成績〕のなかで調べると五十四年八月から五十五年の五月にかけてのことで、この時期だけの特徴的な試合形式である。このなかで前田は二十三回、バトルロイヤルに参加したことになっている。

すでに書いたように、この二十三回のバトルロイヤルのうちの最初の二回（九月八日と十月二日）は前田が優勝しているのだが、そのあとの二十一回は一度も優勝していない。そして、一月の八日の徳島から二月五日の名古屋までの十一箇所と、三月二日、三日のビッグ・ファイト・シリーズ初日の千葉と二日目の前橋、合計十三箇所だけはバトルロイヤル以外の試合の記載がなく、右記の日程以外では同日に別仕立てでシングルマッチなどが組まれて、前田はそこで勝ったり負けたりして、そのときの勝敗と対戦相手の名前が書いてある。

もし、前田が五十五年の正月にゴッチと出会っていたのなら、この一月から三月までのあいだにおこなわれたバトルロイヤルには参戦していなかったことになる。

これはもう、このときのスポーツ新聞を調べるしかないと思って、国会図書館にいって、当時の『東京スポーツ』を調べてみたのだが、同紙にはバトルロイヤル戦自体の戦績が載っていなかった。その試合がおこなわれたかどうかも確認できないのだ。『ゴング増刊～』はなにを元の資料にしてこの［国内全戦績］を作ったのだろうか。ちなみにだが、『週刊プロレス』はこのときはまだ創刊されていない。

もし、前田が一月にゴッチに出会っているのであれば、問題はバトルロイヤル戦だけしか書いてない部分なのだが、前田はそこに参加していることになっているが、実際にはそこにはいなかったということになる。どこにいたかというと別府で、それでなければ、カール・ゴッチの面倒がみられない。

一方の十一月の方を調べると、ここでも確かに、前田は欠場している。

このことはけっきょく『ゴング増刊〜』のこの企画の担当編集者でなければわからないが、たぶん、シリーズは進行しているのにどこにも前田の名前がなく、名前がない理由がわからなくて、それで、バトルロイヤル戦に参加していたことにして、編集的な形をつけたのではないかと思う。

それで、前田の［ゴッチとの遭遇］である。

まず、新日本プロレスにとって、カール・ゴッチとはどういう存在だったのか。『パワー・オブ・ドリーム』はこんな説明をしている。

〝プロレスの神様〟と呼ばれるとおり、ゴッチという名は、新日プロのレスラーにとって、唯一絶対神にも等しいものだった。オレ自身はまだあったことがなかったが、猪木さんや藤原さんから耳にタコができるほど、その偉大さを聞かされていた。

世界王者のバディ・ロジャースが挑戦を受けないのに腹を立て、ドレッシング・ルームで

KOした話、ヘビー級ボクサーと闘い、関節技で勝った話。そういった神話を耳にするうちに、オレはまだ見ぬゴッチという人物、いや神様に尊敬の念と恐怖心を抱くようになったのである。

中でも興味を惹かれたのは、コーチとしての力量だ。日本プロレス時代に教わった猪木さん、山本さん、北沢（魁勝司＝註）さん、フロリダのゴッチ道場仕込みの木戸（木戸修＝註）さん、新日プロでコーチを受けた藤原さん、ゴッチさんに学んだ選手は、みんなズバ抜けたレスリングの実力を誇っていた。そして、五十三年の藤波辰巳さんの帰国がますますオレにゴッチ道場帰りの勲章の重さを実感させた。

藤波さんのキビキビしたレスリングは、セコンドで見ていたオレたちレスラーでさえほれぼれした。小さい体でありながら、その抜群のコンディション、高度なレスリングテクニック、そしてドラゴン・スープレックスに代表される必殺のスープレックスは、すべてゴッチさんとのトレーニングによって身につけたものだという。

「ゴッチさんに教えてもらったら、オレも藤波さんみたいになれるやろか」

そんなことを何度考えたことだろう。いつの間にか、ゴッチさんはプロレス界におけるただ一人のオレのヒーローになりつつあった。（5）

結局、この問題の答を直接前田に聞くと、こういう答が帰ってきた。

自分の記憶のなかには、そんなバトルロイヤルばかりやっていた時期なんかないですよ。だいたい、バトルロイヤルをやった記憶もない。初めて出会ったころのゴッチさんは革のコートを着ていましたから、たぶん、冬だと思います。春先までいっしょにいたと思います。

この証言からだと、前田がカール・ゴッチと初めて出会い、別府の整体院にいっしょに通いながら、レスリングのあれこれを教えられた一番最初の出会いは昭和五十五年正月だったということになる。

ここからさらに直接、前田の話を聞こう。

たまたま、アレなんですよ。自分は膝かなんかを痛めて、巡業についていかないで東京の合宿所で留守番していたんです。そしたら、会社から電話があって、もうじきゴッチさんが来て、別府に治療にいくから、オマエはゴッチさんについて別府にいって、いっしょに膝を治してこいっていわれて、ゴッチさんが泊まっている京王プラザホテルを訪ねていったんです。

それで、トントンと（ドアを）ノックして、自分はそのころ、英語なんて全然わかんないから、「アイアムジャパニーズヤングレスラー、アキラ・マエダ」っていったら、（ドアの）向こうでカムインていうんですよ。カムインという言葉の意味が分からないから、それ（「アイアムジャパニーズ～」）を十回くらい連呼したんですよ、そしたら、ドアが開いて、汗だくでパンツ一丁のゴッチさんが立ってて、カムインといわれて、それでやっと部屋に入れてもらったんです。

ここから、前田が〝プロレスの神様〟について回る日々がはじまるのである。いっしょに別府に出かけて、別府のビジネスホテルに部屋をとって、そこに寝泊まりしながらふたりでいっしょに同じ病院に通って治療に専念したらしい。前田は膝の治療だったが、ゴッチはほぼ全身の治療だった。

このときの前田は全然英語がしゃべれないわけだから、さぞかし珍道中だったのではないか。

自分はもう緊張のしっぱなしで、なにしろ相手は神様ですから。でも、なんていうか、神様なんだけど、いろいろと話しかけてくれるし、なんていうんですか（これが前田の口癖である）、英語がわかんなくても、黙っちゃったらなにも始まらないんだからと思って、ゴッチさんはゆっくり話してくれて。このときは二カ月くらい、ずっといっしょにいて、とにかく、言葉がしゃべれないくせにいろんな話をしてました。ゴッチさんというのは、ひとつ質問すると、十個ぐらい答が帰ってくるんですよ。頭のなかが完全に整理されていて、こういう場合はこうだ、ほかにも、こういう場合があるというように説明してくれるんです。そのとき、自分は辞書を持ち歩いていて、わからない言葉がでてくると、途中で調べて。ゴッチさんも日プロ（日本プロレス）時代にコーチをやっていましたから、カタコトの日本語はしゃべれるんですよ。それで、ゴッチさんは日本人が大好きなんですよ。

これで、スケジュールの空白の問題も解けた。『無冠〜』には「別府で治療したのはひと月くらい」と書かれていたが、ゴッチと前田はそのあとも行動を共にしていて、その期間は二カ月だった。ということは、前出のシリーズのなかのバトルロイヤルだけしかやっていないと書かれている部分が二カ月間あるのだが、その間、じつは前田はゴッチからあれこれと教わりながら、介添えを務めていたということである。

ゴッチさんに会う前の自分というのは、半分もう、プロレスに対して斜めに見ていて、こんなもんと思いながら、サラリーマンが生活のために働いているみたいな感じで、〈マア、食いぶちのためなら仕方ないか〉みたいに考えて、手抜きした気分で試合をやっていたんですけれども、そういうのもなんかイヤで、困ったなあと思っていたんですよ。で、人からゴッチさんの話を聞くたびに、そんな人がいるんだったら会ってみたいなあと思っていたんですよ。で、会ってみたら、なんていうんですかね。ゴッチさんて、ジャーマンスタイルの宮本武蔵なんですね。本当に強いんですよ。

前田はここで、カール・ゴッチに出会って何ヶ月間かいっしょに過ごしたことで、本当に強いということの重大さを教えられたのである。

マッチメイクはマッチメイクだが、本当に強ければ、マッチメイクで自分より弱い相手に負けてあげるのでも、自分が中心になって、闘いをコントロールしながら、自分が考えているような試合を作ることができる。本当に強ければ、対戦相手は自分が勝たせてもらっても、負けを作ってくれた試合相手に対する尊敬を失わないし、こんどは自分が負けてもカッコいい試合をきちんとやってみせねばと思うのだ。

つまりそこは、曖昧模糊としたところだが、現実の社会では黒白がはっきりつくことの方が珍しく、曖昧模糊というのが当たり前、それが現実なのだ。それがあるから、人々は白黒、勝敗がはっきりする勝負事、スポーツに熱中するのである。

それでね、新日本プロレスがよそと大きく違っていたのは、試合も大事なんだけど、試合の相手をする外人レスラーたちにバカにされたらダメなんだと考えていたことなんです。当然のことだけれども、相手にバカにされたらダメなんだよ、と。そこで相手をやっつけちゃってもいいんだ、と。だから、ホントの決める技術を持ってなければいけないんだ、といっていたんです。それはやっぱり、アメリカ本土で小鉄さんと星野さんがヤマハ・ブラザーズで毎日毎日、命がけで巡業して、試合自体ものすごかったらしいんですけど、猪木さんもけっこう苦労して転戦していたということがあって、そういうふうに考えるようになったんですよ。アメリカのヤツらになめられてたまるか、というようなね。ゴッチさんのレスリングの本質というのは「強さを追求する」というものだったんですけれども、それは新日プロの原点でもあったんです。

前田はこのゴッチと出会う時点で、自分がどのくらい強くなったと考えていたのだろうか。

また、[レスラー]の強さということについて、どう思っていたのだろうか。

正直にいって、自分がどのくらい強いのかということはいくら試合をやってもわからないんですよ。セメントのスパーリングも藤原さん以外とはあまりやったことがなかったし。ただ、藤原さんとのスパーリングでいうと、最初、簡単に、五秒に一回技をかけられて決められていたのが、十秒に一回になって、一分に一回になって、十分に一回になってというふうになっていったんです。

デビューしたあと、先輩たちに負けつづける試合をずっとやらされた。新人同士でやる試合が組まれるようになって、そのころは大技は禁止で高野とか平田とか前座同士で猛烈に動きまわる試合をやっていたんですよ。どっちが勝つかというフィニッシュだけ決まっていて、その途中はどんな戦い方をしてもよかったんですけれども。最後は負けるけど、途中は相手を猛烈に攻め立てて、見ている人に〈あッ、ホントはコイツの方が強いな〉と思ってもらえるような、もうちょっとでケンカみたいな試合をやっていたんです。それが話題になって、新日本の前座の試合はメチャクチャで面白いっていう評判が立つんですけど、やっぱり、自分がどのくらい強いのかはわからなかった。

そういう約束事に縛られて試合をつづけていても、なかなか、自分がどのくらい強いのか、わからない。どっちが強いかはスパーリングを何回かやれば、やっている本人同士ではわかるものなんですけれども、それも〈真剣勝負やったら、たぶんオレが勝つな〉ぐらいのことで。

それで、自分はそのころは、プロレスなんてそういうふうにだいたいのスタイルも決まっているし、ホントに技術もなにもない世界だ、みたいに思っていたんですよ。日本に来る外人レスラーなんか、下手すると筋肉増強剤をガンガン注射していて、バーベルあげさせると確かに力は強いんだけれど、だからってなにがあるんだよ。プロレスやらせたら技術もなにもないし、スパーリングとかやっているとこ見ていても、弱いだけじゃないか、と。

自分で自分の力がわからずにいて、どうすればいいかもわからなくなっていた。そういうときに、ゴッチさんと出会ったんです。それで、プロレスのなかには武術みたいな、人間同士が本気で戦うための技術があるんだということがわかって、なんかこうワクワクしてきたんです。

プロレスというのはちゃんとしたギリシア・ローマ時代からつづいている格闘技の変形したもので、アマチュアのレスリングなんかとも共通の土台の上に成立しているものだったんですけれども、自分はそういうことが全然見えずにいた。そういうのはずっとあったんでしょうけれども、それは要するにレスリングで、プロレスはなんでもありで、反則まで技のひとつみたいに思われていて、そういう格闘技と結びつけて考えられずにいたんです。プロレスがああいうふうになったのは第二次世界大戦後のことで、戦前は勝負が決まるまで何時間でもやっていたんですよ。

戦後、ショービジネスとしてのプロレスというのはすごく発達して、世界的に見てもボクシングなんかとはちがった意味でのスポーツビジネスとして、巨大なお金が動いていたんですね。プロレス自体も面白くてお客さんに受ければいいんだというような考え方もあって、プロレスラーも玉石混淆でいろんな人がいた。こんなヤツがプロレスラーかというようなひどいのもいたけれ

ども、そのなかに、ゴッチさんのような怪物みたいな人がいたんです、

前田がゴッチに出会ったのは、二十歳のとき。このとき、ゴッチの方は一九二四年生まれだから、五十六歳である。前田は「いまの自分（二〇一五年の前田日明＝註）よりちょっと年上だったんじゃないかと思います」といっている。前田はいま、五十六歳になったところだから、正確にいうと、同年齢である。体力的な盛りでいえば、ピークは過ぎているはずだ。

ゴッチと前田のふたりの二ヶ月間にわたる道行きを『パワー・オブ・ドリーム』はこう書いている。

治療のために、オレとゴッチさんは大分県の別府にしばらく滞在した。温泉の湯船の中でも、治療所の待合室でも、片時も逃さず、片コトの英語と身振り手振りで、オレはゴッチさんにレスリングに関する質問を浴びせかけた。

訊きたいことは山ほどあった。仮にもレスラーと呼ばれて三年近く経ちながら（実際には二年半＝註）レスリングについて知らないことだらけだった。オレが矢継ぎ早にくり出す質問に、ゴッチさんは嫌な顔ひとつ見せず、ていねいに答えてくれた。

なによりオレを驚かせたのは、歴史的な大レスラーでありながら、若僧のオレを少しも見くびることなく、対等に接してくれることだった。強さにまつわる伝説以上に、人間として尊敬できる人だという印象を受けた。

「道場に行こう」治療が終わってゴッチさんがそう言い出したときには、オレは何事かと思った。「オフコース、トレーニングのためだ。キミは私にレスリングを教わりたいんだろう」これにはさすがのオレもためらったが、ゴッチさんが自分から教えてくれるというチャンスを無駄にする手はない。誰もいない道場へタクシーを走らせた。

ゴッチさんは、悪い足をかばおうともせずに、自分から体を動かして教えてくれた。見ていてこっちがヒヤヒヤするほどだった。オレが膝が痛いなんて言うわけにはいかない。それこそレスリングの基礎であるタックルのやり方から必死になって学んだ。

ゴッチさんの指導はじつにわかりやすい。論理的に、しかもていねいに、ユーモアを交えながら、ひとつひとつの技のポイントを解説してくれるのである。ゴッチ門下生がテクニシャンぞろいなのが、これでよくわかった。そうやって教えられた、相手の体勢の崩し方、自分の体重の使い方にオレはいちいち驚嘆し、目からウロコが落ちる瞬間の快感を何度も味わった。なかでも衝撃的だったのは、次々にくり出されるサブミッション・ホールド、つまり関節技の数々である。

オレがどんなにもがいても、ゴッチさんはオレの体をまるでおもちゃのように簡単に転がしながら、何がどうなっているのかわからない状態で関節をきめてしまうのだ。

「今では、レスラーといっても、アマレスの経験しかないヤツばかりだ。昔は、プロフェッショナル・レスラーといえば、誰でもサブミッションを使えたものだ。プロのレスリングにサブミッションは不可欠なものだったのだ」と、ゴッチさんは力説した。

プロフェッショナル・レスラー。そんな言い方を聞いたのは初めてだった。それまではとにかくプロレスをやるからプロレスラーだと思っていた。だが、ゴッチさんがプロフェッショナル・レスラーという言葉を使うときには、プロの格闘家としてのプライドがひしひしと伝わって来るのだ。（9）

カール・ゴッチがこのときすでに五十代の半ばだったことはすでに述べた。とっくに現役は引退していたが、ゴッチは引退しても驚くべき身体能力と柔らかな体と卓越した技術を保持していた。そして、前田に、自分が信奉するレスリングが現在の有象無象のプロレスのなかで、どのへんに位置して、なぜ自分のレスリングが正しいかを、わかりやすく説明してくれたのである。

前田はゴッチと初めていっしょに練習したときの驚きをこんなふうに語っている。

とにかく、全然すごかったですよ。若い者と同じメニューを同じスピードでできるんですからね。新日本の幹部たちなんて、みんな、若いモンとおなじにはできなかったですから。ゴッチさんはメニューをこなしていくスピードも若い連中と同じようにやっていましたね。

ゴッチさんにお手本でこの技はこうなんだよっていわれて、技をかけられると、もうすごい怖い決まり方をするんですよ。もう一ミリでも動いたらバキッといっちゃうんじゃないかというような。なんていうか、こう、パッとホールドされた瞬間から、これはヤバイと思うんだけど、体の逃しようがないんですね。逃げようがなくて、それでシューッと持っていかれるんですけれど、ヤバイヤバイみたいな感じでホールドから組に至るまでの動作のどこにもスキがないんです。

ゴッチが教えてくれたのは、技術的なこと、例えば関節技の精緻さにも目が覚めるような思いをしたのだが、なによりもまず、自分が関わることになったプロレスの内奥には、格闘技としてのレスリングそのものの原型があり、それはスポーツでもなく、もちろんショーでもない、ヨーロッパの歴史のなかで営々と磨き上げられ。受け継がれてきた生死をかけて戦うための近接武術（格闘技）である、ということだった。

前田があまりその意味を深く考えることもなく繰りかえしてつづけてきたプロレスのトレーニングは、そのままで、リアルな戦闘で相手を倒して自分が生き延びるための闘いの技術だったのである。その、思えば当たり前の事実に［そういうことだったのか］という衝撃的な納得のさせられ方で気がつくのである。

それは、死地に立った男たちの闘いの有りようだった。そのことが納得できたとたんに、かれは自分のやっていることが面白くてしょうがなくなっていったのだった。

つまり、彼はレスラーとして開眼したのである。ゴッチの方も、知識に飢えていて、教えることをなんでも真綿のように吸収していく前田のありように教育者としての喜びのようなものを感じていたのではないかと思う。

このときのことを前田はこういうふうに説明する。

自分はまず、タッパ（身長）があったし、なによりもゴッチさんのそういう練習だとか、なんというか、ゴッチさんにまとわりついて、これはどうしたらいいんですか、あれはどうやればいいんですかっていって、ストーカーのようについてまわっていましたからね。それで、自分のわからないことをひとつ訊くと、ゴッチさんからは答が出過ぎるほど出てくるんですよ、技術的なことを訊くと。一個、メインの技術が出てきて、そのバリエーションはこうだ、こうだ、ああいうのもある、と。きりがないくらいなんです。

精神的な部分に惚れこむっていうんですか。ゴッチさんの技術に関しては、当時は教えてもらっても〈これはオレにはできないよ、ゴッチさんだからできるんでしょ〉というような技もあったんです。それは後年、面白い話があるんですけれども、ロシアにサンボという武術があるんですけれども、サンボの有名なコーチに出会って、この人、すごいなと思って練習相手になってもらったときに、練習するのを見ていて、あっ、これ、ゴッチさんが使っていた技だ、と。そういうことなのか、と思ったんですよ。

前にちょっと訊いたことがあるんですけれども、ロシアのサンボの源流というのは、日露戦争のあとにあるロシア人が日本の講道館に柔道を習いに来て、そいつがロシアに帰って、自分の技を広めたのがいまのサンボになったというんです。だから、柔道の影響はあると思うんですが、オレはその前になんかやっぱり、中世のヨーロッパというのは小国がいっぱい集まって、始終戦争しているというような、戦国時代状態だったじゃないですか。そうだとしたら、そこにはそういう体術というのが絶対にあったと思うんですよ。それはいまに伝わっているレスリングとは違うものだと思うんです。体術というか、日本でも戦国時代とかには甲冑武者が馬上で出会って、首の取り合いとかするじゃないですか。ヨーロッパだとナイト（騎士）が槍で突きあって、落馬させて、そのあと剣を使って殺しあうとか。そう考えると、ヨーロッパにも日本の柔術と同じようなものが昔は絶対にあったと思うんですよ。自分はそういうものを感じて、これだ、と思ったんです。

日本の柔道の元々の原型になった柔術はそもそもは具足術（小具足）と呼ばれ、鎧武者が組み討ちになったときに短刀や小刀を用いて相手を倒して首を取る、という武術だった。これはさまざまの短刀、小刀だけのことではなく、棒とか鎖鎌まで含んだ、未分化の総合武術だったようだ。日本の場合はここから、柔術、剣術などが枝分かれして独自のジャンルの武術として発達していったが、西洋では、僅かにフェンシングなどにそういう西洋武術の伝統の残滓が見られるだけで、甲冑をつけての格闘技の技術や、昔の両刃の剣を操って戦うための武術は失伝したといわれている。

西洋剣術というと、フェンシングを連想する人が多いだろうが、あれは中世の戦場での格闘技とはあまり関係が無く、平時の護衛用の武具として使われ、それがスポーツ化していったものだった。確かに、フェンシングは刺して相手を倒すというものだが、現実の命のやり取りをする戦闘では、特に甲冑で護身しているのだから、細身の剣で刺すだけでなく、両刃の剣を操って切ったり、ついたりする方が有利である。西洋の戦闘では銃火器の使用が普及して、近世に入ると、馬上の騎士がたがいに重い甲冑を纏って馬を操って槍で戦うなどという場面はどんどん姿を消して、銃を持った歩兵中心の白兵戦が勝敗を決する鍵になっていった。個人対個人で戦う体術は次第に、あっても意味のないものになり、廃れていったのではないかと思う。

レスリングは古代ギリシア、ローマ時代の格闘技が現代に伝わったものと簡単にいうが、よくよく考えてみると、そんなわけがないのである。その時代からは二千年、三千年の歳月が経過しているのだ。それは、近代のある時点で、古代の体術が戦闘の中心であった時代を擬して、その理念によって誰かが、日本の柔道でいえば嘉納治五郎のような人になるが、再構成し再編集して成立したものなのだと思う。あるいは特定の誰かではなく、時代の経過のなかで変形をつづけて、現在の形になったのである。

前田が感動したのは、ゴッチの持っていた精緻な技術もさることながらだが、ここで初めて、自分があまり深く考えずに使っていたり、覚えたりしていた、組み討ちの技術が、そういう歴史的な過程のなかで伝承されて、いまに至っていたのだということだった。そのことへの痛切な自覚がまず驚きだった。

前田は格闘技の体の裁きや力の入れ方は、零戦の操縦士たちが自分の命を賭して駆使した、飛行操縦技術と、その意味において、同質のものだと思うことができたのである。このことの自覚が、彼を感動させた。たぶん、彼がプロレスの技に人間の生き死にのリアリティを感じることができるようになったのはここからだったのではないか。

そして、前田はこのことを経験したあと、本気になって、プロレスの技のむこうに潜む、格闘技の世界に足を踏み入れていくのである。この自覚によって、プロレスが戦う前に勝ち負けをあらかじめ決めて試合に挑むという、スポーツとしての致命的な部分を、それはどうでもいいこと、大事なのは表面的な勝ち負けではなく、本当に強いかどうかだ、と考えるようになることで乗り越えるのである。そのことについて、彼はこういう。

自分がゴッチさんに憧れた大きな原因のひとつが、ゴッチさんが万能の選手だったということなんです。自分も万能選手になりたいと思った。

当時、プロレスは八百長だとかなんとかいう話があったんです。それで、よく飲み屋なんかで「オマエ、プロレスラーじゃないか」と蔑むようにいわれていたんだけれども、ゴッチさんはそれに対して、「アイムリアルワン」といったんです。

オレは本物なんだよ、ということなんですけれども、オレもその、リアルワンになりたいと思ったんですよ。それで、いま以上に強くなるためには、どうしたらいいかということをいろいろと考えるようになったんです。

プロレスと格闘技の技とはその性質が基本的に異なるものだった。

プロレスの場合は、相手を動けなくしてしまったら、予定のシナリオ通りの試合ができなくなってしまうわけだから、そこで要求されるのは、ものすごく痛そうに見えて、ホントは痛くない技だった。つまり、すごいように見えながら、本当はすごくない、そういう技だった。しかし、格闘技は一刻も早く、相手を倒すことを要求するのである。基本的に違うものなのだ。しかし、破壊力を充満させた見かけの形を維持しなければならない。このことは、プロレスにも格闘技にも共通したことだった。

前田は、つまり、本当に相手を倒すことのできる技術を追求しながら、見た目はプロレス的な要求を満たす、観客に受けがよく、相手にはあまりダメージを与えない技とはなんなのかということを考えはじめる。しかし、その技はちょっとスイッチを入れ換えれば、本当に相手をうち倒す、決定的な効果を持っている、そういう技だった。そういう技をプロレス的に使って見せたり、本当の格闘技として使いこなして見せたりするのが、ゴッチのいう［リアル・ワン］だったのである。

それは、それまでのようにニヒルなプロレスのレッスンではなかった。

たぶん、ここのところで、前田はのちに格闘技の世界へと歩み始める、最初の、自分でもそれと気づかない、そういう一歩を印したのである。

ここからの前田は、生活のためにルーチンワークとしてプロレスを嫌々やりつづけているレスラーではなく、本気の格闘技はこう、それをプロレス的に作りかえるとこういうふうになるという、これもそもそもは［精神の二重構造性］が作り出す世界の産物なのだが、現実に対応する部分と理想の形とを明確に意識しながら戦うようになる。

そして、これを二つながらに持ち合わせて、やがて、なんらかの形でこの二つの形を結びつけられないものかと考えはじめるのだが、それはまだまだ先のことである。

ゴッチと出会ったころから、生活は変わっていったようだ。

前田は、そのころの自分自身の強さの実感について、こんなふうにいっている。

自分のなかでは、なかなか自分は前より強くなっているんだという感覚は持てないものなんですよ。たぶん、昔の自分に比べたら強くなっているんじゃないか、というふうには思うんだけど、じゃあ、新日本プロレスのなかで何番目に強いかとか、そういうことはわかんないんですよ。なぜかっていったら、道場でスパーリングをやっているヤツといったら、ホントにオレと藤原さんぐらいしかいなかったんです。ほかの人はやらないですから。みんな、猪木さんから「オマエらもスパーリングやれ」とかいわれて、やってますけど、それも始終じゃなかった。スパーリングを嫌がっている人もいましたからね。

藤原や前田以外のレスラーたちが、本当に強いということをどう考えていたか、知りたい気がするが、それはわからない。スパーリングなんかやらなくても、面白いプロレスの試合はいくらでもできるのである。このことについて、前田はこういう。

プロレスというのは本当に面白い世界で、本当にベテランの試合の上手な人にかかると、全くの素人を対戦相手にしても、トンでもなく強そうに見せることができるモノなんですよ。きつくやろうと思うと、いくらでもきつい試合を作れるんですよ。反対に、手を抜こうと思うと、いくらでも手抜きができるんです。

サラリーマンの世界というのは、手抜きして働いていると、それが見えちゃうじゃないですか。だけど、プロレスの世界というのは、手抜きをしても、それが見えないようになっているんですよ。やり取りをいくらでも誤魔化すことができる。見え方さえも誤魔化すことができるんです。

これは強いということとは、全然別の世界の話なんですよ。

この話を聞いていて、わたしが思いだしたのは、プロレスラーがホントはそんなに強くない、という話だった。

ちょうど、いまから十年前くらい前までの話だが、K―1とか、プライドとかが隆盛だったころ、かなりの数のプロレスラーたちがギャラの高さに惹かれて、格闘技の世界に参入した。いろんな試合が組まれたが、桜庭和志など一部のレスラーをのぞいて、いずれも負けてばかりいた。これは、いま思えば、リアル、ガチンコのセメント勝負をさせるとプロレスラーはあんまり強くない、ということとの証明だった。わたしは知り合いのレスラーがプライドに出場して負けつづけて、本人から「負けっぷりがいいって褒めてもらって、プロレスの方のギャラが上がりました」とうれしそうにしゃべっているのを聞いて、暗澹たる気持ちになったことを覚えている。

彼らの闘いぶりからは、ものすごい身体を作って、投げられても叩かれても平気になってはいるのだが、だからといって、相手を倒すことのできる勇猛果敢な戦闘能力は持ち合わせていないということがよくわかった。ほとんどのプロレスラーは相手を決定的に破壊する能力を持っていないのである。身体が分厚い筋肉に覆われているから、攻撃されてもそれほどのダメージはないのだが、レスラー同士で呼吸を合わせて、プロレスをやってみせるときが一番強そうに見えるようになっているのである。

前田はプロレスが持っている不条理をだんだん理解できるようになっていった。

自分がプロレスラーである以上、ガチンコのバトルで本当に強いのも重要なことだが、プロレス的に強いことを求められているのであれば、それはそれでやり遂げて見せなければ、本当に強いとはいえない。試合がうまいことも、強いことの重要な属性なのである。

そのことも分かってきた。

カール・ゴッチと出会ったことで、プロレスが見えてきたのと同時に、本人がどのくらい意識していたかはわからないが、前田の精神のなかで、大人の世界がどうなっていて、人間がどういうことで行動するものなのか、ということも見えるようになってきた、という変化が起こったのではないかと思う。生きるということの持つ切なさと苦しさ、夢見ることの喜びと悲しみ、そういう人間的な感情をきちんと自分の心のなかで受け止めることができるようになっていったのだ。

彼はそういうところにいた。彼はまだ二十歳になったばかりだから、二十歳の若造に過ぎなかったが、それでも社会的にはもう大人である。

彼は大人になろうとしていた。

男の人生にとって女が特別な存在であるということを初めて知ったのもこのころのことだった。

「自分の初恋はずいぶん遅くて、このころなんですよ」と、彼はいう。

初恋を経験して、生まれて初めてラブレターというものを書く。

彼が好きになったのは、合宿所の近くにある喫茶店でウェイトレスのアルバイトをしていた女子大生だった。

わたしなどからすると、二十歳で初恋ってずいぶん遅いな、という印象だが、この年齢まで、精神的に余裕がなくて、恋愛どころの話ではなく、十代を生き延びてきた、ということなのではないかと思う。多少のこと、気持ちに余裕がなければ、人なんか好きになれない。いわんや、若いむすめをや、である。

前田から初めての恋の話を聞こう。


武蔵工業大学（現在の東京都市大学＝註）に通っている女の子で、寮のそばの喫茶店でバイトをしていたんですよ。その子に初恋しちゃった。それで、ラブレターを書いた。ラブレターを書くために、自分が読んだいろんな本のいろんな箇所をかき集めてね。細かいことは忘れちゃいましたがライナー・マリア・リルケとか、伊藤整の詩集とか読んで、三島由紀夫とか、いろんな文学者の書簡集とか買ったりして、そのなかにある文章を抜粋して、くっつけて、一生懸命にラブレターを書いたんですよ。

伊藤整の詩集というのは、昭和の初年になるのだが、大正十五年に百田宗治が主宰していた椎の木社から出版された『雪明かりの路』だろうか。伊藤はこの年、東京商科大学（現在の一橋大学）の試験に合格して上京するのだが、この詩集のなかに、「女」というタイトルの詩がある。

女よ　なんという不思議な人種　なめらかな白い肌と　深い黒髪と
うるんだ魅惑する目と　なんといふきれいな魔のような生きもの。（10）

というような調子である。伊藤整は小説家としての仕事が多く、詩集は二冊くらいしか出していない。『雪明かりの路』は彼がまだ二十歳で、小樽で学校の教師をやっていたころの作品だから、初恋に落ちたときの前田と同い年である。また、リルケの方は詩人だから、生涯で膨大な詩作を残している。いま、わたしの手元には富士川英郎が訳した『リルケ詩集』があるのだが、女をテーマにした詩もかなり多い。わたしだったら、

あなたは未来です　永遠の平野のうえの　偉大な曙光です
あなたは時の夜が明けるときの鶏鳴　あなたは露　朝の弥撒　そして少女（11）

あるいは、

私がお前を知ってからさらに芳しく

ああ　なんと私の体がすべての血管から花咲くことだろう
ごらん　私は一層すらりとして、一層まっすぐな姿勢で歩いてゆく
それだのにおまえはただ待っているのだ——いったいお前は誰だろう?（12）

というような一節を引用するかもしれない。

このラブレターを受け取った［初恋の彼女］はかなりびっくりしたらしい。手紙を受けとり、読んだあと、「あの手紙、ホントにあなたが書いたの」と聞かれたというから、かなりの迫力で文学性の高いラブレターを書いたのではないか。

武骨な人と思っていたプロレスラーから、文学の薫り高い愛の手紙をもらったのだから、そうとうに驚いたに相違ない。


このときはホントにもう、寝ても覚めてもの恋でしたよ。だけど、首尾はアウトでした。そのときにいわれたことではっきり覚えているのは「あの手紙、ホントにあなたが書いたの?」ということでした。見た感じと受け取った文章とかギャップが激しすぎたんだと思います。たまたまね、星野勘太郎さんとふたりで韓国遠征したんですよ。そのとき、もうじき彼女の誕生日で、彼女が腕時計が欲しいといっていたのを思いだして、ロンジンの時計をね。韓国遠征というのはプロレスの巡業で韓国の各地を転戦したんですけど、それのギャラを全部つぎ込んで、ロンジンの時計を買ったんです。あのとき、いくらしたか、忘れちゃいましたけど。

買って帰ってあげようとしたら、もらえない、と。もらえる、もらえないの押し問答があって、とりあえず、手紙を添えて、どんな反応があるかなと思ったら、その手紙を読んだ彼女から「アレってホントにあなたが書いたの？　誰に書いてもらったの？」といわれた。

文章はいろんな人の書いたものの寄せ集めで、必死でアッチからここんとこ、コッチからここんとこって集めた文章だったんですけれども、一行一行文体が違うんで、なんか変だなと思いながら読んだかもしれないですね。それで、「誰に書いてもらったの？」と聞かれて、ガックリきたんです。

どうやら、この恋は実らなかったようだ。

これは前田には可哀想だが、初恋なんていうのはうまくいかなくて当たり前で、うまくいかない方がいいのだ。若いときの恋愛であんまり幸福になりすぎると、オレはもうこれでいいやとか思いはじめて、そこで精神活動が停止してしまって、人間的な成長が止まってしまうこともあるのだ。これは自分なりの経験もあっていっているのだが、少なくとも、わたしはそう思っている。

一番最初にスキになった女には振られた方が、そのあとの人生が豊かになるのである。

性的なことについてちょっと触れておくと、プロレスラーたちというのは基本的に女好きらしいのだが、『無冠～』のなかにこんな話がある。前田の科白である。

「練習生に先輩レスラーがこんなことを言うんだよ。『これは絶対に秘密だから誰にも言うなよ。もし、お前がその話をバラしたら新日本の選手も社員も路頭に迷うんだからな。で、その話というのは、練習がある段階まで進んだら、真の足腰を作り上げるために先輩レスラーから一度、オカマを掘られなければいけない。嘘じゃないって、みんな一度は掘られているからこそ、うちの会社は安定しているし団結力もあるんだ』。俺は藤原さんからその話を聞かされたんだけど、やっぱり最初はそんなこと信じられなくてね。でも、藤原さんが言うんだ。『お前も知ってるだろ？　○○さんと○○さんが仲が悪いの。あれは○○さんと三角関係だから仲が悪いんだよ』って、妙に納得できる話だから次第にそうかなと思いだしてね、これは後でわかったことなんだけど、それでも俺があまり信用しなかったから選手全員で半年がかりで俺を騙そうとしたんだよ。巡業先の旅館で食事をしている時、ある先輩レスラーが俺の顔を見てウィンクするんだ。いやあ、まいったな、と思ったね。

こうなると、信じるしかないからさ。他の人に相談できる話でもないと思ったし、真剣に悩んだ。親戚の誰とも顔を合わせられなくなると泣きたくなったよね。そうこうしているうちに、藤原さんが『誰がいいんだ。お前が決めていいんだぞ』と聞くから、仕方なく『とりあえず藤原さんで』と答えたよ。藤原さんて俺に優しかったからさ。無理矢理、決意した。一度ぐらい掘られても後遺症はないんじゃないかと悲壮な覚悟でね。そう藤原さんに言うと『じゃあオロナイン軟膏を買っておけよ』と。だからあの頃はいつも寝るときは枕元にオロナイン軟膏を置いて寝てたね」(13)

前田の回想である。

この話は本当なんですよ。でもね、あれは伝統的にやっていたイタズラで、全員、新弟子時代にひっかかっているんです。オレも佐山さんも引っかけられているんです。実際のところ、プロレスラーというのはみんな、女好きなんです。プロレスの世界では、ホントにホモというのは聞いたことがなかったですね。冗談だと思うんですが、ストロング小林さんがホモだという話があったんですが、それも違うと。

別に根拠があって書いているわけではないが、身体を使って相手と闘って、男同士で投げたり投げられたり、殴ったり殴られたりして、闘争本能のままに行動していると、ごく自然に性欲が昂進するものなのかもしれない。これは恋愛に関係がありそうで、それとはまた別の自然な欲求の話である。プロレスラーが女好きというのはなんとなくわかるような気がする。

もう笑い話で、ホントかウソかわかんないんですけど、藤原さんなんかは性欲が強すぎて、藤原さんが二十代の後半か、三十代の前半というから、いまからもう、三十年以上前の話なんですが、突然やりたくなって、巡業先のホテルで廊下を掃除していた六十過ぎのおばちゃんを部屋に連れこんで、無理やり口説いてやらせてもらったっていうんですよ。で、やったら（そのおばちゃんは）最初、イヤだとかいっていたのに、終わったら「よかったわァ、これで冥土のみやげになるいい話ができた。ありがとね」っていって感謝された、という話があるくらいなんです。

ここから先は、一般論で、前田がそうだったというわけではないが、その時代はまだ、ソープランドが○○○風呂といっていた時代で、みんなそこで、自分のお気に入りの相手を捜して通っていた、ということである。いま、そういうところがどういう状況になっているかはわからないが、そのころはエイズなどというものもなかった風俗産業的にも平和だった時代である。

話をゴッチとの出会いに戻すが、一番最初に前田と出会ったとき、ゴッチが前田になにを教えたか、そのことについてのゴッチ本人のコメントが『無冠～』に掲載されている。

確か、あの時は肉体を強化する基礎的なことしか教えなかったと思う。正しい腕立て伏せやブリッジの仕方だね。あとはゴムのチューブを使って「引き」の練習かな。レスリングには引く力がとても重要だからね。レスラーにまず必要なのは強靱な筋肉だ。見栄えだけの肉体は必要ない。最近のレスラーは、もちろんそういう意味でお話にならないが、残念なのは、当時の新日本プロレスの何人かも〝見栄えのよい筋肉〟をつくることに固執していたことだ。ま、そういう連中はハナから私の指導を受けなかったがね。だから、前田には基本的な体作りを教えたつもりだ。バーベルなどのウェイト・トレーニング器具は一切不要。大事なことはナチュラルに自分の筋肉を強くしなやかに鍛え上げ、常にコンディションを整えることで

あるとね。（14）

これが、ふたりの出会いから十八年後、ゴッチの側の一九九八年の回想である。

要するに、最初に前田がゴッチから教わったことは強くなるための基礎的な練習方法だった。関節技の指導も受けたが、これは前田が一方的に技をかけられた。経験したのは技をかけられたときのどうにもならない威力と怖さだった。しかし、関節技をマスターすれば、さらに強いレスラーになれる、そのことだけはよくわかった。

前田日明がカール・ゴッチに出会って、プロレスラーとしてある種の開眼をしてから、海外遠征、最終的にイギリスになるのだが、日本を離れるまで、約二年の歳月がある。

この時期の前田の勝敗の成績は九十勝百八十九敗五十三分け、勝率は二割八分。デビューからゴッチとであうまでの一年半におこなった百八十八試合の勝率が一割九分だから数字的には大幅に上昇している。この数字にどのくらいの意味をもたせたていいのかわからないが、同期の平田淳二やジョージ高野と出世争いのような形で激しい肉弾戦を繰りひろげている。

この時期、前田自身はゴッチの教えを厳しくまもりながら、真面目に強いレスラーを目指して努力した時代だったと書いていいと思う。前田の直近の夢は「アメリカのアリの道場にいきたい」ではなく「アメリカのゴッチさんの道場にいきたい」というふうに、大きく変化していた。これだったら、新日の幹部の裁量次第で実現が可能なのである。

前田はプロレスラーとしてどんどん強くなっていっていたらしいが、ただ、投げ技にしても蹴り技にしても、身体が大きいくせに動きが早いから技の効き目がありすぎて、先輩たちからはあいかわらずトンパチと呼ばれて壊し屋扱いを受け、ライバルたちからもかなり嫌がられたらしい。

　これは、新日プロ全体の動向からいうと、七十年代に新日のリングに充満していた尚武の、ガチンコの匂いのたちこめるプロレスの気風が徐々に変化し始めていった時期と重なっている。前章の429頁からのつづきだが、まずアントニオ猪木自身がプロレスのスタイルを変えていったことと関係があった。

　猪木は一九八〇年の二月に元極真空手のウィリー・ウィリアムスと闘った異種格闘技戦のあと、プロレスに専念するようになる。試合の相手もスタン・ハンセンやT・J・シンで、そのプロレスもかつての、ゴッチ直伝のストロングスタイルではなく、華やかで見た目が楽しいアメリカ風のショーマン的なプロレスになっていく。

　このころまで猪木のスパーリングパートナー兼付き人をやっていたのは藤原で、藤原は八〇年にアメリカ遠征に出かけ、フロリダのゴッチ道場で修行を積んで直伝の関節技を伝授されるのである。

　猪木が試合のスタイルを変えたことについて、前田は「猪木さんがあのとき、ゴッチさん（カール・ゴッチ）流のストロングプロレスを宗旨変えして、いわゆる（演技過剰の）過激なプロレスに走ったのは、その方が興行的に成功する、つまり、客がたくさん入ると考えたからだと思います」という。つまり、目先の金儲け優先ということだった。

　猪木がそういうプロレスを選んだことで、新日本全体のプロレスの路線も変化していく。具体的にはこういうことが起こった。

オレは事あるごとに猪木さんにゴッチ道場へ行かせてください、とお願いした。しかし、駆け出しの若手が直訴したところで、猪木さんが首をタテに振るわけもない。それどころか、オレがゴッチ道場に憧れるのを、快く思っていないような感じさえあった。

いや、実際に新日プロには、ゴッチさんを不要とみなす雰囲気がひろがりつつあった。一応、ストロング・スタイルの大切なブランドだから重宝しているという感じだった。

明らかに新日プロの体質が変化しつつあるのを、オレは敏感に感じた。それは猪木さんがW・ウィリアムと闘い、四年間続けた格闘技路線に終止符を打ってから、いっそう顕著になった。ニューヨークのWWFとの結びつきが強まり、ファッショナブルなアメリカン・プロレスがゴッチスタイルのプロレスに取って代わろうとしていた。

その一方で、藤波さん以降、軽量級の跳び技の多用が目立ってきた。おなじジュニア路線を踏襲した木村健悟さんや剛竜馬さん、ルチャ・リブレに徹したグラン浜田さんなどが華麗な空中殺法で次々とスターダムにのし上がっていった。その流行は、前座のオレたちにさえ波及した。空中戦を得意とする高野が、同期の中から唯一人抜け出して、脚光を浴びるようになった。テレビマッチへの登場や、WWFライトヘビー級王座決定戦への抜擢などが続き、颯爽とスター街道を歩き始めた。

そんな風潮を横目で見ながら、なんだかオレは拍子抜けしてしまった。自分が必死になって取り組んできたレスリングの練習は何だったんだろうか、と思った。オレが歯を食いしばって練習に耐えてきたのはなにもスターになるためではない。自分自身が強くなるためだった。だが、それに対する評価は何らかの形で受けてもおかしくないはずだ。しかし、現実にリング上での評価は練習量に比例しなかった。

オレがゴッチさんや藤原さんの後を追って学ぼうとしているレスリングと、会社が求めるリング上のファイトとの間には、埋めようのないギャップが広がっていた。（15）

前田は、自分の努力を誰も認めてくれなかったというようなことを書いているが、じつはそうでもなかった。前田のストロングスタイルの希求は、周囲から危険視されたが、リング上でのプロレスの闘いの激しさは評価されていた。やはり、前田のファイト・スタイルには見るからに強そうなヤツが力をセーブしながら闘っているというストイックな感じがにじみ出ていて、迫力があった。

じつは、本章の438頁に『パワー・オブ・ドリーム』から引用した文章に「昭和五十四年の暮れに日本プロレス大賞の努力賞を受賞し」と書かれているのだが、これは、ライターの誤記だった。五十四年の年末にプロレス大賞の努力賞をもらったのは荒川真だった。

『週刊ゴング〜』のなかにある［前田日明　格闘王　年譜］によれば、前田が日本プロレス大賞の努力賞を受けたのは一九八二年の正月のことになっている。主催の『東京スポーツ』の一九八二年の一月九日号で確認したのだが、こちらの方が正しかった。

これも蛇足になるが、そのことよりも驚いたのは一九八〇年正月の『東京スポーツ』とその二年後の一九八二年の正月の同紙の紙面上でのプロレスの扱い方の違いだった。

八十年正月の『東スポ』はプロレスの記事を四面くらいに載せていて、それもジャイアント馬場の全日本プロレスの記事がメインで、新日プロの猪木らの試合は枠で囲ってほとんど試合結果だけというような扱いで、しょうがないから載せているというような感じだった。一面から三面まではプロ野球のストーブリーグの長島がどうした、王がどうしたというような記事で埋まっていた。

それが、八十二年の正月の紙面は、もうアタマからデカイ活字で新日本プロレスのレスラーたち、アントニオ猪木、藤波辰巳、タイガーマスク、アンドレ・ザ・ジャイアント、アブドラ・ザ・ブッチャー、ストロング小林、それに前年、活動を停止した国際プロレスから参戦したアニマル浜口やラッシャー木村まで登場し、全日本プロレスはなんとなく、紙面の後ろの方に追いやられた感じで、当時の紙面のつくりからも新日の試合会場の熱気が伝わってくるようだった。

そういう白熱した状況のなかで、前田は努力賞（新人賞みたいなものである）を受賞したのである。

プロレス大賞の授賞式は正月四日におこなわれ、ＭＶＰはアントニオ猪木、タイガーマスクが大衆賞、新聞にはそれぞれ受賞のコメントが載っていた。前田はそこで「僕にとって励みになる賞をいただき感激です。今後はもっと大きなトロフィーをもらえるように頑張ります」と語っている。

形として、この賞をもらい箔をつけてからイギリス遠征に出かけていく、という段取りになったのだろう。
一九八二年三月、ついに前田日明が海外遠征に出かけるときがやって来た。

【註】
(1)『無冠　前田日明』P・102
(2)『無冠　前田日明』P・107
(3)『週刊ゴング増刊　さらば格闘王 前田日明』P・104
(4)『パワー・オブ・ドリーム』P・144
(5)『パワー・オブ・ドリーム』P・148
(6)『流智美のこれでわかったプロレス技・上巻』一九九四年刊　ベースボールマガジン社　流智美著　P・210
(7)『週刊ゴング増刊　さらば格闘王 前田日明』P・13
(8)『格闘王への挑戦』P・125
(9)『パワー・オブ・ドリーム』P・152
(10)『詩集　雪明かりの路』一九二五年刊　椎の木社　伊藤整著　P・12
(11)『リルケ詩集』一九六八年刊　新潮社世界詩人全集13　R・M・リルケ著　P・24

(12)『リルケ詩集』 P・75
(13)『無冠　前田日明』 P・91
(14)『無冠　前田日明』 P・104
(15)『パワー・オブ・ドリーム』 P・161

第十一章　イギリス遠征始末

まもなく最終章にたどり着こうとしているから、ここで、わたしが人間の生活の軌跡を記録するということについて、どう考えているかを少し、つっこんで書いておこうと思う。

カール・マルクスは世界史上、最大の革命家のひとりだと思うが、そのマルクスが生涯のうちの半分以上、三十歳から没年の六十四歳までの三十四年間を過ごしたのはイギリスのロンドンだった。彼が亡くなったのは一八八三年で、ちょうどその百年後の一九八二年から八十三年にかけて、前田日明はロンドンで生活している。

これは別にシンクロニシティ（偶然の一致）みたいなことをいいたいわけではない。

吉本隆明は評伝『カール・マルクス』のなかで、次のように書いている。


ある人物の生涯を追いかけることは、その一生が記録や記述にのこされていても、また、いつどの時代に生き、なにをして生活し、いつ何歳で死んだかわからない人物をあつかっても、おなじ難しさにであう。この難しさは、しかし、簡単な理由に帰着する。かれが、かれ自身につきうごかされて生きようとしても、もともと生きていることが現実ときりはなせないために、彼が力をいれればいれるほど、現実は強固な壁になってたちふさがるはずだ。つまり、いつでも、果たそうとしたことと、果たしてしまったものはちがった貌で、生身の人間におとずれる。これを隈なくすくいあげることは、どんな記録や思想上の共鳴をもってしても、できそうもない。つまり、現実のほうが手をかした部分だけは、いつも秘されている。ここでとりあげる人物は、きっと千年に一度しかこの世界にあらわれないといった巨匠なのだが、その生涯を再現する難しさは、市井の片隅に生き死にした人物の生涯とべつにかわりはない。市井の片隅に生まれ、そだち、子を生み、生活し、老いて死ぬといった生涯をくりかえした無数の人物は、千年に一度しかこの世にあらわれない人物の価値とまったくおなじである。

人間が知識——それはここでとりあげる人物の云いかたをかりれば人間の意識の唯一の行為である——を獲得するにつれて、その知識が歴史のなかで蓄積され、実現して、また歴史の記述をかえるといったことは必然の経路である。そして、これをみとめれば、知識について関与せず生き死にした市井の無数の人物よりも、知識に関与し、記述の歴史に登場したものは価値があり、またなみはずれて関与したものは、なみはずれて価値あるものであると幻想することも、人間にとって必然であるといえる。しかし、この種の認識はあくまでも幻想の領域に属している。幻想の領域から、現実の領域へとはせくだるとき、じつはこういった判断がなりたたないことがすぐにわかる。

市井の片隅に生き死にした人間の方が、判断の蓄積や、生涯にであったこととの累積について、けっして単純でもなければ劣っているわけでもない。これは、じつはわたしたちがかんがえているよりもずっと恐ろしいことである。(1)

吉本隆明がここでいっていることは、われに返って、個人として自我の自覚のところに立ち戻って他者の人生からなにを学ぶかということを考えたら、決断とか選択といった人間的行為のなかからしか生き方を学べないのではないか、という指摘である。

ひとりの人間という立場に立って歴史を見つめるとき、一八八三年のマルクスも一九八三年の前田日明も等価であると吉本隆明はいう。幻想の領域というのは概念としての社会を作っている知識の総体というようなことでいいのだろうか。

千年に一度しかあらわれない巨匠と、市井の片隅で生き死にする無数の大衆とのこの〈等しさ〉を、歴史はひとつの〈時代〉性として抽出する。

ある〈時代〉性が、ひとりの人物を、その時代と、それにつづく時代から屹立させるには、かならずかれが幻想の領域に参与しなければならない。幻想の領域で巨匠でなければ、歴史はかれを〈時代〉性から保存しはしないのである。たとえかれがその時代では巨大な富を擁してもてはやされた富豪であっても、市井の片隅でその日ぐらしのまま生き死にしようとも、歴史は〈時代〉性の消滅といっしょにかれを圧殺してしまう。これは重大なことなのだ。（略）

人間は生まれたとき、すでにある特定の条件におかれている。この条件は、個人の生涯のおわりまでつきまとう。だから結果として彼が何々であった、ということにはほんとうは意味がない。意味があるのは、何々であった、あるいは何々になった、ということの根底によこたわっている普遍性である。その普遍性を、かれがどれだけ自覚的にとりだしたか、である。記述したかどうかはもんだいではないのだ。ここでとりあつかう人物は、幾世紀を通じて、幻想と観念を表現する領域では最大の巨匠と目されてきた。しかし、誤解すべきではな

い。現実の世界では、きわめてありふれた生活人である。（1）

引用があまりに長くなりすぎるので、一部を省略した。

この問題について、大阪出身の文芸評論家で書誌学者の谷沢永一はこういういい方をしている。

歴史の本筋は英雄譚である。傑出した人物を中心に展開される物語である。歴史には華がないと物足りない。世にはさまざまな史観が入り乱れており、そのなかには、英雄否定の無名集団を重宝する行き方も見かける。しかし、それは芸達者の名優を欠く稽古芝居のようなもので、お道楽としては結構であっても、本筋を外れた試みではあるまいか。

それと言うのも、歴史は決して真実を語らないからである。実証的と称しても限度があって、歴史の素材は真実そのものではなく、評判にくるまれ、好悪によって選ばれ、利害によって値踏みされた言い伝えである。山本周五郎の小説『彦左衛門外記』のなかで、彦左衛門は水野十郎左衛門の言葉を咎め、「おまえは」、と老人は訝しそうに訊き返した、「おまえは、『史記』などに書いてあることを信用するのか」。然り、『史記』は虚構であり文学である。

山片蟠桃は、およそ聖賢のことその他、みな、ひいきの引き倒しであって、かえすがえすも眼を開いて読むべきである。『春秋左氏伝』『国語』『史記』『漢書』及び代々の歴史、諸子百家、みな附会《こじつけ》である。孔子、曾子、子思、孟子の他は奇怪の事柄が多いと知るべきである、と説いている。（2）

話がちょっと横道にそれるが、この孔子、孟子といえども、歴史の外側に出て、その［普遍性］を論じることには無理がある。加瀬英明の著作のなかでこんな文章を見つけた。

私は儒教の始祖である孔子が毎日のように人肉の塩漬けである醤を食べていたことや、孔子がもっとも愛していた弟子の子路が論争に負けて、相手に食べられてしまったことを知った。いくら仁とか、徳とかいっても、中国の儒教はまやかしでしかない。（3）

これは出典が明記されていないのが残念だが、ビックリするような文章である。ここに書かれていることは不快だが、それが事実だったとしても、この、現代の常識から大いにかけはなれた挿話を現代の歴史状況の［場］に引きずり出して、だから、中国の儒教はまやかしである、と書くのはやりすぎだろう。なにしろ二千五百年前のことである。いまの民族分布とは大分違うはずのモンゴロイドの世界には、たぶん漢民族も大和民族もなく、首狩りも乱交（歌垣?）も、もしかしたら人食もごく自然な行為だったかも知れない。メキシコのアズテカ文明の遺跡の夥しい首狩りのレリーフはそういうことを連想させる。また、一生を稲作社会の起源の研究に捧げた大阪教育大学の名誉教授であった鳥越憲三郎の著作には、こんな記述がある。

首狩りはもっとも野蛮で残酷な習俗のように思われているが、本来は稲作儀礼としての神聖な宗教的行為であった。その起源は太古にまで遡り、日本人と祖先を同じくする倭族に共通して見られる習俗であった。長江（揚子江）上流域にはいくつもの倭族の王国が形成されていたが、文化的にもっとも栄えていた滇国の王墓から、夥しい数の青銅製遺物が発見された。それは紀元前六世紀以降の物であるが、それら青銅器の中に首狩りの本質を明らかにする貴重な資料が多数含まれていた。（4）

倭族というのは、この人独特の造語で、［稲作をともなって日本列島に渡来した倭人、つまり弥生人と祖先を同じくし、また同系の文化を共有する人たちの総称］である、という。

首狩りや人食のことはとてもかくてもだが、大切なのは、そういう状況から二千数百年という年月の積み重ねのすえに、人間が［幻想と観念を表現する領域］＝社会総体、人間社会の概念の歴史的な有りようのなかで、幸福や平等や自由や恋愛の概念を人間的理想の具現として磨き上げてきたことではないか。

歴史はまず、その時代の歴史の物差しで計測して、その物差しの尺度について配慮しなければ、全部が孔子が人肉嗜好者《カニバリスト》で、織田信長は日本史史上最大の殺戮者《スローターラー》だという噺になってしまう。

豊臣秀吉の朝鮮征伐や二十世紀初頭の日韓併合も同じことである。

谷沢永一の歴史はウソのかたまりだという指摘については、さすがに司馬遼太郎の歴史小説の最大の理解者だなあという感想もあるが、歴史はウソのかたまりだという言説については、そういえばそうだが、そういってしまっては身も蓋もないだろう、と書くしかない。

わたしたちは何百年とかかってみんなで、そのウソをホントらしくいじくり回して、［事実］をペナトレイト（貫通）した［真実］に磨きあげていくしかないだろう、と思うのだ。

昨今のニューヨークタイムスは歴史の修正を、歴史修正主義だとして悪いことだといっているようだが、歴史は修正されることで真実に近づいていくのだ。歴史の修正、改訂を怖れてはならない。ニューヨークタイムスやワシントンポストがアメリカの正義が世界の正義だみたいなことをいいつづけているからいつまでたってもヨーロッパやアメリカはイスラムを消化して自分の文明のなかに形のよい居場所を作ってあげられないのである。目先の問題を目先の物差しで測って考えていても、問題の解決の糸口は見つけられない。これはアジアの状況も同じことだ。

細かな解説はしないが、吉本の文章のなかで［何々］と書かれていることがらとは社会的地位とか職業人としての特異さというようなことだろうか。重要なのは彼を取り巻いている環境を思想的営為のなかで彼と対立的な関係にあるものとして考え、扱い、それをどう克服していこうとしたか、そのことなのだ。

孔子やマルクスからあらためて取材はできないが、前田日明だったらそれは可能である。

吉本隆明のいう［いつも秘されている現実の方が手を貸した部分］については、本人に直接聞いて、そのとき、本人が思っていたことを思いだして語ってもらうしかない。

このことを前田日明のイギリス遠征の話にもどし、彼のロンドンでの生活に重ねていうと、前田のこの外国滞在は、いわば彼のプロレスラー修行の最終ステージの仕上げとしておこなわれたことだった。前田はこの地でひとりだけになって生活し、自分の孤独を確認することで、自分がそれまでどうやって生きてきたか、その結果として自分の人生がいま、どういう状態にあるかを、明瞭に自覚することができた、そして、そこからどうやって生きていけばいいか、大まかな方向性について自覚できた、ということではないかと思う。

ここにたどり着くまで――、新日プロの道場への入門が一九七七年の七月で、イギリスに出発するのが八十二年の二月だから、四年半の歳月が流れていたことになる。モヤシのようにヒョロッとして痩せていた少年は体重も百キロを越えるところまでふえ（一〇五キロくらいだったらしい）、二十三歳の精悍なたたずまいの若者になった。前田が使う技は荒削りだが強烈な破壊力を秘めていた。彼はなにをしでかすからからない危険な雰囲気を漂わせたレスラーに変貌していた。

それは、前田が、技の習得を、見栄えのいい、派手なプロレスのやり取りのためではなく、本当に相手を倒すことのできる格闘技の技術として習得しようとしているところから生じたものだった。前田はどうしても、プロレスの、打ち合わせ通りのやり取りを、それがオレの商売だから当たり前なんだ、本気出してやり合って身体を傷つけられちゃたまんないよ、ケガしないように上手にプロレスをやろうよ、という普通のプロレスラーたちが考えているような発想ですることができなかった。

彼の考え方からすれば、たとえプロレスが事前におおまかな打ち合わせのある見せ物であっても、スポーツを標榜しようとする以上、全力で互いをうち倒しあおうとすることは、観客たちにいい試合をしているところを見せてもらったと思ってもらえる、最低必要条件だった。

レスラーは本当に強くなければならないのだ。

強くなることを目指して身体を作り、必死で練習する以上、なにをやっているのでも、本当に強くなければ話にならないだろう。

強いということは同時に上手なプロレスラーという意味のはずだった。弱いけど、上手なプロレスをやってみせられるというのでは役者というか俳優である。

たとえ、模擬的にであろうと、自分は闘っている人間であるという自覚があるのであれば、強いレスラーでいたいという願望はごく自然なものだろう。

闘いを職業に選んだはずのレスラーがそう考えられないのは精神的に退廃しているからなのだ。

前田の海外遠征の話は、新日の上層部のあいだでは、すでに一年以上前から、どうしようかという、懸案のひとつになっていたらしい。

普通は、前座のレスラーとして試合をつづけ、力をつけて中堅のレスラーとして認められるようになると、そこで海外に修行に出かける話が持ちあがり、一年とか二年とか、長いときは三年ぐらい、海外の、プロレスが盛んな国、アメリカやヨーロッパやメキシコなどを転戦して、名前を売り、そして、日本にもどってきてメーンエベンターの仲間入りをする、というのが、新日プロがこれまでやってきたスタープロレスラーの作り方だった。前田もその予定表のなかに組み込まれていて、海外遠征に出かけ、そして、そこからもどったら、一枚看板のプロレスラーとして本格的に売り出す、そういう青写真が待っていた。

前田の遠征先は、最初、アメリカ、それからカナダのカルガリーという話になっていった。

カルガリーにはスタンピード・プロレスと呼ばれるプロレス団体があり、過激で派手な立ち回りのプロレスがさかんな町だった。スタンピードはカウボーイ用語で、牛の暴走のことである。前田本人は、そもそもがアメリカにいくことが目的で新日プロに入ったのだから、自分に海外への遠征の話があると聞かされたとき、心が躍って「とにかくどこでもいいからいきたい」というのが正直な気持ちだったようだ。日本から脱出できれば、その先どうするかは自分で決めることもできるのである。藤波などは海外に修行に出かけ、新日のリングに上がるのがイヤで、三年間、日本に帰ってこなかったくらいなのだ。この話は前田にいわせると、こういうことである。

藤波さんというのは面白い人で、日本のプロレスがイヤでしょうがなくて、まずドイツに出されて、そのあと、新日本から日本に帰ってこいという特命を受けたのを無視して、ヨーロッパに居つづけて、それから、ゴッチさんところに逃げて、そこに半年くらいいて、一度、海外遠征から戻ってきて、またすぐに、会社のいうことを無視してヨーロッパにいって、そこにずっといたんです。日本にいるのがイヤで海外に出っぱなしだったんです。で、オレもそれを見ていたから、第二の藤波さんじゃないけれど、オレも海外に出て自由の身になったら、ゴッチさんの道場にいって、本格的にゴッチさんから直接の技術指導を受けようと思っていたんです。

前田は自分の海外遠征が、イギリスということになった背景の事情について、こういう。

カナダのカルガリーという話がいきなりイギリスっていうことになったんですけれど、オレがゴッチさんにカルガリーにいくことになったたっていったら「そんなアメリカン・プロレスのトコなんかいくな」っていって、新間さんとか猪木さんに「前田はイギリスにいかせろ」とかけあってくれたんです。

どうしてカナダのカルガリーだったかというと、この町には往年の名レスラー、スチュ・ハートが主宰していたスタンピード・レスリングがあった。（5）

スチュ・ハートもアマチュアレスリング時代にはオリンピックにも出場し、戦後すぐニューヨークでプロレスラーとして活躍を始めた人で、現役時代は関節技の達人で希代の［シューター］だったというから、そもそもはストロング・スタイルの信奉者の一人だった。

それが、プロモーターになってからは、カルガリーを本拠地にしてA・ブッチャー、アンジェロ・モスカ、スーパースター・ビリー・グラハムらを相手にベビーフェイス対ヒールの、わかりやすいプロレスを展開して北米大陸全般での人気を博した。新日からはジョージ高野、平田淳二、ヒロ斉藤ら、この時期の前座レスラーのほとんどがこのカルガリーにプロレス留学している。

カルガリーにはそのころも、さまざまのタイプのヘビー級のレスラーたちが集まっていた。

スタンピード・レスリングは一九八四年にWWFに買収されて、完全にアメリカン・プロレスに合流していく。だから、七〇年代からすでに、ショー的な要素の強いプロレスの実践の場所だったのである。前田の、カナダのカルガリーに決まりかけていた遠征先を、事務所にねじ込んで、イギリスのロンドンに変えさせたのはカール・ゴッチだった。

ゴッチがどうして、前田の遠征先選びに口出ししたかといえば、やはり、自分がここまで手塩にかけて育ててきた愛弟子のストロング・スタイルのレスラーがアメリカやカナダのショービジネスの渦中に放り込まれて、反則だらけで技術のやり取りもなにもないアメリカン・プロレスに汚染されるのを見るに忍びなかった、ということなのだろう。

それをなぜ、カール・ゴッチがイギリスに変えさせたかというと、たぶん、彼はアメリカにいながら、アメリカのプロレスの世界で孤立していたというから、新日プロのなかで、というか、日本のプロレスラーも含めた世界のプロレスラーのなかで、ゴッチのアドバイスを素直に聞いて、強いプロレスを目指そうとしたレスラーというのは本当に少数派だったのだろう。そして、彼と藤原喜明はゴッチにとってもピカイチの存在で、なんとか自分のプロレスを受け継いで、見かけだけ強そうな偽物のプロレスラーたちをやっつけて欲しい、というのが彼の悲願だったのではないか。その意味で、イギリスのほうがまだましだったのである。

また、ロンドンにはウェイン・ブリッジというゴッチの盟友ともいうべきレスラーがいたことも、この選択の大きな理由だった。ストロング・スタイルのプロレスを信奉する彼にとっては、イギリスはある意味、レスリングのホームともいうべき国だった。

イギリスには十九世紀に源流をもつランカシャー・スタイルと呼ばれるレスリングが二十世紀の中葉になっても存在していた。ランカシャー州の炭坑町ウィガンにはビリー・ライレーが主宰する〝蛇の穴（スネーク・ピット）〟と呼ばれるレスリングのジムがあった。

レスリングはそもそも中世のイングランドに起源を持つスポーツ競技であったというのだが、それが産業革命後、労働者のあいだに腕自慢が現れ、ストリートでおこなわれた賞金マッチが人々の楽しみとして広く普及して、やがて興業として成立し、専門的な人間、つまりプロレスラーが現れたのだった。ランカシャー・スタイルのレスリングは十九世紀の後半、イギリスからのアメリカ大陸への移民によって、アメリカでも広くおこなわれるようになって、現在のアメリカのプロレスの基本型になっていったという、そういう起源を持つスポーツだった。

この歴史的背景について、『パワー・オブ・ドリーム』はこう説明している。


現在、レスリングとして世界的に普及しているのは、フリーとグレコローマンの二つのスタイルである。しかし、レスリングはもともとこの二つしかなかったのではなく、ヨーロッパ各地にいろんなスタイルが伝えられている。

イギリスには、投技主体のランカシャー・スタイルや、カンバーランド・スタイル、ヨークシャー・スタイル、そして、サブミッション主体のキャッチ・アズ・キャッチ・キャン・スタイルがあった。日本でいえば、嘉納治五郎が講道館柔道を近代スポーツとして確立させたが、それ以外にも古流の柔術が存在していたのと同じ状況である。

ビリー・ライレー・ジムでは、主にキャッチ・アズ・キャッチ・キャンを教えていた。日本の柔術がそうであるように、キャッチ・キャンも関節をきめ、相手をギブアップさせる、殺し技の要素を備えている。かつては、キャッチ・キャンを学んだ選手が、プロフェッショナル・レスラーとしてリングに上がった。キャッチ・キャンこそがプロのテクニックだったのだ。だから、ヨーロッパでは今でも、プロレスのことを「キャッチ」と呼ぶ。

ゴッチさんが「真のレスリング」と呼ぶのは、つまりその時代のキャッチのことなのである。年代にすれば、おそらく一九五〇年代までだろう。(6)

右記の文章ではランカシャー・スタイルとCACC（キャッチ・アズ・キャッチ・キャン）を対立的な構図のなかで語っているが、実際には昔からあるランカシャー・スタイルのなかからCACCが出現したのだろう。ウィキペディアは、［このランカシャー・スタイルのレスリングを最も原型に忠実に受け継いでいるのが、CACC（キャッチ・アズ・キャッチ・キャン）と呼ばれているレスリングで、ピン・フォールとさまざまの関節技によるギブ・アップで勝敗を決める、というものだった］というふうに書いている。

CACCの中心的な存在だったのが〝蛇の穴（スネーク・ピット）〟を主宰していたビリー・ライレーだったのである。カール・ゴッチがそこに入門したのは一九五一年のことだった。ジムの師範代であったビリー・ジョイスとスパーリングをして体重が七十キロしかないジョイスに、開始一分間アッという間に関節技を決められ、入門を決心したという。そして、そこで三年間、CACCの修行を積んで、プロレスラーとしてデビューしたのである。

全盛期には三十人以上のレスラーたちが激しいトレーニングをしていた、という。

ゴッチの同門の後輩には、人間風車と呼ばれたビル・ロビンソンやのちにタイガーマスクと熱戦を展開するダイナマイト・キッドなどがいた。ダイナマイト・キッドについては前田は、「彼がプロレスラーになろうと思ったときにはビリー・ライレー・ジムはすでになくなっていて、自称出身者のトレーナーに育てられたんです。キッド自身はサブミッションをまったく知らず、使えなかったんです」といっている。

ゴッチとしては、前田をイギリスにいかせて本物のCACCを学ばせたい、と考えたのだろう。ただ、右にも書いたが、ビリー・ライレー・ジムはヨーロッパやアメリカで関節技の使用を禁止するプロレス団体などが大勢を占めるようになり、一九七七年のビリーの死去とともにレスラーたちのための道場としては衰退してしまっていた。前田がイギリスを訪れたときには、ジムはすでに活動を停止して普通の人たちが通うアスレチック・ジムに宗旨変えしていたようだ。

しかし、じつはゴッチが前田の留学先をイギリスにしようとこだわったのには、もうひとつ、大きな理由があった。フロリダからロンドンまでは、わたしたちが考えているほどの距離はなく、飛行機で九時間のひと飛びで、日本からハワイにいくぐらいのことなのである。

ゴッチさんはお母さんがベルギーで暮らしていて、半年に一回、イギリス経由でお母さんのところに会いにいっていたんですよ。それで、ベルギーでお母さんにあった後、イギリスに一カ月くらい滞在して、それからまた、フロリダに戻るということを毎年やっていたんです。で、自分がイギリスにいる間も同じで、ゴッチさんが滞在中はほぼもうマンツーマンでずっとレスリングを教えてもらっていたんです。いっしょにトレーニングして、スパーリングの相手になってもらって、それはすごくうれしかったですよ。

イギリスでのレスラー生活は、いいところもあれば悪いところもあるという、いちがいに全否定も全肯定もできない、一言でいえないような、複雑なものだったようだ。

この複雑さも当時のロンドンやイギリスのプロレス事情がわかってかなり面白い。

『ゴング増刊〜』の［年譜］によれば前田日明が日本を離れてイギリスに向けて出発したのは一九八二年の二月末のことである。期間は三年の予定だった。

成田からアンカレッジ経由で十七時間のフライトを終え、オレがイギリスに降り立ったのは、朝の五時だった。やっと空が白んできたばかりだというのに、空港にはプロモーターの代理人が迎えに来てくれていた。日本を発つときは見送りなんて一人もいなかった一介の若手レスラーが、イギリスに着いたとたんにこの待遇である。考えてみたら、オレはここでは〝日本から来た強豪〟なのだということに気づいた。車は、まだ目の覚めきれないロンドンの町を縫って、ジョイント・プロモーションのオフィスにオレを案内した。オレをブッキングしてくれた興業会社である。

オフィスには、すでにプロモーターのマックス・クラブトリーが待っていた。彼はオレを握手で歓迎すると、オフィスの壁に貼られた数々のプロレスのポスターの中の一枚を指差した。それは佐山さんのファイト写真だった。タイガーマスクとして帰国する寸前まで、佐山さんはイギリスで闘っていた。ブルース・リーのいとこという触れこみでサミー・リーと名乗り、キックと空中殺法を主武器にしたら、なにしろあの技のキレだ。日本のタイガーマスク・ブームと同じような人気を博し、「ヨーロッパで最もセンセーショナルなレスラー」とまで絶賛された。

「ミスターマエダ、聞けば君はカラテを使えるそうだね。私としては、君をサミー・リーの弟ということにして売り出したいのだ」

マックスが興業師らしい顔をした。オレは多少、鼻白まないではいられなかった。ブルース・リーのいとこが日本人だなんて、よくまあそんな子供だましが通用するものだと思った。イギリスの庶民レベルでは、東洋に対する認識なんて、所詮その程度なんだろう。もっとも、最近は日本でも海賊男なんてことをやってるから、同じようなものかもしれない。マックスは言葉を続けた。

「サミーの弟が兄貴の代わりにトーキョーから来襲してきたというわけだ。サミーより強力なキックを使う男、その名もクイック・キック・リー。どうだね」

自分のアイデアにすっかり酔っているマックスにオレは笑いながら「ＯＫ」と答えた。(7)

佐山聡は新日リングの新しいギミックとして新間たちが用意したタイガーマスクを演じさせられるために、日本に呼び戻されたのである。佐山がイギリスから日本にもどって、タイガーマスクの覆面を被って日本のリングに初登場するのは一九八一年の四月のことだから、前田と佐山はほぼ一年違いで、イギリスのマットに登場したことになる。イギリスの人たちはまだ、みんな、サミー・リーの活躍を鮮明に記憶していた。

前田の『年譜』には、三月八日の第一戦から四月四日までの二十八日間のあいだに三十二試合をおこない、その間の対戦成績が二十九勝○敗二引き分け一無効試合とある。無敗という成績もすごいが、ここに書いてあるとおりだったら二十八日間で三十二試合というのものすごいスケジュールである。しかし、イギリスのマット界は前田がこんな成績を上げても当たり前のような、パッとしない状況にあった。

プロレスのことはともかくても、ロンドンでのひとり暮らしは快適なものだった。


イギリスでの生活はホントに楽しかったですね。英語は半年ぐらい苦労しましたけど、嫌がらずに積極的に人とできるだけたくさんしゃべるということを心がけていたら、すぐ、日常会話に困らないくらいにはしゃべれるようになりました。

お金もイギリスは試合のギャラが安くてそんなにたくさんもらえたわけじゃないんですが、そこそこはもらえましたから、そのことで困るということはありませんでした。

イギリスは当時、テレビのＢＢＣ１とかＢＢＣ２で、プロレスの試合の中継をやっていたんですが、自分はそれに毎週、メーンエベンターとして出場していたんです。イギリスはステーキなんかも安くて、美味しくて、私生活は充実していました。

イギリスで前田の面倒を見てくれたのは、ゴッチが紹介してくれた、前出のヨーロッパ・ヘビー級王者でもあるウェイン・ブリッジだった。この人が経営するパブの三階が従業員宿舎になっていて、その一室を使わせてもらうことになった。

「何百年も続いたホテルをブリッジが買い取り、1階をパブに改装し、2階を住居兼食堂兼トレーニング場にし、3階はホテル時代の部屋がそのままになっていた。前田はその一室をあてがわれた。この部屋を拠点として遠征生活は始まった」のである。(8)

前田はここで、毎日トレーニングし、あいている時間は読書して、試合のスケジュールをこなしながら、ストイックに暮らしていたらしい。

ひっそりと暮らしている彼の生活を心配してウェイン・ブリッジが声をかけた。

ウェイン・ブリッジには、自分が東洋からやって来た、いつも本ばかり読んでいる黒髪の青年で、すごく孤独な若者に見えたんでしょうね。ブリッジが、オレらは彼のことをビルと呼んでいたんだけど、ビルが「なんでおまえはイギリスで彼女を作って恋愛しないんだ」というんですよ。最初、英語は全然わからなかったんですけれど、ロンドンで暮らしはじめて三カ月くらいすると、なんとなく相手のいっていることがわかるようになった。半年ぐらいたつと、英会話の決まり文句みたいのを覚えて、わりと不自由なくまわりの人と話ができるようになったんですね。

それで、ビルにまた「アキラ、本ばかり読んでいないで、彼女作ったらどうだ」といわれて、オレは「いや、ビル、じつは自分はヨーロッパに三年間の約束でやって来たんだ。三年たったら日本に帰らなきゃいけないんだ。結婚するわけでもないのに、そんな恋愛できないよ」っていったんですよ。そしたら、彼は、いま考えると笑っちゃうんだけど、「アキラ、それが人生じゃないか。みんなそれぞれ人生があって、楽しいことがあって、悲しいことがあって生きていくんだよ。まだ二十三歳のおまえがそんなこと考えるのは僭越だよ。レスリングの練習もして、本も読んで、恋愛もする、生活のバランスが大切なんだよ」と、いったんですよ。

それから何人も女の子を連れてきて紹介してくれたんです。演劇やってるコとかアナウンサーやってるコとか、水泳の選手だとか、アスリートのコだとか、みんな別嬪なんですよ。それで、オレがてれて返事しないでいると、自分でそのコたちとつきあったりしてるんですよ。そんなことがあって、自分も難しく考えるのをやめてメラニーっていう女のコとつきあい始めたんです。メラニーは金髪の、髪の長いコで、くりっと眼が大きくて鼻筋の通ったきれいな女のコでした。

『無冠〜』では、前田は彼女のことをこんなふうに語っている。

その娘はロイズ銀行に勤めていて、年は20歳だった。面倒見がよくて気持ちの優しい、かわいい女のコだったよ。彼女には本当に世話になった。英語も彼女から習ったようなものだからね。そういえば、こんなことがあった。彼女、足がスラリと長くてきれいだったんだ。で、思わず『足がきれいだね』と言うと冬の寒い日でもミニ・スカートをはいてくる。『寒くないのか?』と聞くと、『足がきれいだって褒めてくれたから、今日もミニ・スカートをはいてきた。アキラに喜んでもらいたいから……』というんだよね。
こんなこともあったな。俺が晩飯を作ってくれたらうれしいなと言ったら、『東洋の男性は女性を奴隷のように扱うの？』と文句は言うんだけど、彼女の部屋に行くと、ちゃんと晩飯を用意してくれているんだよ。そうそう、彼女の親にも紹介されたことがある。父親からは、『娘を頼んだよ』と言われてね、ちょっと困ってしまったよ。でも、このまま彼女と結婚するのも、それはそれでいいかもしれないなと思ったことは確かだよ。(9)

前田はここで初めて落ち着いた人間らしい生活を経験したのだった。前田の独白である。

金髪で驚いたのは、夏の時期の髪の毛の色と冬の髪の毛の色とちがうんですよ。で、眼の色も夏と冬でちがうんですね。よく、ホラ、眼の色が変わるというじゃないですか。青い瞳のなかにちょっと緑が入るんです。そのことに気が付いたとき、ああ、白人て、もしかしたら、東洋人より野性に近いのかもしれないと思った。

こういうことは白人の女のコとでも恋愛しなければ、なかなか知ることができない。
そんなわけでロンドンでの生活はいっぺんで充実した、華やかなものになった。
ただ、すでに述べたようにプロレスのリングだけはガッカリすることだらけだったようだ。

いま考えてみると、カルガリーにいけばいいったで、それなりのことがあったと思うんですよ。というのは、イギリスいったんですけど、これは困ったな、みたいな話だったんですよ。それはなにかというと、イギリスで自分が所属したプロダクションにいたヘビー級の選手というのは、そのプロダクションのプロモーターのじつの兄貴で、ビッグ・ダディっていうデブのね、若いときにはウェイトリフティングのベンチプレスの世界チャンピオンというか、世界記録を持っていた人なんだけど、もう六十歳過ぎのこんなデブですよ。それが、子供が歌っているようなマーチングバンドで入ってきて、子供の人気者、みたいな売り方しているんですよ。そんなのを相手にするんだから、どうしようもない試合です。

自分の前にも所属レスラーというのはいたらしいんですけれど、みんな、それをきらってやめちゃっていて、そのあと、オレがいったものだから、ヘビー級のレンジで仕事できるヤツが全然いなかったですよ。それで、ゴッチさんにイヤ、イギリスはこういう状況なんだ、と相談したら、じゃ、ドイツでやっているハノーバー・トーナメントにいかせてあげるよっていってくれて。イギリスでそのための準備を進めていたんです。

イギリスのプロレスラーたちはほとんど、前田より身体がひとまわりふたまわり小さく、使う技も全然たいしたことなくて、前田は試合をしてみて相当にガッカリしたようだ。試合会場も、何千人と観客が集まる大会場というようなことはなくて、二、三百人でいっぱいになってしまうような小さな体育館のような規模のところで試合をおこなっていた。試合形式も日本やアメリカのように時間を決めてそのなかで勝ち負けを決めるというようなものではなく、ボクシングと同じような一ラウンド五分とか三分のラウンド制で、反則は絶対御法度というものだった。

前田の役割は完全なベビーフェースだった。蹴り技でダメージを与えながら、最後は関節を決めてギブアップを取るやり方で連戦連勝をつづけたらしい。

強いライバルでもいるのではないかと期待したが、残念ながら、そのころのイギリスマット界には関節技を使うレスラーはほとんどいなくなっていたという。たぶん、みんな、ある程度やれることがわかると、イギリスに定住せず高いギャラを求めて商売のパイ（規模）の大きいアメリカやカナダ、メキシコに移っていってしまっていたのだろう。

前田のイギリス・マット界での最終的な役目は、アメリカから出稼ぎにやってくる強い（強そうな？）プロレスラーたちを迎え討って、強く激しい闘いのプロレスをやってみせることだったらしい。そのなかに、すっかりイギリスのプロレスをなめて、マッチメーカーのいうことを聞かず、いい加減な試合運びしかしないプロレスラーたちがいた。

具体名をあげると、スカル・マーフィとかジャイアント・キマラといったプロレスラーたちだったのだが、前田はそういうレスラーたちの関節を締めあげ、ニール・キックをお見舞いして、骨折させたり　肘の靱帯を伸ばして、戦闘不能にしたりしている。セメントをやって、プロモーターが「よくやった」といって褒めてくれたのはこのときだけだったという。ただ、こういうことがあったおかげで「アイツはセメント・ボーイ」という評判が立つようになって、どこにいっても警戒されるようになった。

そのことがよかったかどうかまではわからない。彼はイギリスのプロレスに落胆していた。そのときに前田のイギリスのマット界への期待はずれとガッカリを補ってくれたのが、フロリダからのゴッチの来訪だった。ゴッチはロンドンに長逗留して、ブリッジのトレーニング場で前田の練習相手になってくれた。そのことで、前田のレスリングは研ぎすまされた刃物のような切れ味の技術を内に孕んだものになっていくのである。普段は普通にやっているが、スイッチを入れると殺人マシンになってしまうような、レスラーである。

前田はどんどん強くなっていった。

それで、ここにひとつ問題があった。遠征の期間は三年といって送り出されたのだが、前田はこのころはまだ在日で韓国籍だったから、一年に一度ずつ、日本に戻って再入国許可証を取り直さなければならなかったのだ。これを失効した状態にすると、日本での［永住権］を剥奪されて日本に戻って以前と同じように働くことができなくなってしまうのである。だから、どうしても二月の末までに一度、日本に帰って、その手続きをしなければならなかった。

イギリスでの前田はそういう状態でいたが、むしろ問題が多発して大騒ぎになっていたのは日本のプロレス界の方だった。新日プロは大騒ぎになっていたのである。というより、大いに盛り上がっていた、と書いていいのかもしれない。プロレスの場合、反逆も裏切りもどこまで本気なのかわからないから始末に負えない。

まず、この時期の新日プロの動きを書きあげていくと、まことに風雲急を告げていた。

まず、一九八〇年十二月に新間寿が八〇年代以降の日本のプロレスを動かす軸のひとつになる［ＩＷＧＰ構想］を発表する。これは世界中に乱立する世界チャンピオンのベルトをひとつに統一しようという、プロレスの興業的に考えると、言いだしたもの勝ちのような仕掛けだった。これに参戦して勝利しなかったら、世界と銘していてもローカルだといわれても仕方ないのである。

ＩＷＧＰは戦術的には格好の全日プロ退治の秘密兵器といえた。

ＩＷＧＰはInternational Wrestling Grand Prixの略号である。その趣旨は世界各地、各国から代表選手を選出して、リーグ戦をおこなって戦績を争い、最後、勝ち残ったもの同士が優勝決定戦をおこなって、最終のチャンピオンを決めるというものだった。

これは七十年代を通しておこなわれてきた日本人レスラー対外人レスラーの抗争という基本的なアングルを、このコンセプトを持ちこむことでその意味を根底的に変えてしまう、そういう力を持った発想だった。第一回目のＩＷＧＰの決勝戦が行われる期日を二年半先に見据えて、団体は動きはじめるのである。このアイディアの発案者はたぶん、新間寿だったのではないかと思われる。

いつまでも、憎い外人をやっつけろというような発想でプロレスをやっているわけにはいかない、と考えたのだろう。新間の著書はこの間の事情をこう説明している。

「乱立する世界チャンピオン、ローカルチャンピオンのベルトを統一しようではないか」

つまり、天に二日なくチャンピオンベルトはひとつでよいという、そういう構想の趣旨を賛同する人々に呼びかけた。

56年4月1日、ＩＷＧＰ実行委員会が発足し、各マスコミの代表者の人々にも参加してもらった。ビンス・マクマフォン、マイクラベール、そしてカナダからはフランク・タニーも実行委員会に参加してくれた。同じく、56年4月から、ＩＷＧＰのアジアゾーンの予選が開催される。4月23日、アントニオ猪木―スタン・ハンセンＮＷＦ王座決定戦において猪木が勝利するや、そのチャンピオンベルトをＩＷＧＰに向けて返還した。忘れもしない5月8日、川崎体育館にアブドーラ・ザ・ブッチャーが現れ、リング上からＩＷＧＰに参加の表明をしてくれた。これから一気にＩＷＧＰが盛り上がったのである。

当初、ＩＷＧＰは「世界各国それぞれの国のチャンピオンが参加しながら試合を開催していく」という構想であった。日本からはじまり韓国、東南アジア、アラブの国々、イギリス、大西洋を渡ってアメリカへ入り、ロサンゼルス、メキシコ、プエルトリコ、ブラジル、そしてニューヨークのマジソンスクウェアガーデンに戻り、最後に東京で決戦を行うという、非常に雄大な構想だった。

しかし、各地区での開催とテレビ局における調整、日本のプロモーターとの調整もなかなかうまくいかず、とうとうＩＷＧＰは「日本で開催する」という、当初の目論見とは違った発足になってしまった。(10)

当初の目論見は世界一周巡業というようなことを書いているが、新聞の基本的な目的は国内市場のいっそうの活性化、そして制覇にあった。そんなに外国のプロレス関係者やマスコミの調整がすんなりといくはずがないのである。もとよりすべては計算済みで、日本国内で仕切って、自分たち中心の動きのなかで最大限の利益をあげることが最終目標だったのだろう。

これは思い切り、大風呂敷を広げて、そのあと、時間をかけて、前言が嘘になってボロが出て、破綻してしまわないように、徐々に現実の形を整えていく、新間の独特のやり方だった。

調整が根底のところで働いていて、嘘にならないような形で実現に向けて、その間の経緯も集客装置として作用させながら、決着へと持っていくのである。まことにみごとなやり口というしかなかった。

考えてみると、前田の「アメリカにいってアリの道場に入門する」がいつの間にか「アメリカにいってゴッチ道場に入門する」にすり替わっていったのも、佐山に「一回だけでいいからタイガーマスクになってくれ」と覆面を被らせ、それが日常化していってしまったのも、新間マジックのなせる業かもしれなかったのである。

この時期には新日プロと全日プロで外人レスラーの引き抜き合戦というのも起こっていて、新日本が全日本で活躍していたA・ブッチャー、ディック・マードックを引き抜けば、全日本は新日本からS・ハンセンやT・J・シンを引き抜くという、まるで象徴交換のようなことを平気でやっている。アメリカからやって来るレスラーたちはかなり高額のギャラをもらいながら闘い、日本のプロレスの波に揉まれて、みんな人気者になって、アメリカに帰っていくのである。そのころの日本は外人レスラーの天国だった。

折しもだが、第九章の428頁の〝時代の曲がり角論〟のところで触れながら、前章の473頁などにも書いた新日プロの動向のなかでは書き漏らした形になったが、のちに作家として活動することになる村松友視が『私、プロレスの味方です』を上梓したのが八十年の六月のこと。村松友視はアントニオ猪木の異種格闘技戦以降のプロレスを［過激なプロレス］と呼んで、大衆的な支持を呼びかけ、本はベストセラーになり、同時に、「どうせ日本人が勝つだけだろ」というようなことを揶揄的に言われていた、力道山以来の予定調和プロレス（ジャイアント馬場の王道プロレスもこのプロレスの延長線上にあった＝註）の認識を覆させて、その動向に社会的な象徴性を読み取ろうとする記号論的なプロレスを日本の大衆文化として一般の人々に認識させるきっかけとなる。

この、プロレスを戦後の大衆文化の代表的なジャンルのひとつとして論じた『私、プロレスの味方です』がベストセラーになったのをきっかけに猪木は村松友視を「先生」とよび始めるのだが、その背後には猪木の、かつて標榜していたストロング・プロレスからの変質があり、前田などはこの『私、プロレスの味方です』の言説にたいして、演出過剰プロレスを肯定して、本来の闘争としてのプロレスを貶めるものだとして、必ずしも肯定的に評価していない。しかし、この本のベストセラー化が新日プロのプロレスにプラスの効果をもたらしたことは確かだった。

結果として、この動きは日本の戦後昭和のプロレスの思想性を高めることになり、UWFなどの、新日の過激なプロレスよりもさらに過激な新団体を生みだす土壌を培養する素地になる。

そして、こういう時代の風潮を背景に、みんなが新日の矢継ぎ早に作り出すギミックに熱狂するのである。現実にこのころには新日プロのプロレスを実況するテレビ朝日の『ワールドプロレスリング』は毎週視聴率二〇パーセントを超え、観客動員でも新日は全日をしのいでいた。

また、これもたぶん新間が考え出したことだと思うが、藤波が日本に戻ってきて、大活躍を始めて人気を博すと、ジュニア・ヘビー級というグレードを発想して、ヘビー級とはひと味違うスピード感あふれるプロレスを考え出し、それのメインキャラクターとして覆面レスラーを発想する。そして、ロンドンで大人気を博していた佐山聡を日本に呼び戻してタイガーマスクとしてデビューさせるのである。

佐山は最初は嫌がったが、これも新間の口車に乗せられてマスクマンとしてデビューした後、人気爆発して、人気者になると人が変わるという普通にある話で、昔、好青年だったのがスターレスラーになったことで微妙に性格変化し、新日プロにたいして反抗的になりはじめて新間たちと対立するようになる。

また、八十二年の二月には、このタイガーマスクのキャラクター使用料の支払いを巡って、アントニオ猪木が漫画原作者の梶原一騎によってホテルの一室に監禁されるという事件が起きている。梶原はこのあと、翌年には『少年マガジン』の編集者とトラブルを起こし、傷害容疑で逮捕され、マスコミから姿を消すことになる。梶原の逮捕もＵＷＦという団体の発生に関係しているが、その間の事情は機会をあらためて書こう。

タイガーマスクの話はジュニア・ヘビー級の活性化を目指したものだったのだが、それまでジュニア・ヘビーのメインレスラーだった藤波辰巳は八十二年の春からヘビー級に参戦し、飛竜十番勝負とのちに銘される名勝負を展開するのである。その藤波に、これもメキシコから凱旋帰国した長州力が同年の十月に『オレはお前の噛ませ犬じゃないんだぞ』の名セリフとともに挑戦。長州はこの謀叛劇で人気者になり、なったとたんに、この後、新日プロからの離脱を画策して動きはじめるのである。

藤波や長州や佐山らの反新日プロ的な動きの背後には、第九章の末尾でふれたように猪木がこの会社を私物化して、ブラジルの農産業（アントン・ハイセル）に会社の留保金をつぎ込んで多額の赤字を出しているという、もうひとつのまったく別の事情があった。

藤波と長州の繰りひろげた抗争劇が当時のサラリーマン社会の縮図的な意味をもつものだったことは、すでに論じた。会社のなかの出世競争みたいなもので、同期の社員が先に課長になった同僚に冗談じゃないと憤るのと同じ構図のアングルだった。

これは前述のように八十二年の十月から始まった物語なのだが、この藤波と長州のあいだに「下には下があることを忘れるな」といって割って入るのが、藤原喜明なのである。これはＵＷＦが成立する直前の八十四年の二月のことだ。この八十二年と八十四年の間に、新日プロではクーデターが起こり、新間が罷免され、山本小鉄が役員の仲間入りして、発言権を保持するようになるのである。

そして、これに絡む形で、もうひとつ、重大な問題があった。それは猪木の糖尿病だった。

このことは『アントニオ猪木自伝』のなかではこういうふうに書かれている。

昭和五十七年、スタン・ハンセンが全日本へ引き抜かれた次の年だ。夢中で走り続けているうち、私は三十九歳になっていた。プロレス入りして二十二年。身体も相当ガタが来ていた。膝はもう限界で、四月の終わりには私は左膝半月板損傷の手術をした。

その夏、私は韓国に招待された。済州島の名誉市民に選ばれ、大変な歓迎を受けた。そこで釣り大会に参加したのだが、あいにくの天気で、雨が大降りになってきた。びしょ濡れでホテルに戻ると、風邪を引いたのか熱が出始めた。ところが、熱が一向に下がらない。だるくて全身の力が抜けてしまったようで、トレーニングをする気にもならなかった。

帰国してからも咳が止まらないので、新日本のリング・ドクターである富家孝医師に診てもらった。検査してみると、私はひどい糖尿病だったのだ。血糖値は六百近くに達し、いつ死んでもおかしくない、と言われた。私は即刻、慈恵医大に入院させられた。

到底、試合に出られる状態ではない。怪我ではなく、内臓疾患での長期欠場だ。私も、もうプロレスは無理かもしれない、と覚悟した。（略）

医者はインスリンを使うしかないと言う。もしインスリンを注射し続けることになれば、私は引退するしかないだろう。そんな身体でリングに上がるのは、私の美学に反する。（11）

『～自伝』には「（夫人の倍賞）美津子も（夫の容態を）心配して、仕事をキャンセルして付き添ってくれた」とある。

この話から三十数年が経過して、未だにピンピンして怪しい雰囲気をまき散らしながら政治活動をくりひろげている猪木の現在を見るにつけ、あの糖尿病はどこにいったのか、という気もしてくる。そこまでいった糖尿病患者が完治したという話はあまり聞いたことがない。

そして、もしかしたら、この糖尿病話もＩＷＧＰの実現のためのギミックだったのかもしれないという気もするのだが、プロレス的な仕掛けを医者や奥さんまで巻き込んで繰りひろげたのだとしたら、たいした根性だと尊敬せざるを得ない。前田の証言によると、この糖尿病は仮病ではなくてホントのことで、猪木はこの糖尿病を克服するために毎日、自宅ではもちろん、巡業先の泊まるホテルなどにも氷を用意してもらい、氷風呂に入って身体を発熱させるという荒療治を繰りかえしていたという。この話もそうだが、Ｔ・Ｊ・シンの路上襲撃話といい、ＩＷＧＰのハルク・ホーガンとの優勝決定戦での失神＝意識不明状態といい、猪木にはプロレスのためにそこまでやるかという話が多すぎる。

いずれにしても、このとき、新間と猪木が追いつめられていたことだけは確かだった。

そういう追いつめられた状況のなかで、新間と猪木が考えたのは、新日プロのプロレスラーのなかから、猪木に代わる、新しいエースのレスラーを作り出すことだった。

猪木の『〜自伝』のなかには、ヨーロッパ遠征から戻った前田について、「前田はまだ細かったが、堂々たるヘビー級の体格になれる素材だった。長州も藤波も、ヘビー級としては物足りない。私も次は前田の時代だと見ていた」という記述がある。

ヨーロッパに移り住んだ前田は、逞しく変貌していた。

イギリス遠征の期間は三年という話になっていたが、前述した再入国許可証のことがあって、一年に一度ずつ、日本に戻らなければならなかった。前田が、どういうスケジュールで日本に帰ろうかと考えている最中に、新間がロンドンに前田の様子を見に来た。そのときの話。

約一年ぶりにオレと会った新間さんは、開口一番、「デカクなったなァ」と驚嘆の声をあげた。それもそのはず、オレはこの一年足らずの間に、体重は一〇キロアップの一一五キロになっていた。ベンチプレスでは今や一八〇キロをクリアする。オマケに身長も二センチ伸びて、一九二センチになった。これなら大丈夫と思ったのか、新間さんはイギリスのオフィスに掛け合い、ブリッジの持つヨーロッパヘビー級王座へのチャレンジマッチをまとめてくれた。渡英以来、オレが初めて迎える大一番である。燃えないわけにはいかなかった。（略）（ベルギーに住む母親を訪ねるゴッチさんは、その帰りにイギリスに立ち寄って）オレがブリッジのタイトルに挑戦することを知って、ゴッチさんは大喜びしてくれた。「シンマからもお前を必ず勝たせるように言われてね。おみやげに、ひとつ必殺法を授けておこうかと思うんだ」

オレにとっては願ったりかなったりである。ゴッチさんのコーチを一カ月近く受け、ブリッジとの試合に挑んだ（12）。

このチャンピオンベルトが、前田の将来にどういう作用をしていたかはいまはまだわからない。じつは前田はこのとき、ゴッチの手配でドイツに渡り、そこで新日本への連絡を絶って、フロリダのタンパのゴッチのところにいくつもりでいたらしい。ゴッチの道場で、本格的な技術指導を受けて、教えてもらえることは全部教わって、天下無敵のレスラーになる、ということを考えていたようだ。場合によっては、新日プロから離脱するつもりでいたのだという。日本に戻って、練習もあまりせず、たいして強くもない先輩のレスラーたち相手に、負け試合を作らされるのはたまらない、と考えたのだろう。

基本的に新日プロの世界と前田個人の考えには矛盾があり、前田がそれを解決しようと思ったとき、悪いけど、新日プロをやめさせてもらって、自分の好きなレスリングのできる場所にいかせてもらう、という選択しかなかったのだろう。「育ててもらい逃げ」みたいな形になるが、これも最初に新日プロがウソをついて、東京に連れてきた以上、前田が「約束が違う」といって、新日の席を立つのもやむを得ないことだった。

新間が、ロンドンでそんなことを考えていた前田の本心をどのくらい見抜いていたかはわからないが、彼は彼で、全然別のことを考えていた。というより、もしかしたら、逞しくなって、風貌も凛々しくなった前田を見て、また、新しいプロレス的な作戦を思いついたのかもしれない、という気がする。

その根拠はというと、「ブリッジの持つヨーロッパへビー級王座へのチャレンジマッチをまとめてくれた」というのだが、ブリッジというのは前田がゴッチに紹介してもらって、部屋まで提供してもらい、恋人になった女のコまで紹介してもらった人なのである。

『無冠～』には、「そのころのブリッジは半分リタイア状態で、めったに試合を行なうことはなかった。それでも、前田との試合に王座を賭けることを承諾したのは、新間と同様に前田にハクをつけさせたいという親心に近い感情が働いたからに違いない」という文章が挟まっている。(9)

たぶん、それもこれもプロレス的な仕掛けのなかで、進行したことだったのに違いない。

場所はロンドンのロイヤル・アルバート・ホール、この試合がおこなわれた日にちは『無冠〜』と『週刊ゴング〜』には[83年1月18日]とあり、『パワー〜』、『格闘王への〜』、ベースボールマガジン社の『日本プロレス全史』には[83年1月25日]とある。なにしろ、いまからもう三十二年前のこと、場所もイギリスロンドンだから事実の確認のしようがない。また、前田本人も正確な日付を記憶していない。どちらが正しい試合の日だったかはわからない。

わたしの推測では、新間の頭のなかには、前田をヨーロッパの代表の一人として、IWGPに参加させたい、それをきっかけにして、前田を猪木の正式な後継者として日本で売り出してしまいたい、という発想が生じていたのではないかと思う。なにしろ、猪木以外で抜きんでて人気のある藤波と長州と佐山(タイガーマスク)は全然会社のいうことを聞いてくれなくて、いつ独立するかわからないし、いつ外国にいくといって姿を消してしまうか、わからないのである。その人たちに比べれば、前田は遙かに素直で、扱いやすく、しかも見栄えも抜群によかったのである。たぶん、わたしの推理は正しい。このときのことを、前田はこういうふうにいっている。

ゴッチさんと活動の拠点をロンドンから別のところに移そうと相談していて、それを実行する寸前に、新間さんが日本からやってきて、猪木さんが糖尿病で、いつ倒れてもおかしくないんだっていうんです。日本に戻ってきて、新日本プロレスを助けてくれ、試合に出てくれないか、といわれるんですよ。それで、オレは日本に呼びもどされるんです。

おそらく、前田が再入国許可証をもらうために帰国したところで、猪木も前田に会っているはずで、逞しくなった実物の前田を見て、新間がいう、前田を日本に戻らせてIWGPのヨーロッパ代表としてリーグ戦に参加させるというアイディアに賛同したのだろう。

猪木はおそらく、自分が衰え始めたのを痛切に自覚していて、とにかく新しい、自分に代わる団体の屋台骨になってくれるヘビー級のエース・レスラーが欲しいと思いはじめていたのだろう。

そのことを考えに入れると、長州力がこの前後から荒れて、やがて新日プロを離脱して、新団体の旗揚げを画策し始める道筋もなんとなくわかってくる。藤波も異常に団体への座りが悪いのである。これはたぶん、猪木が前田を自分の後継者として考えていて、自分たちはホントは後継者としてはアテにされていないということをなんらかの形で知らされて、あるいは知って、叛旗をひるがえす決心をしたのではないかと思う。

前田の方はいったん日本に戻り、すぐまたイギリスにとんぼ返りして、イギリスでのレスラー生活をつづけようとする。そのあと、ゴッチに導かれてドイツにいき、ドイツから連絡が取れなくなって、行方不明になり、アメリカに渡って、ゴッチの道場で修行するという秘密の計画である。新間はこのときのことをこう回想している。

猪木は試合に出ると言い張っていたのですが、そんなもん、許すわけにはいきませんよ。猪木が欠場しても、維新軍を結成した長州と藤波の抗争が人気を呼んでいたので、興行的にはまったく心配していなかったのですが、ただテレビ朝日が困っていましてね。なぜなら、あの頃の新日本プロレスのテレビ中継は平均20％以上を記録していたんです。ドル箱番組ですよ。もし猪木が出場できなくなることで、少しでも視聴率が下がったら大変なことになる。だからといって猪木には無理をさせられない。思案の挙句、茶の間の関心を集められるレスラーをひとりでも多くブラウン管に登場させることで、急場を凌ごうと考えたわけです。

その要求を呑む形で前田を日本に呼び寄せることにしたのですよ。前田には天性のスター性がありましたしね、うまくハマれば大ブレイクするはずだと見込んだんです。しかし、そう見込んではいたものの、手ぶらじゃ寂しい。そう考えた私はブリッジに頼みこんで、彼が保持していたヨーロッパ・ヘビー級王座に前田を挑戦させてもらったんです。(13)

これは具体的なスケジュールとしては、前田は最初、いったん日本に帰ってきて、再入国許可証の書き換えをやったあと、すぐまたロンドンに戻る予定でいたらしい。そうしたら、そこに新間からの緊急の電話が入って「悪いけど、ウェイン・ブリッジからチャンピオン・ベルトを受け取って、イギリスから引きあげて日本に戻ってきて、ＩＷＧＰにヨーロッパ代表として参加してくれないか」といわれるのである。とにかく日本は大変なことになっているんだ、猪木さんが糖尿病で両足切断しなきゃならないかもしれない、というわけである。

猪木は新間寿という人間について、信頼できるが信用はできない、という名言（迷言？）を吐いているが、この時点の前田もまったく、そういう心境だったに違いない。

前田はこのときのことを、『無冠～』のなかでは「新間さんから日本に帰ろうといわれても、素直にハイとは答えづらかった。新間さんは日本で数試合こなしてくれれば、またロンドンに戻っていいよと言っていたんだけど、アリのジムの一件があったからね。どうもその言葉が信用できなかったんだよ」と語っている。

前田も人間的に善良なところがあって、責任感もあり「お前だけが頼りだ」といわれたら、この人は口から先に生まれてきた巧言令色の人だとわかっていても、そのときの思いにそぐわないことでも、ウンといってしまうのである。また、新間は確かにウソもついたが、結果として彼がここまでやって来た人生の大筋を作り出してくれた張本人でもあった。前田は新間について、

新間さんはいろいろにいわれているけれど、ボクはあの人を認めるんですよ。なんだかんだっていっても、あの人は観客とお金を連れてくる力を持っている。いうこともやることもそれこそ信用できないみたいなところがあるんだけど、必ず仕掛けがあって、自分もだけど他を利する力を持っている人なんですよ。プロレスの世界には、そういう基本的な人間的な力もなにもないくせに、えらそうなことをいうヤツが多すぎなんです。

と、褒めているのか貶しているのかわからないような人間評を述べている。

歌舞伎の世界に「客を連れてこれる役者がいい役者」という言葉があるが、たぶん、歌舞伎の世界だけの話ではなく、音楽の世界も出版の世界も同じで、そのことは大衆を相手にする商売の基本条件である。プロレスの世界でもレスラーか背広組かを問わず、客を感動させる企画力と演出力を持っていることが市民権の基本なのである。

前田の側からすれば、彼の性格からしても、新日プロを退団するにしても仲間だったレスラーやスタッフの人たちから裏切り者と思われながら辞めていく、というわけにはいかなかったのだろう。少なくとも、ＩＷＧＰだけはつきあわなければ、やめたあとからなにをされるかわからなかった。それがあって日本に戻ることにするのである。

ただし、このとき、ひとつ条件をつけている。それはＩＷＧＰが始まるのが四月の下旬であるのなら、それまでの期間を、フロリダ、タンパのゴッチ道場にいかせて欲しい、ここでもう一度、自分のテクニックをブラッシュアップさせて欲しい、というリクエストだった。

元々が、イギリスにいる間も、なんとかゴッチの道場にいく方法はないものかと模索していたのである。この前田の出した条件を新間は受け入れて、ゴッチ道場行きを許可する。ただし、新間もまたしても条件を付けて、日本からも一人、新日プロ所属のレスラーをゴッチ道場にいかせたい、いっしょに練習してくれ、というのである。

このとき、新間が前田と同行させようとしたのは、温厚で人のよい木村健悟だったらしい。

これは前田がどこかにいってしまわないように、見張り役としてタンパにいく、ということだったのだろうが、理由はそれだけではなかった。もちろん、新間のやることだから裏の事情があった。このとき、新間はなぜ前田と同行させるレスラーに木村を選ぼうとしたのだろうか。

たぶん、木村は前田ほどストロング・スタイルのレスリングに興味がなく、技のキレもそれほど感じさせないレスラーだったのに違いない。しかし、もし日本にもどった前田が、猪木のあとを継ぐ後継者として新日プロのレスラーの中心になって活動するのであれば、もともと仲良しの山本小鉄、藤原、高田伸彦（のちに高田延彦に改名＝註）らに依存はないだろうが、人気者の長州、藤波がすんなり前田の売り込みに手を貸すとは思えず、そのことを思えば、いつも団体の三番手、四番手を受けもって、それで不満な様子もない木村の存在はかなり重要だったのではないかと思う。

マッチメイク的なことからいうと、木村健悟が前田をエースのプロレスラーとして認めることは、もしかしたら、新日プロを新生させるためのキーポイントかもしれなかったのである。それと、新間は木村もゴッチ道場で腕を磨いて、関節技でも仕入れて、ちょっとは危険な感じのするプロレスラーになって欲しいと思ったのだろう。

このときに、それはちょっと待ってくれといったのも前田だった。前田も、このタンパでいっしょに練習する相手ということの持っている将来的な意味ということにボンヤリとかも知れないが、気が付いていたのではないかと思う。前田が、それではといって、名前を出したレスラーはイギリス出発前には前座としてデビューしていて、寮でも弟分だった高田延彦だった。この選択もあとから考えるとかなり重要である。

別に道場の中で派閥を作っていたわけではないけれど、藤原さんを中心に俺と高田がひとつのグループとして練習していたからね。高田だったら変な気を遣わないで練習に没頭できると思ったんだ。それに、あの頃の高田は体重が80kg前後で、コンディションも抜群によかった。俺が115kgくらいだったからね。80kgの人間のペースに合わせて練習をすれば、心肺機能の鍛錬を含めて充実した成果を得られると考えたんだ。

もうひとつ、藤原グループ以外の選手にゴッチさんの技術が伝わるのが嫌だったんだ。あの時、新間さんから「木村を……」と言われたにもかかわらず、「いや、高田を……」と言ってしまったのは、本当に大事なものは仲間以外の他人に知られたくない、触られたくないという身勝手な心理が咄嗟に働いたからだと思う。(14)

新間は、前田の相棒に寮時代から弟分のようにいつもいっしょに行動していた高田をあてがうのも、考え方のひとつだと思ったのか、高田の同行に賛成する。蛇足になるが、このあと、新日プロ内ではクーデターが勃発し、猪木と新間は四面楚歌の状態に陥り、猪木はトカゲのしっぽのように新間を切り捨て、新日プロのなかで生き延びるのである。

そして、トカゲのしっぽ扱いをされた新間は、思いつく限りの知恵を絞ってUWFの設立に向かってつっぱしりはじめるのだ。これはIWGPが終わったあとの、八月になってからのことである。

こうして、前田はイギリスでの生活に終止符を打ち、日本にもどることになる。日本で高田延彦と合流して、フロリダのゴッチを訪ねる手はずが整っていた。

刺激にみちたロンドンからの旅立ちだったが、それは同時に恋人との別離でもあった。

このときのことを前田はこういう。

日本に帰る日、ヒースロー空港まで彼女が見送りに来てくれたんですよ。ウェイン・ブリッジが運転する車で彼女の友だちもいっしょに空港まで乗っていったんです。それで、飛行機の出発の時間が迫ると、友だちが気を利かせて、オレたちをふたりきりにしてくれたんですよ。そこで彼女はオレに「本当に帰ってきてくれるの？」と聞くんです。オレはもちろん自分が日本での用事が済んだら、すぐまたロンドンに戻ってくるつもりでいたから「必ず帰ってくるよ」といったんだけどね。

彼女は何にもいわずただ黙ってオレの顔をみつめているだけだったんです。そのうち彼女の大きな青い目からスーッと涙が流れ落ちてね。なにもいわずにただ泣いていた。もしかしたら彼女は、これがオレとの別れだということに気が付いていたのかもしれない。オレもだんだんと彼女の顔を見ているのが辛くなってきてね。なにもいえずに彼女を抱きしめていたんです。それが彼女との別れだった。

前田はいったん日本にもどり、そこから、後輩の高田延彦を引きつれてフロリダへと出発する。

こうして青春の甘い思い出を残したロンドン時代は終わりを告げた。

【註】

（1）『吉本隆明全著作集12 思想家論』一九六九年刊 勁草書房 吉本隆明著 P・154

（2）『新しい歴史教科書の絶版を勧告する』二〇〇一年刊 ビジネス社 谷沢永一著 P・302

（3）『これほど軍歌が歌われている国はない』二〇〇一年 黙出版 加瀬英明著 P・57

（4）『稲作儀礼と首狩り』一九九五年刊 雄山閣 鳥越憲三郎著 P・5

（5）http://ja.wikipedia.org/wiki［スタンピード・レスリング］の項

（6）『パワー・オブ・ドリーム』P・195

（7）『パワー・オブ・ドリーム』P・178

（8）『無冠 前田日明』P・114

（9）『無冠 前田日明』P・117

（10）『さらばアントニオ猪木』P・167

（11）『アントニオ猪木自伝』P・231

（12）『パワー・オブ・ドリーム』P・199

（13）『無冠 前田日明』P・118

（14）『無冠 前田日明』P・120

最終章　合衆国フロリダ州タンパ

フロリダは北回帰線に近い、台湾や日本の八重山諸島と同じような緯度上にあり、温暖なメキシコ湾流の影響もあって、常夏の国だった。

フロリダ州タンパはフロリダではマイアミにつぐ大きな町で、当時の人口は二十七万人。プロレスラーが多く住む町として知られ、ゴッチの他にハルク・ホーガン、ダスティ・ローデスらの著名レスラーが居住し、七〇年代にはヒロ・マツダがプロレス・スクールを開校した。この学校では谷津嘉明、武藤敬司らが学んでいる。前田日明がフロリダから帰国して、国内での凱旋試合で対戦相手をつとめたポール・オンドーフもこのスクールの出身である。

ゴッチの方は別にスクールがあるわけではなく、家の近くのホテルに泊めてもらい、庭でトレーニングをしたらしい。前田は「ゴッチさんのところにいたときは地面にマットを敷いてレスリングするからケガしないように注意しなければならなかった」といっている。ヒロ・マツダもゴッチのCACC（キャッチ・アズ・キャッチ・キャン）を学んだレスラーのひとりである。

そのフロリダの、炎天下のゴッチ道場で待ちうけていたのは、トレーニング地獄だった。

このときのことを前田は『無冠〜』のなかでは「とにかくブリッジばかり練習させられた」といっている。カール・ゴッチはこの合宿の練習メニューについて、次のように説明していた。


なぜ私が前田に身体の反復練習を重点的にさせたか、それは、前田がスープレックス（投げ技）に適している筋肉の柔らかさを持っていたからなんだ。スープレックスというのは筋肉のしなり（ブリッジ）と、筋肉の瞬発力があって初めて威力を発揮する。前田には偽物の、ふやけたスープレックスなんか使ってほしくなかった。本当のブリッジと瞬発力を利用した本当のスープレックスを使って欲しかったんだよ。だから、私が納得するまでブリッジの練習をさせたわけだ。筋肉のしなりと瞬発力があれば、相手がどんな大男であろうと指さえフックできれば簡単に投げられるしね。嘘ではない。たとえ200kgの大男でも投げられる。

それにしても前田の筋肉の柔らかさには驚いたね。別府で一緒にトレーニングした時点でわかっていたのだが、ブリッジの反復練習をやらせればやらせるほど、どんどん筋肉の柔軟性が増していくんだ」（1）

ゴッチはかつて、のちにアンドレ・ザ・ジャイアントと名乗ることになるモンスター・ロシモフをこの技で投げ飛ばしている。このときのアンドレの体重は180キロ（身長は232センチ）で、アンドレを相手に投げ技を決めて見せたのはゴッチひとりだけだったという。

ゴッチはここで、前田に自分が持っているスープレックスの技術をみっちり教え込むのである。

前田は、極限の人間がどうなるかという話をしているなかで、フロリダで経験した、こんなことを話してくれた。

「人間の身体って、限界まで追い込まれたときにオートマチックに動くんだな、と思った経験があるんです。ゴッチさんのところにいったときに、なんかもうさんざんいろんなことをやらされたんですよ。休みなしに、スクワットとか腕立て伏せとか、それもスクワットが三種類あって、腕立て伏せも何種類もあって、それをバーッと休みなく、三十分、一時間とやって、ブリッジやって、機械やって、十メートルのロープ登りやって。フロリダの夏の炎天下ですよ。さんざんしぼり取られて、一番最後に、さあ、いまからランニングしよう、と。ああ、ランニング楽でいいなと思うでしょ。高田といっしょに道路を走るんですが、百メートルごとに電信棒が立っていて、その百メートルごとに肩車やって、次の百メートルは手押し車やって、その次はフロントのウサギ跳び、そのあとは横のウサギ跳び、その次の百メートルはバックのウサギ跳び、百メートルごとにいろんなことやりながら五マイルですよ。五マイルというのは八キロです。それがね、ずっとまっすぐ、一直線の道なんですけれど、それをずっといった先で左に曲がるんですけど、その曲がるところは地平線の彼方でね、見えないんです。

そんでね、向こうの方は靄みたいな陽炎がボーっと立っているんですよ。ウワーッと眩しくて目を開けていられなくて、えらいことになったなア、これはオレはドッカで倒れるぞと思いながらやっていたんだけれど、そのうちに、たぶん、脳ミソが身体から上がってくる苦情に、苦情というか情報量に耐えきれなくなって、オマエら、勝手にやれ、と。もう、オレはオレで自分の好きなことをイメージしてるからな、と。それで、アタマは全然べつのことを考えているんですよ。身体はオートマチックに動いているんですけどね。アタマの方は今夜、なに食べようかとか、そういえばこのあいだいったチャイニーズにかわいい女のコいたなア、英語で電話番号を教えてくれないかというの、なんていうのかなアとか、そういうことを考えつづけているんですよ。

これは、おそらく、基本的に身体がそういうことに耐えられるだけの基礎的な体力というか、持久力がなければできないことなんだろうけど、山登りでもそうですよね。べつのことを考えながら、単純動作を繰りかえしながら高いところに登っていくわけですから。

昔、大山総裁（大山倍達）から聞いた話なんですけれども、自分が極真空手でなんで百人組手ということをやり始めたのかというと、昔、大山さんというのは木村政彦さんとすごい仲良しで、木村さんから話を聞いたんだ、と。木村さんというのは、柔道の世界で全日本の七連覇かなんかを成しとげた人なんですけれど、三連覇か四連覇したときに、いろんな柔道の強豪の大学から稽古を付けてくださいという申し入れが来たんですって。で、どっかの大学に出かけていったときに、全日本チャンピオン、なにするものぞって、その大学の柔道部のヤツがみんなで潰してやれっていうわけで、一人終わったら次すぐお願いします、と。木村さんは息も絶え絶えになっていま倒れるか、いま倒れるかってやっているうちに、なんかね、突然ポーンと気持ちが抜けて楽になって、身体がオートマチックに動くようになった、そうなると何人つづけてかかってきてもヘッチャラだったというんですよ。

オレたちのあのときのフロリダの状態も同じで、これいつ終わるんだろうな、あとどのくらいで終わるんだろうな、と考えながらやっているうちに、いつの間にか半分来ていて、いつの間にか気が付いたら全部回りきって終わっていたという、そういうことを毎日繰りかえしていたんですよ。

何年か経ってから、このときのことを思いだして、アレって、木村政彦さんが経験したのと同じ状態だったんじゃないかと思ったんですよ。

自分の感覚ではあまりにも身体が苦しいから、もう止めてくれとか、このままいったら倒れるよとか、このままだと吐いちゃうよとか、いろいろに考えるんですけど、身体の方はヘッチャラなんですよ。フロリダではゴッチさんからいろいろなことを教わりましたけど、いま、思いだして一番強烈な記憶として残っているのはそのことですね。

要するに、前田はこのトレーニングでいくら動きまわってもヘッチャラな持久力を持つ肉体を手に入れたのである。前田はこのときの地獄の猛特訓について「オレはこの練習で死ぬのなら本望だとさえ思っていた。これほど自分を追い込むことができたということは、格闘者としてのある種のプライドだとも思った」と書いている。(2)

ゴッチは内心で〈プロレスってどうなんだろう〉と考えていた前田の精神的なモヤモヤも次のようにいって、解決してくれた。

レスリングはキング・オブ・スポーツなんだ。なぜなら、ビルダーと同じパワー、体操選手と同等の機敏性、そしてランナーのような持久力、それらを身につけてこそ(略)キミたちがめざしているプロフェッショナル・レスリングができるんだ。人を殺すことのできる技、それらを駆使して、極限まで鍛え抜かれた闘いをリング上で繰り広げた時、人々は必ず心を動かしてくれるはずだ。「プロレスってやっぱりショーなんでしょう」などという輩は誰一人いなくなるはずだ。

前田にもそう思えた。ゴッチのその戦いの思想に触れて、そういう戦い方のできる自分が現にここにいることに大きな喜びを感じ、それまでの苦悩がすべて報われたような気がしたという。

前田は約束の期間を激しいトレーニングを繰りかえしながら、フロリダのタンパで過ごした。サブミッションの要諦もみっちり教えこまれた。

体重は五キロしぼって百十キロになっていた。いくら激しいスパーリングをしてもイキが上がらなかった。自分でも体が軽いと思える最高のコンディションだった。

フロリダで、ゴッチは前田たちにこんなことをいったという。


私はもうトシだ。適切なトレーニングをすれば、肉体自身の強さは維持できるが、音もなくおしよせる年の波にまでは勝てない。いまではヨーロッパでこのサブミッションを教えられる人間は1人もいない。アメリカには1人だけいる。それが私だ。日本はどうだ。私が教えた人間は実に多くいる。お前たち若い連中でもう一度、あの素晴らしい本物のレスリングをよみがえらせてくれ。それが私の願いだ。（3）


これがカール・ゴッチが前田日明と高田延彦に託した［夢］だった。

ここまで書き進めて、文末にたどり着いたところで、わたしはこう書くことができる。

前田日明の［ここはどこだ・オレは誰だ］の精神の二重構造性は、彼が自分の生きるエネルギーを作り出すための装置だったのではないか、ということである。生存のための装置、……、より良き人生を生きようとする、環境という現実と子供の頃から思い描いた理想の生き方にひきさかれながら、必死でその光のさしている方に向かって生きる、そのための…。

前田の掌中の珠玉は年老いて古びたもしれないが、それでもまだ輝きを失わない。

なにしろ、太く長くを人生のモットーとすることにしたのである。そういう生き方のために意識が無意識的に作った［生存装置］が自分が自分にたいして発する「ここはどこだ・オレは誰だ」という原初の問いかけだったのではないかと思う。それも、繰りかえし繰りかえし、自分に向かってその問いを問いかけつづけたのである。

フロリダの前田日明は二十五歳の青年になっていた。

しかし、このとき、すでに彼の胸中には二十五歳なりの志があった。それはカール・ゴッチの願いを触媒として自分の精神のなかに生じたものだった。

そして、それはもう少し時間がたてば、美しい理念として結晶するはずだった。

フロリダでの日々は素早く過ぎていった。

二カ月後、ゴッチ、高田、前田の三人はフロリダを旅立った。

日本で新しい戦いが待っていた。

一九八三（昭和五十八）年の四月十三日のことである。

前田日明は刃物のような切れ味のレスラーになって日本にもどってきた。

（つづく）

【註】

（1）『無冠　前田日明』　P・121

（2）『格闘王への挑戦』　P・150

（3）『格闘王への挑戦』　P・152

後書き　本書の構成と編集に関する補記

本書の構成について

いつかまたいっしょに本を作ろう、これは五年前に『ＵＷＦ戦史３』を書いたときにわたしと前田日明とのあいだで交わされた約束だった。

『ＵＷＦ戦史』全三巻を書き上げたあと、わたしのなかには気分として、もうちょっとプロレス・格闘技の本はいいや、という思いがあった。というのは、プロレス・ジャーナリズムの閉鎖性というか、揚げ足取りな書評や作品そのものの良し悪しを論じるのではない、誤字脱字が多いからあの本はダメだ、というような批判や、アマゾンの書評にあったような、当時の現場を知らないくせにプロレスの本を書くなとか、あれこれといわれたことがあったからだった。流智美さんはそれを「プロレス村というんですが、けっこうよそ者がやって来るのを嫌がるんですよ」といって、彼らの心理を説明してくれた。それやこれやに嫌気がさしてもうプロレスの本はいいやと思った。自分でいうのもなんだが、わたしはけっこうナイーブなのである。

ちなみにわたしは昭和四十五年から平成十三年に勤めていた出版社を退社するまで、雑誌の取材記者・編集者を三十二年間やったが、プロレスに直接関係する取材は三回しかやっていない。

それを説明すると一九七八年だったと思うが、『週刊平凡』という、いまはもう廃刊になってしまった芸能週刊誌があったのだが、この雑誌の取材記者をやっていたときにビューティ・ペアの撮影＆インタビューをやった。このとき、ロッシー小川さんと知りあった。そのあと、田辺ＡＧの副社長で、たしかこのころ新日本プロレスの役員でもあった川村龍夫氏から「塩チャン、猪木といっしょにメシ食わない？」と猪木が経営していたステーキハウスに誘われたが、このときはなんとなく胡散臭い感じがして断った。それから、八十七年だったと思うが雑誌の『ターザン』を作っていたときに藤原喜明さんのグラビア撮影＆インタビューをやった。このときはわたしは副編集長だったので、現場の直接担当者が別にいて、わたしは取材に立ち会って話を聞いていただけである。藤原喜明のことをよく知らず、なんかふてぶてしそうな人だなと思った記憶がある。そして、残るひとつが九十四年の正月にリングスに前田日明を訪ねて、話を聞かせてもらって原稿を書いた取材である。

猪木との食事を断った話はわたしのプロレス取材の回数には入っていない。ビューディ・ペアについていうと、ジャッキー佐藤もマキ上田も、死んじゃった人をこういっちゃなんだが、そんなにかわいいとは思わなかった。松坂慶子や関根恵子のほうがずっといいやと思った。

わたしはいままで、三、四千回取材という行為を行っていると思うが、『UWF戦史』執筆以前のプロレス取材キャリアというのはこの三回しかないのである。わたしはもちろんいまはもうちょっとプロレスの取材もしておけばよかったと思っているが、そのかわりに、アイドル歌手の撮影や美人女優の取材やヌード撮影で忙しかったのだから、やむを得ない。それでも『UWF』にまつわるビデオはだいたいチェックしている。

わたしは『UWF戦史』を歴史書として書いたつもりだが、褒めてくれる人もいたが。わたしが「あの本は歴史書です」といっているにも関わらず、あれこれいう人たちもいた。もしかして、プロレスのジャーナリストたちもひと理屈こねるマニアたちも歴史書というのがどんな性質の本なのか、よくわかっていないのではないかという気もした。『三国志』は歴史書だが、『三国志演義』は歴史書ではない。ぜひ、歴史書を読んでみていただきたい。アンリ・ピレンヌの『ヨーロッパ世界の誕生』やホイジンガーの『中世の秋』、あるいは司馬遷の『史記』とか、名著である。いずれも書き手が事実を記録しようとしたものだ。ぜひ読んでみていただきたい。

『UWF戦史』を書きあげたあとのわたしには、例えば、紀伝体と編年体のこととか、もうあらためてルールから説明しなければならないような会場で試合なんかしたくないやという思いが濃厚にあったのである。

それで、わたしは前田と交わした約束をペンディングにしたまま、五年間、別のテーマを追いかけることに熱中してきた。

それが、真正面から前田日明の伝記に取り組んでみようと思うに至った経緯は、この本の途中できちんと書いたからここであらためての説明はしないが、この本のシリーズは自分なりの意気込みを新たにして「戦後史記」という大きな枠を設定し、そのなかで前田日明という希代のプロレスラーの評伝には『格闘者』という標題を付けることにした。この言葉が彼を書いた作品のタイトルにふさわしいと思ったからだ。いったい前田はなにを目指して戦いつづけたのか、わたしがずっと感じていた謎をこの本のなかで解明できればと思っている。

このノンフィクションもやはり、例によってまた、相当の大きさの作品になりそうである。一応、いま考えている全体の構成と予定している刊行時期を書き添えておこう。本書は全三作のシリーズ作品の第一巻である。それぞれが五百頁から六百頁の体裁になる。

［1］青雲立志篇　本書

［2］臥龍覚醒篇　UFWの約七年間を論じる。本年十一月乃至十二月刊行予定。

［3］天下無敵篇　リングスの八年間。その後の興業プロデューサーとしての前田日明の、現在に至るまでの足跡を追う。来年四月乃至五月刊行予定。

パソコンゲームのタイトルのような標題を付けたが、人間的な事実と事実をもとにした評論以外は書くつもりはない。いずれにしても前田日明への取材インタビューをもとにして、構成執筆していくつもりでいる。そしてここで、［戦後史記］という言葉についての、わたしの思いを説明しておこう。

戦後史記

司馬遷の『史記』という歴史書の存在を初めて知ったのは、たぶん、高校生の時だったと思う。いきなり武田泰淳の『司馬遷～史記の世界～』を読んでのことだった。本を読む順序が逆で、『史記』そのものを読んで、それから解読本を読んだのではなく、武田泰淳の本の面白さに促されて、司馬遷と『史記』の世界を知った。

わたしは子どものころから歴史が好きで、なにがきっかけだったか思い出せないが、まだ小学校の低学年の時に、田舎の実家の土蔵のなかに入り込んで、戦前の映画雑誌（これはいまやわたしが手元に保管していて、雑誌の表紙はまだ二十歳の夏川静枝だった。彼女は明治四十二年の生まれである）を持ちだして見たり、上京してからはK山（いまの東邦医大付属病院があるところ。昔、陸軍の駐屯地があった）の中腹にある防空壕で空薬莢を拾って、胸をときめかせたりした。五寸釘を玉電のレールの上に置いて作った手製の忍者手裏剣を学校に持っていって、校舎裏の土手で手裏剣投げの練習をしていて、あろうことか校長先生に見つかって、先生が全校朝礼の壇上でその十字手裏剣を掲げて見せて「みんなのなかにこんなバカなものをつくる子がいます」と怒られた。名指しされなかったのが救いだった。忍者の世界も憧れだったが、このことがあってわたしが忍者になる夢はうち砕かれた。

わたしは過去に起こったことを人ごとと思わない性格の昔好き＝歴史好きの子どもだった。ほかに、蝶の採集や女のコや文章を書くこと（作文）も好きだったが、生涯の仕事になったのは［歴史］と［作文］だった。

その、昔こだわりを書きとめておくことの整合性は、たぶん、今日起きたことを記録して残しておけば、今日が過去になっても、過去がどうであったかを忘れずにすむ、と子ども心に考えて、ノートを書き始めたことが、すべての出発点であったと思う。毎日の生活のなかで起こったことを文章にして残すのだから、もちろんそれは日記なのだが、自分の意識のなかには確実に、将来、誰かがオレがいま書いている文章を読んでくれるのではないかという思いがあった。残念ながら、子どものときに書いた日記を読んでくれる読者はいまのところ、あらわれていないが、わたしの［記録するということ］へのこだわりのすべてはここから発している。誰かに、そのとき、人間がなにを考え、なにをしようとしていたか、そのことを知って欲しい、その人が、過去のある一点でなにを考え、どう行動しようとしていたか、そのことを書き残せば、必ず、後世を生きる人たちのなにかの役に立つはずだと、もちろん、そのころのわたしはまだ十代の少年だったのだから、そこまで論理的に考えていたわけではなかったが、書き残すことには必ず意味があるはずだという、そのときの想いが、大人になったわたしに歴史学を専攻させ、大学を卒業したあと、雑誌の世界で（現在から思い返してみれば）トレンドという現在を記録しつづける仕事を選んだのだったと思っている。

わたしはいま六十七歳で、六十七歳ぐらいになると自分の人生が成功だったか、失敗だったかというようなことも考えるのだが、そういうことについて何年か前までは「オレの人生は失敗作だな」と思いながら生きていたのだが、このごろは、人生は失敗作が普通なのかも知れないと考えるようになった。失敗作でもぜんぜんダメな失敗作ともうちょっとで傑作の、みごとな失敗作というものがある、傑作の失敗作というのもあるかも知れないなどというような、そんなふうに考えはじめると収拾のつかなくなりそうなことも考えるようになった。

司馬遷は「オレの人生は失敗作だ」と書きながら、さまざまの記録を残すことで、自分が生きた人生のつじつまを記録することも含めて、過去を歴史の形に整えて、その先につづく渺々たる未来に伝えつづけることを試みようとした、ツキジディスなどと並ぶ世界史上、最初の〝歴史〟的功労者であると思う。わたしは高校生のとき、武田泰淳の書いた『司馬遷～』を読んで、思えば傲岸不遜でふてぶてしいこと限りないが、司馬遷のようになりたいと思ったが、武田泰淳のようになりたいとは思わなかった。同書を読んで司馬遷と武田泰淳とどっちになりたいと思うのが普通なのか、わたしにもよくわからないが、例えば、吉本隆明の『カール・マルクス伝』を読んでもカール・マルクスのようになりたいとは考えず、吉本隆明のように切れ味のいい文章を書けるようになれるといいなと思ったのだから、このことに一定の法則のようなものがあるとは思えない。

わたしは昨年の四月に『編集の砦』という本を上梓して、そのあと一年間、新しい作品を発表しなかった。これだけのブランクはフリーの作家になって、初めてのことだったが、その間、わたしはずっと、「オレはホントはなにがやりたいのだろうか」ということを考えつづけていた。オレがやってきた仕事ってなんなんだろうという、まあ、高齢者の自分探しみたいなものである。

それで［戦後史記］という、ダジャレのようなくくりを思いついたのである。戦後史を書き残す（記録する）こと、この言葉のなかに、わたしがこれまでやって来たことはスッポリと納まってしまうし、この先、考えていることもほとんどのことがこの範囲のなかにある。

大人になって、あらためて武田泰淳の『司馬遷～』を再読したのはいまから二十年くらい前、一九九四年か九十五年のことだったと思う。このころちょうど、雑誌編集者として自分が編集長を務めた定期刊行の雑誌（『ガリバー』）を休刊にしたあとで、前田と初めて出会ったのもこのころのことだった。自分でも［終わったな］と思っていた時期だった。編集者としての自分を作りかえるというような率先した自覚がどのくらいあったか、はっきり覚えていないが、いまのままじゃダメだなと痛烈に感じていた。そして、このころ、いわゆる社内的には窓際に追いやられて、取り組んだのが中国の古典の白文を声を出して読むという試みだった。明治書院という出版社から出ている［中国古典文学大系］というシリーズだったら、白文と読み下し文、通釈の文章が並列して載っていたのである。それで、このシリーズを五年間くらいかけて、途中、東洋文庫なども読みながら、『論語』、『孟子』から始まって『春秋』（左氏伝）、『唯南子』、『楚辞』、『史記』などを読みつづけた。『戦国策』や『韓非子』、面白いとは思わなかったが『易経』なども読んでいる。

蛇足だが同時に中国の揚子江文明というテーマに熱中して、雲南を何度も訪ねた。

そういう状態のなかで、いずれも武田泰淳の中国について書いた作品だが、『秋風秋雨人を愁殺す』とか『揚子江のほとり』、『上海の蛍』、などを読むかたわらで、『司馬遷〜』と再会したのである。この本の冒頭の一文、「司馬遷は生き恥さらした男である」という書き出しは、まさしく会社から自分の雑誌を休刊にすることを命じられて雑誌の編集長を解任されたあとのわたしの孤独と敗北の気分を汲み取ってくれている文章だった。そういうなかでわたしは、社命によって『平凡パンチの時代〜失われた六〇年代を求めて〜』の取材執筆を命じられ、うしろから押されるようにして作家になっていったのである。その意味で、この仕事をわたしに命じてくれた当時のマガジンハウスの書籍担当の役員だった棚橋芳弘さんにも感謝しなくてはいけないと思っている。

武田の書いた『司馬遷〜』のなかにこんな一節がある。

世界を動かすものは人間以外にない。政治的人間もまた「人間」である。その動力は何処からでもない、「人間」から発するのである。それ故、世界の歴史を書き、歴史全体を考えようとするものは、まず「人間」をきわめなければならない。文学史でもなく、倫理の歴史でもなく、戦争の歴史でもない。「人間」の歴史が司馬遷の書こうとするところである。「人間」の姿を描くことによって、「世界」の姿は描き出される。「人間」の動きを見つめることにより、歴史全体が見わたせるのである。

わたしがやろうとしていることは、ここに書かれているところまでチャンとできている自信はないのだが、とりあえず目指しているのはこういうことである。要するに、人間について書かねばと思っているのである。

八紘一宇

それから、これは後書きなのだから本書に関わる自分なりの思いというものも書き添えなければと思って、このことを書くのだが、みんなどこかで八紘一宇という言葉を聞いたことがあると思う。

先日は国会の答弁の場で、昔、わたしが芸能週刊誌の編集記者をやっていたころ、『セクシー・ナイト』という歌を大流行させた参議院議員の三原じゅん子が「日本には建国以来、八紘一宇という素晴らしい言葉がある」と発言して、元総理大臣で吉田茂の孫にあたる麻生太郎に「若いのによくそんな言葉を知っている」といわれて、褒められていた。

この彼女の発言をある新聞が社説で、ここに来て粗雑な世界観の吐露が横行している、と嘆いた。突然、そんな言葉を持ち出すな、といって怒る人もいた。ドイツのメルケル首相が来日したとき、新聞は［敗戦国］というくくりを共通項にして第二次大戦でのナチス・ドイツの収容所ホロコースト敗戦と日本の軍部暴走政治の破綻による東京空襲&ヒロシマ・ナガサキ原爆投下ホロコースト敗戦とを同じものさしを使ってその形を測定して、ドイツと日本は戦後処理の手さばきがまったく違う、ドイツを見習うべきだという、わたしにいわせればこれも粗雑な世界観だと思うのだが、そういう論調の言説が横行した。

だいたい、テレビの中継や出演場面のパートのなかで語られた言説をとらえて、［八紘一宇］という言葉に歴史のなかでの使われ方に侵略的な文脈があったからといって、相手の言葉尻にしがみつくようにして、そこから、世界観が粗雑だといって論難するのはいかがなものかとも思う。世界観が雑駁なのはお互いさまである。

そもそも［八紘一宇］は戦前の、第二次世界大戦に至る歴史のなかで、作り上げられていった歴史概念で、世界は日本を中心にして平和裡にひとつにまとまるべきだと提唱したものだが、これをアタマから百八十度否定してしまうのはどうなのだろうか。もしかしたら、三原じゅん子はこの言葉を崇高で完全無欠の超歴史的概念と考えて語ったのかも知れず、新聞社説の方はそんな粗雑な概念をいまさら持ち出すな、といっているのであり、それはある部分では正しいかも知れないと思う。だいたい、八紘一宇は建国の理念などではないし、二十世紀の初めに日蓮宗徒の田中智学がいいだしたことで、それを後付けで建国の理念にしていっただけのことである。日本の建国がいつの時代のことか、わたしにも判断できない。たぶん、話が始まったのは弥生時代のどこかではないかと思うが、そのときの建国の理念などわかるわけがない。理念の有無も不明だ。

そういう言葉の成り立ちの経緯も含めて、過去の歴史のなかで語られた思想が、いまという、いわば時代の、あるいは歴史の突端の場所から粗雑に見えるのは当たり前のことなのだ。しかし、［八紘一宇］という思想の一部は正しい。地球上の全民族が争いなく生きていくためにどうすればよいかという発想と、そのためにはそれぞれの民族の文化・生活・風習の垣根を越えて互いを認めあい、仲良く生きようという考え方はまちがってはいない。わたしはこの考え方を八紘一宇と呼ぶかどうかは別にして、それを歴史の真実を追い求めるときに、絶対に必要な核心的な考え方のひとつだと思っている。

こんな半可知な歴史哲学の論文のような文章をこの本の後書きで書くつもりはなかったのだが、ここのところを整理して考えないと、過去の歴史をいたずらに否定してまちがっていた、まちがっていなかったという、いま、手元にある価値観によって作られたものさしで、過去を裁断するような歴史認識になっていってしまう。八紘一宇という言葉も、それと同じような歴史的作為によって、意味が変容していったのである。たぶん、これは部分的に正しく、部分的にまちがっている。理念は正しいが、使用法がまちがっていたのである。歴史とは常にそういうもので、いまの時代から見て、百点の時代などどこにもない。いまの時代だって後世の人々が何点をつけてくれるか、大いに心配である。

わたしがこのことについて、こんな書き方をするのは、日本が七十年前に［終戦］、あるいは［敗戦］と区切りをつけたはずの戦争の処理が、それこそいままで先送りされてきていて、ちゃんと総括が終わっていないと考えているからだ。あの戦争を、わたしたちはまだきちんと決算も清算も精算もできていないと思うのだ。たぶん、それは、天皇制の存続の問題も絡んでいたからやっかいだったのだが、あの周辺の日本人たちの慌てぶりや豹変ぶりもあるが、こうなっていったことの基本は［東京裁判］にあると思う。

この話をすると、アメリカ政府は嫌がり、ワシントンポストはすぐ日本は戦後体制を否定しようとしているとかネオファシズムではないかとかいうのだが、正味のところ、東京裁判は錯綜した力関係が生じさせることがわかっている戦争という緊迫した現実そのものの起因を敗者の側だけに求めた、事後法きわまりない（アメリカは時々、こういうことをやるのだ。西部劇に出てくる町の住人たちによるリンチなどもこれである）ものだった。

法律を自分の都合のいいように解釈して、政治的な道具に使うのである。これは、いまの韓国が一番ひどい。盗み出した仏像を説得力のない変な理屈をいって返還しないとか、反日法とか、従軍慰安婦問題は日韓基本条約後に判明した問題だから、条約の範囲に入らないとか、いったりやったりすることがメチャクチャである。

東京裁判の資料を読むとわかるが、あそこで繰りひろげられた審理も下された判決も裁かれる側の意見はほとんど聞かれず、勝者の論理を一方的に押しつけたものだった。戦争に勝ったのだから当たり前ということだが、負けた側には負けた側の正義が、紛れもなく存在していたのである。それをきちんと整理して整合させていないから、多くの日本人がなにもいわなかったが、内心ではなんか変だなと思い、承服していなかったのである。そのことは、未だに日本社会の気分として空気より思い有機性のガスのように地面付近を漂っている。

アメリカとしては、もうすんだことなのだからあれはアレでいいじゃないかと考えているのだと思うが、日本の方はそうはいかない。あの裁判の結果を受容したことで、日本の社会の伝統的な思想の、たぶん半分ぐらいは危険視されて、葬り去られてしまったと、わたしは思う。

戦争に於ける敗者という立場に立たされて、ＧＨＱの施すさまざまの施策を受け入れ、戦前に主流であった思想的営為の大半を封印して、アメリカのいうとおりにものを考え、行動した。それによって戦後の日本はそれなりの社会発展を遂げることができたが、根底には、〈いま、自分が来ている服は似合って見えるかも知れないが、お仕着せで、本当は自分で選んだ服ではない〉という意識がいまでもついてまわっているのではないか。

逆のいい方をすればあの裁判を黙って受け入れたおかげで、日本はジョン・ダワーの『敗北を抱きしめて』ではないが、敗北の論理からしか出発できないところに追いやられてしまった。このことの未決済の請求書がいろいろな形で日本国内的には文化の各領域で、また国際的にも周辺国との関係のなかで突き付けられている。

戦後の日本は、ポツダム宣言受諾―東京裁判―サンフランシスコ講和条約締結、さらには日米安保条約のしばりに沿って誠実に国造りをしてきたと思うが、ここに来て、なぜ、従軍慰安婦問題の歴史的な経緯や強制連行の有無の問題が急に社会のなかでの重要な議題になってきたかというと、それまでしがみついていた戦後の社会体制が持っていた成長性のキャパシティを消尽しつくしてしまったという意識が、バブル崩壊後の二十数年余の社会的低迷によって、みんなの心のなかにそこはかとなくあるからなのだろうとわたしは思っている。

中国と韓国はそれぞれの国の基本の性格はだいぶ違うと思うが、この二国は、日本のこの問題を自国の政治的な道具として使おうとするところが共通している。それこそ日常的な教育方針のなかに、博愛や平等のかわりに［反日］を織りこんでいるのだからたまったものではない。いまは声高に反日といっているが、歴史のその時点では汪兆銘が中心になって成立した南京政府があったし、朝鮮府には日本統治領としての朝鮮を近代化しようとして必死になって努力した多くの朝鮮人官吏たちがいたのである。これを傀儡政権だとか、売国奴だとかいうことから、歴史を（非常に粗雑に）否定する行為だと思う。

人間は誰でも、目の前のそのときの都合と折り合った現実のなかでしか生きられない。その問題を整理しないと、目先の政治が、二重の足かせのようになって、この問題を解決できなくしていく。中国や韓国の人たちはもうちょっとみんな、ヘーゲルやマルクスやフロイト（あるいはユング）やレヴィ＝ストロースを読んだ方がいい。文明的にもうちょっとオープンにならないと文化のゆがみも見えてこないだろう。このゆがみは表現の自由に対する国家的な規制・検閲が大衆文化に跛行的な発達を引き起こしていることが主要な原因だと思う。

これらの分析は余計なお世話だが、何十年も前の理想や思想が粗雑に見えるのは当たり前のことで、ちょうど百年ほど前に書かれたものだが、北一輝の『日本改造法案大綱』でさえも、いま読めば〈話はそんなに簡単じゃないだろ〉というようなことだが、わたしなどは、よくあの時代にここまで考えたな、と思う。そのとき、その論がいまのわたしたちが考えているように粗雑であったかどうかはまた別の問題である。わたしたちは残念ながら、そのときの臨場感を持って、『日本改造法案大綱』を読むことはできない。

時が経過し、世界中がさまざまの経験を積み重ねれば、どんな思想だって限界性だらけの歴史的遺物に見えてくるものだ。これは人間の行動や決断も同じことである。その人間の行動や思想が目先のものであったか、悠久の理想を見据えていたかの論議は別として、人間はそのときに自分が正しいと思ったように行動するものだと思う。そのときにはその人にしか見えないなにかがあり、その人はそういう行動をとるのである。それはしかし、アナクロニズムの塊だということではない。

わたしたちは時間の経過や、あの頃からの時間の経過のなかで積み重ねられた世界の経験の積み重ねを考えに入れて、当時、なぜ、彼らがそう考えたのか、なぜそれが正義の論議であったのかを考えなければならない。過去の歴史から真実を汲み取る、歴史を教訓にして生きるとはそういうことではないのか。その意味で、日本社会は戦前の人間的営為や政治的選択を否定しすぎ、あるいは肯定しすぎである。全否定することもまちがっているし、無条件に全面肯定するスタンスもおかしい。歴史はいつも、現在から過去を覗き込むと部分的には正しく、また、部分的にはまちがっている。時間が経過するということは、ものごとがそういうふうに見えるようになる、ということなのだ。戦争反対とか、平和を守れというのはわかりきった話で、現実の、それぞれの国が自国の権益を必死で守ろうとしている世界で、自分たちの平和憲法が自分たちの国をまもってくれるなどということはわたしはあり得ないと思う。相手のことを生意気なヤツだと思っていて、自分がやられそうになったときにする殴りあいのケンカは相手に殴り返す気があるかどうかなど関係ない。ウクライナでのロシアのやり方を見れば、それがよくわかる。大江健三郎さんとか、したり顔でものをいっているテレビのコメンテーターの人たちは子どものときに殴りあいのケンカとか、やったことがあるのだろうか。わたしも暴力は反対だが、一方的に殴られつづけるわけにはいかない、殴られたら殴り返せるようにしておかなければと思う。

西洋史の世界にパックス・ロマーナという言葉があるが、わたしは日本の戦後の七十年間を「パックス・ジャポニカ」だったと考えている。わたしはわたしの人生がこの七十年間のなかにスッポリ納まることを大変に幸運なことだったと思う。

日本が七十年間、戦争に巻き込まれなかったのはひとつにはアメリカの傘ということがあり、世界のさまざまの場所でさまざまの苦しみを抱えて生きている人たちに［それはオレには関係ないよ］といってすませて、自分たちになんの影響もなしですんできた歴史的に幸運な環境ということがあった。そして、そういうことが国内の大衆の生活に出来るだけ影響しないように必至で舵取りをして［日本は平和国家です］というメッセージを送りつづけてきた政治家や企業人やコスモポリタンな文化人たちの努力、さらにもっといえばもう戦争はしたくないと考えつづけてきた、日本社会を構成するすべての大衆のおかげだろう。

ホントは憲法九条なんて［パックス・ジャポニカ］には関係ないのである。三島由紀夫ではないが、戦争はイヤだし、コッチから攻めていく気はないが、子どものケンカではないが、攻めてこられたらまもらざるを得ないのである。尚武というのは必ずしも好戦的ということではないのだ。これまで、戦争が起こらなかったのはどの国も（というか中国が）自国の経済発展にとりくむのに忙しく、周辺のことに手が回らなかっただけの話である。これはある意味、日本も同じだった。

戦後、封印したはずのいくつかの戦前昭和の時代のキーワード（例えば［ぜいたくは敵だ！］というようなスローガンが面白がられたり）が話題になったり、危険思想と目されてきた日蓮主義の根幹の思想が国会の論壇に登場したりしているのは、やはりこれらの言葉が、いまの平成二十年代の歴史状況になんらかの有効な意味を内包しているからだろう。あるいは、韓国や中国の対応が、日本社会の深層で燻りながら、深く眠りつづけていたウルトラ＝ナショナリズムを目覚めさせ、日本人のウルトラな愛国心に火を点けて、これらの言葉をよみがえらせたと考えてもいいのかも知れない。

とにかく、日本人はいま、社会再生のキーワードを必死で探しつづけている最中なのだ。

話を本筋にもどすが、わたしは戦後社会で戦争についてのキチッとした総括・決算をしなかったことでの最大の被害者が在日の人々だと思っている。前田日明のいうとおり、在日は韓国からも日本からもひどい目にあわされている存在で、北朝鮮への拉致被害者とはまた別の意味で、戦後の東アジアの悲劇を一身で体現した、そういう存在だと思う。戦後の日本にいろいろな形で存在していた［差別］は思えば、ひどいものがあったとおもうし、わたしは世田谷の育ちだから、関西のことはよく知らないのだが、前田にいわせると、京都・奈良・大阪・兵庫はそういう差別が一番ひどいんですよ、というのである。

わたしは在日の問題について、最大の癌になっているのは韓国の政治家とマスコミ、とくに、反日を煽る利権団体、つきつめていくと李承晩とかそういうところにいってしまうのだが、日本統治領時代の歴史を全否定して、在日の存在までも否定して「お前たちなんか韓国に帰ってくるな」といった政治家たちが最悪だと思う。帰ってこいといって、戻ってきたとたんに全財産を没収して、どこかの収容所に閉じこめてしまったという北朝鮮も最悪だが、とにかく、やることがメチャメチャである。

韓国もまともにきちんとした姿勢で日本に向き合っていたのは小渕恵三といっしょに日韓共同宣言を出し、そのあと、ノーベル平和賞をもらった（二〇〇〇年）ころの金大中までで、そのあとの盧武鉉、李明博、朴槿花は最悪である。もしかしたら、これと鳩山由起夫、菅直人、野田佳彦とセットかも知れないと思うが、それではちょっと野田さんがかわいそうか。野田さんは限界ぎりぎりのところで一生懸命にやっていたとは思う。

民主党の総理大臣話は蛇足だが、たぶん、韓国が歴史思想的に戦前の日本統治領時代の朝鮮社会を乗り越えられないでいるのも、［恨千年］とかいって、歴史を主観的にしか見ない習性が身についてしまっているからだろう。韓国は韓国で自助努力して自分で立ち直ってもらうしかないのだが、それとは別に、日本社会はさらに在日と日本社会とのあいだにある夾雑なさまざまのものやことを無化させていかなければならない。わたしは在日の人たちの精神の中核のところにある依怙地は、わたしたち自身の差別意識が投影されてできあがったものだというふうに思っている。これは韓国自身もそういうところがあるのかも知れないが、わたしたちが相手を見下したり、蔑んだりすることに対して、あるいは、区別したり差別したりすることに対抗して、生きるために自分たちを特化して、特別な存在と考えるのである。

これは社会的弱者は誰なのかということを考えれば簡単にわかる問題である。

だから、この問題の解決はわたしたちの側の問題なのだ。要するに、わたしたちは仲間としていっしょに生活して普通につきあい、例えば歴史的な特権というものがあるのならばそれを寛容に認めてあげて、帰化したければそれも認めてあげて、帰化したくなければそれはそれで尊重してあげて、死ぬまで自分がありたいような人間であることを容認する。要するに、在日の人たちにとって居心地のいい社会にする。そうすれば日本人にとっても暮らしやすい、差別のない居心地のいい社会になっていくはずである。この問題が生じてから百年以上の年月が経過しているのである。問題の解決に百年くらいかかるのは当たり前のことである。やがて韓国もイタリアやイギリスなどと同列の外国になっていくと思うが、それを早々に実現させるためにも、わたしたちはみんなの生活のなかで韓国の文化文物に対して違和感を持たないのが正常で自然なのだという意識を涵養しなければいけない。

いっとき、韓流という言葉が日本の大衆文化のなかに氾濫したことがあった。わたしはあのときの熱狂は異常だったと思うが、韓国の文化は日本社会で、アメリカの文化やヨーロッパの文化などと同じような価値と意味をもつものとして存在するべきだと思っている。

これまで自分の本の後書きにこういうことを書いたことはないし、このことは本当は一書をかまえて論ずるべきことなのかも知れない。いずれそういう形で作品を書くことがあるかも知れないが、それでも、なぜわたしが前田日明の本を書こうと思ったかということの［第三の理由］をわかってもらうためにも、ここでどうしてもこのことを書きおかねばと考えた次第である。

いまの在特会のような、八十年代のプロレスのギミックのような主張は克服されなければならない。面白半分に、○○が帰化した在日だとか、○○は韓国籍だとか、そういう話を面白がることの低劣さにも気が付かなければならない。八紘一宇の付属品のような言葉だが、五族協和というスローガンがある。これも戦前の歴史の文脈のなかで、悲劇的な用いられ方をしてしまった言葉のひとつだが、これも本来の意味に沿って、自分たちを世界の中心だと考えず、さまざまの民族が集まり、力をあわせて平和で活力に溢れた社会を作る、自然な形でそう考えるようにならなければ、わたしたちというか、日本の社会の未来は暗い。

わたしたちの世代はまもなく人生という舞台から姿を消していく存在だか、そのことを次の世代を作る人たちに伝えなければならない義務がある、と思っている。

資料リスト

最後に本書のなかで引用した資料を羅列紹介しておきたい。

『日本史年表 増補版』一九九三年刊　岩波書店
『世界文学全集 世界近代詩十人集』一九六三年刊　河出書房新社、伊藤整篇
『世界詩人全集13 リルケ詩集』一九六八年刊　新潮社　富士川英郎訳
『新訂小林秀雄全集 第七巻』一九七八年刊　新潮社
『小林秀雄全集 第十巻』一九六七年刊　新潮社
『吉本隆明全著作集12 思想家論』一九六九年刊　勁草書房　吉本隆明著
『死霊』一九七六年刊　講談社　埴谷雄高著
『晩年』一九四七年刊　新潮文庫　太宰治著
『大阪』一九五七年刊　至文堂　宮本又次著
『兵庫県の百年』一九八九年刊　山川出版社　前嶋雅光ほか著
『大正 大阪 スラム』一九八六年刊　新評論　杉原薫ほか著
『大阪の文化を考える』一九七四年刊　創元社　大阪文化振興研究会編
『ヤクザの文化人類学～裏から見た日本～』一九九〇年刊　岩波書店　ヤコブ・ラズ著
『西方冗土～カンサイ帝国の栄光と衰退～』一九九一年刊　飛鳥新社　中島らも著
『神話作用』　一九六七年刊　現代思潮社　ロラン・バルト著
『新しい歴史教科書の絶版を勧告する』二〇〇一年刊　ビジネス社　谷沢永一著

『これほど軍歌が歌われている国はない』二〇〇一年　默出版　加瀬英明著
『稲作儀礼と首狩り』一九九五年刊　雄山閣　鳥越憲三郎著
『詩集　雪明かりの路』一九二五年刊　椎の木社　伊藤整著
『二十世紀』二〇〇一年刊　毎日新聞社 橋本治著
『血と骨』一九九八年刊　幻冬舎　梁石日著
『螢川』一九七八年刊　筑摩書房　宮本輝著
『虫魚の交わり』一九八六年刊　平凡社　奥本大三郎・荒俣宏著
『雷鳴の山口組』一九八二年刊　徳間文庫　飯干晃一著
『私、プロレスの味方です』一九八〇年刊　情報センター出版局　村松友視著
『銭金について』二〇〇二年刊　朝日新聞社　車谷長吉著
『オーラな人々』二〇〇九年刊　河出書房新社　椎根和著
『編集の砦』二〇一四年刊　河出書房新社　塩澤幸登著
『ワールドガイド・韓国篇』二〇〇二年刊　ＪＴＢ　ワールドガイド編

『あ、零戦一代』一九六九年刊　光人社　横山保著
『大空のサムライ』一九六七年刊　光人社　坂井三郎著
『零戦搭乗員空戦記』二〇〇六年刊　光人社文庫　坂井三郎著

『ＵＷＦ戦史２』二〇〇九年刊　河出書房新社　塩澤幸登著
『ＵＷＦ戦史３』二〇一〇年刊　河出書房新社　塩澤幸登著
『日本プロレス全史』一九九五年刊　ベースボール・マガジン社　流智美編

『週刊プロレス』一九八八年五月二十八日号
『週刊プロレス』二〇一〇年年九月二十二日号
『KAMINOGE#33』二〇一四年刊　東方出版

『格闘王への挑戦』一九九三年刊　講談社　前田日明著
『パワー・オブ・ドリーム』一九八九年刊　角川書店　前田日明著
『無冠 前田日明』一九九八年刊　集英社　佐々木徹著
『週刊ゴング増刊 さらば格闘王 前田日明』一九九八年刊　日本スポーツ出版社
『新生UWF証言集』二〇〇八年刊　ベースボール・マガジン社　週刊プロレス編
『アントニオ猪木自伝』二〇〇〇年刊　新潮文庫　猪木寛至著
『さらばアントニオ猪木』一九九三年刊　ベストブックス　新間寿著
『アントニオ猪木の伏魔殿』二〇〇二年　徳間書店　新間寿著
『流智美のこれでわかったプロレス技・上巻』一九九四年刊　ベースボールマガジン社　流智美著
『夢のいる場所～新UWF伝説 高田延彦・エースへの物語』一九九〇年刊　集英社　板橋雅弘著
『復刻 幻の藤原ノート～ゴッチ教室の神髄～』二〇〇九年刊　講談社　藤原喜明著

右記の資料の著者のみなさんにあらためて謝意を記しておきたいと思います。また、インターネットのなかの電子データからの引用については煩雑さを避けるため各章末の【註】での明記に止めました。
さらに、作品執筆のための基礎資料となった周辺書籍、特にプロレス関係の書籍資料については『UWF戦史3』などの巻末に詳細な資料リストを掲載していますので、それを参照してください。

最後に、本書の熱読を前田日明とともに感謝いたします。

【著者紹介】塩澤　幸登（シオザワ　ユキト）作家・編集者
1947年生まれ。東京都世田谷区出身　早稲田大学文学部卒業。
1970年平凡出版（現・マガジンハウス）入社。雑誌編集者として『平凡』、『週刊平凡』、『平凡パンチ』、『ターザン』、『ガリバー』などの雑誌編集に携わる。2002年より作家活動に入る。
主な著書に『夢の行方』、『ＫＵＲＯＳＡＷＡ』三部作、『ＭＯＭＯＳＥ』、『バリの海へ』、『ＵＷＦ戦史』三部作、『平凡パンチの時代』、『「平凡」物語』、『王貞治の甲子園』、『死闘 昭和三十七年 阪神タイガース』、『雑誌の王様』、『南ア戦記～サッカー日本代表激戦譜～』、『編集の砦』などのノンフィクション作品がある。

格闘者　―前田日明の時代―①
2015年 6月20日初版印刷
2015年 6月25日初版発行

著　者　塩澤幸登
発行者　堀内明美
発　行　有限会社　茉莉花社（まつりかしゃ）
〒173-0037　東京都板橋区小茂根3-6-18-101
電話　03-3974-5408
発　売　株式会社　河出書房新社
〒151-0051　東京都渋谷区千駄ヶ谷2-32-2
電話　03-3404-1201（営業）
http://www.kawade.co.jp/

印刷・製本所　（株）シナノパブリッシングプレス

定価はカバー・帯に表示してあります。
落丁本・乱丁本はお取り替えいたします。

ISBN978-4-309-92058-0　C0095